朝鲜通信使文献选编

复旦大学文史研究院 编

第一册

复旦大学出版社

复旦大学"985工程"三期整体推进人文/社会科学研究项目成果，
复旦大学亚洲研究中心项目

执 行 编 辑：朱莉丽　王鑫磊　张　佳　段志强
参与整理者：朱莉丽　王鑫磊　张　佳　段志强　黄修志
　　　　　　钱　云　徐　凡　楼正豪　朱海晶

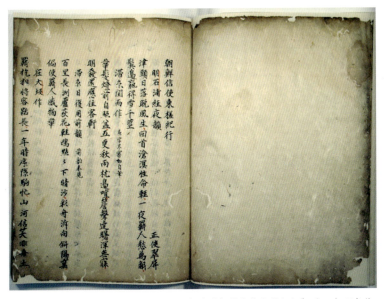

明历度（1655年）通信使笔谈唱和资料《朝鲜信使东槎纪行》（日本雨森芳洲文库藏）

明历度（1655年）通信使笔谈唱和资料《朝鲜信使东槎纪行》（日本雨森芳洲文库藏）

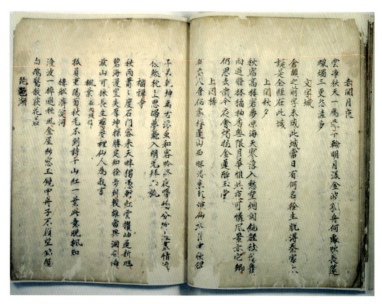

明历度（1655年）通信使笔谈唱和资料《朝鲜信使东槎纪行》（日本雨森芳洲文库藏）

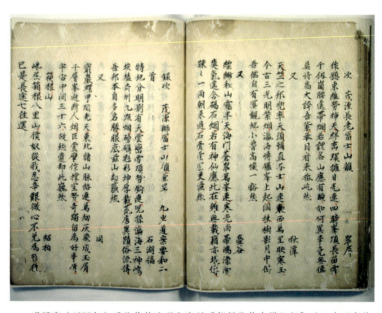

明历度（1655年）通信使笔谈唱和资料《朝鲜信使东槎纪行》（日本雨森芳洲文库藏）

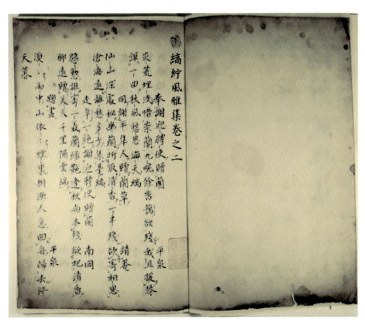

正德度（1711年）通信使笔谈唱和资料《缟纻风雅集》（日本雨森芳洲文库藏）

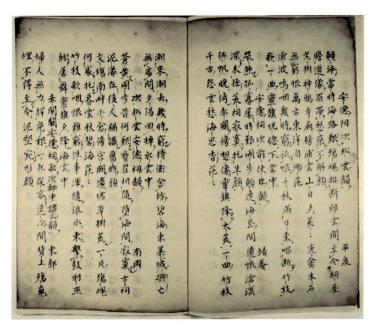

正德度（1711年）通信使笔谈唱和资料《缟纻风雅集》（日本雨森芳洲文库藏）

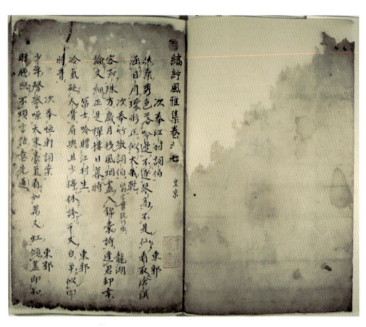

正德度（1711年）通信使笔谈唱和资料《缟纻风雅集》（日本雨森芳洲文库藏）

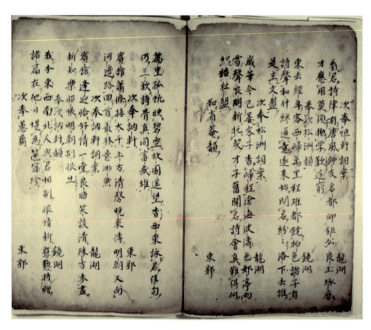

正德度（1711年）通信使笔谈唱和资料《缟纻风雅集》（日本雨森芳洲文库藏）

朝鲜通信使文献选编总目

导言　朝鲜赴日通信使文献的意义　……………………　葛兆光
整理说明

第一册

老松日本行录　………………………………………　宋希璟
海东诸国纪　…………………………………………　申叔舟
日本往还日记　………………………………………　黄　慎
庆七松海槎录　………………………………………　庆　暹
李石门扶桑录　………………………………………　李景稷

第二册

东槎录　………………………………………………　姜弘重
任参判丙子日本日记　………………………………　任　絖
癸未东槎日记　………………………………………　佚　名
南壶谷扶桑录　………………………………………　南龙翼

第三册

洪译士东槎录　………………………………………　洪禹载

金译士东槎日录 …………………………………………… 金指南
东槎日记 ……………………………………………………… 任守干
海游录 ………………………………………………………… 申维瀚

第四册

奉使日本时闻见录 …………………………………………… 曹命采
随槎日录 ……………………………………………………… 洪景海

第五册

赵济谷海槎日记 ……………………………………………… 赵　曮
东槎录 ………………………………………………………… 柳相弼
日东记游 ……………………………………………………… 金绮秀

附录一　现存朝鲜通信使文献简目 …………………………… 葛兆光
附录二　朝鲜王朝遣使日本大事记 …………………………… 王鑫磊
附录三　日本有关朝鲜通信使文献研究状况的
　　　　简介 …………………………………………………… 葛兆光

导言　朝鲜赴日通信使文献的意义

◎ 葛兆光

引言　朝鲜赴日通信使与东亚的文化比赛
上篇　暗潮与潜流：朝鲜赴日通信使时代的东亚国际秩序
　　一、朝鲜派遣赴日本通信使的历史与时代背景
　　二、朝鲜通信使团赴日本的主要使命
　　三、朝鲜通信使汉文文献的基本情况
中篇　政治上的自尊：名分与礼仪
　　一、日本与朝鲜国书往来中的"正名"与"书法"
　　二、交聘的礼仪之争
　　三、名分与礼仪中的自尊意识
下篇　文化间的比赛：服饰、风俗、儒学与艺文
　　一、作为文明象征的"衣冠"
　　二、有关民风民俗的观察与偏见
　　三、儒学知识、诗歌文章、绘画书法上的文化竞争
结语　不在场的"在场者"：通信使文献中的中国

"朝鲜既不能以武力胜我,遂欲以文事凌驾于我。"

——日·中井竹山(なかいさくざん)《草茅危言》(1764)

引言　朝鲜赴日通信使与东亚的文化比赛

李朝朝鲜英祖二十三年(1747)是日本延享四年,也是清朝乾隆十二年。两年前,日本源家重(德川家重)继承其父源吉宗的关白之位,唯一与日本有对等外交关系的朝鲜,在这一年依照旧例,派通信使团赴日本表示祝贺。二月中的一天,乘着海上风平浪静,这个庞大的使团乘坐三艘大船①,从朝鲜釜山出发,经由对马岛去日本。据记载,正船有一百一十六人,副船有一百六十人,从船则有一百四十六人,这是一个四百多人的庞大使团②。

几百年里,从朝鲜到日本的官方使团走的都是这条路线。由釜山永嘉台下开船,经过对马岛、一歧岛,再到赤间关(下关),然后经濑户内海前往大阪,到大阪后弃船登岸,经陆路到京都以至于江户③。对马岛是使团必经的第一站,在朝鲜使臣看来,对马岛本来地瘠人穷,可是由于"东通大阪,南接长崎,北通我国,百货辐辏,故民多富饶"。对于他们总是能沾日韩贸易的光,朝鲜使臣们多少有些不高兴,"每以差倭或馆守倭,出往我国,我国之所赠给甚丰,其所以致富

---

① 按照金庆门《通文馆志》(首尔大学校奎章阁韩国学研究院,2007年)卷六"交邻下"的记载,朝鲜通信使团的渡海船,一般应当是上船三只,卜船三只(第357页)。
② 据学者统计,德川时代从庆长十二年(1607)到文化八年(1811)一共十二次朝鲜通信使团中,有十次使团人数在四百人到五百人之间,最后一次即1811年的那一次最少,为三百三十八人。
③ 朝鲜通信使团从朝鲜到日本的详细路线,见《通文馆志》卷六的记载,大体是自釜山开船,经对马岛,停留若干天,然后经一歧岛,至赤间关(一名下关),仍船行至兵库,约需要一个月左右,然后到大阪,由淀浦改为陆路至京都。下面沿着今天的东海道,到达江户(东京)——以上水路三千二百九十里,陆路一千三百十里,共四千六百里。如有日光山焚香之行,则出江户北门三百七十里(第339—340页)。

者,皆由我国"①。不过,不高兴只是藏在心底里,毕竟日本强于朝鲜,自从丰臣秀吉入侵以来,朝鲜对日本始终有戒心,也有畏惧,所以,无论怎么不满,也只是在心里腹诽几句就算了。在日本人面前,朝鲜使团中的士大夫知识人要表现的,主要是文化的高明和国家的自尊。

为了向日本显示文化的高明和国家的自尊,朝鲜使团有一套惯用的形式,往往船刚到对岸,使团中人就"皆着唐冠道袍,裨将战笠军服,如渡海仪"。在那个时代,衣冠之制常常就是文明象征。朝鲜到大清帝国贺岁或者祝寿的朝贡使团,就常常以自己仍然穿着"大明衣冠"而傲视"已然蛮夷"的清国,而朝鲜赴日本的通信使团,也总是以庄严的传统服饰,显示正宗文明之所在②。据使团随从人员洪景海的记载,当朝鲜使团以华丽而庄重的衣冠出现在日本人面前时,仿佛文明之间高下立判。为什么?因为日本人"出入之际,跣足解剑"。他特别嘲讽地提到,当地一个通事名叫俊三郎,"其头发尽剃,至于耳上一撮净梳作髻于脑后,以蜡油涂之,以纸绳括之,屈曲而上,长三寸余……"。他觉得,这些日本人真是"形容衣服,极其诡异,不问可知其为蛮夷也"。这刚一亮相,朝鲜就胜了日本一局,于是,朝鲜使臣把自己想象成了文明的化身,而把日本人看成了缺乏知识的蛮夷③。

千万不要把这种心理看成是"阿Q"式的自我安慰,在东亚诸国,自从蒙元时代即十三四世纪以后,各国"自国中心思潮"崛起,这确实是一种涉及国家尊严的文化比赛。在通信使行在日本和朝鲜之间往还的这几百年间,朝鲜使团始终在与日本进行着明里暗里的文化比赛,这种文化间的比赛,被详细地记录在朝鲜通信使文献中④。数十

---

① 洪景海《随槎日录》(乾隆十二年、日本延享四年),见林基中编《燕行录全集》(首尔:东国大学校,1990年)第59卷,第290页。
② 参看葛兆光《大明衣冠今何在》,《史学月刊》2005年第10期。收入葛兆光《想象异域》(北京:中华书局,2013年),第141—164页。
③ 同上《随槎日录》,见林基中编《燕行录全集》第59卷,第272—273页。
④ 从15世纪20年代到19世纪七八十年代,有记录可查的朝鲜赴日通信使大约有六十余次,留下的通信使汉文文献至少也有四十种上下,而至今留存日本的笔谈、唱和加上绘画作品,也相当丰富。

次朝鲜通信使团，除了身负政治和外交的官方使命外，似乎每一次都在与日本瞪着眼睛彼此观看，又在彼此观看中暗中进行这种比赛，并通过这种"文化间的比赛"，赢得自我的尊严，也赢得对手的尊重，同时也在进行文化间的彼此交流。

因此，从15世纪到19世纪这些朝鲜通信使留下的汉文文献，在东亚文化史上，就有着特别重要的意义。

上篇　暗潮与潜流：朝鲜赴日通信使时代的东亚国际秩序

或许，在讨论通信使汉文文献之前，我应当对那个时代的东亚，主要是明清中国、李朝朝鲜、德川时代前后的日本等构成的"国际背景"，以及在这个国际背景中，朝鲜与日本使节的往来情况，作一个最基本的描述。

一、朝鲜派遣赴日本通信使的历史与时代背景

与蒙元横扫欧亚的大帝国时代不同，14世纪中叶之后，东亚进入了一个国际秩序变革与调整的历史时刻。在那个时代，日本进入室町时代（1338），中国发生元、明交替（1368），朝鲜李氏建国（1392），安南黎氏取代陈氏（1400）。其中，新兴的大明王朝致力于重建汉族中国中心的册封体制，重新整顿周边异国往来的礼仪等差[①]，李朝朝鲜则需走出蒙古统治时代，重新调整对中国和日本的，不同于过去

---

① 明洪武八年，接受礼部尚书牛谅建议，把对明帝国周边的祭祀，放在各个边缘区域负责，不再作为中央王朝的祭祀，这也从一个侧面表明大明帝国不再像蒙元时期那样，把天下都看成是"咱每的"，而是对周边诸国之策略有所变化，明代似乎又像宋代一样，把这些异域看作"外国"，"其外国山川，亦非天子所当亲祀"。因此，由广西附祭安南、占城、真腊、暹罗、锁里，广东附祭三佛齐、爪哇，福建附祭日本、琉球、渤泥，辽东附祭高丽，陕西附祭甘肃、尼甘、乌斯藏，"京城不复祭"。见《明史》（北京：中华书局校点本，以下凡引二十四史，均为中华书局校点本）卷四十九《礼三》"吉礼三之岳镇海渎山川"，第1285页。

的交往姿态,因而屡次派出使臣试探明朝的态度①。14世纪后半叶,稍稍稳定下来的日本,也在寻找新的国际关系模式,以改变由于抵抗"蒙古袭来"而导致的孤立状态,特别是试探大明王朝的反应,因此,执掌政权的足利氏开始积极寻找与李朝朝鲜以及大明帝国的沟通契机②。虽然大明帝国为了减少麻烦,把隔山限海的日本列为"不征之国",表明既听之任之,也不闻不问的态度③,但是足利义满却觉得,日本不应当被摒于东亚国际秩序之外。根据田中健夫《中世对外关系史》的研究④,由于日本在1374年、1380年两度被明太祖拒绝遣使入贡,使得足利义满意识到,明朝自我尊大的天朝意识,可能是拒绝明日邦交的原因。为了满足大明王朝的虚荣,他辞去将军及太政大臣,以便灵活地以"日本国王"名义与中国交涉。1401年,他以"日本准三后道义上书大明皇帝陛下"的谦卑方式致书大明,试图进入大明朝贡体制以换取通畅的国际邦交和贸易⑤。

---

① 李朝刚刚建立的第一年即洪武二十五年(1392)八月,就派人到明王朝去陈情,表明李朝夺取高丽之政权,乃是不得已,希望明朝接受。九月,明太祖表示接受朝鲜的政权变更,并同意其用"朝鲜"为国名,并与之联姻。但是,他也意识到朝鲜仍有离心倾向,所以时时借故威胁和提醒朝鲜国王,"事事都要至诚,直直正正,日头那里起,那里落,天下只是一个日头,慢不得日头"。见吴晗《朝鲜李朝实录中的中国史料》(北京:中华书局,1980年)第一册,上编卷一,第111—113、140页。
② 如果加上越南,情况就更明显,元代,安南虽然受到册封,但是"王每受天子诏令,但拱立不拜,与使者相见或燕席,位加于使者之上"。他们不仅曾有自己的年号(绍隆),陈日烜甚至在至元二十二年(1285)自称"大越国主",还有了"宪天体道大明光孝皇帝"的称号。见《元史》卷二〇九《安南传》,第4644、4637页。一直到洪武三年(1370)才受明朝册封,勉强成为朝贡圈中的一分子。但是,他们仍然自称"大越皇帝",为了这个称呼,也与明朝纠缠不已。
③ 尽管洪武年间,曾经因为胡惟庸案,导致大明与日本之间的嫌隙,但是这种感情上的敌视,仍然要让位给现实上的妥协。洪武年间,日本曾派人来中国学习,永乐年间,足利义持也曾经遣使来沟通,同时,大明帝国也非常理性地把与蒙元形成敌对关系的日本,特别列为不征之国,《明史》卷三百二十二《外国三·日本》记载"列不征之国十五,日本与焉。自是,朝贡不至,而海上之警亦渐息"(第8344页)。
④ 田中健夫《中世对外关系史》(东京:东京大学出版会,1975年),特别是第一章。
⑤ 此事见瑞溪周凤《善邻国宝记》卷中,田中健夫《善邻国宝记》(东京:集英社,1995年),第108页。大体上是这样的,1401年(应永八年),足利义满遣使到大明,递交了国书,不仅称呼"大明皇帝陛下",并且称"日本国开辟以来,无不通聘问于上邦",献上了"金千两、马十匹"等礼物,表示了尊敬与妥协。因而在1402年(应永九年)八月三日,义满在京都北山殿接见使者,接受明建文皇帝所颁正朔大统历,此后1404年(应永十一年),又受"日本国王之印"。

而与朝鲜方面,则以书写日本年号,用"朝鲜国王殿下"和"日本国王源某"的方式交换国书,以表示对等之礼①。在这个东亚历史转折时代,正如日本学者仲尾宏所说,东亚内外情势之变化出现了新特点,因为在足利义满时代,日本既以"日本国王"的名义进入了明代的朝贡体系,又与明代属国朝鲜以同等立场建立邦交。这样,就改变了9世纪以来东亚只有通商关系的状况,日本与中国、朝鲜建立了国家之间的交往关系,东亚形成了一个新的国际秩序②。

但是到了 15 世纪初,情况却稍稍有些变化。李朝太宗八年(1408)也就是明朝的永乐六年、日本应永十五年,朝鲜太祖李成桂去世,同年,日本的足利义满去世,足利义持继任。足利义持改变了其父之策略,对朝鲜不用"国王"名义而自称"征夷大将军",国书上也只写"日本国源义持",表示日本大将军与朝鲜国王为对等关系,指责朝鲜致日本的国书居然使用大明的"永乐"年号。因为他认为,这是朝鲜以自贬为大明属国的方式,拖累日本也一起降格成为明朝属国。于是,他一反足利义满时代圆滑和妥协的外交方式,对朝鲜采取了居高临下的态度③。但事与愿违,1419 年反而出现

---

① 据《朝鲜王朝实录》(首尔:国史编纂委员会复刊本,1963 年)第一册《太宗实录》卷八太宗四年(1404)七月己巳条记载:"日本遣使来聘,且献土物。日本国王源道义也。"(第301 页)。朝鲜与日本之间国书,互相用"日本国王"与"朝鲜国王"的名义。在足利义满在世期间,曾七度遣使朝鲜,而朝鲜则在太宗四年(应永十一年,1404,报聘正使吕义孙)、六年(应永十三年,1406,报聘正使尹铭,曾经遇到海难,修复后再出发)两度遣使到日本。
② 仲尾宏《前近代の日本と朝鮮——朝鮮通信使の軌跡》(东京:明石书店,1989 年),第24 页。不过,他也指出,这种秩序并不牢靠,因为当时日本的国家外交事务,由于公家方面处于无能为力的放弃状态,事实上成为武家专断执行的局面,这体现了日本的二元政治体制。实际上,无论是内政还是外交,都是由武家政治在实际控制。可是在稍后,由于控制全国的足利政权也渐渐弱化,以及各个地方有力量的大名掌握政权,所以,不仅出现地方诸侯的专权化,还出现了濑户内海等地海盗横行,加上掌握了私下流通渠道的商人,于是,在掌握公开外交权力的室町将军之外,形成了这个时代对外的多元交流,正如田中健夫所说的,在对朝鲜交流上,室町将军、大名、中小领主、商人都在起作用。
③ 不过,朝鲜当时仍然派遣使团赴日本,在 1413 年,朝鲜使者朴贲原拟出使,但因病滞留釜山,这时倭寇之患不断,明朝打算兴兵平定倭患,加上沿海日本人抢夺使团的礼品和书契等等,朝鲜领议政成石璘建议不要派出使团,被朝鲜太宗采纳,所以这段时间日朝之间的关系处于冷淡状态。

了朝鲜向日本的对马岛入侵,即所谓"应永外寇"事件①,引起了日本朝野巨大震撼。日本有人甚至觉得,这一事件就如同当年"蒙古再袭",真是巨大的危机。为了防止朝鲜与大明联手,致使日本两面受敌,因此,不能不重新调整日本的外交姿态②。这一年十二月,为了解决战争问题,日本派遣博多妙乐寺僧人无涯亮倪去朝鲜,恰好也在这一年,强硬的朝鲜太宗去世,本来就不赞成所谓根本解决倭寇问题的朝鲜世宗执政,两国之间的紧张关系才算得到缓解。正是在这一逐渐和缓的国际背景下,第二年(1420 年),朝鲜方面以宋希璟作为"回礼使"出使日本,并向日本赠送大藏经,开启了此后长达数百年朝日外交交流史的新一页。而宋希璟所著的《老松堂日本行录》,也就成为现存通信使汉文文献中的第一部③。

国际关系虽然看上去往往是对外的事情,但如何处理对外关系,却常常是以国内情势为背景,以自身力量为依托,以求平衡与再平衡的。当导致平衡的内外因素相对稳定,国与国之间的正常关系便可以维持。15 世纪 20 年代以后,尽管有"倭患"引起的种种风波,但这种东亚各国之间的平衡关系,差不多维持了一个多世纪④。其中,日

---

① 此时,朝鲜太宗试图根本性解决倭寇问题,对日本的对马岛进行袭击,战争中,双方死伤三千八百人,迫使对马藩年幼的藩主贞盛求和,朝鲜强行把对马归并到庆尚道,还迁徙对马居民到巨济岛。
② 日本对于中国深有戒心,也许是仍然停留在蒙古袭来的历史记忆中。李朝朝鲜的《世宗实录》卷十(世宗二年十月癸卯,1420)记载了这次使团的通事尹仁甫《复命书》,其中记载:"臣等初到其国,待之甚薄,不许入国都。馆于深修庵。……继有僧惠珙来问曰: 闻大明将伐日本,信否? 答曰: 不知也。珙曰: 朝鲜与大明同心也,何故不知。先是,大明使宦者敕曰: 若不臣服,与朝鲜讨之。继而使者畏害而逃,故疑而问之。"
③ 《老松堂日本行录》有《新订老松堂日本行录》(续群书类从完成会,1933 年,1966 年),还有村井章介校注本《老松堂日本行录——朝鲜使节の见た中世日本》(东京: 岩波书店,岩波文库本,1984 年);而在中国影响很大的申叔舟(1417—1475)《海东诸国记》,也正是继宋氏之后出使日本的申叔舟在世宗二十五年(嘉吉三年,1443)作为使臣出使日本后的成果。
④ 如朝鲜世宗十一年(1429,日本正长十一年,足利义敦)朝鲜国王派遣朴瑞生(正使)、李芸(副使)、金克柔(书状)为首的使团,祝贺足利义教袭将军职;十年后(朝鲜世宗二十一年,1439,日本永享十一年),又派遣高得宗(正使)、尹仁甫(副使)、金礼荣(书状)为首的使臣组团到京都,请求日本制止倭寇侵扰,恢复旧好;四年后(1443),又派遣以卞孝文、申叔舟在内的使团,祝贺足利义胜袭职。一直到朝鲜宣祖二十九年(1590,日本天正十八年),即丰臣秀吉时代,还派遣了黄允吉、金诚一、许箴三使赴日本,祝贺丰臣秀吉统一日本。

本国内形势是一个重要原因，由于在"应仁之乱"(1467—1477)后，日本陷入长达一个世纪的内乱，根本无暇顾及海西，只是由山口的大内氏以"日本国王"名义，掌控了白银开采与海外贸易，所以，东亚海域内国与国之间关系大体上相对平静而彼此冷淡，搅起局部风波的，只是倭寇的沿海骚扰与掠夺①。一直要到丰臣秀吉(1537—1598)打败北条氏，统一日本，下征韩令(1591)，并发动侵略朝鲜的"壬辰之役"(1592)，东亚国际关系才再一次出现巨大的震荡。

不过，即使有丰臣秀吉的入侵，使得日朝、日明关系遭到前所未有的挫折，但应当看到，东北亚的明、朝、日之间，并没有产生太大的力量失衡，现实利益和妥协理性仍然可以重新占据上风。所以，在1598年（朝鲜宣祖三十一年、明万历二十六年、日本庆长三年）丰臣秀吉死后，日朝关系很快又出现了转机。1599年，日本（一说是对马岛）派出使者柳川调信(1539—1605)到朝鲜，并且在第二年(1600)二月和四月，两次送回被俘虏的朝鲜人以表示诚意。1603年，德川家康继任"征夷大将军"，在对马岛藩主的恳请下，次年(1604)下半年，朝鲜的松云大师惟政(1544—1610)与孙文彧，经由对马赴京都，在第二年的三月二十一日于伏见城与德川家康见面，确认建立"通和"关系。在1606年，对马藩家老柳川调信之子柳川景直（后改名智永）甚至伪造以德川家康名义、措辞谦卑的致朝鲜国书，再度表示通好之意（即"柳川一件"或"伪造国书"事件），还应朝鲜方面的要求，遣送了据说是在壬辰之役中盗掘王陵的"犯陵贼"②。

---

① 在此期间，朝鲜也停止了通信使团赴日，除了1475年（朝鲜成宗六年，日本文明七年）、1479年（朝鲜成宗十年，日本文明十一年）有两次之外，即使是这两次，也因故半途而废。所以在日本战国时期，朝日之间通信使团的外交也几乎停顿。
② 伪造国书事件，指的是日本负责与朝鲜交往事宜的对马藩，为了修复由于"壬辰之役"而崩坏的日朝关系，也为了满足朝鲜王朝的面子，1606年，由柳川调信的儿子景直伪造了以日本德川家康名义，用"日本国王"伪印，并且使用明朝年号，给朝鲜国王措辞谦卑的国书，这不仅满足了朝鲜方面由日本先递国书的要求，而且还伪造了两个所谓"犯陵贼"送给朝鲜，作为破坏朝鲜王陵的罪犯。当然，他们为了完成日朝通好，后来也挖改了朝鲜方面的国书，使日本的德川幕府也得到面子。这一对马藩居中作祟的事件，由于1631年柳川调兴(1602—1684)向德川幕府的告发而暴露，史称"柳川一件"。

他们用这样的方式,求得日朝之间重新通好。所以,后来日本学者都指责对马藩与柳川氏对朝鲜的妥协和谦卑。其实在这个时代,日本国内也面临着各种问题,这使得日本对朝鲜的策略不能不变得缓和。不过,为了防止对马藩居中作祟,稍后,德川幕府直接派遣京都禅宗僧人尤其是建仁寺、天龙寺、相国寺、东福寺的禅僧,到对马岛负责日朝外交事务,这些僧人以深厚的汉文修养,不仅撰写外交文书,而且与朝鲜文人进行笔谈和唱酬,使日朝之间至少是文化关系有了好转。而朝鲜方面呢?壬辰之乱以后的情势也在发生变化,特别是进入17世纪后,一方面对北方女真的崛起感到恐惧,另一方面也不能不警惕来自南方的倭患,为了避免出现"北虏南倭"的窘境,朝鲜也很理性地与日本缓和关系。由于相信"家康先为国书",也算有了面子,因此,在朝鲜宣祖三十九年,即日本的庆长十二年(1607),朝鲜国王正式回应德川家康,派出"回答兼刷还使"(正使吕佑吉、副使庆暹、从事官丁好宽)正式访问日本,从此开始了日本学界称为"友好与善邻"的德川时代通信使外交旅程[①]。

大多数通信使汉文文献,都出现在这个时代。

二、朝鲜通信使团赴日本的主要使命

一般来说,朝鲜通信使团的使命,主要是两国官方的一般外交礼节性的交往、保持彼此商贸的畅通、互相交换情报。大体上,通信使团的使命可以归纳为以下三类。

(一)"修好"与"睦邻"。

朝鲜与日本隔海相望,历史上一直往来不绝,有文化交流和商

[①] 李元植指出:"在日本,足利、丰臣、德川三个武家政权交替,随着时代变化有相应的不同体制,这与各自政权在国家体制上的地位有重要关系。一般来说,足利政权对外寻求大明帝国的册封,以'日本国王'的名义行使外交权,并形成相应的习惯和礼仪;丰臣政权则自称'关白',虽然也自认'日本国王',但是他们不受中国册封;德川政权处于丰臣秀吉对外征伐,与中国断绝邦交之后,进行恢复邦交不成功,只是在十七世纪初通过对马岛主的媒介,与朝鲜恢复了国家间的交往。可以说,德川政权就在没有中国册封的前提下,形成了与朝鲜独自外交的体制。"李元植《朝鲜通信使の研究》(京都:思文阁,1997年)第38页。

贸往来,也有彼此战争和互相敌视。不过,在彼此都不可能吞并对方的情势下,理性地保持邦交无疑是最佳选择。因此,14世纪末期李朝建立后,就一直试图与日本互相通好。即使在激起极大仇恨的"壬辰战争"之后,当时唯一与日本保持外交关系的朝鲜,为了解决"北虏南倭"的威胁,也只能抱着"修好"和"睦邻"的目的向日本派出使团。除了"壬辰之役"后的一两次使团还带有"刷还"即搜寻战争中被日本掳去的朝鲜人的目的外,往往是为了互致友好,保持睦邻关系。比如,光海君九年(日本元和三年,1617)光海君派出的使团,就叫"大阪平定祝贺·回答兼刷还使",主要就是祝贺大阪之役胜利以及统一日本,所以,国书上既祝贺"今日贵国平定大阪统合日域",又说明"今日修好敦睦,兹遣使价为报殷恳"①;又如,朝鲜肃宗四十五年(日本享保四年,1719)以洪致中(北台)为正使的通信使团,就是单纯为了通好而派遣的。这种为通好派遣使团成为一个外交传统,金庆门《通文馆志》卷六"交邻下·通信使行"就记载:"日本于洪武初与我修好,我国亦遣使修庆吊礼。申文忠叔舟以书状官往来,即其一也。"这一传统虽然在"壬辰之乱"后曾一度中断,但是不久就又恢复,"自是羁縻不绝,倭若来请,辄许差遣"②。

(二) 当然,既有情报刺探和敌国了解的目的,也有互通有无的贸易往来之意③。

当时,日本对于中国情况的了解,往往经由两个主要途径,一

---

① 参看仲尾宏《朝鲜通信使と德川幕府》(东京:明石书店,1996年)二《丁巳、元和度》,第56页。
② 金庆门《通文馆志》卷六,第331—333页。
③ 在1617年任第一届英国商馆会长的Richard Cocks在他1617年8月31日的日记(*Diary of Richard Cocks*)中曾经描述说,当时一般日本人还认为,朝鲜通信使来访,是以从属国身份来献物朝贡,因为不如此日本就会再次进攻朝鲜,但是其他了解的人都知道,这是因为要维持朝鲜与对马岛以及日本的贸易。当然,朝鲜也要维持与日本的贸易,甚至包括武器购买,像庆暹(万历三十五年,1607年出使日本)就记载,通信使私自在日本购买性能良好的鸟铳五百柄,见其《海槎录》(《海行总载》第二辑)本年闰六月初七和初八的记载(第49页)。而稍后的光海君(1608—1623年在位) 也曾经在日本购买性能良好的鸟铳,以对付努尔哈赤女真族的威胁。见《宣祖实录》卷二〇七所记四十年一月五日备边司的提议(第301页)。

个是长崎口岸对中国商船(唐船)的例行询问,《华夷变态》《通航一览》以及《唐通事会所日录》中那些详细的记录就是例证①;另一个是由对马藩或者设在釜山的倭馆,通过往来朝鲜进行情报收集,然后报告幕府②。米谷均等指出,明清中国改朝换代(1644)、清初三藩之乱(1673—1681)、朱一贵之乱(1721),一直到太平天国(1851—1864),朝鲜的丁卯胡乱(1627)、丙子胡乱(1636),以及朝鲜国内的李麟佐之乱(1728)、闵彦贵之乱(1734)等情报,很多就来自对马或釜山③。当然,最重要的一个官方渠道,就是这几个世纪中朝鲜派遣使团到日本,在频繁接触中,他们在互相摸底也互相刺探。不妨举一个例子,顺治十二年(1655)明清易代不久,日本对中国形势变化总觉得有些扑朔迷离,所以,当十月份朝鲜通信使团到达日本江户,林靖(林罗山之子)就迫不及待地有一连串的询问。据赵珩(字君献,号翠屏,正使)的记载,林靖所问的问题包括"大明近岁之兵革如何?十五省迷入清国之手乎?年号顺治至今犹存乎?皇明之宗脉不绝如线乎?郑芝龙、吴三桂存殁如何?陕西之李自成、西川之张献忠皆免摧灭乎?"尽管对日本抱有戒心的朝鲜使者"答以疆域绝远,未能详知云。则不为更问"④,但往来的朝鲜通信使团总是会成为日本了解中国国情的桥梁。日本通过朝鲜使

---

① 除此之外,还应包括萨摩藩经由琉球得来的中国情报,这些情报主要关注中国南方情况,又可以包括对各种漂流的唐船之询问。参看关西大学东西学术研究所大庭修、松浦章等编各种《唐船漂着资料集》(日本:关西大学东西学术研究所,1980年至今)。
② 参看刘芳亮《江户时期日本的中国情报搜集活动——以朝鲜—对马渠道为例》,载《安徽史学》2013年第6期。此文特别指出"朝鲜或因强烈的排清思明情绪,或因顾及日本的反应,动辄故意歪曲或过滤某些情报,因此该渠道的情报多不可靠"(第61—69页)。
③ 参看米谷均《对马口における朝鲜・中国情报》,岩下哲典等编《近世日本の海外情报》(东京:岩田书院,1997年),第113—126页。如康熙十三年(1674)吴三桂起兵反清时,声讨满清"窃我先朝神器,变我中国衣冠"的《檄文》,就是日本人从朝鲜商人那里得来,又告诉朝鲜官方的。见金锡胄(1634—1684)《以马岛来问中国事情事移礼部咨》,《息庵先生遗稿》卷十九,见《韩国历代文集丛书》(首尔:景仁文化社影印本,1999年)第605册,第323—324页。
④ 赵珩《扶桑日记》,《通信使大系》第三册影印本,第60页。

团了解大清帝国这一渠道,似乎非常重要,一两百年之后,主持接待朝鲜使团的日本林家,仍然不屈不挠地向朝鲜人打听中国消息,而朝鲜使臣仍然采取一推六二五的方式,找了各种借口搪塞,例如朝鲜纯祖十一年(日本文化八年,1811),日本的林述斋曾与朝鲜通信使金履乔有这样一次笔谈:

> 述斋: 清朝自入唐山来,康熙、乾隆享国久,版图辟富强之业,前古希比,及嘉庆主嗣立,今已十余年,寂不闻声息,行中诸公定有观风燕台,得其要领者,不吝一及。
>
> 正使(金履乔): 我国之于清人,使行使来,而俺等未尝有是役,要领有难强说,鄙行文士中熟人有往来者,而亦不过游戏玩赏而归耳。
>
> 述斋: 仆每云,朱明于贵国信为有大造,而不得已于清国,亦时势之使然也。意今日燕台之德,比之故明,孰厚孰薄? 坦怀商量。
>
> 正使: 我国与清人交好,即是古圣人以小事大之义。使臣家与清人有嫌,故未尝充燕台使役。所以不欲详言。我国缙绅家中不可作贵国通信之使者,亦多有之耳。①

当然,反过来朝鲜也在不断收集日本的情报,在《备边司誊录》的各种记载中,就可以看到这一点。朝鲜通信使团不仅为本国打探日本的情报,也顺便会为明清王朝打听日本情报②,像光海君时代呈交给明朝的《倭情咨文》即一例③。

---

① 转引自李元植《朝鲜通信使の研究》(京都: 思文阁,1997年)第八章《文化度(1811)の使行》,第433页。
② 三宅英利《近世日朝关系史の研究》(东京: 文献出版,1986年)认为,1607年的回答兼刷还使团,重要的目的之一,就是刺探日本国的情报(第171页)。
③ 仅仅是对马藩,就经由朝鲜收集了有关中国的各种情报,其中,如庆应义塾大学图书馆所藏的《唐兵乱风说公仪江被仰上候控并朝鲜国山贼徒党御案内被仰上候控》就记载了从清兵进入北京(1644)到朝鲜国内闵彦贵之乱(1734)等各种情报,见前引米谷均《对马口における朝鲜・中国情报》,岩下哲典等编《近世日本の海外情报》第113—114页。

（三）专门为特别的吊丧庆贺而派遣的使团。

这也是一种国与国之间的例行外交行为。举几个例子，如朝鲜仁祖二十一年即日本宽永二十年（1643）日本关白德川家光生子，朝鲜国王就派尹顺之为正使，赵䌹为副使，朴安期为制述官，组织了四百六十二人的庞大使团赴日本特意道贺，并且首次同意到日光致祭，赠送礼物大钟；而从朝鲜仁祖二年即日本宽永元年（1624）德川家光袭将军之职起，此后的德川家纲（1655）、德川纲吉（1682）、德川家宣（1711）、德川吉宗（1719）、德川家重（1748）、德川家治（1764）、德川家齐（1811）历任关白袭职，朝鲜国王都特意派出友好使团。显然，通信使团体现的是朝鲜王国"事大、交邻"中的策略，以及在王权（以中国为中心的朝贡体制）与霸权（日本以武力影响和控制东亚）之间不得不进行的妥协。

如果说，朝鲜通信使团赴日本主要承担的是政治上的交往，那么，朝鲜通信使团在日本又有什么文化上的影响呢？前面我们说到，由于朝鲜通信使团极其庞大，又非常注重礼仪和服装，这些异国之使的多次到访，就成了在相对锁闭和单一的日本所呈现的一道异样风景，他们一路经过的，恰恰是日本最重要的东海道地区，而朝鲜通信使团着意表现的礼仪、举止、服饰，往往给沿途文人和民众留下深刻印象。至今我们还可以看到日本留存了各种有关通信使团仪仗的屏风、绘画、浮世绘、版画，一眼看上去，真是仪仗堂皇而衣冠亮丽，也可以看到日本民间流行的各种《朝鲜人来朝记》或《朝鲜人大行列记》等通俗读物，里面流露着羡慕甚至仰慕之情；而使团中的儒生、诗人、书家，也与沿途日本文人学者有唱酬论学，互赠墨宝，至今我们看到各种留存日本的笔谈、题诗、绘画，也确实被日本文化人十分地珍视。因此，朝鲜通信使在那个时代的日本文化界确实产生了广泛影响。根据学者们的研究，这些文化影响大致可以归纳如下——

(1) 朝鲜与日本之间,凭借汉文、汉诗、儒学、绘画、服饰、仪节、音乐,形成东亚诸国文化之间的交流和比赛。文化比赛本身就是文化竞争,当然,文化竞争也同时是一种文化交流①。

(2) 使团的音乐、服饰、举止仪节,在经过的日本东海道沿线产生了巨大的"时尚"追逐,从现在留存的各种华丽的通信使行绘图资料中,我们也可以体会到对当地民众"奢华"的习俗和"文明"观念的影响。

(3) 东亚各国知识技艺的互相交换,日本当时除了朝鲜之外,只有在长崎口岸,与中国和荷兰保持了关系,这些成为德川日本了解世界的仅有的窗口,其中,荷兰和中国被限制在长崎,而只有朝鲜会把种种政治消息之外的文化知识和技艺,通过画师、乐师、医生、文人墨客等传到江户即日本的中心地区,产生巨大影响。

三、 朝鲜通信使汉文文献的基本情况

在总共六十多次朝鲜通信使往返中,现在留下了大约四十种左右通信使记录②,以及相当数量的笔谈、唱和和绘画等文献,大多数朝鲜通信使文献保存在韩国各图书馆,而笔谈、唱酬、绘画等,由于是通信使在日本出使时之作品,大多数留存在日本③。目前,我们可以看到的、收集数量较多的朝鲜通信使文献的总集,主要是以

---

① 像林家世代(林道春罗山、林恕鹅峰、林信笃凤冈、林信充快堂)、贝原益轩(在1682年通信使团来日时有唱和)、新井白石(1682年二十六岁时即有唱和,后来又与后来的通信使有交涉)以及雨森芳洲(负责对马藩与朝鲜通信使团的沟通)等等,与朝鲜通信使都有唱和和笔谈,其中包含了很多明里暗里的文化竞争和文化交流。参看后面的论述,此处从略。
② 参看本书【附录一 现存朝鲜通信使文献简目】。
③ 参看李元植《朝鲜通信使的研究》(京都: 思文阁,1997年)第四部《通信使关系资料》,其中包括了"遗墨"、"印谱"、"通信使行列绘图"、"访日纪行录"、"笔谈 唱和集总目录"五章,非常详细(第563—665页)。又,参看高桥昌彦《朝鲜通信使唱和集目录稿》(一)(二),载《福冈大学研究部论集》(A)六卷八期(2007),第17—35页;同上九卷一期(2009),第21—40页。又,高桥昌彦《和韩唱酬、笔谈图书目录》,载《下关女子短期大学纪要》九号(1990),此文未见。

下两种：

（一）成大中(1732—1812)编《海行总载》四册(首尔：韩国民族文化推进会,1985年)，其实,原书最早是1748年作为赴日通信使正使的洪启禧汇集历代朝鲜使节所著日记而成,名字就叫《海行总载》,由副提学徐命膺誊写后,改名为《息波录》,到了1764年,随团出使日本的成大中在这个基础上增加了这次通信使正使赵曧的著作,重新恢复了《海行总载》原名,才最后编定。此书收录了从洪武十年(1377)郑梦周出使日本时写的若干首诗歌(并附年谱有关出使之事部分)、永乐十五年(1417)申叔舟出使日本两首诗歌(以及《行状》有关记载)以下,朝鲜通信使的各种文献。从申叔舟《海东诸国记》(1471年撰)起,到1764年赵曧的《海槎日记》共二十二种。此后,现代韩国学者又补编了《海行总载》续集(首尔：韩国民族文化推进会,1985年),补入了原来成大中《海行总载》未能收入的1420年宋希璟《日本行录》(又名《老松堂日本行录》)、1596年黄慎《日本往还日记》、1711年任守干《东槎日记》等,以及在成大中之后出使日本的各种通信使文献,如1811年的柳相弼《东槎录》等,甚至还包括江户时代之后,通常并不算在"通信使文献"中的1876年的金绮秀《日东记游》等等。

《海行总载》正续编数量较大,也是比较容易得到的。但是,尽管这些通信使文献现在大都保留在韩国,但仍有遗漏,直到现在,韩国仍然没有出版一套体例统一、版本较好和数量完整的通信使文献汇编,这是非常遗憾的。

（二）辛基秀和仲尾宏编《(善邻と友好の记录)大系朝鲜通信使》(东京：明石书店,1994—1996年)八册,一共收录了德川时代十二次朝鲜通信使团留下来的二十三种通信使文献。其中,有一些文献是《海行总载》未收的。特别值得称赞的是,这八大册图文并茂的资料集,不仅收录了通信使文献,而且还附上了以下三种资料：(1)各种研究性的解说；以及(2)部分有关通信使在日韩之间的公文文书原件，以及通信使在日本期间的笔谈唱和手迹；(3)有关通信使的各种图像。不过需要指出的是，这里所谓的"朝鲜通信使"，却是按照日本的历史观念来认知的，只包括德川时代，因此在德川家康执政之前，和明治维新"大政归还"之后，朝鲜出使日本使团的各种纪行文献，均不在通信使文献范围内。这种以德川时代为通信使断限的做法，是有些奇怪的。

事实上，据河宇凤对《李朝实录》等文献的统计，朝鲜时代初期赴日使行，即使仅仅根据《李朝实录》统计，就有六十五次之多，虽然对于通信使团成员的记录不是很多，只有出使回国之后向国王的报告，还简略地保留在《实录》中[①]，但是无论如何，朝鲜通信使文献也不应当仅仅按照日本德川时代为上下限来讨论。

因此，无论是《海行总载》正续编，还是《通信使大系》，都仍然不够完整，可以互补的地方不少[②]。

中篇　政治上的自尊：名分与礼仪

现在，请允许我把焦点转到本文的重点，也就是转到从中国思想文化史研究的角度，看朝鲜通信使文献的意义这一主题上来。

在进行这一研究之前，我曾经检索过中国方面有关通信使文献的研究论著，让我相当惊讶的是，至今在中国学界几乎很少有这方面的研究。尽管胡适在1930年代就已经提醒我们，在甲骨卜辞、敦煌文书、汉简、大内档案之外，日本、朝鲜保存的中国史料，应

---

① 河宇凤《朝鲜王朝时代の世界観と日本認識》（小幡伦裕日译本），东京：明石书店，2008年，第149页

② 关于日韩学者对于通信使文献的研究情况，请参看【附录三　日本有关朝鲜通信使文献研究状况的简介】。

当被学者们更加注意①。此后,也有金毓黻、吴晗等人出色的先驱工作②。但总的来说,八十年间虽然像《李朝实录》、《热河日记》、《日本国见在书目录》、《入唐求法巡礼行记》、《行历钞》之类文献,早已被人们熟悉和使用,近年来朝鲜与越南的燕行文献也开始被学界注意。但是,这部分朝鲜通信使汉文文献却极少被引征、分析和参照,中国学界仅有的几篇相关论文,大多是泛泛的介绍或概说。

原因是什么?我猜想,大概是中国学者普遍认为通信使文献是外国(日本与朝鲜)史料,与中国史研究的关系不大。同样,我也注意到,尽管日本与韩国学界对通信使文献有颇为深入的研究,但他们也始终不曾从中国历史研究这个维度上,去关注这部分文献(除了夫马进先生之外)。因此,在以往有关通信使文献的研究中,日韩学者多数聚焦在这样几个领域内,如:(1)作为历史资料的通信使文献(包括笔谈、唱和与书法绘画作品)之整理;(2)15 至 19 世纪之朝日外交关系与制度,以及日本和朝鲜的互相认识;(3)15 至 19 世纪日本与朝鲜的政治、思想与文化及其交流;(4)15 至 19 世纪日朝贸易往来(如生丝、银子、鸟铳、人参等等)。

毫无疑问,日本与韩国学界的研究取向,自有其道理,但是,作为中国明清历史包括思想史与文化史的研究者,是否也可充分使用这批数量不小的文献?尤其是在东亚政治与文化交流史领域中,能否使用这批看似与中国无关的文献,从中看到东亚世界中的中国?有趣的是,2012 年我访问韩国,在与韩国学界朋友商讨在中

---

① 《胡适致傅斯年》(1938 年 9 月 2 日),王汎森辑《史语所藏胡适与傅斯年来往函札》,载《大陆杂志》第九十三卷第三期,第 11 页,1996 年 9 月。
② 1934—1936 年间,金毓黻在编辑《辽海丛书》时,注意到柳得恭《滦阳录》、《燕台再游录》、朝鲜世子《沈馆录》、宣若海《沈阳日记》中的东北史料,见金毓黻《辽海丛书》(大连:右文阁,1934—1936 年)第一集、第八集。吴晗曾在《李朝实录》中辑出十几册有关明清中国的珍贵史料,见吴晗编《朝鲜李朝实录中的中国史料》(北京:中华书局,1962 年,1980 年),自 1354 年起,至 1894 年,共十二册。

国出版这批文献的时候,韩国朋友也曾不以为然地质疑说,这是韩国与日本之间关系的文献,与中国有何相关?他的质疑,让我想起五代南唐冯延巳的一句词,叫做"吹皱一池春水,干卿底事?"

可是,我们都知道所谓"东山钟鸣,西山磬应"的道理,现在全球史研究者也注意文化的传播、移植和变异,很多文化现象都会越过千里万里彼此影响,也知道历史往往如"草蛇灰线",诸多历史在不经意间可能有潜伏的联系。更不消说,在所谓"东亚海域",即使不用"朝贡体系"或"册封体制"这样充满"中国中心论"的概念,古代也有所谓汉字、佛教、儒学与制度的文化共通性,在近世更有礼仪、衣冠、朱子学与唐船和贸易的网络。

那么,在看上去仅仅产生于朝鲜和日本之间的通信使文献中,有什么中国的身影或声音呢?

一、日本与朝鲜国书往来中的"正名"与"书法"

孔子所谓"必也正名乎"与"名与器不可以假人",这是人们熟悉的观念,这种观念成立的基础,是虚拟的名号与实际的身份之间,一定有整齐的对应关系。孔子时代对所谓"君君臣臣父父子子"的要求,表现了传统中国对于称号、位阶、等级与身份的重视。简单地说,就是古代中国的儒家希望通过"名"来责"实",用严格而清晰的名分,来建立上下有序的等级,并以此形成社会上整齐有序的政治秩序。千百年来,这一来自儒家甚或法家的方法,不仅为古代中国建立了帝国内部秩序,影响到历史著作的所谓"书法",也推衍向外,成为帝国建立外部秩序的原则,并影响到官方外交文书的"写法"。这种传统中国的观念,在东亚各国很有影响,有时也会成为异国"以其人之道还治其人之身"的手段。从隋代日本国书以"日出国天子致日落处天子"的书写方式,来追求日中之间国与国对等地位开始,在东亚国际往来文书中,"名分"成为一个最不能不重视的问题。

在朝鲜通信使汉文文献中,我们常看到的,就是争论不休的国书中的"名分",既包括国书署名的名称,也包括标志时间的年号。

1420年(明朝永乐十八年、朝鲜世宗二年和日本应永二十七年),这时日本还是足利义持执政。朝鲜使团在这一年出使日本,觐见足利氏并交换国书。前面所说现存最早的通信使文献即宋希璟《老松堂日本行录》,就记载了这一年朝鲜和日本外交文书往来中所发生的一件不愉快事情。据说,日本方面曾对朝鲜官方文书中用大明"永乐"年号十分不满。日本官员对朝鲜使臣的陪同人员孔达暗示说,你们用大明的"永乐"年号,这是不对的,明天还是悄悄地把"永乐"改成"龙集"[①]吧。孔达向宋希璟禀报,宋氏大惊说:"吾等虽死,御书何敢改乎?王命亦不可易也。"不久,日本等持寺的住持惠珙、林光院的住持周颂等来拜访宋希璟,惠珙劝说道:"书契中'永乐'年号,若改书以'龙集',则官人得归,不然,终未回去矣。"但宋氏"正色据义责之",尽管他被扣留在深修庵三天三夜,但宋希璟坚持不改文书,弄得日本方面也无可奈何[②]。

双方往来国书中,类似称呼与年号的争执,在后来的几百年中反复出现。前面所说"壬辰之役"后发生的所谓"柳川调信伪造国书"事件,它之所以在日本引起轩然大波,其实所有症结就在这些"名分"(包括日本关白的称号,以及所用年号)上。在那个时代的人看来,虚名背后就是尊严,年号使用就是俯首称臣。可见,无论在日本还是在朝鲜,传统中国关于王朝更替中"易服色,改正朔"这一象征,也都是极其重视的。年号背后意味的是正统,用什么年号表示的是臣服。因此,为了官方文书中用什么年号,他们之间不断

---

① "龙集"犹如说"岁次",这样就没有以哪个王朝为正统或宗主的问题。
② 宋希璟《老松堂日本行录》,《海行总载》(首尔:韩国民族文化推进会重印本,1985年)续第八辑,第25页。

地纠缠。由于李朝朝鲜国书通行署明朝的年号,因此就涉及日本官方答书应当署什么年号。朝鲜仁祖十四年(明朝崇祯九年、日本宽永十三年,1636),朝鲜使臣金世濂(1593—1646)记载说,日本方面对朝鲜文书用大明年号极为不满。日方执政传达关白之意说,如果这样,他们也要用天皇的年号,以便与朝鲜用大明年号相对等。"我国之用天皇年号,犹贵国之用大明年号,自前书契,去此二字,乃(柳川)调兴之大罪也,两国各用其年号,各遵其旧规,初非相屈,而若欲强之,则非诚信也。"为了这一件事情,双方争辩了好些天①。

这种争执在几百年中不断发生。特别是,对于当时日本实际统治者的称号,究竟是按照传统的把"征夷大将军"(丰臣秀吉、德川家康以及后来的统治者)称作"日本国源某"②,还是把称号依照足利幕府以来的方式,改称"日本国王",以便明确与"朝鲜国王"对等之地位③? 这一所谓"国交回复",不仅涉及日本和朝鲜之间的互相关系,而且还涉及不在场的"大明"或"大清"即中国的位置。朝鲜宣祖四十年(明朝万历三十五年,日本庆长十二年,1607),出使日本的朝鲜使臣庆暹在《海槎录》中,曾经就德川家康没有王号却使用明朝颁赐"日本国王"印信的记载,嘲笑日本人说:"(日本)不受(明朝)封王之命,而(日本国王)印即仍用,你国之事,未可知也。"在朝鲜使臣的心目中,日本应当与朝鲜一样,是接受大明王朝

---

① 金世濂(东溟)《海槎录》,载《海行总载》第四辑,第 17 页。据说,日本官员曾经私下说:"欲使我国不书宽永年号,则何不惜使道我通贡于大明耶? 为大明臣,然后去此宽永二字。不然,则使我独去年号,万无是理。两国各去年号事相约立条,自其时亦未晚也。"但朝鲜使臣认为,"其言叵测,极为痛骇"(第 17 页)。
② 1636 年,日本将军(德川家光)、执政(老中)、五山禅僧,以及林罗山等反复商议,决定用"日本国源某"作为国书上的署名,这个"大君"称号,除了新井白石改革的时代之外,一直沿用。
③ 在新井白石负责接待通信使礼仪的时候,特别强调的就是国书署名应当为"日本国王",但是仅仅在那一次一度使用后,即因为遭到国内执政和林家的反对,又废止改回。

册封的藩属之国，更何况德川家康还只是个冒牌国王。但是，日本官员景直与橘智正却向关白说起日本应有的态度，则是"日本有天皇，大明有天子，此是相等之国，顷日关白辈（指足利义满）欲为通和，称臣进贡，大不可也。岂有以相等之国，自贬称臣之理乎？关白然之"①。显然，日本人对于"名分"也很介意，他们不屑与朝鲜对等并称，却要与朝鲜的宗主国（大明或后来的大清）扳平身份。

但深受中国儒家思想影响的朝鲜方面，对"名分"却更为在意，他们要在文书往还之间，与日本形成平等关系。十年后（1617）的李景稷在《扶桑录》里记载了日本关白源秀忠（德川秀忠）致朝鲜国王的国书，就挑剔日本国书的文辞说，"交邻文书，事体重大"，特别是落款，他觉得，如果日本国书末尾，只署"日本国源秀忠"，而不写"（日本国）王"，那么，朝鲜在外交上就吃了亏了。为什么？因为朝鲜国王以"国王"之尊，却只是与日本国的"将军"对等往来通书，似乎朝鲜在交聘中就矮了一头。所以，他指责日本将军"何敢与邻国之君抗体乎，必书'王'字，然后可也"②。可是，日本方面也相当坚持，起草者转达执政官的意思说，以前将军不写"王"字，"已成规例，今不可改"。并且强调说，虽然"将军在日本实行王事，书'王'字实为尊大，书之为可"，但为什么国书上却不写"王"字呢？就是因为大明虽被朝鲜尊为天朝，但大明并非日本所需要遵奉的，所以，朝鲜不必介意日本的称呼。

每一次国书往来，因为有"名分"问题夹在中间，就带来了无尽的麻烦，使得双方纠缠不休。朝鲜仁祖十四年（明朝崇祯九年，日本宽永十三年，1636），日本官员藤智绳曾威胁朝鲜使臣，说"今番使行，所系甚重。国书措语中如有一字未尽，大祸所存"。并且还在鸡蛋里面挑骨头地说，朝鲜国书把日本大君称为"贤君"，这"大

---

① 分别见于庆暹《海槎录》，载辛基秀、仲尾宏编《朝鲜通信使大系》第一册，第165、170页；又，《海行总载》第二辑，第55页。
② 李景稷《扶桑录》，《海行总载》第三辑，第12页上。

为未安"。他的理由非常奇怪,因为"我国则愚者谓之圣,诈者谓之贤,今以吾大君为贤君,辱之甚矣,必生大事。'贤君'二字删去,只以'丕承先绪'等语书填如何?"这真是节外生枝,理由也实在奇怪。

显然,无论朝鲜还是日本,国家文书中的用字之法,都深受古代中国所谓"名分"和"书法"观念的影响,朝鲜和日本官员正是为了"名分"曾经多次固执地争执不下,也多次不得已而互相妥协①。这种名号与年号的争执,不仅在日朝之间,也延伸到了中朝之间。明万历二十五年(1597),正在大明王朝考虑是否再度介入朝鲜与日本战争的时候,对朝鲜一直不满的明朝兵部主事丁应泰,为了一百多年前朝鲜申叔舟撰写的《海东诸国记》上书皇帝,就弹劾属国朝鲜原本应当"谨奉天朝正朔",却在书中竟敢使用日本年号(康正、宽正、文明),反而把大明的年号(永乐、宣德、景泰)放在日本纪年之下,原本应当遵奉大明皇帝,却竟敢把朝鲜国王称为"太祖、世祖、列祖"②。到了17世纪中叶,中国已经明清易代,但汉族中国这一传统在东亚诸国仍然延续,大清王朝要求朝鲜朝贡使团的文书,严格按照藩属国国王向天朝大皇帝的口吻书写,礼部官员一再告诫朝鲜使臣:文书下字当合体,不然就是有"违碍"。而那一年出使日本的朝鲜使臣南龙翼也记载说,双方的往来文书,朝鲜和日本双方也总是为了"用字"来回拉锯般地改动,是避讳还是不避讳,避谁的讳,彼此纠缠③,日

---

① 《朝鲜王朝实录·仁祖实录》卷三十一(仁祖十三年十二月癸巳):"日本与我国文书例用大明年号,对马岛主于礼曹称'阁下'。至是,关白送僧人璘西于岛中主掌文书,而不用大明年号,曰日本非大明之臣,其年号不可用,因改书式,于礼曹称'足下',朝鲜日本等夷之国,马岛之于礼曹,亦相敌,不可称'阁下'云云。上以违例,不欲受其文书,庙堂恐其生衅,力言不可与远夷争此小礼节,竟受之。只令岛主不用'足下'二字。"(第618页)。
② 见《朝鲜王朝实录·宣祖实录》卷一○四,第496页。此处参考了复旦大学历史系博士黄修志的论文《丁酉再乱期间中韩围绕〈海东诸国记〉展开的书籍外交》,未刊。
③ 日本方面想方设法让朝鲜文书"避"日本方面之"讳",并且按照日本方面的意思用字,如"'献土宜'之'献'字,改以'将'字,'献币'之'献'字,改以'设'字,'邻哉'之'哉'字,改以'睦'字,'奉祀'之'祀'字,改以'奠'字,'辞觐'之'觐'字,改以'享'字",见南龙翼《扶桑录》,《海行总载》第五辑,第64页。

本方面要让文书适应日本的口味,而朝鲜方面则希望文书按照朝鲜的规矩①,而再后来,18世纪初的新井白石(あらいはくせき,1657—1725)主持官方接待朝鲜通信使事宜的时候,更在这方面大动干戈地进行改革②。为了用字是否妥帖,为了名讳是否有犯,朝鲜与日本之间反复争执不休,为的就是那一点国家的"面子"。

二、交聘的礼仪之争

礼仪在东亚诸国,不仅仅是一种仪式性的活动,而且也是维系秩序的文明,在古代中国的经典仪礼中,上至天子与诸侯朝觐的仪节,下至士大夫相见的习俗,都在通过象征,即符合规范和标准的礼仪,传达着一种政治秩序的权威,也维系着这种秩序下的尊严。比如,"觐"是诸侯朝见天子,朝见时如何称呼、如何升堂、如何站立、如何行礼,自有一套严格的规矩;又如"聘"是诸侯与诸侯之间遣使互问,由什么级别的官员任使节,应当赠予什么样的礼物,接待者如何郊劳、设飨、慰劳,拜见对方诸侯时如何行礼,对方诸侯如何迎宾,使节如何受圭(如同递交国书)行享礼,也都有细致的规定。古代中国经典《仪礼》第八篇即为《聘礼》,而《礼记》中第四十八篇就是《聘义》。尽管国际交往中,现实性的政治始终是利益优先的,但是,象征性的礼仪制度中,却折射着国家体面和尊严。我们在通信使文献中,反复看到的是他们在礼仪上的讨价还价和制

---

① 1711年,出使日本的朝鲜使臣对日本负责接待事务的雨森东说,日本答书"感字下犯中庙御讳",所以,退回去让日本方面修改;日本方面反驳说,你们的国书中有"光"字,也犯日本的讳,不好改。为了这一点,又争执很久。朝鲜使臣陈述理由说:"夫避讳之法,厥亦久矣。三代以前,虽或疏略。自汉唐以来,此法截然。史牒所载,斑斑可考……贵国之泛用此字,初虽出于无心,今因俺等之请改。贵国既已知之,则其在邻好相敬之道,宜则删改。"可日本方面却说"临文不讳",在日本历来就是这样,但朝鲜方面却坚持说,如果不改,"有死而已,决无还归之理,不须多言"。见任守干《东槎日记》,《海行总载》续集第九辑,第71页。

② 参看后面的论述,此处从略。

度上的斤斤计较。

　　很多朝鲜士人总是认为,朝鲜在文明上高于日本。他们虽然为了避免战祸而不得不去日本出使,但正如金诚一(1538—1593)《海槎录》所说,"以今观之,本朝犹中国也,岛倭实蛮夷也,以大国之使,屈辱于小丑",更何况要虚与委蛇地和他们以礼周旋？所以,自负的朝鲜使臣心里颇不是滋味。或许正是这种心理,让他们总是要在礼仪制度上,与日本反复计较,甚至节外生枝,绝不能容忍与倭人"促膝接席,叙寒暄,交觞筹"①。就像金诚一自己说的,为了大国使臣的自尊,拒绝与日本关白左右交欢沟通,"堂堂大国之使,奉圣主明命,不能宣扬威德,使之稽颡于朝台之下,其屈辱亦大矣"②。

　　可是,如果不得已,需要交际周旋,他们常常会在仪节上斤斤计较。1636年,金世濂(1593—1646)出使日本,十二月十二日要参拜关白德川家光,日本派了著名学者林罗山(はやしらざん,1583—1657)与官员一道前来,要求朝鲜使臣按照日本礼仪朝见关白,说"宜仿庚寅故事,大君当坐交椅,受使臣行礼"。据说,日本方面原本也只是因为"朝鲜每以日本为不知礼,今若仍循谬例,不为改定,则未免一向贻笑于朝鲜",所以,才决心要在礼仪方面争一口气。没想到朝鲜使者却反驳说:"贵国务欲知礼,而反未免失礼之归,亦足一笑。所谓'庚寅故事'者何时也？不法(德川)家康之定规,欲法凶逆之(丰臣)秀吉,此可谓知礼乎？若行此礼,有死之外,断不可从,速为归报,无坏百年邻好。"据说,最后日本方面也对此无可奈何,只好作罢③。

　　有关礼仪的纠纷和争执反复出现,每一次都是为了国家尊严。

---

① 金诚一《答许书状书》,载其《海槎录》卷三,《海行总载》第一辑,第35页。
② 金诚一《答客难答上使书》,《海槎录》卷三,《海行总载》第一辑,第39页。
③ 金世濂《海槎录》,《海行总载》第四辑,第14、41页。此事在任䋎的《任参判丙子日本日记》也有记载,见《海行总载》第三辑,第58页以下。

看上去虚拟的仪节,在双方官员看来,总是有实在的面子,因而连日本官员与朝鲜使臣之间的相见礼仪,也不能不反复计较。朝鲜肃宗三十七年(清朝康熙五十年、日本正德元年,1711),作为通信使团副使的任守干(1665—1721)记载,这一年的八月一日,为了朝鲜正使是否需要在住所下阶迎接日本官方访客,双方就僵持了好些天。日本方面要求,朝鲜正使应当下阶欢迎,而朝鲜使团则根据前此访日各个通信使团的记录,认为历次日本官员来拜望,正使都不曾下阶,所以,"今当一遵前例,不可变改之意"。一直到了八月七日,日本方面仍然"呈书复申下阶迎使之意。而或言:辗转相持,愈见难处,未知毕竟何如也。或云:大夫出疆,毋失两国之好",明显语带威胁。朝鲜方面虽然看出日本有恐吓之意,但仍然"答之以决不可变改之意"①。一个月后的九月初八,日朝之间还在为礼仪争执不休,日本方面甚至要求朝鲜使团暂时停止前进,先讨论礼仪再说,而朝鲜方面的记载则表明,朝鲜使团相当坚持,并且召见日方翻译,让他们不要啰嗦劝说,"余与正使招见,反复争诘,至于夜深。概言:今番使行凡干节目,一依壬戌年。既已讲定,今到中路,不可有所变改。当与江户使者决定,尔辈不必多言。正色折之,始乃退去"②。

无论是朝鲜还是日本,士人心底有关礼仪的依据,都是来自传统中国的觐见朝聘制度与身份等级观念,自从前述《仪礼》、《礼记》以来,这种制度和观念就把国与国之间的外交往来,看成是捍卫国家地位和尊严的重要内容。远的不说,就说近世罢。当宋代中国不得不与周边诸国进行平等的交往之时,这种制度和观念就相当明确,《宋史·程琳传》、《宋史·程师孟传》就记载了北宋与契丹使

---

① 任守干《东槎日记》,《海行总载》续集第九辑,第53—54页。
② 任守干《东槎日记》,《海行总载》续集第九辑,第58—59页。

臣对于座位位置与朝向的争执,《金史·张通古传》《宋史·孝宗纪》也记载了南宋与金国对于觐见朝向与国书授受的礼仪规定,这种交聘礼仪涉及各国的颜面,所以必须十分讲究①。从大宋到了大明,中国对于外国往来,更是有一套严格的礼仪,比如明初外国使团来朝贡祝贺,先是将外国使团安置在会同馆,礼部把贺表副本进呈,仪礼司要引导使臣学习觐见仪礼;其次,觐见的那天,要在奉天殿前设置安放文书的"表书案"和进贡物品的"方物案",让"蕃使服其服,捧表及方物状至丹墀",礼部官员接过表状,放置在案上;再次,典礼开始时,有内赞、外赞、宣表、展表、宣方物状的官员以及文武百官各就各位,由仪礼司官员奏请升殿,这时皇帝才出现,"乐作,升殿,乐止,鸣鞭,讫。文武官入班,叩头礼毕,分东西侍立",然后才把外国使节带上来;再次,外国使节跪下,由典礼之官唱进表,序班之官举表案,"宣表宣方物状讫,蕃使俯伏,兴,四拜",然后"驾兴,乐作,还宫,乐止,百官与蕃使以次出"。这时才算典礼完成②。

当时东亚诸国的典礼大体如此,虽然不免有简繁之别,但大体

---

① 当然,历史上也有妥协和通融的时候,比如,《金史·张汝弼传》记载金世宗问:西夏和高丽,都向我们称臣,我国使者到高丽,和他的国王相"抗礼",而西夏王则站立且要使臣礼拜,这是为什么?左丞完颜襄回答说:辽和夏本来是舅甥之国,夏国国王因为是辽国女婿,所以辽国使者要拜他;金国因为同意西夏"遵用辽礼",所以使臣要拜他。而张汝弼则补充说:"行之已数十年,不可改也。"但是,大体上来说,在传统中国这一套交聘礼仪是相当讲究的。以上参看赵翼《廿二史劄记》卷二十五《宋辽金夏交际仪》,《赵翼全集》(南京:凤凰出版社,2009年)第一册,第436—439页。
② 这一套礼仪是洪武十八年制定的,相当繁琐也相当严格,如何接待,如何穿着,程序如何,都相当细致。见《大明会典》卷五十八《蕃国礼》的记载,《续修四库全书》史部第790册,第188页。《明史》卷五十六《礼志十》对于外国来贺岁朝贡的使节,有一个比较简明的程序记载:"凡蕃国遣使朝贡,至驿,遣应天府同知礼待。明日至会同馆,中书省奏闻,命礼部侍郎于馆中礼待如仪。宴毕,习仪三日,择日朝见。陈设仪仗及进表,俱如仪。承制官诣使者前,称有制,使者跪,宣制曰:'皇帝问使者来时,尔国王安否?'使者答毕,俯伏,兴,再拜。承制官称有后制,使者跪,宣制曰:'皇帝又问,尔使者远来勤劳。'使者俯伏,兴,再拜。承制官复命讫,使者复四拜。礼毕,皇帝兴,乐作止如仪。见东宫四拜,进方物讫,复四拜。谒丞相、大都督、御史大夫,再拜。献书,复再拜。见左司郎中等,皆钧礼。"(第1423—1424页)

上都把虚拟的礼仪看作实际的秩序,在这方面相当讲究。一旦违背或者忽略了礼仪,甚至在庄严的礼仪中夹杂了不雅的内容,这种"失礼"就仿佛丢失了面子,在文化比赛中丢了一局。在朝鲜使团勉强同意参与的日光祭祀中也是如此,日本方面为了压过朝鲜一头,在外交上的一个要求,就是希望朝鲜通信使团去日光,祭拜关白的祖先德川家康。可是,尽管在日本方面反复强烈要求下,朝鲜使团在17世纪初终于妥协,无奈地接受去日光拜祭,但朝鲜士人从心眼儿里就既不满也不屑。所以看上去日光祭祀场所相当宏伟,但朝鲜使者金世濂却记载说,日本关白祭拜祖上的方法,就好像是没有规矩的闹剧。比如,日本从中国得来一幅画,上面有伏羲、神农、黄帝以及尧舜禹汤文武孔颜曾思孟濂洛关闽邵尧夫像,"裹以三重绣袱,盛以金柜",居然被日本官方放在日光祭祀祖先的场所,还恳求朝鲜使臣在上面写赞辞[1],而同行的任絖则说:"关白以一国君长,享其祖于佛寺之后荒山之中,而曾不为耻,反欲夸张于邻国三使臣,其愚无知识,有不足责矣。"[2]

三、名分与礼仪中的自尊意识

这种通过文书措辞和外交礼仪维护国家自尊的做法,不仅在朝鲜方面很重要,在日本方面也同样重要。当彼此的文化认同越来越淡漠,相互的文化比赛越来越紧张的时代,这种彼此对峙的意识就非常厉害了。正因为如此,到18世纪初期,当新井白石取代林家执掌与朝鲜的交聘礼仪时,就试图对朝鲜通信使交聘礼仪和往来文字进行重新规范。1711年,负责重新制定交聘规范的新井

---

[1] 金世濂《海槎录》,《海行总载》第四辑,第16页。
[2] 任絖《任参判丙子日本日记》,《海行总载》第三辑,第60页。一直到1643年,申濡和赵絅带领的通信团,正式答应日本方面的请求到日光,并且从朝鲜带去一口钟作为礼品,这才让日本关白大为高兴。

白石对于日本宽永年间(1624—1643)对朝鲜的国书改称"日本国大君"相当不满,认为是"不顾国家耻辱"①。他认为,这一错误来自当时执掌有关文书事务的林罗山(1583—1657)。

为什么?因为这个时代日本的"自我中心意识"或者"日本型华夷观念"已经十分浓厚,对于已经明清易代、满清统治的大清,日本已经相当轻蔑,而对于明清之间不得不屈服于"南倭北虏"并且听命于清朝的朝鲜,也相当不以为然。一方面始终相信"神功皇后三韩征伐"、"古代三韩朝贡"、"源氏为琉球王朝始祖",一方面看到更大的西洋世界,从而对古代东亚朝贡圈抱有怀疑的新井白石,日本民族主义思想已经很深②。他说,"自从镰仓幕府以来,外国人称我国天子为日本天皇,称将军为日本国王",可是,宽永年间日本却自己改称"大君",这是一个自我矮化和定位含混的错误。为什么?因为一方面,"大君"是朝鲜国王授给臣子的称号,接受这一称呼有"受彼国官职之嫌",是自我贬低;另一方面,"大君"在中国文献中也是天子异称,容易与天皇混淆,所以,他坚持在国书中,关白应当仍然改称"日本国王"。"国王"与"天皇"称号匹配,显示出日本天皇与中国皇帝对等,而日本国王与朝鲜国王对等。"公家方面系以天字,称日本天皇,武家方面系以国字,称日本国王,有如天之与地,自然不可易其位"③。而在外交礼仪方面,新井白石也非常强调,既要合乎古礼,也要双方对等。比如,招待的菜肴数量,不能日本方面过于丰盛,不仅仅是"沿途诸国,劳费难计",而且也是礼仪上的对等规矩,因为"我朝廷敕使待遇亦无此例";又如接待使团的礼数,过去朝鲜使团到达江户,日本执政(老中)前去客馆慰劳,但

---

① 新井白石《折焚柴记》(周一良译本,北京大学出版社,1998年),第109页。
② 参看仲尾宏《朝鲜通信使と德川幕府》八《辛卯、正德度》中"新井白石的政治哲学与历史观"一节,第198—199页。
③ 新井白石《折焚柴记》第103—106页。

"我国使臣到彼邦时,并无命议政府议政到我国客馆之例,为何我国执政慰劳彼使"? 特别是,聘问之中的服饰制度,新井白石更是非常强调所谓对等,据说,新井氏曾奉命前往川崎驿迎接朝鲜聘使,他认为,朝鲜和日本官员在川崎驿的会见,"乃古代所谓草野(非正式)之会,因而不宜用在江户所着服饰"。所以,他只是穿着"武家常服",只是考虑到使臣可能出门迎接,所以,只是在肩舆中另外准备了鞋子。他说:"凡此等事,或关系国体,或关系武家旧例,不辨此者,不足与之议论矣。"①

名分和礼仪确实是"关系国体"。可是,无论日本还是朝鲜的文人学士,在外交往来中通过名分和礼仪,维护各自国家的自尊与表现文明的优越时,似乎都依据着古老中国的传统,在这些纷繁的文字记载中,我们仍然看到东亚诸国在文化上的标准,依然来自古代中国儒家经典和国家制度。

下篇　文化间的比赛: 服饰、风俗、儒学与艺文

国家之间的外交主要是政治较量,虽然也涉及策略,但是维护利益,更要靠的往往是实力。而国与国之间的文化比赛,则更与民族的自信和自尊息息相关,它需要使节们的学问、修养与文化知识。所以,李朝朝鲜对通信使人选的选择,从一开始就相当慎重。现存朝鲜通信使文献中,有一则资料很有意思。朝鲜宣祖二十二年(1589)秋天,朝鲜国王选择赴日使者,十分谨慎地吩咐说:"闻倭僧颇识字,琉球使亦尝往来云。尔等若与之相值,有唱酬等事,则

---

① 新井白石《折焚柴记》第 105、112 页。按照仲尾宏《朝鲜通信使をよみなおす——"锁国"史观を越えて》(东京: 明石书店,2006 年)的说法,新井白石的改革包括三项:一是改变"大君"称号,改用"日本国王";二是改变"辞见之仪"及国书内容;三是接待方式的简朴化(第 76—77 页)。

书法亦不宜示拙也。尔等其留念乎?"然而,包括金诚一在内的使臣,都觉得自己书法不太当行,所以,只好请求善书的李海龙跟随,作为写字官①。

如果连书法工拙这样的细节都很在意,那么,除了坚定的民族立场之外,风度、文学、绘画、礼仪等修养,更是通信使臣的必要条件。而在他们到达日本之后,就开始了与日本在衣冠、风俗、学问和诗歌方面的全面较量。

一、作为文明象征的"衣冠"

名分与礼仪在东亚各国的政治交往中的重要性,前面我们已经说到,而"衣冠"在文化比赛中的象征意味,也同样不可小看。古代中国改朝换代之际,作为正统象征,最重要的除了"改正朔"之外,就是"易服色"。我曾在《大明衣冠今何在》一文中讨论到②,朝鲜使臣以自己坚持的大明衣冠为文化正统,傲视改易服色的大清,并视之为"蛮夷"的历史现象,就是因为朝鲜始终觉得自己是汉唐宋明中国文化的正统所在,其中,他们特别自豪的地方之一就是坚持古代中国汉族传统的衣冠之制。

其实,日本人也曾经同样瞧不起改易了满族服饰和辫发的大清国,他们在清人面前也曾有穿着大明、两宋甚至三代服饰的自豪感。不过,在明清易代之前,朝鲜和日本的文化比赛之中,就已经开始在衣冠制度上彼此较量。那时,朝鲜人对大明还算佩服,但对日本却很蔑视。1617 年出使日本的李景稷,就在其《扶桑录》中,先

---

① 金诚一《海槎录》卷二《赠写字官李海龙并序》,第 30 页。又,朝鲜国礼曹编《海行录》记载,庆尚道观察使柳永询上疏,认为"自古奉使邻国之臣,必选一时之人材,如前朝之郑梦周,我朝之申叔舟、郑诚谨是也。今若遣使,亦当极择谨,勿以孙文或辈差送,以贻国家之羞辱,千万幸甚"。见 1605 年朝鲜国礼曹编《海行录》,《通信使大系》第一册,影印奎章阁藏本,第 140 页。
② 前引葛兆光《大明衣冠今何在》,葛兆光《想象异域》第 141—164 页。

是说对马岛的源义成等人"冠带之状可怪。衣如团领之制,而其袖广如僧衲,旁无衽制,直缝而下,只于两旁下端,付一幅帖,如我直领之旁衽,长才五寸许,立如箭羽,冠如纱帽之制,而后之立者,尖如砺石"。到了日本,他又说:"蛮夷之俗,本不知礼。衣服之制、进退升降之节,不成模样,只瞪瞪相视者,腰间一剑而已。(关白)秀忠之旁,无一侍人,非为严敬,实出于猜疑,蛮俗可恶也。公服则紫黑红三色,而所着之物,亦有三样,如(源)义成所着者,名曰加牟里,最上者,渠所谓冠也。次曰乌里染甫,渠之所谓折乌帽也,次曰染甫,是渠之所谓乌帽也。其状或似帽形,或似炭函之形,或似丁字形,奇奇怪怪,不忍见也。"①

朝鲜人对自家衣冠的这种自豪感,在明清易代之后越来越厉害,这当然是因为中国已经"华夷变态",象征中华文明正统的大明衣冠,只有朝鲜依旧执著,而这种对衣冠的观念,也同样被朝鲜人用于对日本的观看和评估。朝鲜肃宗三十八年(清朝康熙五十一年、日本正德元年,1711),随同赵泰亿访问日本的副使任守干曾经记载,当日本新井白石问他为什么西边各国都已是大清衣冠,唯独朝鲜却还是大明衣冠的时候,他就很自豪地回答说:"天下皆左衽,而独我国不改华制。清国以我为礼义之邦,亦不敢加之以非礼。普天之下,我独为东周。"所以,朝鲜使臣在日本一直很夸耀自己服饰的正统性,每次出行都郑重其事,冠服整齐,仪仗精严。在他们看来,这就是中华文化一脉正宗所在。有时候,这种服饰衣冠文化上的自我尊崇,也确实让日本文人学者佩服,像前面提到乾隆十二年(1747)出使日本的朝鲜人洪景海,就记载日本学者越缉曾惊艳于朝鲜使节不仅有古代中国的"华阳巾",而且还能说出它的形制典出《竹楼记》,于是,写诗赞叹说"衣冠艳服中华制",还心悦诚服

---

① 李景稷《扶桑录》,第3页上、11页上。

地说,"以海外之贱夫,得见中华圣人之服,始遂生平之愿"①。

不过,日本并不会在与朝鲜的文化比赛中俯首称臣。尽管朝鲜使者常常与日本学者夸耀自己如何如何拥有古代中国的服饰冠冕,像任守干曾经给新井白石看自己的"幅巾",显示这种古老而正统的儒家服饰正在朝鲜。但有趣的是,日本学者也有另一套自我夸耀的办法来傲视朝鲜,因为日本人觉得自己的文化来源更悠久,衣冠渊源更古老。你朝鲜虽然有宋代的程子冠,我日本更有三代的深衣,在这场衣冠之制的文化比赛中,他们毫不示弱,并且不断向朝鲜使臣展示他们的古代服饰,这些古代服饰甚至比起大明衣冠来,拥有更加古老的历史和更加久远的中国来源。如周冕、韦弁、皮弁等等,这些在中国也仅存于《仪礼》和《礼记》之类古典的衣冠,让日本人足以压倒仅仅崇奉宋明近世衣冠的朝鲜。所以,日本人也自豪地说:"本邦有周冕遗制,天皇即位之日冠之。仆及观之,诚千古之大幸,亲见周冕之制。汉唐以来诸儒所说,只是仿佛。"他们还说,日本的衣冠来源比起朝鲜来,甚至比起中国来还要古老,更重要的是,这些古代衣冠并不仅仅是礼仪上才穿着的正装,而且是日本日常生活的便装,即"本邦三千年以前之物有之,大抵士君子常服"。新井白石就向朝鲜使臣说,不要以为你们才懂得古代中国的衣冠之制,"仆初拜之日所戴,即周韦弁。今日所着,即周皮弁也"。至于经典上所说三代的所谓"深衣之制",日本也自有理会,甚至比中国还更正确,这是因为"本邦盖有三代礼器者多多"。似

---

① 洪景海《随槎日录》,《燕行录全集》第59卷,第461页。又,"余着华阳巾,(三河州吉田太守之文学)越缉曰:足下今日所着之冠,其名云何?余曰华阳巾。缉曰:见于何文?余曰:见于《竹楼记》。缉曰:其制尽奇古,或可使中人换出此冠及程子冠以惠耶?余曰:足下有意着之意耶?缉曰:真是越人之章甫,而欲时时见之,如见足下雅仪。余诺之。圣章以其冠加诸缉之头,缉曰:虽暂着亦好。多有悲叹之意。盖艳羡之深,悯其俗之陋也。"(第465页)"缉曰:足下之冠甚雅,愿闻其名。余曰:所谓程子冠,即两程夫子所着之冠,考诸道缘可以征之。缉曰:真君子之冠也。"(第455页)

乎比起朝鲜人来,日本人在衣冠之制上更加接近古代中国一些,也更神圣与庄严一些①。

二、有关民风民俗的观察与偏见

或许,衣冠之制,毕竟只是少数士大夫在殿堂上展袖舞裾,在经典中较长论短,在历史里寻章摘句,然而,要较量整个民族的文化水准,却往往需要在民俗民风上观察。谁是"文明之国"?对日本民众的风俗礼仪,朝鲜士人始终极尽挑剔之能事,洪景海《随槎日录》中曾经轻蔑地说:"倭之男女僧俗无别,男倭放溺于女倭之前,而女亦不为回避。行中从倭,或掬沙投面,以手拍肩,戏谑无所不至,而当者晏如,或为忻然而笑,蛮夷之俗,何足道也。"②在朝鲜士大夫看来,如果习俗符合古代中国,那么就算是文明,如果生活不依照《朱子家礼》,则与禽兽无异。朝鲜肃宗八年(清朝康熙二十一年、日本天和二年,1682年)九月,金指南随通信使团出使日本时,有一个日本儒者来访,"列书其国婚丧祭宾等礼而来示于余,曰:贵国常行之礼,亦仿此否?愿闻其略云。余观其所记,无不是丑陋而怪讶者也。余特书于其尾曰:我国常行之礼,悉遵朱文公五礼仪,而至于抬舆之贱,莫不遵守者。公若欲知,考之朱礼,可知其详耳。"据说,"其倭不胜健羡,致敬敬礼而去"③。

在通信使文献中,常常看到朝鲜文人在民俗民风上,对于日本的这种无端傲慢,朝鲜英祖二十四年(清朝乾隆十三年、日本宽延

---

① 任守干《东槎日记》,《江阁笔谈》,《海行总载》续编第九辑,第79页。这些日本人的自我夸耀,同样见于洪景海《随槎日录》,虽然日本人越辑很佩服朝鲜文人的衣冠,但是说起日本自己来,又不免很夸耀说:"两京冠冕,一遵唐制。昨见金紫峰(朝鲜使者)所着帽带,与西京无异矣,贵国若与西京通聘,则何羡贵国衣冠乎?"他说,京都的缙绅之士和江户(东京)的武人不同,"西京文臣诵习文章,欲与贵国人相较,而为江户所禁,不得与诸公相见,可恨"。林基中编《燕行录全集》第59卷,第566页。
② 洪景海《随槎日录》,《燕行录全集》第五十九册,第407页。
③ 金指南《东槎日记》,《海行总载》第六辑,第51页。

元年,1748)出使日本的朝鲜使臣曹命采曾记载了这样一个事情,说五月二十九日,日本藤原明远向朝鲜使臣打听朝鲜风俗如何,"书记柳逅以一诗即示之曰:'欲识吾邦事,何难说与听。人皆从古礼,家自诵遗经。衣尚殷时白,山连岱甿青。文明尽在此,方夏逊华名。'"据说,当时听了这首诗,"明远辈相顾而失色"①。他们认定,这是因为日本缺少教养的缘故。朝鲜英祖三十九年(清朝乾隆二十八年、日本宝历十三年,1763)赵曮出使日本,就发过这样一番议论:

> 彼人之唧啾言语,末由晓其一端,而至于小儿啼哭之声,男女急笑之音,与我国无异。以其发于同得之天性,无关于异音之方言而然耶。以此推之,秉彝伦常之天,夫岂有异哉?只缘教养之失宜,以致华夷之有别。苟能教之以伦纲,导之以礼义,则亦可以移风易俗,变夷导华,以复天性之固有者。其何间于啼笑之同然于一天之下者耶?倭人之法,死者不用棺椁,灰葬而坐置于木桶中,翌日埋之于寺刹之近地。所谓神牌,藏于寺刹,祭时则仍行于寺刹云。可谓无识之甚矣。②

"茫茫沧海隔中华,服异言殊法度差。"③虽然朝鲜使臣很看不上日本,不过,并不只是朝鲜对日本有文化上的无端傲慢,日本对朝鲜也同样没来由地心存轻蔑,他们有时候也会觉得朝鲜使团没有教养。朝鲜肃宗八年(1682),朝鲜遣使祝贺德川纲吉即将军位,以尹趾完(号东山)为正使,李彦纲(号鹭湖)为副使,朴庆后(号竹庵)为从事官,成琬为制述官,组成了四百七十三人的使团,分乘三艘大

---

① 曹命采《奉使日本时属见闻》,《海行总载》续集第十辑影印抄本,第36页。
② 赵曮《海槎日记》,《海行总载》第七辑,第7页。
③ 宋希璟《老松堂日本行录》,《海行总载》续编第八辑,第24页。

船开赴日本。但是,他们刚刚到达第一站对马,对马岛主就给他们送来五条规矩,其中首先就是要求使团中人必须"整肃谨悫,禁以酗饮烂醉,侵刻户橉,割席书屏,涕唾堂壁,送尿阶除,走马致毙"等等①。为什么? 因为朝鲜使团在这一方面,确实常常不够文明。但在朝鲜通信使文献中,却常常看不到这一点,心存无端傲慢和自信真理在握的朝鲜使臣们,只是觉得日本没有文化,所以民风不醇厚,他们反复说:"日本性理之学,无一可闻,其政教与民风,非兵则佛,郡国无庠序俎豆,又无君亲丧礼,其民虽天禀良知,何从而得闻道也?"②

其实,交往双方心底都明白,对手方未必就是蛮夷。就算一贯在文化上傲慢的朝鲜人,对当时的日本也颇有敬畏和羡慕,当他们暂时放下争胜之意而心平气和的时候,也看到日本的山川风物毕竟景色殊佳、秀丽异常,无论是琵琶湖③,还是富士山④,不由得赞叹"若非图画光景,直是锦绣河山"⑤。他们也能看到日本习俗中讲究清洁的文明风气,像申维翰就对这一点相当佩服,他看到日本人把厕所叫做"雪隐",而厕所旁必有浴室,腐败之物必定清理掩埋,所以日本很少有异味和苍蝇,觉得非常羡慕。1748 年,出使日本的曹命采使团回到朝鲜,闰七月底向英祖报告日本民风情况的时候,也曾经坦率地说到,日本比中国的庶民生活和政治秩序都好。特别是朝鲜文人也承认,日本的历史文化毕竟渊源古老和传统优长,他们不仅有来自古代的服饰衣冠,有传说中秦火之前的三代遗献,还

---

① 洪禹载《东槎录》,载《海行总载》第六辑,第 25—26 页。
② 申维翰《海游录》卷下,《海行总载》第二辑,第 13 页。
③ "湖水如鉴,一望无际,扁舟点点,帆影依依……洞庭之岳阳,虽未曾目见,景致之胜绝,气势之雄壮,想未必过于此。"见姜弘重《东槎录》,载《海行总载》第三辑,第 226—227 页。又,"搴帘眺望,爽朗阔大,不见崖岸,遥山抱渡,曲曲成湾。远近渔艇,出没于黄芦枯竹之间,落霞飞鹜,与波上下。"见申维翰《海游录》卷上,《海行总载》第一辑,第 66 页。
④ 见申维翰《富士山赋》,见《海游录》卷上,《海行总载》第一辑,第 67—68 页。
⑤ 曹兰谷《奉使日本时属见闻》,《海行总载》续集第十辑抄本,第 26 页下。

有各种历史悠久的乐舞。朝鲜肃宗三十八年(1711)十一月,作为副使的任守干在江户谒见关白之后,在那里观看乐舞,就好像古代中国有名的"季札观乐"故事一样,一向自负的朝鲜文人也不免"叹为观止"。他在行纪中详细记载了日本内廷中的乐舞,先是描绘舞台与乐队——

> 庭设舞台,方可三间。朱栏金饰,高数尺。南北设板梯,下围绿锦帐,列垂流苏。上铺漆板,设锦重茵。傍有两大鼓,径几五六尺,悬架体圆上尖,状如火焰。四面刻以龙凤云气,涂以金银。上卓高竿,一坐悬金镜,环插金箭十余个,一坐悬银镜,插银箭。间设小鼓金钲,架体略同。后构两所板屋,彩帐鲜丽。坐伶人于其中,服饰华侈,烨如烂霞,后裾甚长,曳地者数尺。始呈振铎三节。乐器则笙笛篥腰鼓,而笙声最清亮。着红绣衣凤翅〔翘〕冠者六人,各持金矛以进。挥霍盘舞,节奏雍容,分三次递进,服色各殊。

接着,日本方面,由新井白石向他们一一介绍乐舞的历史由来,其中有"开辟天皇形容功德之乐",这叫《偃武乐》,然后是古乐府中的《昔昔盐》,接着是来自高丽古乐的《长保乐》、《仁和乐》、《古乌苏》、《纳苏利》,日本古代传下来的《央宫乐》,传说为唐玄宗所作的《小破阵乐》,传说是北齐兰陵王高长恭破阵乐的《兰陵王》,最后,以没有舞蹈者的纯乐《长庆子曲》"奏而终之"[①]。在这种大型的乐舞中,可以看到日本涵容了东亚中国、高丽和日本所有的古代乐舞传统,时而和缓雍容,时而鸣金伐鼓,时而宏大,时而纤细,形成了洋洋大观。

---

① 任守干《东槎日记》,《海行总载》续集第九辑,第69页。

在朝鲜人笔下可以看到：一方面日本传续下来的古老文化，让他们心中暗暗钦羡；一方面则为了扳回面子，就反复强调这些古老乐舞源自高丽。这种复杂而纠结的心理，实在是有趣得很。

三、儒学知识、诗歌文章、绘画书法上的文化竞争

如果说对于朝鲜和日本的一般阶层来说，服饰的精美、风俗的醇厚、生活的考究，也许是容易互相比较的内容，而对于两国的文化精英来说，儒学真理、诗文表达、艺术美妙大概是最重要的文化比赛。在几个世纪里，每一次朝鲜通信使团中，不仅有对儒学和诗文娴熟的两班士大夫，也都有善于书法的"写字官"和善于绘画的"画员"。而在访日过程中，他们也几乎接触过日本所有的著名文化人和艺术家①，在这种相互交往中，既有相互的仰慕和佩服，但也有彼此的轻蔑和贬抑，那种维护自家尊严和进行文化比赛的心理，在通信使文献的记载中表现得尤其明显。

我们不妨以朝鲜使者面对的林罗山为例。自从1607年林罗山(1583—1657)由藤原惺窝(ふじわら せいか,1561—1619)推荐作为侍讲，而被关白重用以来，曾经参与了从庆长通信使(1607)到明历通信使(1655)一共六度朝鲜通信使团的接待，并且在1635年"柳川一件"事件发生以后，更负责起幕府的外交文书撰写事务。他留下了相当多的与朝鲜通信使的唱和往来资料，据郑英实的统计，仅唱和诗歌就有九十一首之多②。

---

① 除了藤原惺窝(1561—1619)和林罗山(1583—1657)外，如石川丈山(1583—1672)、贝原益轩(1630—1714)、木下顺庵(1621—1698)、山崎暗斋(1618—1682)、新井白石(1657—1725)、只园南海(1676—1751)、山鹿素行(1622—1685)、伊藤仁斋(1627—1705)、雨森芳洲(1688—1755)，或与朝鲜通信使有过交往，或者其诗文著作受到朝鲜通信使评价，朝鲜通信使交往的这个名单几乎包括了日本近世思想史、文学史上除了荻生徂徕之外，所有最著名的人物。
② 参看郑英实(Jeong Youngsil)《朝鲜通信使と林家》，载《东アジア文化交涉研究》第6号(日本：关西大学,2013年3月)，第237—255页。

但是，这位在日本思想史与学术史上都拥有崇高地位的学者，在朝鲜士人眼中，他的学术与文学却并不那么纯正和高超。朝鲜仁祖二年即日本宽永元年（1624）十二月十三日，林罗山与朝鲜使臣金世濂见面时，曾"拈出经史中难解处六十余条以问，字画文辞，灿然可观"。金世濂一一回答，然后与他就宋代理学的"理气先后，四端七情之分，往复三四，辩论不已"。按照金世濂的记载，当时林罗山就似乎"辞若小屈"。在固守宋代理学正统的朝鲜文人金世濂看来，林罗山的学术不纯，"理学工夫，其说多顿悟之旨"。所以，好事的金世濂事后写信给林罗山，毫不客气地指出："此乃释氏之派也，仲尼之徒所不道，吾未之学。"据金世濂说，林罗山只好承认："使臣之言，药石我也。我国学问，皆出于禅，所以有此患。"而且还谦卑地请教："如欲一归于孔氏之学，则当何修而可？"金世濂便又一次回信，居高临下地教训他说："其工夫梯级，则自格物致知诚意正心，至于平天下。其伦则自父子有亲，至于朋友有信。其制则冠婚丧祭，其文则诗书易春秋。圣人之道，俱在方册，归而求之，自可得师。"俨然是很自负的样子[①]。而稍后于1643年出使的另一个朝鲜使臣赵絅（1586—1669），则更不客气地写信给林罗山，指斥他的学问说："虽日讲太极通书百易犀革，吾恐终不免无根本田地之归。"他说，林罗山的学问，只是如同树木，看上去暂时枝叶繁茂，但最终不能壮大，如同庄稼一样，暂时绿油油的，最终入他人仓库，甚至讽刺他，看上去虽然号称是日本第一儒者，但"自己身上，无一事儒者规模绳尺之仿佛近似者"[②]。

对异国学问的无端傲慢，对日本学者的居高临下，有时成了朝鲜通信使臣在文化比赛中的常态，而固执于程朱理学的正统决不

---

① 金世濂《海槎录》第16页。
② 赵絅《重答林道春（罗山）书》，《东槎录》，《海行总载》第五辑，第2页。

能接受变通的刻舟求剑观念,则使他们对日本儒学总是尖刻批评,这种立场在朝鲜文人那里一直延续下来。后来出使日本的申维翰,曾经遇到林罗山的孙子林信笃,尽管林信笃对朝鲜使臣相当称赞,"盛称昨日礼罢后,关白招渠馈酒,谓以朝鲜尚礼仪,观使臣揖让进退之容,诚极嘉悦,辞旨深重,仆等与有光色云云"。但是,申维翰转过脸来却说,那是林信笃为了显示自己得到关白特别重视,并且要让朝鲜人听到愉快的赞词罢了。他说,林家掌握文柄,世代相传,自称"弘文学士,国子祭酒",连图章文字都刻着"玉堂"、"金马"等等,"关白不解文,有所撰述及稽古答问,无不出于是家父子",享受着最高的待遇,"禄厚而望重一国,为儒士者山斗仰也",但是,作为林罗山的孙子,林信笃"父子以其文学,为关白儒臣,滥竽客也"①。而对于日本古学者伊藤仁斋(いとうじんさい,1627—1705)的《童子问》,以及他的《论语古义》、《孟子古义》以及《语孟字义》等等,朝鲜使团的随从洪景海更是指斥其"全以诋诬程朱,夸张异见为主,自谓孔孟以后,独得圣学心法。……所谓'古义',即自立己见,逐章释注者也。'字义'即以心性四端七情诚敬等字,逐条论辩者也。绝海蛮儿坐于愚昧,诲毁前贤,至此良足良怜"②。

这种不自觉的无端轻蔑与有意识的自高身份,让朝鲜使臣对于日方思想学说颇为傲慢,这种傲慢有时也在诗歌、语言、绘画的各种评论中,常常流露出来。他们常常觉得,日本人的诗歌水平不

---

① 申维翰《海游录》卷上,《海行总载》第一辑,第71页。
② 洪景海《随槎日录》,《燕行录全集》第五十九册,第377—378页。在赵曮的记载中,我们可以看到,朝鲜使臣对于日本学术与思想的状况,其实了解很清楚。他们知道藤原惺窝传播宋代朱子之学、木下顺庵坚持不火葬不剃发的中国传统,知道新井白石和雨森芳洲是木下顺庵的弟子,也知道同出朱子之学一系的林罗山、林鹅峰、林信笃,也知道林信笃和新井白石之间的冲突。而且还知道伊藤仁斋、荻生徂徕的著作,就像清朝毛奇龄一样诋毁程朱理学,但是,他们仍然觉得,日本学术不正,朝鲜儒学最纯,所以说,"阳明之术,泛滥天下。而朱子之学,独行于朝鲜。群阴剥尽之余,一脉扶阳之责,岂不专在于吾东多士耶? 日本学术则谓之长夜可也,文章则谓之瞽蒙可也。"见赵曮《海槎日记》,《海行总载》第七辑,第50页。

行,他们动不动就讽刺说,日本文人的诗歌"不成语理"、"亦不成说"(任守干语),"拙朴可笑"(申维翰语),"多不成语"、"尤不足观"(申维翰语),"粗疏遁塞,语无伦序"(申维翰语)。尽管他们有时候也承认,日本文人有好诗歌,像申维翰在名古屋时,就曾觉得木实闻(兰皋)、朝文渊(玄洲)"以华音咏诗,诗亦往往可观"①,也承认雨森东(芳洲,あめのもりほうしゆう,1688—1755)虽然"险狠不平,外托文辞,内畜戈剑",但仍然是"彼中杰出人也。能通三国音,能辩百家书,其于方译之异同,文字之难易,自由泾渭于胸中"②,在对马岛更对松浦仪(源姓,字尔瞻,号霞沼,俗呼仪左卫门)提到,正使赵泰亿很欣赏新井白石的诗歌,"每称才华不离口",确实赵泰亿在《白石诗集序》中称赞过新井白石的诗歌,"观其诗即其人可想,而亦以见其国崇文之化,于斯为盛也"③。但是,无论日本文人还是朝鲜使臣,对于诗歌好坏的评价标准只是它是否符合传统中国文学风格,所以,在日本学者雨森芳洲的期待中,是希望朝鲜使臣承认新井白石诗歌有"唐人血脉",而在朝鲜文人们心目中,新井白石的诗歌之所以好,也只是因为"婉朗有中华人风调"④。

其实,在不存较量和比赛之心的时候,朝鲜使臣对日本文化也有艳羡和仰慕。1682年赴日的译士金指南,曾经很偶然地说了一句汉语"人同话不同",没想到一个日本人也用汉语回应说,"字同

---

① 申维翰《海游录》卷上,《海行总载》第一辑,第67页。
② 申维翰《海游录》卷下,《海行总载》第二辑,第10页。
③ 赵泰亿《白石诗集序》。又,李礥(1711年朝鲜通信使团制述官)《白石诗集序》也记载雨森芳洲把同门新井白石的诗集呈送给朝鲜使团,就问"是即与余同抠衣于木先生者源甫(新井白石)所著也,此诗其得唐人血脉否?"转引自李元植《朝鲜通信使の研究》(京都: 思文阁,1997年)第五章《正德度(1711)の使行》,第257—259页。
④ 申维翰《海游录》卷上,《海行总载》第一辑,第56页。足立栗园《新井白石》(明治三十年)曾经提到,弱小的、作为附庸国的朝鲜人,常常仿效中华之文明,想象我国为落后麻木而对我颇为轻蔑,然而此时代,一介书生的新井白石面对朝鲜通信使,以其唐诗一样的诗歌显示了德川时代早已成熟的文化,使朝鲜人感到惊诧——以上大意,转引自李元植《朝鲜通信使の研究》第五章《正德度(1711)の使行》,第253页。

音不同"。这使得金指南大为吃惊,急忙询问他从哪里来、如何学得汉语,这个日本人回答他说:"大君之从祖水户侯门下,多有医师、画工、方术之类,而尤留意于诸国言语,转译朝鲜、琉球、安南、暹罗等语之人,并皆处以别馆,厚廪尊奉"①,这让专门作为通事、惯习各种语言的金指南相当吃惊。1719年出使日本的申维翰,虽然对日本人对自己的历史蒙昧无知很不屑,但是,对于他们熟悉朝鲜的历史与文化却相当震惊,这使得朝鲜文人们有时候也会自我反省:为什么自己对于自己的历史与文化,反而不如日本人重视?他说:"自邦关市以来,厚结馆译,博求诸书,又因信使往来,文学之途渐广,而得之于酬唱问答之间者渐广故也。最可痛者,金鹤峰《海槎》、柳西厓《惩毖录》、姜睡隐《看羊录》等书,多载两国隐情,而今梓行于大阪,是何异于觇贼而告贼者?国纲不严,馆译之私货如此,使人寒心。"②

日本人对于书法艺术作品的珍视,也曾让朝鲜文人心生感慨,他们说:"盖其人生长于精华之地,素知文字之可贵,而与中华绝远,生不及见衣冠盛仪,居常仰慕朝鲜。"据说,"故其大官贵游,则得我人笔语为夸耀之资,书生则为声名之路,下贱则为观瞻之地。书赠之后,必押图章以为真迹。每过名州巨府,应接不暇"③。这也许是实录,至今留存在日本的诸多文物古籍书画,证明了日本人对精致艺术与古老典籍的重视,这种重视当然也是文化。特别是,欧阳修《日本刀歌》中所谓"徐福行时书未焚,逸书百篇今尚存。令严不许传中国,举世无人识古文"那几句诗,让朝鲜文人对传说中日本保存而中国早已失传的古代典籍,更是心存好奇和艳羡。任守干曾经向新井白石询问:先秦古籍至今有什么流传下来的?新井白石便做鬼弄神地回答

---

① 金指南《东槎日记》,《海行总载》续编,第六辑,第49页。
② 申维翰《海游录》卷上,《海行总载》第一辑,第76页。
③ 申维翰《海游录》卷下附《闻见杂录》,《海行总载》第二辑,第9页。

说:"本邦出云州有大神庙,俗谓之大社。社中有竹简漆书者数百庄〔张〕,即《古文尚书》。"而且还告诉他们:"本邦之俗,以秘为要。况神庙之藏,俗间不得传写。"这种欲说还休的介绍,让朝鲜使臣心痒难忍,对深藏寺社中的古老逸书充满了向往之情①。

不过,一旦心存文化比赛之心,他们便总是要说日本这也不行那也不行。一次,当日本儒者来访并讨论到礼仪风俗的时候,金指南又不免要奚落一番,说这个日本儒者"列书其国婚丧祭宾等礼,而来示于余曰:'贵国常行之礼亦仿此否?愿闻其略云'。余观其所记,无不是丑陋而怪讶者也。余特书于其尾曰:我国常行之礼,悉遵朱文公五礼仪,而至于抬舆之贱,莫不遵守者。公若欲知,考之朱礼,可知其详耳"②。

朝鲜士人对日本这种根深蒂固的偏见,这种无端傲慢的敌意,究竟是为什么?也许,申维翰《海游录》末尾的一段对话可以帮助我们找到答案。1719年,一直负责通信使接待事务、精通朝鲜语的日本学者雨森芳洲,非常痛苦地问朝鲜使臣申维翰说,我们两国"隔海为邻,信义相孚",已经长期往来友好,为什么朝鲜文集中,凡是涉及日本,始终称作"倭贼蛮酋,丑蔑狼藉"?申维翰却回答说,这很简单,因为在朝鲜人的集体记忆中,始终有丰臣秀吉侵略的惨痛,所以,在朝鲜人心中,他是"通天之雠,宗社之耻辱,生灵之血肉,实万世所无之变,为我国臣民,谁不欲脔而食之?"③

结语　不在场的"在场者":通信使文献中的中国

在现存约四十种朝鲜通信使文献中,我们看到了从15世纪以

---

① 任守干《东槎日记》,《海行总载》续编,第九辑,第76页。
② 金指南《东槎日记》,《海行总载》续编,第六辑,第51页。
③ 申维翰《海游录》卷下,《海行总载》第二辑,第14页。

来四百多年间朝鲜与日本在政治上的较量和文化上的比赛。可是,无论是政治较量中的"名分"与"礼仪",还是文化比赛中的"衣冠"、"礼俗"和"诗文",东亚那个时代比赛的双方虽然是朝鲜和日本,但"裁判"却始终仿佛来自传统中国。什么是"高雅"?什么是"庄严"?什么是"中规中矩"?什么是"别有风韵"?尽管没有中国人在场,但"中国"却始终在场,传统中国向周边漫延开来的古典知识、礼乐制度和艺文意境,仍然作为近世东亚诸国文化人的共同"经典",在文化比赛中充当了评头品足、较长论短的尺度。

不过这并不是说,在通信使文献中实际上的明清中国自始至终"缺席"。事实上,朝鲜通信使文献中,也有不少直接涉及中国的资料,毕竟在东亚,明清中国始终是一个巨大的存在。在足利、丰臣、德川三个武家时代,日本也曾有与中国直接交通的愿望,只是唯一与中日均有外交关系的朝鲜,却似乎并不热心作为中介。说起来,他们"事大交邻",其实,"事大"是迫于压力的敷衍,"交邻"多是不得已的妥协,在"大"的王权和"邻"的霸权之间,他们并不很愿意主动沟通,反而常常无意识地成为阻隔,甚至还会有意识地李代桃僵,把日本当作蛮夷之国,代中国拒之门外,也许,这也是中日之间始终没有直接外交往来的原因之一?

但是,东亚舞台上中国始终在场,且不说与中国交往密切的朝鲜,就是与中国没有外交关系的日本也是如此。

先看足利时代。从15世纪到16世纪后半,对于日本来说,也许是"蒙古袭来"的记忆太深,日本似乎一直在担心朝鲜与明朝联手来侵略日本。这并不是空穴来风,据说,永乐十六年(1418)有一个中国使臣吕渊曾经到日本兵库,向日本关白宣谕明朝皇帝的意思,说"汝父及朝鲜王皆事我,汝独不事我,将遣将同朝鲜行兵,汝可高城深池以待之"。这一来自大明的军事威胁已经弄得日本十分紧张,偏偏对马岛藩主又在中间挑唆,说是有"江南兵船一千只,朝鲜兵船三百只"来攻打本国,幸好被击退,这把风声鹤唳弄成了渔阳鼙鼓。可是,第二年朝鲜攻入对马岛,则使得这件事情好像弄假成真,让日本大为惊恐,觉得"蒙古袭来"事件即将重演。所以,1420年朝鲜使者宋希璟到日本的时候,就需要向日本反复解释,朝鲜虽然入侵对马岛,只是因为"马岛在日本朝鲜间,常事寇盗,于其王令则不从,故今予讨之,其王闻之,则必喜也。若与大明同心举兵,则无之矣。如此无凭谎说,何足取乎?"[①]

再看丰臣时代。16世纪后期的日本觊觎大陆,丰臣秀吉就很有入侵朝鲜、借道朝鲜直取大明的野心。所以,在丰臣秀吉入侵朝鲜前夜,金诚一就在一封书信中说到,丰臣秀吉野心勃勃,在致朝鲜的国书里面,都表露出"张皇国威,以兵力夸耀"的气味,甚至在国书中直截了当地用"一超直入大明国,易吾朝风俗于四百余州,施帝都政化于亿万斯年"这样的话语,表明了"欲取大明,而施日本政化之谓也"[②]。不过,当壬辰之役日本受挫,丰臣秀吉也不得不改变策略,重新试探日中交往的时候,他们也曾经试图与来日本协商停战事宜的大明使臣沟通。在通信使文献中,就记载了"壬辰之役"后赴丰臣秀吉处谈判的"天朝使臣"沈(惟敬)、杨(方亨),他们代表大明王朝来册封日本国王,但始终没有得到丰臣秀吉的礼遇,连他们期待的"谢恩文书"也拿不到。特别是,丰臣秀吉为了离间中朝或者扳回面子,强词夺理地在中国使者面前争辩侵略朝鲜的合理性,并责怪朝鲜,说朝鲜在日本与中国之间,既不帮日本向大明求封,也不帮日本与中国通贡,反而处处作梗,所以,我才为此动

---

① 宋希璟《老松堂日本行录》,《海行总载》续编第八辑,第25页。
② 金诚一《海槎录》卷二,《海行总载》第一辑,第40页。这件事情应该说是确实的,除了金诚一的引述之外,日本方面也有记载,《续善邻国宝记》中就载丰臣秀吉致朝鲜国王国书中有"人生于世,虽历长生,古来不满百年焉,郁郁久居此乎,不屑国家隔山海之远,一超直入大明国,易吾朝之风俗于四百余州,施帝都政化于亿万斯年者,在方寸中"。见《改定史籍集览》(东京:日本史籍集览研究会,1968年)第21册,第117—118页。

起刀兵。可是，大明的使臣却畏敌如虎，一言不发，就连日本人柳川调信都忍不住，要对朝鲜正使黄慎埋怨："沈爷连日对关白，不敢一言及之，极可恨也。天朝天（疑缺一'使'字）忒软，怕关白如此，可恨可恨。"①

到了丰臣秀吉之后的德川时代，日本仍然再一次试探，在不伤害自尊的情况下，与大明建立外交或贸易关系。所以，在通信使文献中我们看到，日本官方曾经明里暗里反复要求朝鲜在日本与中国之间进行沟通。1607年，庆暹作为通信使团的副使赴日，德川秀忠便让手下官员试探朝鲜使臣说："通和一事，专为进贡天朝也。"但是，敏感的朝鲜使臣庆暹却回答："日本之进贡天朝，何预于朝鲜，而言于吾等耶？必欲入贡，自有旧路，日本自当奏请，尤非我国所知也。"可是，日本官员元丰却直率地说："朝鲜乃中国一体之国也，欲因朝鲜导达进贡之意也。"但是，内心并不愿意日本与大明直接沟通的朝鲜使臣却这样回答："此事极难。往年天朝以帝王包荒之量，许日本乞和之请，委送诏使，远涉沧溟，封王锡服，此实日本前古所未有之盛事。而你国不但不受诏命，至于慢辱册使，驱迫出送，圣天子以此震怒，其时主和之人如石尚书（星）、沈游击（惟敬）等，皆被诛戮，至今言及和事者，辄被处重罪，倭国何敢更发此说于天朝。"②

明清中国和日本隔山限海，原本就往来不多，而隔着朝鲜，日本与中国也始终没有形成正常的邦交，在几个世纪中只有商业上的贸易往来。不过，在通信使文献中，我们仍然可以常常看到有关

---

① 黄慎《日本往还日记》，《海行总载》续编第八辑影印本，第30页。也许，后来由于丰臣秀吉死，德川家康取而代之，所以，通信使文献中居然还记录当时的日本官员诅咒丰臣秀吉的话，说"关白横失人心，为恶不悛，不出三五年，势必难保，朝鲜若能以计羁縻，撑过日子，则终必无事矣"。同上，第52页上。
② 庆暹《海槎录》卷上，《海行总载》第二辑，第58—59页。1636年通信使文献又记载，日本责问朝鲜，为什么不肯帮助日本与大明建立直接外交往来。参见任绖《丙子日本日记》，《海行总载》第三辑，第61页。

中国人的记载。在这些人中,有大明王朝派出的使者,有明清易代之际流亡日本的遗民,也有漂流异乡的草根百姓。我们看到,其中有明初被掳到日本、精通三国语言而深受关白信任的魏天①,有嘉靖年间漂流来日本、在小田原相模州地方形成唐人村的福建人"叶七官",有深受日本人信任、专门往来福建和日本之间经商的"叶二官"②,有随着中国商船到萨摩定居十余年、但"衣冠容止,皆守中华之俗"的南京人稽玉泉③,也有为避明亡之祸而移居日本京都黄檗山、改易僧服的土木子④。当然,我们更多看到的是,在政治、文化和历史上,中国之于东亚,尤其是日本、朝鲜和越南,是一个巨大的背景,它深深地嵌在东亚诸国的政治、文化和历史之中。尽管现存的四十多种朝鲜通信使文献,主要是记载朝鲜与日本之间的往来,但正如我们前面说到的那样,朝鲜和日本之间,无论在政治领域的名分、礼仪、文书上,还是在文化领域的衣冠、学问、艺术上,那个现实上的"明清"虽然缺席,但历史上的"中国"却始终在发生影响。因此,在朝鲜通信使文献中,尽管主要看到的是日本与朝鲜之间复杂的政治关系,也看到了中国的文化存在,应当说,中国在通信使文献中,仿佛就是一个不在场的在场者。

2014 年 2 月于上海复旦大学

---

① 宋希璟《老松堂日本行录》,《海行总载》续第八辑,第 24 页。
② 庆暹《海槎录》卷上,《海行总载》第二辑,第 42、45 页。
③ 金诚一《海槎录》卷二,《海行总载》第一辑,第 30 页。
④ 金指南《东槎日记》,载《海行总载》第六辑,第 49 页。

整理说明

1. 丛书采用简体字，横排，施以现代标点。

2. 本文字错误，有他本可校者，在正文中改正，并出校记说明；无他本可校者，则不改正文，仅在校记中标明疑误；少数极为明显的别字（如"已巳"误混）则予径改。

3. 本脱文，有他本可以补足的，在"〔 〕"中补出，并出校记；无法补足的少量阙文，用"□"标出。大段阙文，则在正文中予以说明。

4. 本双行小注，整理本采用较正文小一号字体横排；小注乱入正文者，并予改正，并出校记说明。

本丛书意在为国内对通信使文献感兴趣的读者，提供一个初步可读的易得文本。对通信使文献更为深入、细致的整理，有待将来学者的进一步努力。限于资料条件以及整理者的水平，书中的错误与不足在所难免，尚祈方家读者不吝指正。

目　录

老松日本行录 …………………………………… 宋希璟　1
海东诸国纪 …………………………………… 申叔舟　69
日本往还日记 ………………………………… 黄　慎　163
庆七松海槎录 ………………………………… 庆　暹　199
李石门扶桑录 ………………………………… 李景稷　269

老松日本行录

宋希璟 撰

《老松日本行录》解题

《老松日本行录》的成立背景,是一场被朝鲜称为己亥东征、被日本视作应永外寇的战争。1419年,即朝鲜王朝世宗元年,朝鲜在上书明朝得到准许的情况下,攻击了当时作为倭寇聚集地的日本对马岛。事件的起因,是当年的五月,数千名倭寇入侵了朝鲜庇仁县,之后又进犯了海州,造成死于这场侵略及被掳走的朝鲜军人达三百人。面对倭寇日益猖獗的袭击,朝鲜世宗决定出兵征讨对马岛的倭寇。朝鲜军一路直进,夺取船越,并设置栅栏阻断岛外交通,展现出长期驻守的姿态。但此后不久,由朴实率领的朝鲜左军在糠岳遭受对马侧的伏击,连折四名将校,右军也遭遇对马的攻击,勉强胜之。之后事件的发展,按照朝鲜一方的记载,是对马方奉书求和:"都都熊瓦(宗贞盛)恐我师久留,奉书乞退师修好",朝鲜军队于七月三日撤回巨济岛。而日本一方的记录,则是对马军大挫了朝鲜左军,朝鲜军队无心恋战而撤走。

这次战斗对于双方都造成了极大的损失。战后朝鲜一度有再次征讨对马的动向,九州探题涉川义俊和少贰满贞为了试探朝鲜的虚实,以请求大藏经为借口,向朝鲜派出了以博多妙乐寺僧人无涯亮倪为正使、归化汉人陈延祐之孙陈吉久(平方吉久)为副使的使团。对于日本的来使,朝鲜的态度十分审慎。为了缓解战后两国的紧张关系,同时了解日本的真实意图,朝鲜在给予日本大藏经的同时,决定向日本派出回礼使。关于使节的人选,在赵平为《老松日本行录》所写的序中有这样一段描述:"时去辛巳不远,且岭南熊川之荠浦,尚为倭窟。方议遣使,咸难其选。廷臣皆曰,非宋某不可。上曰:'俞,汝往,钦哉'。"可见在两国战事方休、倭寇依然肆虐、关系前途未卜的情况下,宋希璟成为当时朝鲜君臣心目中出使日本的最佳人选。

宋希璟,字正夫,老松堂是他的号。高丽朝辛禑二年(1376)出生于公洪道连山县竹安坊筠亭里。幼年时资质聪颖,敏而好学,朝鲜太宗二年春壬午,宋希璟二十七岁时,登别科第三。二十九岁入翰林院。三十二岁累迁司谏院正言。之后以听晓楼报漏阁创营事,犯颜忤旨,罢归田里。三十四岁复入司谏院献纳,选为艺文馆修撰。三十六岁时,任圣节使书状官,出使明朝。另外,在《朝鲜王朝实录》太宗十七年还有一则宋希璟从北京归来、受宴于便殿的记载。可见宋希璟在出使日本前,至少已有过两次出使明朝的经历。在出使日本之前,宋希璟升任为佥知承文院事;完成使命返回朝鲜途中,被加任缮工修正。太宗死后,宋希璟奉旨参修《实录》,之后乞邑养,任天岭郡(咸阳郡)知事,治有声绩。晚年以判司宰监事退居在全罗道的潭阳,世宗二十八年(1446)老逝于锜谷乡庄。

由宋希璟笔录的记载己亥东征后朝日两国关系发展动向第一手资料的《老松日本行录》,具有极其重要的史料价值。然而这一史料的传世过程,却是一波三折。根据苏世让、赵平为此录所作的序可知,在宋希璟去世后,此录并未能保留在其子孙手中,而是不知所踪。直到一个偶然的机会,宋希璟的四世孙宋纯(宋企孙)的从弟梁山甫在南原老儒吴祥处得到了此书,随后将之送给了宋企孙。苏世让的序,便是在企孙复得之后作成而附于卷首。之后在丁酉倭乱,即丰臣秀吉发动的第二次侵略朝鲜的战争中(日本称庆长之役),此录再度遗失。直到丁酉倭乱之后的近三十年,即1625

年的时候,宋希璟的六世孙宋征在拜访咸平郑庆得家中时又看到宋希璟的"日本行录"。据郑庆得陈述,丁酉倭乱中其一家被掳去日本德岛,在一个山村老僧那里看到是录,"妆锦甚鲜。开卷视之,前后记序,皆我东方名臣作"。郑庆得欲以重金向老僧买取,老僧不肯,"遂传写以还"。郑庆得将其抄写的行录送给了宋征。朝鲜仁祖三年(1625)和仁祖四年(1626),赵平和承文院判校曹弘立两人分别撰写了序文。正祖二十三年(1800),在宋氏后人宋筬等的努力下,此录付梓刊刻,并附了宋焕箕和金履銈的跋文。其木刻本至今在韩国、日本仍有保存。而现存唯一的古写本,由东京文京区的井上周一郎收藏。根据日本学者村井章介先生的研究,这一古写本便是宋希璟的玄孙宋纯的从弟在南原老人吴祥处得到的写本,但此写本并不是宋希璟本人的手写本,而是在1556年前后成立的写本,其作成者不详。经过宋纯补写、装帧后的这部写本在丁酉之乱中传到日本,为德川麾下的畑家代代保存下来,近代成为汉学家小牧昌业的藏书,现在则为东京文京区井上书店店主井上周一郎所藏。同时日本还存在的其他抄本,比如收藏在九州大学荻野文库以及东京大学史料编纂所的抄本,分别是根据小牧本(即现在井上周一郎的藏本)以及朝鲜总督府朝鲜史编修会从宋希璟后人宋壎那里得到的木活字本转写的。

《老松日本行录》作为朝鲜人最早的日本使行记录,其体例颇具特色。有别于一般的出使记录所采用的日记体,《老松日本行录》采用的基本文体是汉诗文,寓记事于诗文以及诗前的小序中。其记述内容的时代特征非常鲜明,对由倭寇引发的东亚三国的危机以及生活在倭寇漩涡中的东亚三国人民悲惨的际遇有着深刻的刻画。比如《行录》中屡屡提到朝鲜使节对横行于濑户内海的倭寇的担忧。使节自一岐岛驶向干沙毛梁(一岐胜本町胜本)时,看到三小船自梁口向使节乘坐的船驶来,众人"击鼓张旗,被甲立待"。

又行船至朴加大(博多)附近,"望见一小船人,皆被甲来如箭疾。众曰此海贼也,亦皆被甲张旗鸣鼓"。从下关驶往上关时,暂泊在海贼聚居的罗浦,使节们提心吊胆地关注周边的动向。但是以上情况都是虚惊一场,此行真正遭遇倭寇只有一次,是自唐加岛驶向多可沙只(安艺国高崎,今广岛县竹原市)时,过一石岛,"有小船忽自其岛向我来,疾如箭……望见小船人立如麻,我船停帆徐行,待亮倪及宗金船,俄而二船及来。贼船望之,沿北边向西去"。使臣的船只因为与亮倪、宗金等日本护送人员的船只同行,才免遭海贼袭击的厄运。

日本倭寇不但给作为邻国的中国和朝鲜带来了不幸,即使日本人民,也直接或间接地遭受着倭寇所带来的苦难。经历过己亥之战的对马人民见到朝鲜使节,最为关心的是两国是否还会打仗,当朝鲜使节告知自己乃是回礼使时,对马百姓喜曰:"然则太平使也,吾辈生矣。"可见经历过战火的对马人民对和平的渴望。

除了因倭寇所导致的中日朝三国人民的不幸,书中还反映出日本社会自身存在的诸多不安定因素。比如使臣在朴加大(博多)时,写到这里本无城,"歧路皆通。夜夜贼起杀人,无追捕者",因为朝鲜使节的到来,出于安全考虑,相关官员才在"巷歧路皆作门,夜则闭之"。在兵库时,宋希璟观察到"日本人数多,饥人亦多,路边残疾人,会坐乞食"。兵库港已然离当时的王都京都不甚远,且为日本主要的商贸港口,但贫困的人民仍比比皆是,由此可见当时日本经济上凋敝的一面。

除了对日本百姓的生活,宋希璟对日本贵族的生活也有所观察,然而观察的结果,却让身为儒家知识分子的他摇头不已。宋希璟观察到日本几乎没有儒家重视的男女之防,君占臣妻,僧尼混居,游女(妓女)迨半,男色盛行。日本的这些风俗,难免使得深受儒家思想熏陶的朝鲜使节将日本视作淫风肆虐、礼教不行的蛮夷之国而心存鄙视。

《老松日本行录》作为一部涉及15世纪初叶中日朝三国关系的文献，对当时卷入倭寇漩涡的中国百姓的情况也有所体现。书中有《唐人》一诗，是描写被倭寇掳去后沦为奴隶的台州小旗的悲惨境遇。小旗是明朝卫所的低级军官，在倭寇侵略中国的战事中被掳去日本，剃发为僧，过着颠沛流离的生活。"被虏唐僧跪舟底，哀哀乞食诉艰辛。执筌老贼回头语，给米吾当卖此人"，非常写实地表现了明朝被掳人在日本的凄惨境遇和任人宰割的低微身份。

除了上述的台州小旗，《老松日本行录》中还有其他以各种身份登场的中国人和中国人后裔，比如日本派出求取大藏经的使节陈吉久和通事魏天等。陈吉久是渡来人陈延祐的孙子，陈延祐的儿子陈外郎（陈宗希），在将军身边从事接待外国使节以及典医的工作。朝鲜攻击对马后，九州探题派出的博多豪商宗金通过陈外郎的引见，将事情的缘由上报给将军，获得将军首肯后，派陈外郎之子、同为博多商人的陈吉久（平方吉久）作为使团的副使前往朝鲜。另一位在《行录》中频频登场的中国人通事魏天，经历则更为曲折。《行录》中记载其"少时被虏来日本，后归我国，为李子安先生家奴，又随回礼使还日本。江南使适来见之，以为中国人夺归，帝见而还送日本，为通事"。可见魏天曾经周转于中日朝三国之间，少年时被掳至日本，后不知通过何种途径进入朝鲜，做过朝鲜人的家奴，又跟随朝鲜的回礼使返回日本，又被中国使节带回明朝，最后还是返回日本，在此娶妻生子，受到前将军足利义满的宠信，担任通事，在日本过着富足的生活。

台州小旗、陈吉久祖孙三代以及魏天的经历，反映出在倭寇肆虐以及元末中日民间贸易兴盛的情况下，大批中国人通过各种途径进入日本后的生存状况。从陈吉久博多商的身份以及宗金与供职于幕府的陈外郎的交往来看，陈氏家族与博多商人有着密切的联系。陈吉久的祖父陈延祐是在元末的战乱中移民到日本的,陈氏家族经过三代人的努力,最终在日本的商界和政界都占有了一席之地,他们前往日本的行为是自愿的。而魏天和沦为奴隶的台州小旗,同作为倭寇之乱的牺牲品被掳去日本,但二人的命运却不尽相同。魏天虽然也一度贱为奴隶,辗转于中日朝三国之间,但最终在日本获得了稳定的生活,并以通事的身份服务于幕府。而台州小旗被掳来的时间尚不久,在九州一带随着倭寇浮海而居,身份低贱,任人使役,他的经历,应该代表了当时身处倭寇漩涡中的明朝被掳人的普遍命运。宋希璟的这些记载,反映出当时因贸易或倭寇掳掠而进入日本的中国人在日本的处境,这可以说是从朝鲜人的立场对明、日关系的观察和记录。

另外,作为一次政治出使,两国围绕各自政治利益的斡旋时时刻刻都在展开。朝鲜使节一方面力保自己的尊严,一方面表现出对明朝的事大理念,而日本则企图迫使朝鲜在日朝这一双边关系中放弃对明朝的依赖,这一点在双方围绕朝鲜国书中年号问题的争辩上体现得尤为明显。

朝鲜世宗给幕府将军足利义持的国书上,所署的年号是"皇明永乐",这引起了日本方面的不满。当时幕府将军足利义持,对明朝采取了断交政策,在朝鲜使节到来的前三年,足利义持驱逐了明成祖派来诏谕的使节吕渊,拒绝向明朝朝贡。朝鲜进攻对马时,又有江南兵船一千只助战的流言,因此日本对明朝的防备心十分之高,对于朝鲜与明朝的关系也十分顾忌。在这种情况下,朝鲜使节携来的国书中署了明朝的年号,使得日本十分不悦。陈外郎劝说宋希璟将国书里的"永乐"年号偷偷改作"龙集"(即岁次之意),宋希璟义正词严地拒绝了日本的要求。日本遂将使节软禁于深修庵数日,终未能使之屈服,最后只好索要朝鲜的书契交给将军了事。此番的年号事件,可以说是中日朝三国一次兵不血刃的交锋。日本企图瓦解朝鲜和明朝的同盟关系,而朝鲜使节对明朝事大的立场则终不改变。很显然,无论是在国家关系上,还是在针对倭寇的立场上,朝鲜和明朝的利益都是更为一致的。朝鲜虽然出于现实的考虑积极修复了对日关系,但其对日本的防备之心远远大于友好之情,反之日本也是一样。对其而言,朝鲜背后的明朝是一个不可忽视的威胁。

在朝鲜和日本的这次交锋中,明朝虽然没有真正出场,但其潜在的力量贯穿了这场被朝鲜称作己亥东征、被日本称作应永外寇的战争从酝酿到爆发、再到善后的始终。因此,宋希璟的《老松日本行录》不仅给我们提供了一个观察15世纪日朝关系的角度,同时也从一个侧面为我们呈现了当时由中日朝三国构成的东亚国际社会的复杂场景。

本书所收录《老松日本行录》所采用的底本,是收藏在韩国国立中央图书馆的刻本(藏书号:한고조45-가42)。参校本为村井章介在《老松堂日本行录》中根据井上周一郎藏本所整理的排印本。

(朱莉丽)

老松宋先生日本行录序

完山大尹宋守初氏,以其高祖父老松先生《日本行录》示余,其记事简而详,诗辞亦淳实敷腴。余作而曰:先生其真使乎哉。昔吾夫子以诵诗三百,能专对于四方,诗固使者之所宜为,矧本乎人情,该乎物理,发于中而形诸外者哉。先生使万里海外,录数十百首,齐夷险,一死生,无羁愤悱之语。雅而不凡,激而不怒,可谓能专对者非耶。涉沧溟,风浪蹴天,舟之颠覆累矣,而如坐斋阁,吟啸不辍,胸次悠然,略不动心。寇贼敛其锋,蛟鳄避其威,终能宣扬国家明命于日出之域,使卉裳黑齿之辈奔走效顺之不暇。其视唐子方渡清淮一带水,自以仗忠信幸无事为夸者,不可同年而语矣。日本邈在扶桑之东,正朔所不及,俗悍而诈,非知有仁义者也。我国之奉使于彼者,不葬于鱼腹,则为其所拘留者多矣。能完节往返,表表在人耳目者,郑圃隐、申高灵二人而已。先生之功烈勋业,既如郑、申之彪炳著称,而大尹公方负重望于世,位登峻班,爵及三代,信乎有德者必有后也。是录也,不与家牒而并存,独散逸无传。犹幸好书者收藏爱惜之,不为虫鼠之所蠹。百岁之下,复入于后裔,如守初之手,亲择妙笔,楷写妆潢,以为子孙世守之青毡,岂非有待而然欤。先生姓氏名字,俱载于录中。老松其自号也,尝为养出守天岭,治有声绩,考名宦可见。谏苑集贤,皆其履历,而官止判司宰监事,年七十一而终焉。

嘉靖己未岁未尽十日,崇政大夫、前议政府左赞成兼判义禁府事、知经筵春秋馆成均馆事、弘文馆大提学、艺文馆大提学、五卫都总府都总管、世子二师晋山苏世让序。

老松宋先生日本行录序

天启五年乙丑冬十月，宋君信之袖一小帙来示余曰：此乃吾六代祖老松堂《日本行录》也。皇明永乐十八年庚子春闰正月，老松公受命使扶桑卉服之域，本朝世宗大王即位之二年也。时去辛巳不远，且岭南熊川之荠浦尚为倭窟。方议遣使，咸难其选。廷臣皆曰非宋某不可。上曰：俞，汝往，钦哉。公承命陛辞，即日登道。自汉江至釜山，沿路亭台楼观形胜之不一，暨异域山川景物人情风土之异同，莫不寓之于五字七字哦咏之中。往还所录，凡若干篇，名之曰《日本行录》。逮老松捐馆，不为宋氏有矣。其后丙辰夏，老松四世孙企村俛仰初号公得之于昌平潇洒翁。老松之手泽尚新，企村跪而奉之。见外面标轴题字，漫灭不可识，手抚而泪横焉。即剔去旧妆，易以锦新之。更叙其事书其下，皆企村迹也，是录于是传播搢绅间。金马苏世让实记其始终，书诸卷首。企村既卒，诸侄孙等，以前之不能保为戒，十袭藏之。至万历丁酉兵火，又失之，意其与家传书籍并为灰烬而不复存也。今年春，余偶过咸平郑上舍庆得，见案上有一册子题"日本行录"者，心喜且惊，急取观之，果老松日本往来所录也。亟问曰：子从何得此耶？庆得曰：丁酉秋，陷贼中，在日本见一倭僧有是录，妆锦甚鲜。开卷视之，前后记序，皆我东方名臣作。老松子孙不知其谁某，而庆得亦宋相国钦之外孙，意其或与外家同宗。而生还后日，有可以还其主。拜而请于僧曰：兹一小册在汝非重宝，愿以百金易者。至四五，僧终不许，遂传写以还，亦不得其所以归也。余曰：老松吾先祖，而是录失于倭。今之得，天与神其佑之矣。庆得曰：噫！有数存焉，今其得归矣。因以与之。余欣然敬奉以还，欲更缮写以传诸子若孙，君其序焉。余以不文辞者屡,而请益恳,不得已因其言,聊序其失与得之梗概如右。又以语系其下曰:录之成在庚子,至丙辰七十有七年,自丙辰至乙丑七十年也。百四十余年间,两失而两得之。其失其得,谁使然也。于初之失,飘转于湖之境而企村得之。于后之失,远在于鲸海万里之外,而吾子得之。失而得者,其亦有待,子知其所以得者乎。吾以一录之得失,为卜宋氏之兴衰。何者?当其一失也衰,而企村显而得。及其再失也,不可谓之衰,而视企村,则亦可谓之衰矣。子姓非一,其得在子,复老松之业而昌大之,其在子之家乎。潇洒翁得之于南原老儒,郑上舍得之于日本山僧。在南原者或可得,在日本者不可得。然则企村之得,得之于或可得。吾子之得,得之于不可得,得亦有异哉。呜呼!凡代大家,其兴皆有本。老松乘不测之舟,入豺虎之吻,竟完璧而归。录中诸作,盖公之余事匪本,曷因知所本,而无倦无斁,企村是也。今子以企村之行于身者,常勉于子之身,而亦以是教诸子,所谓本者在是。而生于子之家者,皆企村自外轩冕。虽欲辞,当自至矣,不幸而不至焉,亦不失为一世伟人,兹非得是录于不可得之验欤。前后之失,吾以为老松之后,不以老松之为为之本,企村之后,不以企村之为为之本也。子其益励焉。信之再拜曰:唯唯。信之,名征,信之其字也号曰栗翁。老松,讳希璟,字正夫,历扬台阁。企村,讳纯,字守初,号俛仰,卒官议政府右参赞。潇洒翁,梁山甫也。南原老儒,吴祥也。序之月日,其月之上浣也。巴山赵平序。赵平,堂号则云壑也。

老松堂日本行录家藏

公姓宋,讳希璟,字正夫,号老松堂,新平人也。盖新平之宋,系出砺山,而上世迷茫,无谱无征。始祖讳丘进,奉翊大夫书云观正兼习射都监判官。判官公生讳裔,左右卫保胜散员。散员公生讳义明,礼宾寺主簿令同正。主簿公生讳谦,正顺大夫判典客寺事兼春秋馆编修官事。判寺事公生讳玄德,通训大夫兼春秋馆记注官。记注官公生老松公,洪武九年丙辰,即丽朝辛禑二年也。是年某月日,公生于公洪道连山县竹安坊筊亭里。幼而颖悟,天姿简重。年才五六,能知读书。把笔作字,无异成人。八九岁,孝亲敬长,各尽其道。十五岁,文艺大振,学业成就,毅然有大节,不事俗儒章句之工。后以家贫亲老应举,而我太宗即位之二年春壬午皇明太宗永乐元年,登别科第三,时年二十七,而榜首则郭麟也。二十九甲申,入翰林院。三十二丁亥,累迁司谏院正言。以听晓楼报漏阁创营事,犯颜忤旨,罢归田里。三十四己丑,复入司谏院献纳,选为艺文馆修撰。三十六辛卯,以圣节使书状官聘于上国,特蒙皇朝嘉乃之恩。我太宗大王褒美专对之义,自辛卯至己亥七八年间,出入台阁再三,践历兼带知制教。永乐十八年庚子春闰正月,我世宗大王即位之二年,升为佥知承文院事,以回礼使使日本,时我国以帝命行兵马岛之翌年也。先是,对马岛倭贼侵边鄙,杀掠民人,岭南诸浦尚为倭窟,上命讨其为盗者。《东国史》:世宗己亥元年,对马岛倭犯边,遣李从茂征之。有讹言与皇朝大举共伐,倭主乃生疑怒,以礼物奉使请经籍,而实觇我国也。上优待之,又方议报使怀柔,而难其人,东西班皆曰:非宋某不可。上曰:俞,汝往,钦哉。府君即承命陛辞,是月十五日发京,四月二十一日入倭部。日本王以行兵马岛之故,将欲拘留。府君毅然折之曰:往年,岛夷侵犯上国,杀掠边民,皇朝赫怒,举义问罪,罪在岛夷。本国不曾纠岛夷之奸暴,反辱上国使价,本国与岛夷等。本国用事倭等惠珙、周颂曰:官人陪来书内年号为何?府君答曰:皇明永乐也。倭曰:然则官人必未回归,以龙集日本年号二字改书可也。府君大言据理深责曰:吾等虽死,御书不可改书,而王命何敢易乎。及至拘留累日,终为不屈。因谕以交邻之道,前后谱讹之状。于是倭等知其节义之难夺,反以赤心不暇效顺,善谕其王。王乃大感悟,见我殿下书契。后使府君游观诸寺,又使诸寺传次来馈,待之特厚。及其回还,修书契,备礼物,以著慕义和好之心。经过诸岛,令皆护送,以示敬重使命之意。是年十月二十五日,入京诣阙,肃拜复命。上御便殿,问日本国事与往还风涛艰苦之状,府君具以启达。既退,赐酒食褒美之。二十六日,诣太上太宗大王殿。是日太上幸乐天亭,府君诣广津西郊昼停所肃拜。太上召入账内,亦问日本事,赐酒宠异之。府君感恩吟诗云:江外秋郊玉帐开,清晨瞻望翠华来。圣王款服桑王语,奏罢承恩醉赐杯。世宗大王美其专对,嘉其忠直,优礼宠锡,令一行歌咏撰入之,府君日本行录行于世。四十七壬寅,即太上升遐之岁,参修实录,以亲老累乞邑养。甲辰,来守天岭咸阳郡。孝有至性,治有声绩,莅官四载,民皆感化,亲而归之,时则我世宗七年乙巳也皇明仁宗洪熙二年。晚年以判司宰退老于全南之潭阳,潭之有宋始此。府君之弟参判公龟,妙年释褐,历践崇班,移居灵光。灵之于潭,道路虽左,源源之会,友爱之情,老而弥笃。累代先茔,在连山鸡龙麓北清岩洞今称华岳洞也。子坐之原,衰耄之年,省墓之行,不废春秋。世宗二十八年丙寅皇明英宗正统十一年也月日,捐馆于锜谷乡庄,享年七十一。配东莱郑氏,判书允厚之女,判官天保之孙,西原君韩方信之外曾孙也,祔葬于府南无量峙酉向之原。子寿之,右军司勇赠通政大夫兵曹参议。孙福川,奋顺副尉赠嘉善大夫兵曹参判兼同知义禁府事。曾孙泰号孝思堂,赠资宪大夫吏曹判书兼知义禁府事,而曾玄多,不能尽记。其显官,若议政府右参赞纯,号俛仰。进士征,号栗翁,皆有名节。府君天性温雅,才艺卓异,妙年登第,出入清显。英名直节,学业文章,昭人耳目。而当岛夷构衅之日,承国家汝往之命,万里绝域,一介书生,风涛险津之中,顽俗贼薮之间,触目而伤感者多矣,撼胸而危惧者累矣。而府君一视夷险,不渝其初,胸次晏如,略不动心。寇贼敛其锋,蛟鳄避其威,终能宣扬国家明命于日出之域。使卉裳漆齿之辈，解其难辨之惑，反怀慕义之心，特修礼物，以护送之。完节往返，啸咏不辍，数十百首之诗，少无羁危愤悱之语。虽其遑遽危疑之际，斯有安闲舒泰之气。发乎中而形诸外者，雅而不凡，激而不怒。吾夫子所谓诵诗三百，能专对于四方者，此之谓也。则言忠信，行笃敬，虽蛮貊之邦可以行矣者非耶？余于天启元年辛酉春，适到光山李处士之蓬家，半日诗酒。主人诵传"鸭江相见酒樽开，缱绻交情慰我怀。十年今日通亭上，故意偏多屡倒杯"一绝曰：此乃绝唱，而未知谁作。余即整襟危坐而对曰：吾先祖老松堂，于辛卯春，以圣节使书状过义州。判官李迟，携酒饯行于鸭江之上。岁庚子春，奉使日域，李迟为咸昌守，更饯于德通亭，故先祖临别赠此诗云尔。则主人咏叹再三，仍请见行迹与日本录。则虽结后日委送之约，状录则已失于兵燹，盖家牒不幸中间遗失于兵火，而日本录亦在其中矣。初之失，从大父俛仰公得之，而苏阳谷世让记之。后之失，三从兄栗翁得之，而曹数竹弘立记之。是录也，实吾门永世莫重之宝，而其得其失亦有数耶。俛仰公，即府君玄孙也，道学文章，德业名节，负世重望，昭人瞻聆，斯岂非府君厚德不食之报欤。余于李友之请见状录，不无歉然。又恐世逾远而渐泯，谨述平日之若干见闻于散帙余牒，以待博识君子之考正焉。

万历四十七年己未三月下浣，六代孙篦记号藏六堂。

老松先生日本行录序终

老松先生日本行录诗集目录

五言　七言

受命发京路上即事

过利川别判县事郑安道

过安平驿

过可兴驿

过忠州呈郑判牧尚

宿闻庆馆次日本使僧亮倪咏柳二首

过德通驿别咸昌李太守二首

宿善山馆复用前韵

善山馆九州岛节度使使送客人客人醉酒唱歌起舞复用前韵

自善山向星州洛东马上

宿星州兼简李牧伯敢

宿清道馆次清德楼韵

宿密阳馆次咏梅韵二首

宿金谷驿

荠浦上船后呈节制李恪

宿金海馆次燕子楼韵

次金海妓玉纤纤韵

登金海东郊楼府使赵惟中饯行次从事孔达韵

次东郊楼上韵

次东莱东轩韵三首

次梁山徐明府晋韵

东莱温井别晋山牧伯闵校

温井孙汉城出小娥歌舞

书示日本使僧亮倪二首
节制使权蔓海上开饯
闻密阳刘明府直来釜山浦阻风雨奉寄
次刘密阳见寄韵
过梁山东平馆
釜山浦次倪韵
到对马岛示倪二首
双雀
清明阻风示倪二首
到梁湾泊船后示倪
阻风留泊夜有风雨
次倪韵
人居
渔舟
唐人
尼语
空寺
泊愁美要
到泊对马岛东面船余串
次无涯韵
谢无涯送鱼酒二首
示无涯
阻风雨示无涯
次倪韵
次懒真韵二首
即事
上礼曹文

入一岐岛干沙毛梁

祭崔回礼使云嗣祠

一岐岛

发一岐岛向朴加大

入泊志贺岛

乘小舟入朴加大

留朴加大

平方吉久殿设酌于家书示

朴加大探提使代官伊东殿里巷歧路作门

次文溪韵

赠承天寺主僧

次文溪感鸠韵二首

因亮倪见波古沙只松亭

走笔赠二衲子

妙乐寺主僧林宗煎茶

亮倪文溪请予于妙乐房煎茶次其韵

戏题念佛寺

盛福寺僧来求诗

留断过寺伤春二首

鸦

次僧洪山韵

断过寺睡起

发石城泊志贺岛梦京师友

石城僧饯志贺

志贺岛阻风

泊赤间关

题西光舍

留赤间关朴加大护送代官伊东殿告还书示

船中睡起

僧云水沙门通相求见以疾未见次其韵二首

春晚船上书怀二首

阿弥陀寺

赠永福寺老师

次永福寺老师韵二首

发赤间关宿海滨

暮泊无隐头美岛

过黑石西关

宿唐加岛

向多可杀只见海贼

发多可沙只下

到泊小尾途津

船上雨中书怀

天宁寺

净土寺

海德寺

常亲寺浴后主师煎茶

船上雨中闻钟

过肥厚州望小岛庵子

过肥厚州向胸比

发胸比向都毛梁

未及都毛梁日没泊宿

泊无潞书示无涯

阿弥陀寺与倪同宿

咏阿弥陀寺庭梅

次壁上韵
待风时戏示无涯
到牛滘过夜
过一场
到泊摄津州兵库
发兵库向王所过利时老美夜店路中杂咏二首
宿盛加卧店用前韵
入王部落宿魏通事天家
向深修庵马上书怀
寓深修庵
深修庵书怀二首
初夜贼来还去
呼倭开谕
书记亮倪来馈
寄示等持林光两师
次心莲院盛师韵
次本国回礼使赵参议汉韵示修心亭主二首
日本设斋
深修庵书怀
端午
深修庵书怀
驱蚊
思子石坚
深修庵即事
示监护藤殿
浴法光明院示藤殿二首
右武卫水墨地藏赞

甲斐殿狝猴簇子赞

甲斐殿迎王二首

题周颂狝猴簇子二轴

宝幢寺见书契游天龙寺

游临川寺赠主师

游西方寺

寄等持林光两师二首

倪来

深修庵立秋

寄示等持林光两师

日本奇事

题画枇杷扇

题画江山扇二首

谢惠梅实

示修心亭主师永盛

次僧可藏韵

再题修心亭

赠心莲院大辅中将二僧

别倪书记

深修庵二小娥

别监护藤狩野殿

发深修庵宿山城州要温梁夜半上船向兵库

宿阿麻沙只咏日本事

泊摄津州长福寺

宿津口过牛窗

发无潞向下津

过肥全州

泊下津七夕示孔从事

泊肥厚州再寻天宁寺

宝土寺

赠天宁寺法主周冕众僚梵道诗二首并序

小尾途津口留泊

梵师来访

雨中叙旅怀

过多可沙只示孔从事

泊可忘家利

泊黑石西关

晓头发西关向军多湾

夜泊军多湾

向赤间关示孔从事

泊赤间关闻钟声

阻风留泊再寻全念寺

赤间关闻僧悟阿弥语

入东溟西望本国二首

下志贺岛宿鱼家二首

宿渔家夜半闻涛声

移寓断过寺

断过寺书怀

避雨漏移寓正庵

志贺岛阻风望石城

志贺岛

发正庵向朴加大

到朴加大再寓断过寺

闻平方吉久殿语

题海印轩

断过寺咏怀

元帅源义珍来见

即事

闻马岛主小二殿言

断过寺书怀二首

断过寺中秋雨

断过寺中秋病卧

发志贺岛向一岐岛

还泊季浦

回泊茅浦下船向京城金海路上吟

入京诣阙肃拜还家路上吟

诣太上殿肃拜后赐酒感恩吟

还家

还本国书

老松堂日本行录小诗四韵并二百二十七[①]首

牡丹

竹

俯仰观察时次花竹韵二首

龟山书院祝文

序文

家藏

跋文

老松先生日本行录目录终

---

① 正文作"二百二十四首"。

皇明永乐十八年庚子春闰正月十五日受命使日本发京路上即事

特奉纶音出汉阳,马头佳致柳初黄。此去匆匆人未识,好传王语奏明光。

过利川别判县事郑安道

春风衔命向扶桑,四牡骓骓去路忙。为语主人多办酒,佳期政在趁初凉。

过安平驿

石路崎岖马屡惊,何为此驿号安平。名实相殊难料得,倚栏回看一川明。

过可兴驿

萧条三户傍山曲一作层字,名是可兴犹未兴。暂驻征骖闻吏语,便民多愧我无能。

过忠州呈郑判牧尚

欲向田园闭竹扉,忽承纶命马如飞。不移夷险人臣节,万里扶桑奉使归。

宿闻庆馆次日本使僧亮倪咏柳二首

闻道瀍陵弄或作多字嫩枝,年年离别使人悲。况今闻喜春亭下,袅袅长校①丝样垂。闻喜即闻庆别号也。

乡国平时听柳枝,无端难禁此情悲。如何待到征夫看,绿叶未开金缕垂。

自幽谷驿向商山商山即尚州别号也

晓离闻庆馆幽谷驿,闻庆地,驰马向州城。山尽间阎密,天开道路平。池鱼负冰跃,野鸟弄春鸣。谁识匆匆意,宣恩报圣明。

过德通驿别咸昌李太守迟二首

辛卯春,余以圣节使书状官过义州时,判官李迟,今为咸昌太

---

① "校",疑当做"条"。

守,更饯于德通亭。

鸭江相见酒樽开,缱绻交情慰我怀。十年今日通亭上,故意偏多屡倒杯。出六代孙箣记文中。

长亭杨柳弄新晴,到处池塘春水生。忽忆鸭江多少事,风光却胜昔年行。

宿善山馆复用前韵

扶桑万里一途开,奉使春风足展怀。多贺圣恩随处重,主人青眼劝深杯。

善山馆九州岛节度使使送客人客人醉酒唱歌起舞复用前韵

春风画阁酒筵开,急管繁旧本作烦字弦动我怀。殊俗亦知恩渥重,侏离起舞又倾杯。

自善山向星州洛东马上

洛江春水生,洛野春霭横。控辔马如龙,持节扶桑行。

宿星州同年前掌令金重坤前牧使许揆来会夜话兼简李牧伯敢

邂逅星山会,团圞如在家。论诗吟不厌,劝酒饮无何。海内知音少,天涯故意多。明朝归路隔,更听我长歌。

宿清道馆次清德楼韵示郡宰李叔畦

馆在修篁畔,楼临大野头。轩楹闲日月,桑柘几春秋。梅柳清光转,川原淑气浮。若能宰是旧本作兹郡,何必慕公侯。

宿密阳馆次咏梅韵二首

酷爱寒梅眼屡回,枝枝含白未全开。此轩气味谁能识,香动黄昏满座来。

梅花冬柏绕琼楼,王事匆匆不暂留。命传桑域回来日,艳态疎妆仔细求。

宿金谷驿

驱驰投古馆,路远敢言疲。行里蓬莱逈,吟边岁月移。岫屼孤云出,林深倦鸟迟。臣当夷险一,得酒便吟诗。

二月

初三日

荠浦上船后录呈节制李恪

圣代文明服远人,元戎无事唱词新。绿波平漫樯竿立,恰似江南杨子春。

小梅芳草思依依,正是春风二月时。若识歌儿嫌起舞,酒杯何必举迟迟。李节制开樽饯行,呼藏妓,妓出迟,故戏云。

宿金海馆次燕子楼韵三首

奉使扶桑路万里,高楼压海足登临。鸢飞鱼跃在天地,鸟没云行成古今。

一树寒梅横淡影,千竿修竹郁清阴。人臣尽节无夷险,独倚栏干动苦吟。

当日莺花乐一春,如今物换总为尘。只有琴中无尽意,长留板上感游人。

宰相田公鸡林记室时金海妓玉纤纤归待有诗云海上仙山七点青琴中素月一轮明世间不有纤纤手谁肯能弹太古情后为元帅纤纤已老呼置左右弹琴今次其韵 田公名禄生也

众岫南驱入海青,三江即三叉江也东接浸楼明。盆城胜概虽云美,独倚难禁恋主情。

初五日

登金海府东郊楼上府使同年赵惟中饯行次从事孔达韵

楼上佳人似画人,一声长笛正青春。莫将离语劝杯酒,回首东郊草色新。

次东郊楼上韵

首露陵前波渺渺,招贤台下草青青。欲知一片忠君意,不尽洪涛是去程。

次东莱东轩韵三首 此下十一首留东莱馆待观察使船载诸绿关子时所作

海云飞处有高台,从古验人几往来。鹿去台空花满树,春风游子独徘徊。

奉使春风向日边，张骞槎上海连天。莫言今日殊方去，华岳山前拥瑞烟。

客路光阴欲半春，野梅官柳一时新。临风忽忆京都友，应说扶桑奉使人。

次梁山徐明府晋韵

奉读千金句，都忘万斛愁。何时还阙下，握手共春游。

东莱温井别晋山牧伯闵校

海上蓬山见故人，雨余梅柳恼精神。别离南北何须惜，圣主龙兴天地春。

温井孙汉城可兴出小娥歌舞

娇姝丹脸尽清扬，起舞蹁跹若凤翔。樽前忍听歌三迭，壮士还融铁石肠。

书示日本使僧亮倪二首 倪待我同行故留十余日

清明佳节共翱翔，柳绿花红欲断肠。莫憾扁舟留海角，朝鲜风景胜扶桑。

东平馆里问行由，有约同登处处楼。今日沧溟渺无际，如何背我独乘舟。僧正佑先归，故云。

左道水军都节制使权蔓请予及亮倪海上草野开筵

天晴浦口海波明，风软堤头野草青。最好春光堪画处，元戎来慰远游情。

闻密阳刘明府直来釜山浦阻风雨奉寄

海畔青春思不裁，君将京洛旧颜来。一鞭可得一开笑，雨满前程郁此怀。

次刘密阳见寄韵

交分非惟童稚亲，清诗佳语每书绅。犹迟会面天涯路，更邃分襟海上春。远近江山千古色，高低梅柳一时新。樽前莫唱阳关曲，愁杀男儿磊落神。

过梁山东平馆

东平旅馆滞归轮,节近清明属令辰。杨柳风前迎客弄,芳菲雨后向人新。千年锋镝纷争地,一隅桑麻蔼翳春。更与居民说复说,凿耕安业是君恩。

十三日

观察使李浚承上命来釜山浦开宴饯日本使僧及回礼使次倪韵

文明圣主视仁心,何用区区泪湿襟。一月淹留情缱绻,论文不必旧知音。倪待我同归,留一朔,倪诗有泪湿襟之句。

到对马岛示倪二首

十五日,釜山浦发船,到草梁日没,与日本船同宿。十六日晓,摇橹到石城浦。辰末放洋,申末到对马岛北面也音非梁泊船。顺风快渡,上下皆喜。

釜山山下片帆张,汹涌波涛望渺茫。忽有长风吹送疾,凭船瞬息到扶桑。

十丈风帆发海门,天低四面水如云。须臾坐我扶桑岛,更觉皇天佑圣君。

双雀

放洋行船时,无风,众皆为虑。忽有不知名黄小雀一双,来绕帆席。坐则无风,鸣则风吹。如此十余度,风利船快,四顾茫茫,视雀,雀乃还无。

一双神雀绕帆飞,恰似来鸣送我归。风利舟轻沧海小,天心阴骘更须知。

十七日

清明阻风与倪下坐湾石示倪二首

下系扁舟绿水洲,上人相与坐湾头。望来草树同春色,从此宽心任远游。

岛花汀草雨余新,下坐岩头望令辰。风景不殊波正静,朝鲜日本一家春。行兵后,马岛人愿属庆尚道,上许之。

到梁湾泊船后示倪

是日,向利新梁湾。波涛汹涌,船随浪出没,人皆惊怖丧神。倪船先入梁,送船主殿。殿以二小船来,牵我船入梁。此下八首,留泊梁湾待风时所作。

樯竿上下涌波头,人面黑青皆渴喉。不有轻舟能引挽,楼船那入此回洲。

阻风留泊夜有风雨

风狂终日泊湾头,独卧篷窗似楚囚。半夜雨声惊客梦,浮天沧海一孤舟。

次倪韵

沧波淼淼是前程,一叶归舟万里情。篷底夜来成假寐,惊涛带雨打船声。

人居此下五首皆舟中杂咏

缘崖旧本作涯得见两三家,片片山田麦发华。那识朝鲜千万里,春风处处富桑麻。

渔舟

子摇短棹逐波头,父执疎筌急放收。中有炊妪兼抱子,捕鱼行贼一扁舟。

唐人

有一倭乘小舟捉鱼,见我船而来卖鱼。余见舟中一僧跪而乞食,余给食而问之。僧言:我是江南台州小旗,去年被虏来此,削发为奴,不胜辛苦,愿随官人而去。泣下。倭曰:给米则当卖此僧,官人买否?余问僧:汝来此岛,所居地何名?僧曰:吾来转卖,随此人二年矣。浮海而居,故不知地名也。

被虏唐僧跪舟底,哀哀乞食诉艰辛。执筌老贼回头语,给米吾当卖此人。

尼语

望见崖上有屋,仁辅曰:此乃尼舍。即往见之。尼与辅有素,问曰:今陪来官人,为何事来乎?仁辅曰:本国回礼也。尼喜曰:然则太平使也,吾辈生矣。

草舍残尼遇通事,惊问回礼自陈情。去年上国行兵后,天使今来喜再生。

空寺

倭言此寺主僧,去年往朝鲜,被虏不还。

庭虚鸟雀噪,僧去不曾来。寂寞山花落,凄凉佛宇开。疎篁临极浦,残桧荫荒台。自取天公罚,寒潮空往回。

二十日

泊愁美要时,早田万户三美多罗夜来设酒。

夜深呼急上船中,酒桶鱼盘列竹篷。语音虽异能呈爵,嗜欲胡为自不同。

二十一日

到泊对马岛东面船余串。时当本国行兵之后,此辈请和,上许之。送回礼使,示和好之意。岛夷喜甚,万户又来呈酒。向国家言出至诚,故书示。

将军感化太平春,向国深诚赐命新。慕义语言皆合理,知渠亦是一王臣。此下九首,皆在船余串待风作。

次无涯韵 倪号无涯

碧海溶溶漾太空,楼船逐浪似飘蓬。鸣榔到泊悬崖下,举酒排愁面一红。

谢无涯送鱼酒二首

船余浦口滞归舟,危坐篷窗欲白头。双樽忽到知师厚,碗碗当销异域愁。

客里鲜鱼直百金,况来孤岛海千寻。即将佳味供朝馔,须识舟人感佩心。

示无涯

扶桑仙客子,万里作鹏翱。一叶法舟疾,三生风骨高。吟诗辞吐凤,把笔字盘蛟。报主知春暮,还寻悟道桃。

阻风雨示无涯

岛中留滞久,恰似在樊笼。举目山河异,伤心草树同。林风翻乱碧,花雨落残红。寂寞篷窗下,乡音渐不通。

次倪韵

乘槎一入九重天,身惹和熏紫禁烟。今日飘然还故国,逢人应说是群贤。

次懒真韵二首 倪字懒真

仙客道机妙,禅风学远公。乘槎泛溟渤,慕义到方蓬。写字挥毫快,吟诗造句工。自今参访后,高致孰能同。

圣代要攀附,多惭无寸功。乾坤身似粟,湖海鬓如蓬。月共两乡白,花连万里红。何时宣使命,黑浪望无穷。

二十八日

即事

国家既行兵马岛后,三味多罗所送人等回来。多罗请见孔达、仁辅曰:朝鲜去年行兵于此岛,又属庆尚道之文,前日已来久矣。此岛乃小二殿祖上相传之地,二殿若闻,则虽百战百死,争之不已矣。孔达等来,余忧惧曰:将如之何?俄而多罗来告,如语孔达,仍言曰:此书二殿见之,则官人去留皆不得矣。将送于二殿乎?姑置之,使二殿不知乎?官人决之。余曰:此岛,我得其地无以居,得其民无所用,惟汝等所送人,愿属我国,请之不已。故上召政府六曹曰:马岛之人以其岛愿属国家,若不听则不仁,乃属于庆尚道耳。今日汝等之意,上若知之,则必不属也。余当以此启闻于上前,姑待之。多罗喜曰：然则此书吾当深藏,不使二殿知之。又出吾舟楫,送于朝鲜,则终必无事。余许之,翌日发船而去。盖行兵以后,多罗等本国所送倭等,一以畏死,一以疑拘留,以其岛愿属朝鲜为假言,冀其免死回还耳。实非二殿、多罗等之所知也。

瘠地顽民无所用,古来中国厌兹奴。渠今慕义自求属,非是朝鲜强籍图。

上礼曹文

二十日,到泊对马岛东面愁美要。此岛当行兵后,倭等初见我船至,有危疑之心。亮倪先入船余串,说谕之。余泊船,使押物金元送米于三味多罗即早田万户也及都都熊瓦母与代官,以示好意,因宿其地。夜半,有疾呼而来者,问之乃早田万户也。来请上船,仍呈鱼酒,余即许饮,因陈说去年国家行兵之事及上意。万户闻之,不胜感悦曰：吾等使送人,至今不来,故当时守御不解。今闻官人之言,吾辈始安寝食,家舍又可造居矣。向者,此岛悖逆之人侵犯上国,一欺都都熊瓦,二欺上天,又欺殿下,天乃厌之。如此人,安得久生乎？其类今已尽灭矣。去年行兵之时,天讨合宜,故吾不放一箭。又见人有绝其汲道者,吾止之曰：汝虽绝汲道,岂有损于天兵乎？吾实如此而已,无有他心尔。余曰：汝言是也。多罗犯夜还去,今观事势,马岛凡事皆出此人。去年行兵,家产荡尽,今无一言及之。向国家语言,皆出至诚。见吾接待,最为勤厚。惟都都熊瓦、宗俊等,岁前入归九州,尚未还云,未知其故也。大抵此岛倭奴多有菜色饥馑之患,丁宁有之矣。

三月

初一日

发对马岛,北滨船余串,留泊十日,阻风雨。三月初一日,雨晴风便。巳时发船,向一岐,入大洋无风。未及岛,日没天昏,四顾茫茫,不知所之。众皆丧魂曰：如之何？余曰：大洋无所依住,指晓为限,行舟而已。众皆无可奈何,行船前去。忽见小山,气暗亦未知其地也。船行近山,忽得浦口,即泊船,随浪踊跃,几于覆没。从事与船中人,皆恍惚不省人事。初泊也音非梁,倪送倭长三甫罗于余,以备贼变,余受之船以行。是夜,与三甫罗共坐。余浪极难坐,扶执槛绳,随船上下,终夜劳苦。人言东方明,余惊喜视之,乃一岐岛也。

日落烟昏失水程,波生四面转堪惊。攀绳上下心如捣,忽报东方天欲明。

二日

入一岐岛干沙毛梁

是日平明,向干沙毛梁。有三小船自梁口向我来,疾如箭,众皆惊曰:彼必海贼也。击鼓张旗,被甲立待。及来问之,则乃陈吉久所送迎我船也。梁口有两水相击处,崔回礼使沉没之地。船皆以过此为难,幸赖三船牵过,无事脱险。既入梁,与孔达相言得生为幸。不胜泣下之际,有一倭呈双樽只雁曰:此乃陈吉久先归时,为官人留待者。吾亦去年赴朝鲜被留,蒙上恩还见吾母者也。

同经万死倚篷窗,感极相看泪数行。况遣朋樽兼只雁,客中还得动眉黄。

祭崔回礼使云嗣祠

入一岐岛干沙毛梁,望梁口西有别岛,岛下水边有石作窟。问于人则曰:此丁丑年回礼使崔公之祠也。崔公自上船之日,绳违纠过无少怨,一船之人咸怨。到此梁口,适日没,风逆浪极。船败之际,回礼使醉卧船,军及伴从人皆不救,故一船人皆生,而回礼使独死焉。其后倭人乃于其处筑石作窟,曰朝鲜回礼使祠也。乘船往来者,无不致祭。予亦闻而惨之,使押物金元备酒饭设祭。

东溟孤岛小祠开,我到焚香奠一杯。寂寞忠心人不问,惊涛含忿但往回。

一岐岛

三三五五小舟横,樵采朝朝入海行。倭酒一杯心更壮,忍看顽俗自投生。

三日

发一岐岛向朴加大《高丽史》作霸家台即日本西海道九州岛节度使所住也
入大洋,天气清明。风顺船快,上下皆喜。

海天空阔水云分,挂席危樯出岛门。风利船行安似马,篷窗列坐好倾樽。

入泊志贺岛

自一岐岛行船至朴加大外面四五里,望见一小船,人皆被甲,来如箭疾。众曰此海贼也,亦皆被甲张旗鸣鼓。及其近来,则乃亮倪先归而送船迎我者也,人皆喜之。其船亦畏海贼,备战具而来,乃与同行。泊朴加大,西面志贺岛。夜半,亮倪挈灯笼,与代官伊东殿,元帅所亲平吉久殿,乘小舟载酒二桶来访。

落帆孤岛晓潮回,列坐篷窗笑语开。忽见东边灯花起,三人载酒为迎来。

四日

舍楼船乘小舟入朴加大

是日早朝,自志贺岛到朴加大下船,亮倪及代官等出迎海边,至以鞍马而来,余令隶人用我鞍子。倪曰:请官人一乘日本鞍以试之。余许之。两倭分左右牵马而行,吾螺匠四人分左右行,担绞床一人次行。余着顶玉玉缨笠,按辔徐行。节度使命人扫清道路,覆土沟巷以待之。男女老少,至于僧尼,拥路观之。至断桥寺,下马入厅。亮倪随来,为设茶酒。

东溟日出海云开,井邑山川碧水回。按辔徐行入僧舍,烹茶酌酒慰宾来。

留朴加大此下十七首留朴加大待报告时所作也

老元帅使管领民部少平万景,夜呈酒二十桶,排鱼果。翌夜,新探提又使万景呈酒十五桶。元帅或称探提,或称节度使。元帅源义珍,新探提源义俊,其子也。国王义持,义珍从子云。

森森石城耸水云,小区烟火一乾坤。代官馈食犹堪饱,元帅呈樽亦可吞。列岳高低临水野,平波浩渺抱孤村。由来此地人难信,重复言辞谕圣恩。石城,朴加大别名也。

平方吉久殿设酌于家书示

板堂深处酒樽开,强劝深杯又一杯。偏荷主人珍重意,扶桑遗俗亦良哉。

作门

朴加大本无城,歧路皆通。夜夜贼起杀人,无追捕者。余之来,探提使代官伊东殿,于里巷歧路皆作门,夜则闭之。居倭男女老少与僧尼,求见我行,日日盈庭者,多执剑佩刀,余未免内惧。

殊方主将喜吾行,为起高门示至诚。老稚喧呼观不已,争门纷集日盈庭。

次文溪韵

平生志业羞旧本作厌奇巧,宁向公门尚友贤。今日扶桑千万里,最怜师语嚼芳鲜。

赠承天寺主僧

精舍高僧在,几年向壁间。水俱三业净,云与一生闲。诵榻香灯静,禅房花木斑。师心谁得识,念佛透机关。

次文溪感鸠韵二首

鸠鸟春风逐两郎,垂翎东海路何长。华笼日养恩情重,犹忆青丘处处桑。本国白鸠一双,亮倪、陈吉久求来。

春风衔命绣衣郎,古寺淹留日更长。危坐正如笼里鸟,归心日夜向柴桑。

因亮倪见波古沙只松亭

松亭在朴加大北一里,西滨大海,平堤闲旷,其中无杂树,只有白沙青松,故名。倭言此乃辛巳东征时,高丽人战没之地也。

初从一径入，豁见画图屏。日月垂鲸海，风烟接鹤汀。沙堤千顷白，松木万条青。昔日干戈地，伤心更上亭。

走笔赠二衲子

缁衣禅旧本作仙客道机闲，访我求诗似旧颜。莫说扶桑一兰若，朝鲜处处好溪山。

妙乐寺主僧林宗煎茶

妙乐亦禅寺，春深尚掩扃。我来忘万虑，师坐见三生。殿北波光白，窗前草色平。煎茶留半日，又听晚潮声。

亮倪文溪请予于妙乐房煎茶次其韵

杳杳蓬莱汉水滨，扶桑万里作游人。两师半面知何幸，鼎坐吟诗绝域春。

戏题念佛寺寺在闾阎中佛殿内僧尼分左右而宿

花柳满江寺，青红各自春。枝枝虽异态，生意总为新。

盛福寺僧七八辈来求诗

求诗释子往来频，寂里何嫌面目新。窗前花木春风遍，谁是无为闲道人。

留断过寺伤春二首僧宗金善珍宝倪吉久殿等日日连续来馈

来投断过寺，倏忽见三春。日日壶樽至，人人面目新。
江山皆异态，僮仆转相亲。早晚回归节，彤庭谒圣宸。

鸦旧本有鹅作鸦三字

古寺何寂落，谁知游子心。风光千里远，草色一春深。啄雀飞空院，鸣鸦旧本作鹅集晚林。方人虽劝酒，却恨少知音。

次僧洪山韵

不出禅房穷妙法，降龙能使一盂盘。东西地隔音虽异，今我怜师愿识韩。

断过寺睡起

闭门春寂寂，欹枕思悠悠。草绿难开眼，花红不举头。华山隔千里,绝域有孤舟。何处啼禽切,归心浩未收。

二十一日

发石城泊志贺岛梦京师友

故人遥在海西头,梦里治装似我游。相对欣然同饮酒,觉来依旧一扁舟。

石城僧宗金善珍道成乘舟饯于志贺

奉节西离赭袍光,烟花三月向扶桑。行舟处处风涛恶,犹喜方人劝酒觞。

志贺岛阻风

三月初四日,到泊朴加大。九州岛探提报告于王,故留十六日。回报迟来,告探提发行,到此待风。

朝来志贺系行舟,篷底闲眠数日留。儿女作群归浦口,鸥鹭成阵立沙头。□浮淑气当春日,山带黄云已麦秋。忽有蝉声惊客耳,挂帆何日到王州。志贺蝉声三月聒耳,乃是蟪蛄也。山田已黄。

二十三日

泊赤间关此下十三首九州岛探提报告于主关之待官亦以待报告留时所作

二十二日,发志贺岛,过吾时罗岛。日没风逆,泊海滨,风雨暴作,恶浪汹涌,几于覆没,终夜劳苦。夜半风顺,发船,平明到泊赤间关。观其僧舍人居,足弛羁愁也。

挂席浮沧海,鸣榔到赤城。船危心转苦,景绝眼还明。僧舍依山麓,人居傍水程。我来吟未已,足慰远游情。

题西光舍

此尼之所居,二三辈殷恳劝酒。余亦给茶,书此讥辞二首。

佛殿松扉静,香床竹影清。微风更吹动,许我学无生。

窗外千竿竹,门前万顷波。禅心何处歇,庭畔月横斜。

留赤间关朴加大护送代官伊东殿告还书示

探提虽道贼海贼为邻,今见关西朴加大别名也第一人。轻舸送归如鸟疾,海波平伏属三春。

船中睡起

昼永睡初起,篷窗更寂寥。海西双阙隔,天畔一身遥。花色无中外,潮声有暮朝。寸心谁与说,独倚转摇摇。

僧云水沙门通相求见余以疾未见次其韵二首

儒生传实学,释氏向空门。真伪隔霄壤,喜看方寸存。

遨游到桑域,病卧对龙门。仪范虽难接,看诗道已存。

春晚船上书怀二首

海角春将暮,中宵望北辰。江湖千里客,天地百年身。云际波光动,村边草色新。朝鲜隔沧海,一介报君亲。

楼船逐巨浪,负却一年春。海内有知己,天涯无故人。残红花宝靥,新绿草罗巾。客里光阴迫,何辞酒入唇。

阿弥陀寺

寺在平氏影堂。平氏,日本前朝王子也,王属僧且乐四时享之。寺前有湖,人言源氏、平氏争位相战,平氏不胜,穷而来此,源氏执而沉于湖。

花木何年寺,来寻纵目初。荒林依绝顶,虚殿俯平潴。古塔松风歇,残池涧水余。登临访前事,不觉日移车。

赠永福寺老师

胜林开宝宇,春日及观游。密竹禅扉静,浓花讲殿幽。

窗前长短柏,门外往来舟。到此机心息,师应罢话头。

次永福寺老师韵二首

轩前花木荫床头,竹下泉通砌下流。客至无言聊共坐,沙弥煮茗慰迟留。

洪涛渺渺接天中,一叶归舟四面风。羡师斋罢山扉静,只向壁间观六通。

三十日

发赤间关宿海滨

是日报告来,闻王多发护送船,厚待人送之言,吾上下及亮倪皆喜。午时发船,出关外五里,三度挂帆,风不顺船不行,加以日没,退泊短于罗浦,乃海贼所居处,甚有戒惧之心。夜半,有小船自海北来,见护送船而去,一船人皆疑之。又南边山上有声,从事入房告余曰:有凶人相应之声,尤可畏也。余果疑之,卧不脱衣,不成寐。夜半风顺得发,翌日从事又告曰:去夜山上声,今复有之,审听则乃雉鸣声也。

狂风未定暗前程,三度挂帆舟却行。退泊海滨愁不寐,孔君偏起不平情。

四月

初一日

风顺,晓头发船,日暮泊无隐头美岛。

征帆一幅挂风前,暮泊无头小岛边。隔岸遥看村火起,篷窗危坐思茫然。海边居人皆贼徒,故望见村火,心犹未安。

过黑石西关

绝岛中有茂林修竹,僧舍依山。人居傍水,渔舟直系篱下,湾石清奇可爱也。

清晨挂席过西关,修竹一村依海山。若使居人知礼义,垂纶可作一渔湾。

宿唐加岛

自无头岛风顺,行过西关,午后逢大风,船随风南转。望南边,海贼聚居,上下失色。篙师喧噪之际,忽傍小岛崖下,立泊过夜得生。

南边白水赤间关以东皆白水北青山,挂席楼船入波澜。动海黑风吹浪倒,怆惶幸泊小崖间。

见海贼

自唐加岛向多可沙只,海中前路有石岛,望如乌头。仁辅曰:此乙亥年回礼使梁汉城需遇海贼处也。其时随来见之,贼船一只隐于彼小岛。汉城船过去,贼遮,所载礼物及衣粮等俱船只夺去,船人皆不见害。余闻之,有惧心。俄而我船渐近,有小船忽自其岛向我来,疾如箭。众皆曰:此乃海贼也。击鼓张旗,吹角鸣铮,被甲执弓而立。望见小船人立如麻,我船停帆徐行,待亮倪及宗金船,俄而二船及来。贼船望之,沿北边向西去。仍与二船并行免祸。贼来时,有小舟忽自随后,人言崖上贼送酒助战者也。

天长海阔白波平,小岛扁舟一叶轻。闻说梁侯经患处,张旗披甲又鸣铮。

发多可沙只下

自唐加行船,入多可沙只下。日暮泊宿海边,晓发向小尾途津。风顺天晴,海千重而山万迭。

初日瞳瞳篷底明,无边白水与云平。行舟晓过多沙下,耸海青山作画屏。

四日

到泊小尾途津,人居缘岸接屋,僧舍罗络山上。此下七首,留泊待风时所作也。

日暮归心促,行舟及尾途。长桥横断岸,众室压平湖。千里远游苦旧本作客,一身生事迁。可怜江口望,渺渺海东隅。

船上雨中书怀

缥缈扶桑路,疲劳万里身。江天微雨后,沧海异乡人。愁里红颜改,吟边白发新。朝鲜云际迥,何日拜君亲。

天宁寺

寺乃大刹,津头人居扑地,山上僧舍连络。

杰阁天宁寺，临江塔几层。门前喧贾客，堂上定禅僧。竹影侵阶碧，松声入座凝。别寻花木岛，奇绝兴堪乘。

净土寺 此亦大刹

林端殿角出，湖上梵宫开。面壁僧长坐，乘槎客自来。峰峦围耸塔，松竹荫层台。土俗皆归佛，沙门最乐哉。

海德寺

此寺入湖筑土而排置，四面皆海。

招提尽奇绝，殿入大湖中。轩外鳌身黑，门前鱼眼红。炼修孤阁静，来往一桥通。我问坐禅者，能知性本空。

常亲寺浴后主师煎茶

寺在闾阎中甚精丽。

松桧森森佛宇东，阶花开落动微风。道人茶罢关门睡，板屋禅扉扰扰中。

船上雨中闻钟

浦口停帆日抵年，愁边烟雨满江天。闾阎寂寞乡关远，山寺钟声到客船。

望庵子

八日，发小尾途津，过肥厚州。望小岛石壁间有小庵，人言安水月观音，一僧常住。庵前有老松三株，三面大海。

八尺庵房依石壁，一株松老不知年。沧溟周匝琉璃界，知有观音阿那边。

过肥厚州向胸比

云收别岛日曈曈，挂席洪涛若上空。回首蓬莱渺几许，棹歌声里倚孤篷。

发胸比向都毛梁

巨浪重重隔九霄，东归日夜听惊潮。客愁偏起难为说，乡梦长驰不可招。蛟室云开山隐隐，蜃楼烟锁水遥遥。悬帆碧海渺无际，借问何人作石桥。秦始皇作石桥,欲过海观日出处,有神人驱石下海,行不速者,鞭之血流。

未及都毛梁日没海中泊宿

扶桑何处是王城,数月乘舟尽水程。地远身疲空自叹,海深神爽更堪惊。

瘴归绝岛云初黑,夜入孤篷火独明。男子壮心思报国,功名元是一毛轻。

泊无潞书示无涯 此下五首宗金送人于王所留泊待其来时所作

无涯与宗金,接余于阿弥陀寺。余既至,僧皆入房不出,还归旧主余毛时罗家。

水光山气满晴空,竹影梅阴覆梵宫。只恨居僧嫌宿客,无由榻畔听松风。

阿弥陀寺僧谢过请还余与倪同来因宿

参天夏木绿阴浓,抱郭澄江漾半空。客子登临还杖策,居僧挽袖看前峰。

咏阿弥陀寺庭中梅树 树数围阴满庭中

庭中梅树转清奇,老干成阴蔚万枝。来往一般五千里,恨余不及正花时。日本水路不可计,然大概去来万余里也。

庭中积石造山为江湖次壁上韵

栽松积石可夸功,一片江湖入梵宫。我到凭轩吟未已,宛似身在海山中。

待风时戏示无涯

扶桑万里远游人,海曲停帆羁思新。却怪灵师无一语,神通可致玉风神。旧本作新,又或作身。

自泊无潞至此,诗皆一日所作也。

十五日

巳时,风顺发船,到牛窗,日没。此地乃海贼聚居之地,护送船九只护行。故免祸,过夜而去。

楼船万斛入东溟,十丈风帆向日撑。别屿潮生波浩浩,长洲雨霁草青青。海中行贼自藏伏,岸上居兵共送迎。宣命何时回使节,乐天亭太宗之宫也下奏升平。

过一场

此场北接盘山,三面大海。人言源氏、平氏昔日争位相战之地。

荒原短垄锁烟霏,沧海茫茫水鸟飞。闻说当年争战地,自相雄长总为非。

十六日

到泊摄津州兵库,去王所二日程。翌日,亮倪先归王所,代官报告于王而止之,故留泊。报人来,代官来谒,设酒。

高低板屋若蜂屯,数日停帆滞海门。殊俗亦能知礼义,殷勤来谒更停樽。

二十日

发兵库向王所路中杂咏二首

过利时老美夜店

处处神堂处处僧,人多游手少畦丁。虽云耕凿无余事,每听饥民乞食声。日本人数多,饥人亦多,路边残疾人,会坐乞食。

宿盛加卧店用前韵

良人男女半为僧,谁是公家役使丁。未见宾来支对者,惟闻处处诵经声。

二十一日

至王部落宿魏通事天家

魏天,中国人,少时被虏来日本,后归我国,为李子安先生家奴,又随回礼使还日本。江南使适来见之,以为中国人夺归,帝见而还送日本,为通事。天娶妻,生二女,又见爱于前王,有钱财,年过七十。闻朝鲜回礼使来,持酒喜迎于冬至寺。能解我国言,与我言如旧识,至迎于其家。陈外郎先来,共坐于厅。天以私钱设酒食以慰余,因宿焉。

茫茫沧海隔中华,服异言殊法度差。田租皆收入私第,宾来续食富人家。

日本之法,自王至武卫管领及殿殿,分受土地,或一二州,多至四五州,送其伴人,名之曰代官。领其众,收钱私用,父子相传也。

二十二日

向深修庵马上书怀

平墟部落是王州,满野黄云正麦秋大小麦皆满野黄熟。地主行休虽未识,肩舆出郭似观游。

寓深修庵

是日到深修庵,无昼食,夕食亦不至,辎重在江故也。上下皆饥困,船军通事李金持其佩剑出门,投于松台倭家。典剑得酒与面食而来馈。余心未平,虽食而不下咽。

李金持剑出松台,假付人家得酒来。肝胆轮困吞不下,黄昏独坐思难裁。

二十三日

深修庵书怀二首

二十一日,入王部落,下马于魏天家。陈外郎与魏天共设酌以慰。未毕,王使人呼外郎,外郎即归。俄而入,以王言来曰:经及礼物入置等持寺,官人姑出在深修庵。余心潜愧,日又没,因宿魏天家。翌日早朝,宗金来又如前言。余曰:奉我殿下书而来,不见王开读,还奉书,出在深修庵,于礼不可,余不敢归也。宗金曰:官人之言虽是,而御所日本之人谓其王曰御所已入相国寺致斋,难以更禀矣。俄而陈外郎送校疑作轿字子、从马于我曰:官人速出,余奉书契,向深修庵。外郎乘轿子先行,使人曰:官人随我。魏通事乘轿子亦随来。余及到庵,入堂而坐。外郎、魏天皆入坐。外郎言于我曰：去去年，皇帝使臣内官吕渊来兵库，以皇帝语向御所言：汝父及朝鲜王皆事我，汝独不事我，将遣将同朝鲜行兵，汝可高城深池以待之。御所怒，不见其使，令海贼杀之。适风顺，贼不追，故吕渊得还。去年六月，朝鲜兵船到对马岛，小二殿报告御所曰：江南兵船一千只，朝鲜兵船三百只，向本国而来，吾力战却之。御所闻之，乃于小二殿多送赏物，向朝鲜致怨甚矣。今官人适到兵库，吾等有所用心，故官人入来也，此意可知之。余曰：马岛行兵之事，我当详说，君试听之。向者宗贞茂向我殿下至诚尽礼，殿下知其心，赐与米布，前后无数，至于酒肉皆优与之。由是圣恩深重，二十年为一家也。去年春，马岛贼徒侵犯上国边鄙，杀掠人民，盗取兵船。我殿下震怒，命将伐之，曰：只伐贼辈。其都都熊瓦与九州岛，则咸令安存，况本国乎。万一殿下向本国有不好之心，则今王之请经，岂肯给之？礼物及回礼使，又何以委遣于此？可知我殿下之意何如也。其时殿下召政府大臣及六曹议曰：马岛在日本朝鲜间，常事寇盗，于其王令则不从，故今予讨之，其王闻之则必喜也。若与大明同心举兵则无之矣，如此无凭谎说，何足取乎。外郎曰：如此之言，御所不曾知也，谁能详说，吾当达之。出外呼孔达、仁辅曰：官人陪来书中年号为何？达曰：永乐。外郎曰：然则官人必未回归，明朝潜持书契来，以龙集日本年号改书，毋使官人知之可也。仍即还归。达手持片纸书龙集二字入来，变色曰：如之何？余惊起曰：吾等虽死，御书何敢改乎？王命亦不可易也。俄而等持寺住持惠珙、林光院住持周颂等来曰：为何事来乎？余曰：我殿下即位今已三年，欲通邻好。路有风涛之险，又有海贼之暴，故迟回未果。今王之使，自我国而还，殿下命臣同来者，专为回礼而通信也。珙等曰：书契中永乐年号，若改书以龙集，则官人得归，不然终未回去矣。余乃正色，据义责之。珙等通于御所，闻而大怒，使拘留余于深修庵幽窟三日。珙等知其不可夺，更来求见书契。开草文示之,珙等见之,乃欣然相顾曰:殿下之意至厚,吾等当传书,更达于御所也。余使孔达书给,珙等又有余意而未吐。余曰:我国于日本,无有他心。至于马岛之事,则会皆说破。乃复详解如对陈外郎之言。珙等喜曰:朝鲜殿下但与吾御所有亲厚之情而已,果无他意,吾等当即达于御所。皆出去。深修庵自王所为一里,其庵无僧,惟倭二十人来守把门,禁人出入。

泛舟沧海到王城,移置僧家事可惊。寂寞园林多鸟语,荒凉庭院少人声。狂风吹急红颜损,皓月升迟白发生。男子此行虽有数,思君日日意难平。

日本之法,他国使至,则朴加大、赤间关、兵库三处探提及代官必拘留,报告于王,待见入送之文,然后许入。

蓬莱受命入江关,地主昏狂恐未还。本习顽风无好语,自生猜意不欢颜。但将信物通邻好,不是虚文要国欢。谁使王心如火烛,明珠薏苡辨犹难。

二十三日①

初夜贼来还去

是日初昏,余于房内张灯独坐。守护倭辈,自中骚乱,执弓剑,皆向北园竹林,曰贼来。押物金元及吾伴人等皆执剑来,通事仁辅亦持剑来,促令开户明烛,吾亦惶遽,无如之何。俄而贼散去,倭言偷笋者,愿官人毋惊。翌日,余录前夜贼来事,送于林光院周颂曰:前夜贼来寺北,几害吾也,望师持此事告于王。甲斐殿其书,使人曰:前夜盗笋之贼,何足虑乎?愿官人无以书通。余从之。

有人昏入竹林幽,守卒执弓皆渴喉。闭户明灯真阔计,凶人自退汗犹流。

---

① 原文即作"二十三日",从之。

二十五日

呼倭开谕

上国宝书置卓前,不开多日似顽然。轮困肝胆无人识,呼置倭奴反复传。

书记亮倪来馈

倪以王言来见而馈之,日本人呼亮倪曰书记。

宿雨初晴日色回,上人传语好怀开。送来樽酒犹香味,我识君心亦乐哉。王闻吾说,其惑得解。使倪问疾,又命各寺馈饷,余有稍喜。

寄示等持林光两师

初来旅馆草庭深,独倚栏干思不禁。忽有林光等持至,语言相对即知音。

五月

初一日

次心莲院盛师韵来诗有青山借榻看之句

行天火日小亭寒,竹外青山自郁盘。堪羡闲师无世虑,时时相对作屏看。

次本国回礼使赵参议汉韵示修心亭主

彩笔何须画古贤,盛师闲卧碧溪前。花朝月夕林亭静,虚步逍遥作地仙。

万里扶桑我独贤,乘槎来坐古堂前。寂寥尽日莺声切,长对榴花作睡仙。

日本人,父母殁后七七日设斋,年年遇忌日亦设斋,至十三年乃已。予寓深修庵见之,自五月初一日,倭辈不食鱼。问其故,答云是月乃前王没后十三年忌尽之朔,故御所及国人,不食鱼不杀生也。予召孔达、仁辅曰:日本王见吾等来,尚有猜疑之心。当此时,权不可无也。自是不食鱼。倪来曰:御所闻官人不食鱼,不胜感喜。如此说者,至于三四。

十三年是尽忌年,举国人人不嚼鲜。宾馆亦停鱼肉馔,王心喜悦倪频传。

深修庵书怀 此庵本尼舍倭舍言朝鲜使来则屏尼以待也

深修庵在竹林间,月夕烟朝遍倚栏。归意不知幽兴好,淹留十日鬓生斑。

端午

以菖蒲酒劝之。

浮世光阴日日催,忍看节序客中回。殊方古寺逢端午,藤殿殷勤劝药杯。

深修庵书怀

闭门终日坐无聊,竹院松轩更寂寥。借问居僧何处去,游人亦欲动归桡。

驱蚊

日本多黑身大蚊,朝则日已出而犹傍于帘钩,夕则日未落而已扰扰空中,满于堂房,人难开目。虽入卧帐内,一蚊偷入,则便难宿。

黑身蚊子倍南州,日傍帘钩满屋头。长喙噬肤眠不得,帐中危坐使人驱。

思子石坚

三角山高几里程,沧波渺渺思难平。何当欻尔还归去,与尔相看笑语成。

深修庵即事

余初寓是寺,庭院荒秽。及王闻吾解说,乃耘除庭院,供四时食,一日用钱二三贯。

猜疑强自接华人,喜听吾言馆待新。洒扫门庭频送酒,王心解悟可书绅。

示监护藤殿

云屯板屋拥王州,人物生成度几秋。两国为家太平日,堪夸奉使此来游。

浴法光明院

王使监护藤殿请余于明院沐浴,浴后示藤殿二首。

千章夏木荫墙头,院宇凉生六月秋。喜看监护将王语,樽酒来寻使者游。

梵宫汤水似温泉,浴后身轻骨欲仙。我今又识王心厚,忘却东溟路五千。

右武卫水墨地藏赞

武卫次于王者,使甲斐殿二三度求赞。

缁衣执锡,明心觉情。巍巍玉相,步步莲行。化主阎浮,指挥群生。凡所妄众,可以闻声。随喜者谁,发愿伊成。

甲斐殿狝猴篏子赞

攀千柯之密树,俯万仞之危峰。连臂饮涧,命侣啸风。拔箭献环,报时呼方。本是野兽,胡称猿公。观乎事迹,几与人同。谁开轴于壁间,声仿佛乎图中。

甲斐殿迎王于其第馈饷讫送酒于余作诗以谢二首

六月十三日,王至甲斐殿家,殿设馈奉物。盖每年某月某日,王至某殿家,其殿别构堂迎王。其奉王弓剑、鞍马、钱物,别求备畜。又求水陆之味,争相胜高。其日,王率武卫、管领等二三人而来,主妇迎王,上堂馈饷。夫于堂外,接对宾客,王许入,然后乃入。王醉入浴室,主妇随入,去王身垢,此日本子孙相传之法也。魏天言,今王以此法,归于神堂直僧仇问珠家。如此饮浴,通其妻,仍纳宫为妃,生一子,使其僧改娶他妻。

修篁处处似名园,甲斐堂深设酒筵。迎主劝觞最奇事,扶桑风俗子孙传。

扶桑酷热倍中州,久客烦蒸欲白头。欢伯送来心更厚,凭栏共坐散千愁。

题周颂狖猴簌子二轴

高嶂撑清宇,流泉泻绿漪。谁将神妙手,画出挂猿枝。

倚天千丈木,泻壑百重泉。怜渠相命侣,随意好攀缘。

十六日

至宝幢寺见书契后游天龙寺

寺为大刹,居僧二百,皆着鸦青纻丝长衫,或鹅青绡长衫,或白苎袍长衫,到处皆然。日本无乞食僧,如此大寺,皆富倭愿堂,僧徒四时衣粮,皆富倭常供,僧则坐食而已。此山名嵯峨也。余到松月庵,王亦来寺。

千间梵宇彩金多,使者乘闲问此过。楼外风烟非绝域,门前洞壑异中华。夏深讲殿还无热,春尽禅轩别有花。又听铃声传十里,倾家崇佛慕梁家。

游临川寺赠主师

主师掌国文书者,见我煎茶曰:官人还不过十日,上下皆喜。

清晨骑马入临川,一见高师思豁然。五月林塘人骨冷,小楼嘉树亦堪怜。

游西方寺

花林池水作清凉,松竹烟霞午梵长。半日坐来探胜事,东区自有一西方。

十七日

寄等持林光两师二首

移出禅宫读信文,寺楼佳处馈兼珍。今王尽礼超前古,回去蓬莱奏我君。

梵宇林塘物色新,清池小岛绝纤尘。扶桑奉使闻前辈,奇处游观有几人。

倪来曰:吾御所再言朝鲜殿下何故遣物如此其多,必欲禁马岛寇其国也。若今来书契内,有马岛寇朝鲜之语,则二殿必困矣。

而无其语,故御所不问二殿也。屡言不已。

圣主恩荣降紫宸,桑王感悦愿交邻。来书若有岛中事,二殿应为被罚人。

深修庵立秋

春初渡海寓禅宫,寂寞浑如学苦空。日日思归归未得,一轩庭树入秋风。

寄示等持林光两师

西风起则回船时,风逆难行故云。

倚榻堪怜对竹林,难禁此日恋君心。回船要及先秋浪,何日丹墀听乐音。

日本奇事

此国之俗,女倍于男。故其于别店,淫风大行,游女迨半,见人则遮路请宿,以至牵衣入店,受其钱则虽白昼亦从。盖其州州村村,皆缘江海,孕得淑气,故生女颇有姿色。又男子年二十岁以下,学习于寺者,僧徒髡眉墨画,涂朱粉面,蒙被斑衣,为女形率居,王亦择入宫中。宫妾虽多,尤爱少年男子,故国人皆效之。

清江处处水为乡,游女争妍满道傍。借问王宫谁第一,涂朱粉面少年郎。

题画枇杷扇

金弹蜡丸,匪杏匪梅。冬花夏实,百果之魁。

题画江山扇二首

数点峰峦列,一间兰若开。扁舟渔子立,万顷金波堆。

林麓二间寺,江湖一叶舟。渔父与仙客,俱为无外求。

谢惠梅实

一枝梅子熟,折送直千钱。最喜林间味,尝来散客眠。

示修心亭主师永盛

凿石开方沼,跨岩构小亭。莲风方入定,花雨更看经。满座松声冷,侵阶竹影清。悬知回使节,此景正关情。

次僧可藏韵

九年面壁道机通,西域去来松向东。屈指先师非一轨,问今何法振宗风。

再题修心亭

小亭高起压池台,台下荷花朵朵开。半日凭栏消万虑,松声竹影两佳哉。

赠心莲院大辅中将二僧

大辅三生洞,中将五蕴空。两师梵行猛,谁敢斗机锋。

六月

二十五日

别倪书记

倪来言:今日御所成书契,来日官人当还。

书记秀风姿,乘槎拜玉墀。半年同笑语,今日见分离。远去五千里,应思十二时。江湖鸿雁到,莫惜咏秋诗。

深修庵二小娥

日本法,童男女上寺,不削发,着僧衣吃肉,谓之可乙只,年至十四五削发。土风生男女,则必择其中善男女为僧尼。

丹口双娥小,才盈十一年。髡良男与女,世代几千千。

别监护藤狩野殿

是日,等持、林光以王言来曰:明日官人当还本国。藤乃甲斐殿军伴也,为人醇直,向我爱敬,几无倭风,与我国谨厚之人无异。临别先泣,上下皆泣别。

我爱藤监护,秉心醇乎醇。遇我旅琐中,一见如故人。中心与我同,结交无旧新。数月同杯酒,日久弥殷勤。今朝忽分袂,我心悲且辛。朝鲜与日本,自昔相交亲。况今为一家,星槎泛海门。去住一家内,别离何足珍。

二十七日

　　发深修庵,宿山城州要温梁。夜三更,王之护送文及来,夜半上船,顺流向兵库。行兵马岛后,余乃初来,王初疑后悟,待遇一行与本国回书等事,虽各尽礼,然王惑未解之时,吾身几危。

　　绝域经年作楚囚,几填虎口恨难收。天恩乃指皇天忽降归心浩,万里沧波一叶舟。

宿阿麻沙只咏日本事

　　日本农家,秋耕种大小麦,明年夏刈之;即种苗,秋初刈之;又种木麦,冬初刈之,以一畬一年三种者。川塞则储水为畬,川决则去水为田故也。

　　水村山郭火烟斜,无役人闲异事多。耕地一年三刈谷,若知仁义亦堪夸。

泊摄津州兵库阻风寻长福寺

　　系舟沧溟曲,寻入梵王宫。帆影飞前浦,钟声动远空。窗外修修竹,庭中落落松。水亭更深邃,高树起秋风。

七月

初三日

发兵库风逆日没宿津口四日过牛窓

　　客里时时忆故园,回船今日兴油然。篷窗回首望来处,雪浪翻风接碧天。

发无潞向下津海贼所居

　　青山万迭海千重,贼垒云屯路不通。此地生还天幸尔,船窗独倚鬓秋蓬。

过肥全州护送藤资职持酒上船

　　云烟卷尽上初暾,万斛楼船发海门。护送上船相劝酒,扶桑此日可同言。

泊下津船上逢七夕示孔从事

逢贼船,被甲以待,夜深其船不知去处。

楼船泊岸乱山堆,七夕无人劝酒杯。万里风涛客游恶,敢将王事念身殆殆字疑误。

八日①

泊肥厚州小尾途津待风再寻天宁寺

再来山寺倚风榡,竹影扶疎院宇清。老衲坐床观妙法,沙弥开卷学禅经。庭中一塔临江白,墙畔长松倚石青。半日探游多胜概,归朝应说此山扃。

宝土寺

海云山上有仙家,佛殿僧窗俯大河。来见扶桑开胜地,我今书此说京华。

赠天宁寺法主周冕众僚梵道诗二首并序

余奉命来宣于日本,今以复命为急。惜其寸晷,日夜行船,到肥厚州小尾途津口,阻风阻贼,淹留二十余日。津头人居稠密,而无可与语者。旁有海云山,山上有天宁寺。法主周冕、众僚梵道两师,虽语音殊异,而可与语者也。大抵浮屠氏所恶于人者有二:诡其行以惑世,一也;诞其言以自利,二也。虽外国之人,若无此二者,而近于道,则可与之语矣。今日本崇信释氏,州而及村,僧舍几半。其削发居寺者与平人倍焉。余于旅次,一见二师与言。资禀精明,情意款曲,又能明其法、攻于诗。求之日本,此当居其上者。况朝鲜、日本世有邻好,遣使往来。吾及二师,得与面遇,乃于禅房海船之上,累日追随,或吟松竹,或望海山,同乐太平,不亦幸乎。永乐庚子秋七月二十日,朝鲜国回礼使、奉正大夫、金知承文院事、直集贤殿老松秀才,筠亭宋希璟正夫,泊肥厚州小尾途津口,书示周师梵师。

---

① "日",底本误作"月"。

相逢如旧面，妙旨透机关。业白水同净，心清云共闲。入参长对壁，打坐更看山。桑域几多寺，如师见最难。

人间万事不求营，早向空门炼业成。洞见三乘道机熟，都削五蕴世缘轻。谈余把笔明珠句，定罢撞钟清梵声。谁似上人参访后，麻衣端坐学无生。

小尾途津口留泊，闻海贼十八只，聚归路待吾船，以乞粮为言。风又不顺，故不得发，留二十日。

淹留绝域百忧集，谁识此中行路难。一角声中添白发，千山影里减旧本作捐红颜。鸡林缥缈浮云外，鲸海微茫落照间。早晚维舟荠浦下，故人相对说生还。发船及泊舟，皆吹角。

梵师来访未几风雨暴作师遽还

上人轻棹忽来游，客路悠悠湖海秋。怪底狂风吹雨急，论文未已即回舟。

雨中叙旅怀

杰阁峥嵘倚碧山，满江烟雨画图间。扁舟泊岸朝鲜客，独倚篷窗鬓欲斑。

二十二日

过多可沙只海贼所居示孔从事

春半乘槎万里行，星霜荏苒暮蝉鸣。纷纷人事自难任，匆匆客怀长未宁。沧海月明舟叶小，扶桑日赤浪花生。男儿报国无夷险，莫恨东溟路不平。

泊可忘家利

此群贼所居，王令不及。众皆疑惧，适日暮不得过去。

海山回处有悬崖，板屋柴扉向水开。船上求看还指路，又言家里吃茶来。

泊黑石西关

前夜假寐而坐，夜深催发。未明过贼所，出海口，平明风顺船快,众皆喜之。俄而天阴,风雨渐作,波涛汹涌,船随风去。事急未暇呼众,仍起视之。狂涛涌天,距石壁咫尺也。众皆丧魂,催引帆入泊西关。大风大雨,树木拔落,几于覆没,过夜劳苦。晓头风止,平明,众以得生泣贺。

晓头解缆可忘湾,舟入狂澜鬓尚斑。未及西关风雨恶,还思躯命一毫间。

晓头发西关向军多湾

是夜半,三船自东向前,众皆以为海贼,疑之。俄有护送代官船追来,与之同行。

乱山围处海千寻,忽有三船隐晓阴。落帆徘徊缘底事,望来容易动人心。

夜泊军多湾

人居稠密,桑麻翳村,禾谷盈田,似乎我国人居也。

人居接屋向平津,桑柘烟深作比邻。若得明王施政教,贫残尽变即良民。

未明风顺发船向赤间关示孔从事

军多湾下晓初分,唤起篙师出海氛。老去宁知心白首,穷当不失志青云。风来水面添帆腹,潮满江头减石龈。万里辛勤何足惜,只将方寸答吾君。

夜泊赤间关闻岸上寺钟声

行舟夜入赤间关,气暗难分水与山。篷底梦回惊客耳,钟声和雨落狂澜。

阻风留泊再寻全念寺

甫罗,本我国人,来居寺门外。余问曰:此寺僧尼,常于佛殿同宿,其年少僧尼,无乃有相犯者乎?罗笑曰:尼孕则归其父母家,产后还,卧佛前三日后,众尼来请还入本坐矣。

击钲念佛经,开户见人家。尼室昏灯挂,僧窗晓月斜。天秋来岛屿,海曙出云霞。桑域多奇事,津留上汉槎。

赤间关闻僧悟阿弥语

僧年过七十,曾来我国,蒙上恩,向我国有诚心者也。

王闻马岛去年征,欲向朝鲜发愤兵。官人来此好回节,两国如今必太平。

三十日

平明入东溟西望本国沧海茫茫一喜一忧

挝鼓鸣铮出赤关,风帆瞬息入狂澜。极目云端望复望,苍茫西北是家山。

赤间关外望东溟,云际茫茫烟浪生。早晚长风吹送去,系舟茅浦向王城。

下志贺岛宿渔家示仁辅二首

入大洋,逢大风,命在丝毫,几于覆没,下岸粮绝。

楼船出没大风前,不测惊涛命在天。那识欻然渔店里,与君相对得安眠。

下岸入倭家,日没粮绝,主倭亦不在,其妻老婆以米饭与酒出馈焉。

风涛漂泊下渔家,危坐忧端似乱麻。香饭鱼美兼劝酒,倭婆知礼感偏多。

宿渔家夜半闻涛声

水道东游桑域秋,波澜处处捣心头。渔家亦自无缘分,彻夜涛声增客愁。

八月

初一日

岛中代官来谒请移寓断过寺主僧欣然对之

岛上何年住,师曾断宿攀。阶花禅意静,轩竹道心闲。门外翻沧海,檐前耸碧山。最怜成邂逅,相对一开颜。

断过寺书怀

野寺海天远,山房花木幽。闲僧方出定,倦客强寻游。竹色高轩日,涛声绝岛秋。乡关杳何许,登眺只生愁。

避雨漏移寓正庵

一径连庵子,被蓑到竹扃。轩高松影转,庭豁塔阴清。雷雨北峰暗,烈风东海明。登临非遣兴,回首思难平。

志贺岛阻风望石城

石城城上锁风烟,十里归程望一边。雪浪翻空难易到,僧窗独坐日如年。

志贺岛

孤岛耸沧海,一村依钓汀。冬春看树色,昼夜听涛声。沙上瘴烟起,雨中阴火生。卖鱼常给食,舟子逆潮行。

发正庵向朴加大

七月三十日,遇大风,到泊志贺岛。八月初一日,留断过寺。初二日,留正庵。初三日,风止,入海,风浪犹未息,几于覆船。

一只小舟似马骧,狂风犹未息沧浪。惊涛往往泻头上,面黑无言念彼苍。

到朴加大再寓断过寺

主僧与二尼坐房内,开户甚迟。

春日经过秋复来,风光物色感人怀。居僧忌客知何事,来扣窗头久不开。

闻平方吉久殿语

年前马岛大军加,重有拘留贾客多。闻道赤间吾不信,官人放送我王何。

题海印轩

无尘禅寂地,关闭少人行。井澈宜烹茗,窗明可诵经。花阶碧苔锁,竹径白沙平。轩外翻沧海,鱼龙听磬声。

断过寺咏怀

丁酉秋,入朝过辽阳。

去年辽左遇秋风,今日遨游沧海东。岁岁良辰长作客,思归吟里鬓飘蓬。

四日

夜,老元帅源义珍来见。

五日

夜,新探提源义俊来见。

侏离言语着斑衣,挂壁灯笼照板扉。礼见华人休白昼,夜中相会意难知。

六日

僧苏禅请余于家,开樽。

七日

即事

余闻小二殿向本国欲为报复之言,余历举利害,解说之。孔达、仁辅皆曰宜默,以余解说为非,故书示二子。

人臣且莫计身全,夷险不移多古贤。谁识朝鲜游说子,秋风双鬓雪飘然。

十三日

闻马岛主小二殿之言

二殿送僧曰:朝鲜行兵之后,忿心至今未平。

行兵马岛主倭惊,桀骜顽心尚未平。安分畏天言听了,愿修和好乐余生。

十四日

断过寺书怀二首

一年佳节是仲秋,奈此相逢碧海头。王事尚未当靡盬,僧窗对月独含愁。

远游愁思倍悠悠,佳节殊方似楚囚。想得京都今夜月,几多人倚最高楼。

断过寺中秋雨

客里中秋见石城,僧窗板屋雨来声。皇天为我殊方恨,云掩青空月不生。

断过寺中秋病卧代官伊东殿送酒

荒凉断过寺,关闭日如年。旅恨思乡里,风光病枕边。寂寂三秋雨,悠悠万里天。伊东可怜客,使我醉陶然。

二十日

发志贺岛向一岐岛

是日,岛内无风。早朝入大洋,东风大恶,黑浪涌天,楼船出没浪中,船人惊怖丧魄。余不得立卧,悬绳于板上,两手攀绳,终日随船踊跃,恍惚几死,众皆不省人事,惟船主领船等五六人无水病,尽力船中。申时到一岐得生。

船头无数黑山生,谁识当年有此行。欲覆欲沉难卧立,攀绳踊跃事堪惊。

九月

二十六日

还泊季浦

是日平明,发对马岛季浦入大洋,向本国来时,望见加德岛,上下欢喜。俄而风逆。夜三更,还到季浦。

大洋终日泛楼船,一点青山是故乡。风逆须臾还季浦,日沉天黑思茫茫。

三十日

回泊莕浦下船向京城金海路上吟

手奉天书向海程,身危几度死还生。系舟今日真如梦,骑驴秋风还玉京。

十月

二十五日

入京,早朝诣阙肃拜。上御便殿,召臣,臣入上前,问日本国事与往来风涛辛苦之状,臣具启。退,赐酒食,出阙还家,路上吟。

回自扶桑入禁门,瑞烟深处拜君恩。奏罢从容仍赐酒,长街头上洞乾坤。

二十六日

诣太上殿太宗,是日,太上自丰壤幸乐天亭,臣诣广津西郊昼停所肃拜,太上召入账内,问日本事,赐酒。

江外秋郊玉帐开,清晨瞻望翠华来。圣王款服桑王语,奏罢承恩醉赐杯。

还家

去辛巳东征十年后,壮元郭麟奉使日本,被执不还,因死其地。倭言麟之坟上草皆向西,麟孙忠守构永慕亭,牧隐先生作记,阳村诗集亦有之。

辛巳东征十年后,郭麟奉使不还来。余今得返对童稚,圣德巍巍远俗怀。

永乐庚子春,余受命使于日本,泛东溟到马岛,见兵余之地,谕残凶之俗。危于一岐,恍于九州岛,发志贺而东入赤间,历唐岛,过肥厚,至于倭王之所,往还万余里。非惟风涛之险,海贼之暴,乃国家行兵马岛之翌年,岛倭以为朝鲜兵船必再来,自中骚动,守御犹不罢,见余之行,皆喜而罢。余到朴加大,见新探提,闻其言,察其事。国家于己亥春,九州岛之倭则给酒食尽还,马岛之倭则拘留而不还,夏又遣兵讨之。故九州岛探提,一喜一疑,而欲知其国之意。择其居僧宗金,送于王所。金见王所亲陈外郎具言之,外郎言于王。王曾闻小二殿之谗,颇惑其说。以朴加大居僧亮倪为首,外郎子吉久为副,托言请经,为书契备礼物而来。上优礼待之,又遣臣回礼，以示和好之意。朴加大本无城郭，夜夜贼起杀人。余往之日，探提使代官伊东殿作门于里巷歧路，昼开夜闭，以备贼变。此九州岛有倭以来未有之事，而今乃如此者，九州岛之倭当行兵翌年危疑之际，见余之行，乐其太平，感上德而敬使命也。余及兵库代官报于其王，武卫、管领、外郎等以为：吾御所虽知朝鲜使臣之来，必不令入见，但我日本非惟拘留琉球也，向大明已有隙，今又令朝鲜使不入，则甚不可也。引我入接于通事魏天家，然后告于王。王使人言于我曰：经及礼物入置等持寺，官人出在深修庵。盖猜心益深，待我至薄，其终吉凶未可知也。翌日，余归深修庵。俄而王送僧惠珙、周颂等来曰：去年夏，朝鲜与大明伐日本，何也？余曰：此真虚言。历陈讨罪马岛之由而力辨之。二僧还说于王，王之惑乃解。后十六日，见我殿下书契，使我游观诸寺，又使诸寺传次来馈，待我特厚。余回还，修书契，备礼物，以著慕义和好之心。又于诸岛经过，皆有护送之文，以示敬重使命之意也。噫！昔辛巳东征十年之后，壮元郭麟奉使不返。今余一介书生，当行兵翌年危疑之际，持三寸之舌，踏不测之险，解倭王难辨之惑，沮二殿报复之计而还。闻于上，上命将帅浮楼船镇海路，又边郡之守皆置武人，以固边围。自是倭寇窜伏，边民又安。恭惟太上大王神武之德，主上殿下威灵所加，非微臣之所能也。盖受命之日，上召入便殿，教臣希璟曰：归自他国，诗不可以不作。教臣孔达曰：归自他国，书不可以不书。璟敬承上命，自出城至复命，不揆浅陋，凡有接于耳目者，皆记而诗之云尔。

永乐十八年庚子十月下浣还本国书。

老松堂日本行录，小诗四韵，并二百二十四首。

咸阳东轩壁上韵邑号天岭

咏牧丹

雨余风日转清酣，金缕红衣映碧衫。京洛寻春豪侠贵，那知国色在天南。

咏竹

含风沐雨又和烟，来对此君今四年。劲节亦能傲霜雪，也宜移种玉阶前。

晚年，以亲老屡乞邑养，来守兹郡。东轩狭小倾危，使华巡至，则从官、守令以坐次难焉。乙巳春，政构丹艧，退筑垣墙，种牧丹二条，且培养阶竹，而题二绝。洪熙乙巳皇明仁宗年号春三月日。

嘉靖庚子玄孙俛仰纯**为岭南观察使巡到咸阳敬次东轩壁上二绝**

牢落轩窗梦不酣，无端悲涕下沾衫。百年花木摧残后，一介孱孙按岭南。

残城乔木老云烟，壁上题诗问几年。遗泽已随流水去，清风犹在竹林前。

因为之记曰：高祖父当我太宗朝登高第，选入艺文馆，出为司谏院正言、献纳。后以亲老屡乞邑养，而来守兹郡，时有治绩，参名宦。岂料小生历三世百年之后，远承余绪，得按岭路，睹此遗诗于古壁乎？是实人事之难期，而有所悲感者矣。谨即书长板，继录拙次于其下，以图久传。未知他日复有后孙继作而书之者耶。本板以其手迹尚存，移悬于孝思堂。俛仰先考堂号，听松成先生书额，河西金先生作记。

龟山书院奉安祝

湖南士林公议已成，建老松先生院宇于潭阳府西龟山，其时奉安。祝曰：

猗欤先生，气禀刚直。孝尽事亲，忠竭卫国。拭玉天朝，特蒙奖许。蠢尔岛夷，大邦敢拒。王曰汝往，浮槎万里。谈锋霜冽，丑类风靡。狼心底顺，鲸涛永靖。义烈斯彰，荐被睿宠。一行歌咏，九重命撰。荣动朝野，裕垂云仍。百世公论，有待今日。贤孙公玄孙俛仰及六世孙秉翁也作配，庙貌增烈。

春秋祭享祝

老松宋先生，彰义日域，重我家国。百世遗风，耸动后学。

老松堂日本行录跋

高祖父当我太宗朝登第，乃永乐壬午也。选入翰林院，累迁司谏院正言、献纳。辛卯春，以圣节使书状官聘于上国，特蒙皇朝嘉乃之恩，我太宗大王褒美专对之义。世宗即位之三年庚子春闰正月十五日，以金知承文院事，奉使日本。乃国家以皇帝命，行兵马岛之翌年也。日本王将欲拘留，府君毅然折之曰：岛夷往年侵犯上国，皇帝赫怒，举义问罪，罪在岛夷。本国不曾纠岛夷之奸暴，反辱上国使价，本国亦与岛夷等。本国用事倭人等曰：官人陪来书内年号为何？府君答曰永乐。倭曰：然则官人必未回归，以龙集二字改书可也。府君大言折之曰：吾等虽死，御书何敢改。倭等知其节义之难夺，反以赤心不暇效顺，善谕其王。王乃大感悟，特修礼物以护送之。复命之日，是年十月下浣也。世宗亦美专对，特嘉忠直，引见便殿，优礼宠锡，令一行歌咏撰入之，府君《日本行录》行于世。壬寅，太宗宾天，参修实录。以亲老累乞邑养，来守咸阳。孝有至性，治有声绩，人悉感化，亲而归之。晚年以判司宰退老于全南之潭阳，潭之有宋始此。府君清名直节，学业文章，昭人耳目。而不幸家牒遗失，恒切痛悼。丙辰夏，余在秋城旧庄，外从弟梁山甫裹送一卷书曰：此偶得于老儒吴祥者，实吾门难得之宝。颠倒开示，则乃府君《日本行录》也。风波万里艰辛之状，虽闻于家世流传者，而未得其详。及今幸获遗记，得睹一行终始殆于不测而幸免者数矣。读至风波之恶、盗贼之危，尚使毛发竖起，有不忍追想。夫兵交之余，奉使异域，在人事亦难。而会得全还，实赖天佑，非人力也。余于辛丑年间观察岭南，巡到咸阳，伏睹府君咏花竹二诗于东轩壁上,喜若亲承謦欬①。不意今者复睹是迹,以起远慕,其记事之详、咏物之妙,无让于古之能文者。吾子孙永世莫重之宝,果无过于此录。自今计之,去永乐庚子百有三十余年,而散入他人之家,得免毁污,终归本孙,数亦存乎其间。为后裔者孰不摩抚而悲感乎?但于移写之际,未免有错画误字,故余即洗手校正,传诸他纸,以图永久。

嘉靖三十七年戊午冬月,玄孙嘉善大夫、全州府尹纯谨识。

老松先生日本行录跋

大凡物之显晦得丧,有不可知者,而亦固有可度焉。适尔而然者,数也;相感而致者,理也。数之所寓,理则随之;理之所在,数莫能逃。其所以然者,无非诚也。诚固至矣,数与理会,百不一失。吾于老松日本行录之事,深有感焉。老松专对之伟,则退休记之详矣。若俛仰之得于吴祥,上舍之得于郑庆得者,其不以数与理会而然耶。吴之藏是录,岂必知老松之有孙如俛仰公,而欲夸而传之也。俛仰慕先之诚,有以致之也。况郑生崎岖被抢之际,得见是录于倭僧,乃手誊而藏之。及其回还,置之几案之上而已,亦岂知老松有云孙如上舍者,欲传示而为之哉。上舍之适到郑家,得而披见,岂其所期哉。是录之失于丁酉,心常悲慕,而一朝而得之,上舍之诚可知矣。况俛仰与吴生同邻邑,得之似不难。若海外夷虏之国,郑之得而见之者,谁使之也。生还故国,能传厥孙者,亦谁使之也。以此益知上舍向先之心,出于至诚,而理与数终始成之,以著不诚无物之验矣。上舍公属余记其事,余固不文,不足褒扬。而重上舍之固请,奉使还朝之路,行到披香亭,泰仁为之书以送之。上舍

---

① "謦欬",底本误作"謦咳"。

姓宋，名征，信之其字，倜傥其性，无所经心于事物，而独于是眷眷之不已，亦足观也已。

天启六年丙寅秋七月日，通训大夫、承文院判校兼春秋馆编修官曹弘立谨识。

老松先生日本行录跋

古来人臣于王事，所以鞅掌靡盬者，多在出使。而其能专对不辱命者，盖鲜矣。若其忠信得行乎蛮貊之邦，则尤岂不伟哉。噫！余览老松宋公日本使行时所录，公其于使乎，殆庶几焉。是录所载，惟诗篇为数十百，而间有小序以记事。其海外万里之域，备尝艰险，略无挠夺。终使漆齿之徒，奔走效顺，以至感悟其酋，卓然得完节而还者，甚盛矣。抑亦诵诗三百中做出来也欤。后之人欲知公者，诵其诗读其序，而可瞭然也。然则公之有此录，宜为后裔之所珍爱葆藏而垂耀无垠矣。顾其再失而再得，岂偶然哉。如退休苏公之为序文以识之者，实有以钦服其节义功业。而至拟于郑圃隐、申高灵之彪炳著称，则其所赞扬，蔑以加焉。惜乎是录阅几百载，而未克刊布于世也。今公云仍将谋绣梓而惟其传誊不能无蜷驳，苟有校雠精细而不至辞义迂晦，则不亦为尚德慕义之一端乎。余窃有兴感之深，而公后孙之请，亦有所难孤，谨书于录之左方，以归之。

崇祯后三乙卯仲秋日，德殷宋焕箕敬识。

老松先生日本行录跋

此老松宋公日本使行时所录也。此录之显晦，而子孙之隆替关焉。观于俛仰公之识，曹判校之记可详也，岂非可异而可贵者耶。若其服蛮酋，扬国命，卓然完节之迹，则阳谷苏公既叙其事甚悉，性潭宋丈又跋之，无复余蕴。所可惜者，俛仰、栗翁两公之时，未及刊行，是录因循数百载，而屡孙零替不振，古纸残编，几至于断烂而无征耳。今公之后孙，乃能出力鸠财，谋所以印出，而以余之适守是邦，袖是录而来，请一言。余于此录固多兴感者矣，岂欲无一言，而不但不文之为愧，前述已备，则又何以叠床为也。但是录之刊行，而子孙文学之复振，有可以足征，则益勉乎趾美继烈，以无坠家声，窃有望于诸贤云尔。

崇祯后三己未季冬，通训大夫、行潭阳府使安东金履銈谨识。

老松先生日本行录跋终

（朱莉丽　整理）

海东诸国纪

申叔舟　撰

《海东诸国纪》解题

《海东诸国纪》的作者申叔舟(1417—1475),字泛翁,号保闲斋,又号希贤堂,朝鲜高灵人,出身文翰世家,自少气度非凡,一生历经世宗、文宗、端宗、世祖、睿宗、成宗六朝。他曾考中世宗戊午状元进士,进入当时朝鲜最高政策咨询机构和学问研究机构——集贤殿担任副修撰。1443年(正统八年,世宗二十五年),申叔舟担任书状官出使日本室町幕府,"及至日本国,人持笔笺,求诗者坌集,叔舟操笔立就,人皆叹服",回至对马岛,申叔舟成功说服对马岛主与朝鲜约定岁遣船数。同年,奉世宗之命,申叔舟与郑麟趾、成三问、朴彭年等人编写《东国正韵》,参与创造朝鲜本民族的文字《训民正音》。景泰年间,明朝派倪谦出使朝鲜,世宗命选能文者从游,申叔舟和成三问与倪谦唱和,大被称赏,倪谦回国后亦对申叔舟大为赞扬,曾说"词赋曾乘屈宋坛,为传声誉满朝端"。端宗即位后,申叔舟出任书状官赴明谢恩。不久,首阳大君李瑈发动"癸酉靖难",申叔舟被封靖难功臣,但也因其未能像成三问等人死难而被后人诟病。待李瑈篡夺端宗王位即位为世祖后,申叔舟又以奏闻使赴明朝贡,从此受到更大重用,封高灵府院君,陆续升任诸多军政要职,最后一直担任最高职位领议政,人称"院相"。在此期间,申叔舟曾拜江原、咸吉道都体察使,征讨毛怜卫野人女真取得胜利,撰进《北征录》、《兵政》、《兵将说》等军事著作,由此世祖对其更为倚重,曾说:"桓公之管仲,汉祖之张良,唐宗之魏征,予之叔舟,一也。"(《国朝人物志》)睿宗即位后,申叔舟参与平定南怡之乱,睿宗去世后又奉贞熹大妃之命策立成宗。所以,申叔舟"四为功臣,再作元勋,三为首相,历事六朝,议论大政,朝野倚重"(《国朝人物志》),"长百僚,典文衡,以一身为国家安危者几二十年,军国重事纷委于前,左酬右答,剖决如流"(《燃藜室记述》),且"久掌礼曹,以事大交邻为己任,词命多出其手",可见其在东亚三国之中皆有声名。除撰写《东国正韵》及《海东诸国纪》外,他还解正音,通汉语,撰写《洪武正韵训释》和《四声通考》,成为朝鲜人学习汉语的重要书籍,又撰写《国朝五礼仪》,奠定朝鲜的礼制规范。成宗六年(1475),申叔舟去世,临终对成宗说:"愿国家无与日本失和。"可见其对朝日关系的念兹在兹和忧心忡忡。去世后,被赠谥"文忠",有文集《保闲斋集》十七卷行于世。世宗到成宗时期乃朝鲜在内外改革中趋于稳定并逐渐将"小中华"意识体制化的时期,出现了如《经国大典》、《东国通鉴》等诸多奠定国家制度和王权正统的典籍,而申叔舟正是此间无论在内政外交还是在文治武功方面的主要大臣,是朝鲜内外改革的重要推手。综观他壮阔华彩的一生,申叔舟乃出将入相的数朝元老,博通经史,文武重臣,事大交邻,攘除女真,不仅对朝鲜前期的政局起到主导作用,亦对当时的东北亚局势产生了重要影响。

《海东诸国纪》的诞生有着深刻复杂的政治背景,与东亚海域的倭寇、朝鲜日本间的军事斗争和贸易往来紧密相关。自高丽以来,倭寇一直是朝鲜的重要困扰,常以对马岛为基地不断骚扰朝鲜沿岸。1419 年,朝鲜发动"己亥东征"(日称"应永外寇"),攻打对马岛,俘获倭寇首领,控制了对马海峡。次年,朝日国交恢复,1426年,朝鲜开放富山浦(今釜山)、乃而浦(今荠浦)、盐浦(今蔚山)三浦,设立倭馆接待日本使臣,并允许其世居贸易。1443 年,朝鲜派正使卜孝文、副使尹仁甫、书状官申叔舟率领通信使团出使室町幕府京都,与对马岛主宗氏签订《癸亥条约》(日称"嘉吉条约"),承认对马岛乃日本领土,但确立了朝鲜在对马岛的宗主地位,对马岛主代理朝鲜统制日本各地的对朝贸易,引导诸使前来。朝鲜将与日本诸岛的交邻关系视为羁縻关系,并将之编入自己的朝贡贸易体系中。朝鲜在世宗时期征倭成功、讨伐野人女真、设置四郡、开拓六镇,是武功强盛的时代,且朝鲜在成功打压了女真和对马岛倭寇后将其视为本国屏藩,凸显了朝鲜的"小中华"体系。在申叔舟的时代,朝鲜在军事和文化上都始终保持着对日本的强势。所以,《海东诸国纪》正是申叔舟在此朝日关系的背景下撰写的。

成化七年(朝鲜成宗二年,1471),申叔舟奉成宗之命撰成《海东诸国纪》。"海东"原是相对中国而言,"海内"指中国,"海东"即指中国东面的国家如朝鲜、日本、琉球,朝鲜也自称"海东"、"东国",但"海东诸国"则相对朝鲜而言,"国于东海之中者",故此书仅记载日本和琉球,而日本又占百分之九十五左右。

关于此书的撰修目的,申叔舟在序文中作了详细阐释。他认为与邻国交往,必须了解其情势方可尽礼尽心,而东海之中以日本最为重要,但"岛居星散,风俗殊异"又隔海相望,对之安抚得宜直接关系到朝鲜的稳定,而日本各地朝聘者的情势又有大小差异,所以在接待上必须讲究厚薄之分,方能更好地与日本展开交邻聘问,维护海疆安全。

关于此书所据材料和主要内容,申叔舟自言"谨稽旧籍,参之见闻,图其地势,略叙世系源委、风土所尚,以至我应接节目",即根据相关典籍文书(大致包括朝鲜典籍、双方往来文书、被携至朝鲜的日本书籍等),并参照自己的出使见闻,将各地地势画成地图,叙述国纪世系源流及其风俗,并规定朝鲜对其不同的接待方式。具体来说,此书共分为四个部分。

第一，地图。地图是《海东诸国纪》的一大特色，共有九幅，分别是"海东诸国总图"、"日本本国之图"、"日本国西海道九州之图"、"日本国一岐岛之图"、"日本国对马岛之图"、"琉球国之图"、"熊川荠浦之图"、"东莱富山浦之图"、"蔚山盐浦之图"。其中，"海东诸国总图"是统合"日本本国之图"、"日本国西海道九州之图"、"日本国一岐岛之图"、"日本国对马岛之图"、"琉球国之图"而成，其中，对马、一岐两岛图乃申叔舟自己绘制，其他四幅是申叔舟在日僧道安携至朝鲜的日本图和琉球图基础上绘制。而"熊川荠浦之图"、"东莱富山浦之图"、"蔚山盐浦之图"乃朝鲜三浦之图，乃是1474年（成宗五年）礼曹佐郎南悌在三浦倭户失火事件中前往赈灾，奉王命绘制，标明倭户所居，图后皆记各浦至京城与各浦间路程、倭户口数、寺社总数等，附在卷首，可见三浦地图乃是后来续补之图。

九幅地图流露出不少可贵的历史信息，如朝鲜在15世纪对日本的关心重点，因地缘因素主要集中在对马岛、西海道九州岛和一岐岛等日本西侧，同时这也是当时赴日使臣最熟悉的地段；又如"海东诸国总图"和"日本本国之图"中大多标明了日本的真实州名，但在东侧边缘的一些海岛上也标有中国典籍中的一些旧名，如三佛齐、罗刹国、女国、扶桑、瀛洲等，多是错位或想象之名，而在最东北角有一岛标曰"夷岛"，隔岸标曰"津轻大里"、"夷地"，当是当时阿伊努族人所居的虾夷地（北海道），但这些岛名并未出现在后面"八道六十六州"中，可知这些地方并非日本控制的范围；再如，这些地图明显反映出当时朝鲜的海东观念和"小中华"意识，流露出朝鲜对自身在东亚世界中地位的自信，我们可将"海东诸国总图"与更早的"大明混一图"、"混一疆理历代国都之图"进行比较，分析这些地图所宣示的政治意识。

第二，日本国纪。日本国纪分为"天皇代序"、"国王代序"、"国俗"、"道路里数"及"八道六十六州",同时附录对马岛和一岐岛的情况。这是此书的重点,约占全书字数的百分之七十三。

"天皇代序"记载了从神武天皇至后土御门天皇共一百零四位天皇,简要叙述历代天皇的血缘关系、即位时间、改元情况、主要大事、享年岁数、在位年数,其中,即位时间后用小字夹注相应的中国皇帝纪年和朝鲜半岛君王纪年。这个天皇谱系与今天所见天皇谱系基本一致,但基于申叔舟的名分观念,有些天皇未被列入,如曾与其叔父在"壬申之乱"中争夺皇位的大友皇子(明治时追封为"弘文天皇")无天皇之称,又如日本南北朝时期的南朝天皇像后村上、长庆、后龟山三位天皇也未被列入。另外,有个别称呼与今天不一致,如第四十七代天皇"淡路废帝",明治时追封为"淳仁天皇";第七十三代"堀川天皇",今称"堀河天皇"; 第七十五代"宗德天皇",今称"崇德天皇";第八十五代"废皇",明治时追封为"仲恭天皇";第八十九代"深草天皇",今多称"后深草天皇"。

"国王代序"相比"天皇代序"要简短得多,简略叙述了自镰仓幕府源赖朝至室町幕府足利义政历代将军的授受情况。然而"国王代序"存在一些史实错误,需要鉴别。如源赖朝被任命为征夷大将军是在后鸟羽天皇建久三年,但申叔舟写为"后白河天皇保元三年戊寅",镰仓幕府只有九代将军,申叔舟则载"世祖承袭,传十二代"。又如,申叔舟对室町幕府的几位将军的记述也有几处错讹:第四代将军足利义持让位其子义量为第五代将军,但义量早逝无子,义持以大御所身份管理政务,义持死时未决定继承人,群臣决定抽签选定,由此义满第三子义教(又名义圆)袭为第六代将军,而申叔舟记曰"义持死,子义教嗣",遗漏了义量,且义教不是义持之子,而是义持之弟;义教被大臣赤松满佑杀害后,长子义胜冲龄即位为第七代将军,不到一年后死去,其弟义政(原名义成)即位为第八代将军,义政即义成,但申叔舟记载义胜"三年癸亥病死,又立其弟义成，义成死，又立其弟义政，即今所谓国王也"。自镰仓幕府开始，将军的权力凌驾于天皇之上，成为日本实质的主宰，这一点，申叔舟观察得很准确："于其国中，不敢称王，只称御所，所令文书，称明教书。每岁元，率大臣一谒天皇，常时不与相接，国政及聘问邻国，天皇皆不与焉。"

"国俗"文字虽短，但五脏俱全，是日本通信使最早全面观察日本风俗的记载，简要介绍了日本从上到下的各种风俗，包括婚嫁、刑罚、田赋、节日、饮食、发饰、礼仪、教育、衣冠等。"道路里数"文字更短，略记15世纪朝鲜通信使从釜山至京都的路程里数，从庆尚道东莱县富山浦、对马岛都伊沙只、船越浦、一岐岛风本浦、筑前州博多、长门州赤间关、灶户关、尾路关至兵库关为水路，以朝鲜里数共三千二百三十里，自兵库关至京都为陆路，共一百八十里。

"八道六十六州"对畿内五州、东山道八州、东海道十五州、山阳道八州、南海道六州、北陆道七州、山阴道八州、西海道九州岛共六十六州所辖郡数、水田数皆作了具体记载，对少数州的特产也有提及，回顾了大多数州的藩臣或官员与朝鲜的往来情况，尤其对一些巨酋作了详细说明，如国都所在地山城州（畠山殿、细川殿、左武卫殿、山名殿、京极殿、右武卫殿）、山阳道周防州（大内殿）、西海道筑前州（小二殿、大友殿）。八道六十六州后附有对马岛、一岐岛，此两岛为朝鲜使臣往来必经之途，介于朝日两国之间，实为海上咽喉，于朝鲜关系甚大，故申叔舟对此两岛的记载格外翔实，可以具体到每郡之下的每浦的户数。尤其是对马岛，"在海东诸岛之要冲，诸酋之往来于我者必经之地，皆受岛主文引而后乃来"，所以申叔舟专门对其岛主、田税、官员、物产、风俗作了记录。

第三，琉球国纪。相比日本国纪，琉球国纪仅对国王世袭、国都、国俗、道路里数作简略记载。申叔舟在其中指出"琉球去我最远，不能究其详，姑记朝聘名号次第，以待后考"，而在燕山君七年

(1501年,弘治十四年),兵曹判书李季仝曾启奏:"琉球国使臣,世祖朝来聘,今年重来,其国之风土、人物、世代未之详知,请令宣慰使成希颜从容详问,书于《海东诸国记》之末,以备后考。"这说明申叔舟所撰《海东诸国纪》中的琉球部分在后来又经增补,即此书最后的"琉球国"及"语音翻译"应是成希颜详问琉球使臣后增补上去的。又如《海东诸国纪》后亦附有成化九年(1473,成宗四年)九月初二启《畠山殿副官人良心曹馈饷日呈书契》,加之卷首所附绘制于1474年(成宗五年)的三浦地图,可以推知,此书虽然完成于1471年,但之后又陆续被增补。

第四,朝聘应接纪。此部分规定了日本不同级别的使臣如国王使、诸巨酋使、九州岛节度使、对马岛主特送、诸酋使等与朝鲜往来的制度,包括使船定数、诸使定例、使船大小船夫定额、给图书、诸使迎送、三浦熟供、三浦分泊、上京人数、三浦宴、路宴、京中迎饯、昼奉杯、京中日供、阙内宴、礼曹宴、名日宴、下程、例赐、别赐、留浦日限、修船给妆、日本船铁钉体制、上京道路、过海料、给料、诸道宴仪、礼曹宴仪、三浦禁约、钓鱼禁约共二十九项内容,朝鲜接待的规格视使臣级别及其官位高低而定。其中,"给图书"非书籍,专指日本诸使往来的凭据,"着见样于纸,置礼曹典校署,又分置三浦,每书来,凭考验其真伪",而"三浦禁约"和"钓鱼禁约"则分别针对三浦倭民和对马岛而设。通过这一系列详尽的规定,朝鲜进一步怀柔羁縻了倭寇势力,将日本诸使的贸易纳入到双方约定的法定轨道中来。所以,《海东诸国纪》对日本使臣来往及互市贸易的规定代表了朝鲜交邻外交体制的成立,成为朝鲜对日外交和贸易的参考凭据。

朝鲜通信使前往日本,大多以日记或诗歌形式记载其见闻,然归国后鲜有系统将其见闻整理成专门著作,所以大多通信使录虽在细节上刻画得细致生动,但往往给人流水账之感,且历代通信使因路线变化不大,故其见闻多陈陈相因。申叔舟《海东诸国纪》虽然撰写时代较早且字数不多,但却具有可贵的特色。首先,此书作者申叔舟应在朝鲜历代通信使中官位最高、视野最广,且其"久掌礼曹,以事大交邻为己任",专门负责朝鲜对华对日外交,故对日本情势有着较准确的整体把握,成为朝鲜前期官方对日外交的重要参考。其次,此书是申叔舟结合诸多外交文书典籍及出使见闻所撰写的系统著作,目录、凡例、地图一目了然,体例严谨,考证详细,虽不免有若干瑕疵错讹,然不影响其成为一部集大成的研究日本的典范性史地专著,对后世通信使的写作有很大影响。再次,此书对日本的历史、政治、社会、地理、风俗有着全面的考察(朱彝尊认为此书比明人的日本研究著作更丰富清楚),完善和保留了朝鲜对日的外交礼仪,确立了朝鲜与日本、琉球的交邻体制,对理解15世纪朝鲜的对日观念和朝日外交都有着重要的史料价值。另外,此书以明朝年号纪年,称明朝为"中国",在序文中又不断强调"待夷狄之道",视日本、琉球为夷狄,多用"来朝"指称日本各地使臣及琉球使臣出使朝鲜,突出体现了朝鲜在以明朝为中心的"大中华"朝贡体系中又建立了以自己为中心,以周边的日本、琉球等为四夷的"小中华"体系,据此可了解朝鲜前期的世界认知。此书自刊行后,其撰写体例亦成为朝鲜调查北方女真并纂辑相关书籍的主要范本,金庆门《通文馆志》、安鼎福《列朝通纪》等诸多书籍都对之有重要引用。

关于《海东诸国纪》的版本源流,前人已有专门讨论,兹仅略作勾勒。此书的古代版本有四种:一是东京大学史料编纂所藏本,原为1512年赐给弘文馆校理洪彦弼的书,又为日本曲直濑氏养安院所藏;二是宗伯爵家藏本(因其在16世纪初被对马岛主宗氏收藏),先后移至朝鲜总督府朝鲜史编修会和韩国国史编纂委员会,朝鲜总督府于1933年影印发行《海行总载》,载《朝鲜史料丛刊》第二辑,韩国国立中央图书馆亦有此本;三是日本内阁文库藏本,内容与第一种相同,原为佐伯毛利氏江粟斋收藏,后于1828年将其献给幕府;四是南波松太郎收藏本,为晚清潘祖荫旧藏,活字本,其后傅增湘从厂肆购得(《藏园群书题记》卷三《海东诸国纪跋》),后又辗转至东京文求堂、京都临川书店、南波松太郎。

笔者所见《海东诸国纪》的现代版本主要有:一是朝鲜古书刊行会1914年所编"朝鲜群书大系續々第三輯"《海行总载》第一册;二是东京岩波书店1991年刊行的《海东诸国纪》田中健夫译注本,影印古版,附有田中氏的相关研究;三是釜山大学校韩日文化研究所1962年刊行的李载浩译本;四是韩国大洋书籍1972年发行的李乙浩翻译的《海东诸国纪 看羊录》合刊本。前两种版本文字较精,流传较广,后两种系中韩文对照,中文部分多有错讹,引用时需要慎重。笔者校勘此书所用底本即为韩国国立中央图书馆藏1933年朝鲜总督府影印发行朝鲜史编修会编"朝鲜史料丛刊"第二辑《海东诸国纪》(藏书号:한古朝51-나),所用参校本为1914年朝鲜古书刊行会编"朝鲜群书大系續々第三輯"《海行总载》第一册,简称"《海行总载》群书大系本"。

(黄修志)

夫交邻聘问,抚接殊俗,必知其情,然后可以尽其礼。尽其礼,然后可以尽其心矣。我主上殿下,命臣叔舟撰海东诸国朝聘往来之旧、馆谷礼接之例以来,臣受命祗栗,谨稽旧籍,参之见闻,图其地势,略叙世系源委、风土所尚以至我应接节目,裒辑为书以进。臣叔舟久典礼官,且尝渡海,躬涉其地,岛居星散,风俗殊异,今为是书,终不能得其要领,然因是知其梗概,庶几可以探其情、酌其礼而收其心矣。窃观国于东海之中者非一,而日本最久且大,其地始于黑龙江之北,至于我济州之南,与琉球相接,其势甚长。厥初处处保聚,各自为国,周平王四十八年,其始祖狭野起兵诛讨,始置州郡,大臣各占主治,犹中国之封建,不甚统属。习性强悍,精于剑槊,惯于舟楫,与我隔海相望,抚之得其道,则朝聘以礼,失其道,则辄肆剽窃。前朝之季,国乱政紊,抚之失道,遂为边患,沿海数千里之地废为榛莽。我太祖奋起,如智异东亭,引月兔洞,力战数十,然后贼不得肆。开国以来,列圣相承,政清事理,内治既隆,外服即序,边氓按堵。世祖中兴,值数世之升平,虑宴安之鸩毒,敬天勤民,甄拔人才,与共庶政。振举废坠,修明纪纲,宵衣旰食,励精图理。治化既洽,声教远畅,万里梯航,无远不在。臣尝闻,待夷狄之道,不在乎外攘,而在乎内修;不在乎边御,而在乎朝廷;不在乎兵革,而在乎纪纲,其于是乎验矣。益之戒舜曰:"儆戒无虞,罔失法度。罔游于逸,罔淫于乐。任贤勿贰,去邪勿疑。罔违道以干百姓之誉,罔咈百姓以从己之欲。无怠无荒,四夷来王。"以舜为君,而益之戒如是者。盖当国家无虞之时,法度易以废弛,逸乐易至纵恣,自修之道,苟有所未至,则行之朝廷,施之天下,推之四夷,安得不失其理哉?诚能修己以治人,修内而治外,亦必无怠于心,无荒于事，而后治化之隆，远达四夷矣。益之深意，其不在兹乎？其或舍近而图远，穷兵而黩武，以事外夷，则终于疲敝天下，如汉武而已矣。其或自恃殷富，穷奢极侈，夸耀外夷，则终于身且不保，如隋炀帝而已矣。其或纪纲不立，将士骄惰，横挑强胡，则终于身罹戮辱，如石晋而已矣。是皆弃本而逐末，虚内而务外，内既不治，宁能及外哉？有非儆戒无虞无怠无荒之义矣。虽欲探情酌礼，以收其心，其可得乎？光武之闭玉关而谢西域之质，亦为先内后外之意矣，故声名洋溢乎中国，施及蛮貊，日月所照，霜露所坠，莫不尊亲，乃是配天之极功，帝王之盛节也。今我国家，来则抚之，优其饩廪，厚其礼意。彼乃狃于寻常，欺诳真伪，处处稽留，动经时月，变诈百端，溪壑之欲无穷，少咈其意，则便发愤言，地绝海隔，不可究其端倪、审其情伪。其待之也，宜按先王旧例以镇之，而其情势各有重轻，亦不得不为之厚薄也。然此琐琐节目，特有司之事耳，圣上念古人之所戒，鉴历代之所失，先修之于己，以及朝廷，以及四方，以及外域，则其于终致配天之极功也，无难矣，何况于琐琐节目乎？

　　成化七年辛卯季冬，输忠协赞靖难同德佐翼保社炳几定难翊戴纯诚明亮经济弘化佐理功臣大匡辅国崇禄大夫议政府领议政兼领经筵艺文馆春秋馆弘文馆观象监事礼曹判书高灵府院君臣申叔舟，拜手稽首谨序。

《海东诸国纪》目录 凡例附

　　海东诸国总图
　　日本国图
　　日本国西海道九州岛图
　　日本国一歧岛图

日本国对马岛图

琉球国图

日本国纪

  天皇代序

  国王代序

  国俗

  道路里数

  八道六十六州对马岛、一歧岛附

琉球国纪

  国王代序

  国都

  国俗

  道路里数

朝聘应接纪

  使船定数

  诸使之例

  使船大小船夫定额

  给图书

  诸使迎送

  三浦熟供

  三浦分泊

  上京人数

  三浦宴

  路宴

  京中迎饯

  昼奉杯

  京中日供

阙内宴

礼曹宴

名日宴

下程

例赐

别赐

留浦日限

修船给妆

日本船铁钉体制

上京道路

过海料

给料

诸道宴仪

礼曹宴仪

三浦禁约

钓鱼禁约

凡例

一　图中黄画为道界，墨画为州界，红画为道路。

一　日本纪，用其年号。

一　琉球纪，用中国年号。

一　道路，用日本里数，其一里准我国十里。

一　计田，用日本町段，其法以中人平步两足相距为一步，六十五步为一段，十段为一町。一町准我五十步。

一　巨酋以下甚多，然姑记朝聘者于所居州下。

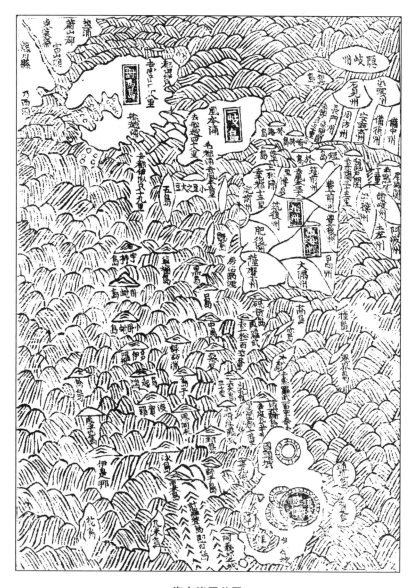

海东诸国总图

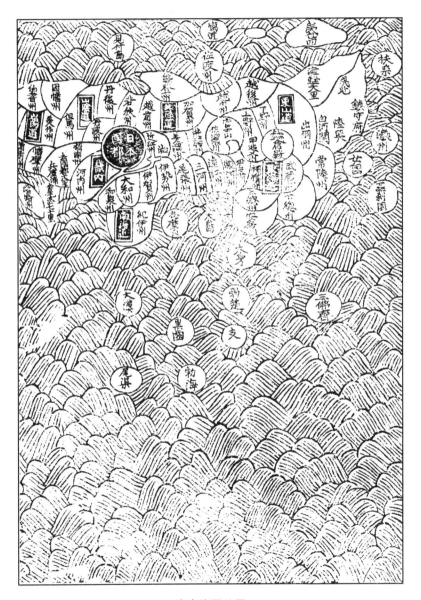

海东诸国总图

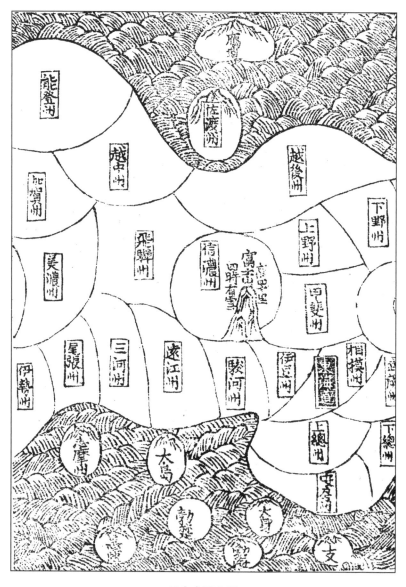

日本本国之图

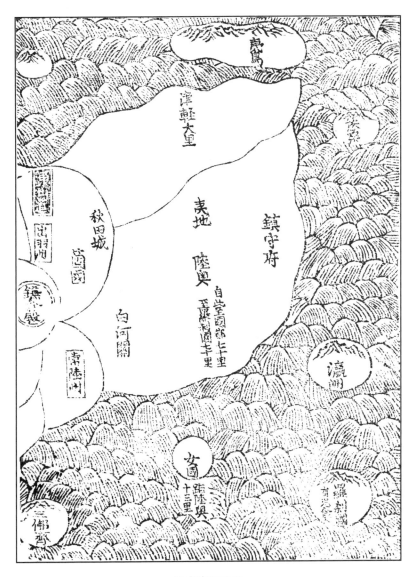

日本本国之图

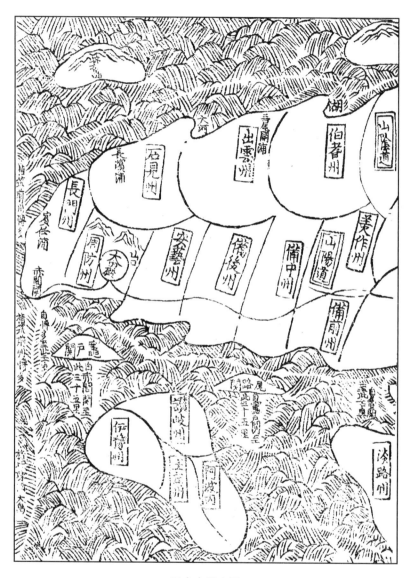

日本本国之图

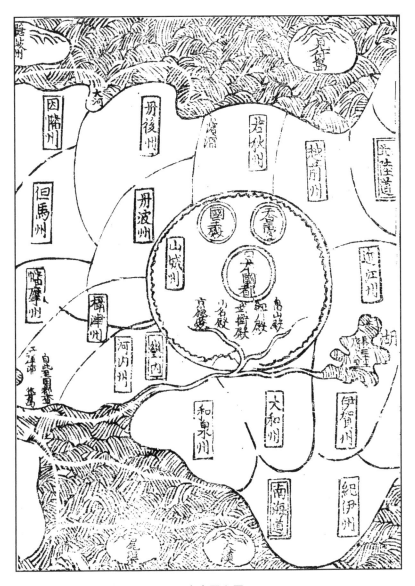

日本本国之图

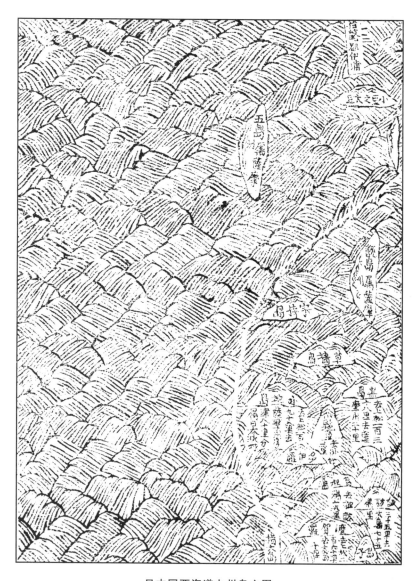

日本国西海道九州岛之图

日本国西海道九州岛之图

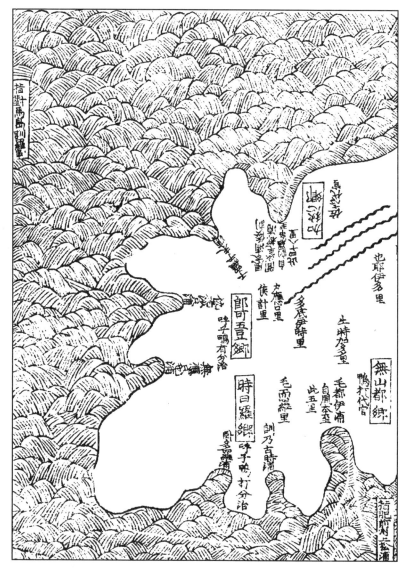

日本国一歧岛之图

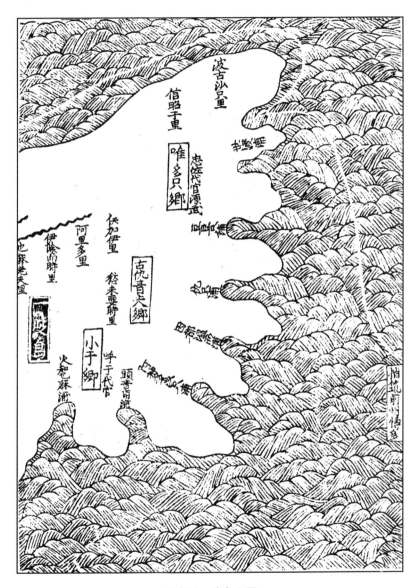

日本国一歧岛之图

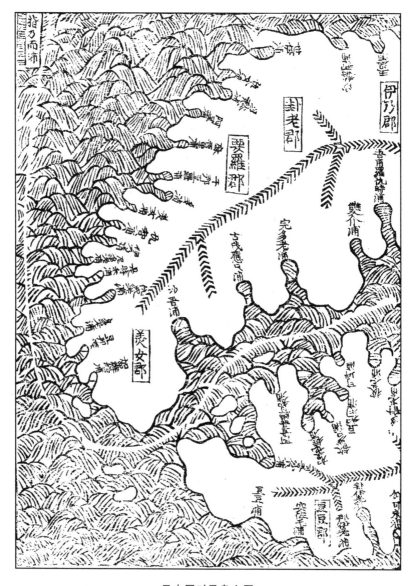

日本国对马岛之图

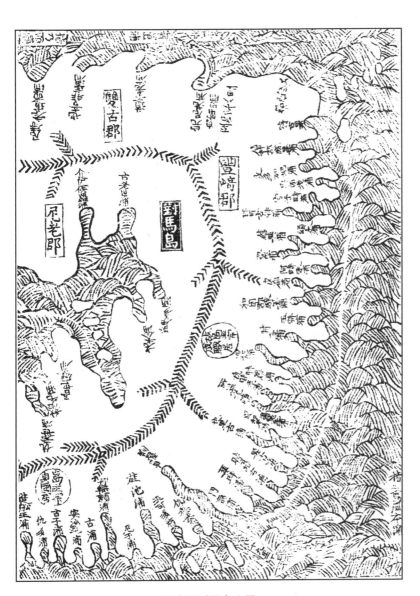

日本国对马岛之图

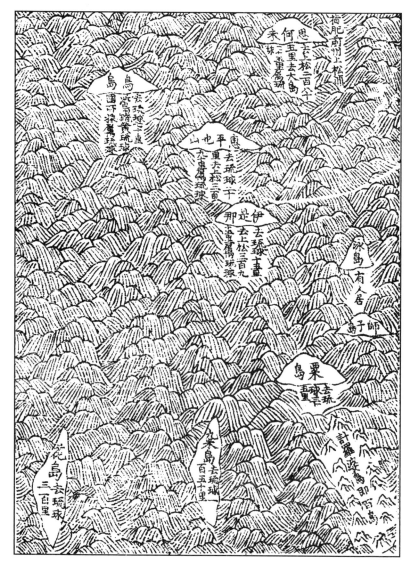

琉球国之图

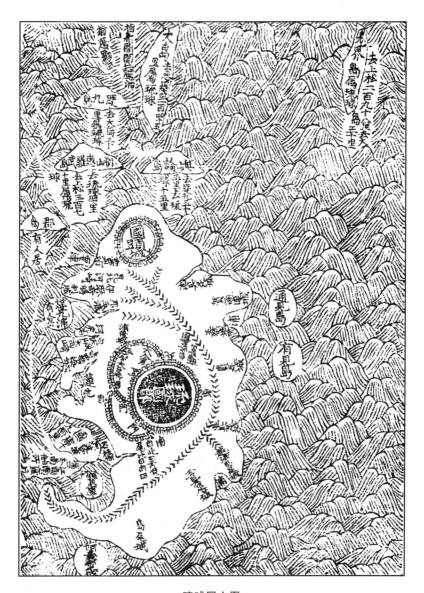

琉球国之图

熊川荠浦之图

自荠浦,由金山至京城,日行二息,十三日程。由大丘、尚州、槐山、广州至京城,十四日程。由水路,金海自黄山江至洛东江、昌宁、善山、忠州自金迁至汉江、广州至京城,十九日程。自熊川至荠浦,五里,恒居倭户三百八,人丁男女老少并一千七百二十二,寺社一十一。

　　自富山浦,由大丘、尚州、槐山、广州至京城,十四日程。由永

东莱富山浦之图

川、竹岭、忠州、杨根至京城,十五日程。自东莱至富山浦,二十五里,恒居倭户六十七,男女老少并三百二十三。由水路,梁山自黄山江至洛东江、昌宁、善山、忠州自金迁至汉江、广州至京城,二十一日程。

蔚山盐浦之图

自盐浦，由永川、竹岭、忠州、杨根至京城，十五日程。由水路，庆州、丹阳、忠州、广州至京城，十五日程。自蔚山至盐浦，三十里，恒居倭户三十六，男女老少并一百三十一，寺社一。

成化十年甲午三月，礼曹佐郎南悌因馈饷三浦付火倭人去图来。

日本国纪

天皇代序

天皇七代

地皇五代

人皇始祖，神武天皇，名狭野，地神末主彦潋尊第四子，母玉依姬俗称海神女，以庚午岁生周幽王十一年也。四十九年戊午，入大倭州，尽除中洲贼众。五十二年辛酉周平王五十一年正月庚申，始号天皇，百十年己未〔周惠王十五年〕①，定国都。在位七十六年，寿百二十七。

绥靖天皇，神武第三子。自神武崩四年，兄弟共治国事，辛巳周襄王十二年正月即位。在位三十三年，寿八十四。

安宁天皇，绥靖太子。元年甲寅周匡王六年。在位三十八年，寿八十四。

懿德天皇，安宁第三子。元年壬辰周灵王三年。在位三十四年，寿八十四。

孝昭天皇，懿德太子。元年丙寅周景王十年。在位八十三年。寿百十八。

---

① "周惠王十五年"原脱，据《海行总载》群书大系本补。底本于日本天皇年份下皆脱中国纪年及若干小注，皆据《海行总载》群书大系本补，不再出校。

孝安天皇，孝昭第二子。元年己丑周贞定王二十八年。在位百二年，寿百三十七。

孝灵天皇，孝安太子。元年辛未周显王十九年。七十二年壬午秦始皇二十九年，秦始皇遣徐福入海求仙，福遂至纪伊州居焉。在位七十六年，寿百十五。

孝元天皇，孝灵太子。元年丁亥秦始皇三十三年，是年箕否服于秦。在位五十七年，寿百十七。

开化天皇，孝元第二子。元年甲申汉文帝二十三年。在位六十年，寿百十五。

崇神天皇，开化第二子。元年甲申汉武帝天汉四年，始铸玺剑，开近江州大湖。六年己丑，始祭天照大神天照大神，地神始主，俗称日神，至今四方共祭之。七年庚寅，始定天社国社神户。十四年丁酉，伊豆国献船。十七年庚子，始令诸国造船。在位六十八年，寿百二十。是时熊野权现神始现，徐福死而为神，国人至今祭之。

垂仁天皇，崇神第三子。元年壬辰汉成帝建始四年，罗赫居世二十九年，丽东明王九年。十三年甲辰，天照大神降。二十年甲寅，初置伊势国斋宫。二十五年丙辰，始立天照大神宫于伊势国。在位九十九年，寿百四十。

景行天皇，垂仁第三子。元年辛未汉明帝永平十四年，罗脱解王十五年，丽国祖王十九年，济温祚王四十四年。十三年癸未，赐诸国人姓氏。十八年戊子，始定诸国名。在位六十年，寿百六。

成务天皇，景行第四子。元年辛未汉顺帝永建六年，罗祇摩王二十年，丽国祚王七十九年，济盖娄王四年，初定州郡。三年癸酉，始置大臣。五年乙亥，诸州始贡稻。七年丁丑，定诸州经界。在位六十一年，寿百七。

仲哀天皇，景行孙，日本武尊第二子，身长十尺。元年壬申汉献帝初平三年，罗伐休王九年，丽故国川王十四年，济肖古王二十七年。九年庚辰，初作神乐，百济国始遣使来。在位九年，寿五十二。

神功天皇，开化五世孙，息长宿祢女，仲哀纳为后，仲哀殁，遂主国事。元年辛巳汉献帝建安六年，罗奈解王六年，丽山上王五年，济肖古王三十六年。五年乙酉，新罗国始遣使来。三十九年己未魏景初三年，始遣使于汉。在位六十九年，寿百。

应神天皇，仲哀第四子，母神功。元年庚寅晋武帝泰始六年，罗味邹王九年，丽西川王元年，济古尔王三十七年。七年丙申，高丽始遣使来。十四年癸卯，始制衣服。十五年甲辰，百济送书籍。十六年乙巳，百济王太子来。二十年己酉，汉人始来。在位四十一年，寿百十。

仁德天皇，应神第四子。应神殁，二年无主，癸酉东晋愍帝建兴元年，罗讫解王四年，丽美川王十四年，济比流王十年正月即位。五十五年丁卯，大臣武内死，年三百四十，历仕六朝。六十一年癸酉，始造冰室。在位八十七年，寿百十。

履中天皇，仁德太子。元年庚子东晋安帝隆安四年，罗奈勿王四十五年，丽广开土王九年，济阿莘王九年，始置大臣四人任国事。在位六年，寿七十。

反正天皇，仁德第二子，履中同母弟，身长九尺二寸半，齿一寸如贯珠。元年丙午东晋安帝义熙二年，罗实圣王五年，丽广开土王十五年，济腆支王二年。在位六年，寿六十。

允恭天皇，仁德第三子，反正同母弟。元年壬子东晋安帝义熙八年，罗实圣王十一年，丽广开土王二十一年，济腆支王八年。在位四十二年，寿八十。

安康天皇，允恭第二子。元年甲子南宋孝武孝建元年，罗讷智王三十八年，丽长寿王四十二年，济毗有王二十八年。初，允恭立太子，而性恶，乃杀之，立安康。安康立，杀仁德之子大草香王，而取其妻为后。三年丙申八月，大草香王之子眉轮王弑之，安康弟大泊濑稚武发兵讨之,眉轮与大臣皆烧死。在位三年,寿五十六。

雄略天皇,允恭第四子,安康同母弟,即大泊濑稚武也。元年丁酉宋孝武皇帝大明元年,罗讷祇王四十一年,丽长寿王四十五年,济盖卤王三年。二十二年戊午,丹后州余社都人,钓于水江浦,得大龟化为女。在位二十三年,寿百四。

清宁天皇,雄略第三子。元年庚申齐高祖建元二年,罗照智王二年,丽长寿王六十八年,济东城王二年,五年甲子殁。在位五年,寿四十五。皇女弟即位,号饭丰天皇,是年十二月又殁。初,安康之乱,履中之孙二人,或云在丹波州,或云在幡摩州赤石郡,至是以无皇子求同姓于诸州,以小楯奉迎为后,即显宗仁贤也。

显宗天皇,履中孙,市边押羽第三子。元年乙丑齐武王景明三年,罗照智王七年,丽长寿王七十三年,济东城王七年。在位三年,寿四十八。

仁贤天皇,显宗同母兄,名大脚。初,饭丰殁,让于显宗,至是即位,元年戊辰齐武王景明六年,罗照智王十年,丽长寿王七十六年,济东城王十年。在位十一年,寿五十二。

武烈天皇,仁贤太子。元年己卯齐东昏侯永元元年,罗照智王二十一年,丽文咨王九年,济东城王二十一年。杀大臣真鸟,性好杀人。在位八年,寿五十七。

继体天皇,应神五世孙,名彦主人。元年丁亥梁武帝天监六年,罗智证王八年,丽文咨王十六年,济武宁王七年。十六年壬寅,始建年号,为善化。五年丙午,改元正和。六年辛亥,改元发倒,二月殁。在位二十五年,寿八十二。

安闲天皇,继体第二子。自继体殁后,二年无主,至是即位,元年甲寅用发倒,梁武帝中大通六年,罗法兴王二十一年,丽安原王四年,济圣王十二年。在位二年,寿七十。

宣化天皇,继体第三子,安闲同母弟。元年丙辰梁武帝大同二年,罗法兴王建元元年,丽安原王六年,济圣王十四年,改元僧听。在位四年,寿七十三。

钦明天皇,继体长子—云宣化长子。元年庚申梁武帝大同六年,罗真兴王元年,丽安原王十年,济圣王十八年。明年辛酉,改元同要,始为文字。十二年壬申,改元贵乐,佛教始来。三年甲戌,改元结清,百济送五经博士、医博士。五年戊寅,改元兄弟。二年己卯,改元藏和。六年甲申,改元师安。二年乙酉,改元和僧。六年庚寅,改元金光。在位三十二年,寿五十。

敏达天皇,钦明第二子。元年壬辰用金光,陈宣帝大建四年,罗真兴王三十三年,丽平原王十四年,济威德王十九年。五年丙申,改元贤接。三年戊戌,以六斋日,披览经论,杀其太子。六年辛丑,改元镜当。三年癸卯,新罗来伐西鄙。四年甲辰,大臣守屋以佛法不利,奏坏佛教,僧尼皆复俗。五年乙巳,改元胜照。在位十四年,寿五十。

用明天皇,钦明第四子或云第十四子。元年丙午用胜照,陈后主至德四年,隋文帝开皇六年,罗真平王八年,丽平原王二十八年,济威德王三十三年。二年丁未,圣德太子、苏我大臣马子等领兵讨守屋圣德,敏达孙、用明之子。在位二年,寿五十。

崇峻天皇,钦明第五子或云第十五子。元年戊申陈后主祯明二年,隋文帝开皇八年,罗真平王十年,丽平原王三十年,济威德王三十五年。明年己酉,改元端政。在位五年,寿七十二。

推古①天皇,钦明女,幼名额田部,敏达纳为后。元年癸丑隋文帝开皇十四年,罗真平王十五年,丽婴阳王四年,济威德王四十年。明年甲寅,改元从贵,百济僧观勤来进历本、天文、地理等书。八年辛酉,改元烦转。二年壬戌,始用历。四年甲子,始赐诸臣冠,圣德太子制《十七条法》。五年乙丑,改元光元。七年辛未,改元定居。三年

---

① "推古",原误作"椎古"。

癸酉，大职冠生于大和州高市郡。八年戊寅，改元倭京。三年庚申，圣德太子卒。六年癸未，改元仁王。二年甲申，阴阳书始来，初立僧正僧都。是时国中寺四十六，僧八百十六，尼五百六十九。在位三十六年，寿七十三。

舒明天皇，敏达孙，名田村。元年己丑唐太宗贞观三年，罗真平王五十一年，丽荣留王十二年，济武王三十年，改元圣德。六年甲午八月，慧星见。七年乙未，改元僧要。三月慧星见。二年丙申，大旱。六年庚子，改元命长。在位十三年，寿四十五。

皇极天皇，敏达曾孙女，舒明纳为后。元年壬寅用命长，唐太宗贞观十六年，罗善德主十一年，丽宝藏王元年，济义慈王元年。在位三年。

孝德天皇，皇极同母弟。元年用命长，唐太宗贞观十九年，罗善德主十四年，丽宝藏王四年，济义慈王五年乙巳。三年丁未，改元常色。三年己酉，初置八省百官及十禅师寺。六年壬子，改元白雉。在位十年，寿三十九。

齐明天皇皇极复位，元年己卯用白雉，唐高宗永徽六年，罗太宗王二年，丽宝藏王十四年，济义慈王十五年。六年庚申，始造漏刻。七年辛酉，改元白凤，迁都近江州。在位七年，寿六十八。

天智天皇，舒明太子，母皇极，名葛城。元年壬戌用白凤，唐高宗龙朔二年，罗文武王〔二年〕①，丽宝藏王二十五年。七年戊辰，始任太宰师。八年己巳，以大职冠为内大臣，赐姓藤原，藤姓始此。大职冠寻死，以大友皇子天智子为太政大臣，任太政大臣始此，初置大纳言三人。在位十年。

天武天皇，舒明第二子，天智同母弟，名大海人。元年壬申用白凤，唐高宗成章三年，罗文武王十二年。天智七年，天武为太子，天智将禅位，天武辞避出家，隐吉野山。天智殁，大友皇子谋篡，欲攻吉

---

① "二年"原脱，据李铉淙《东洋年表》补。

野,天武将浓张二州兵,入京城讨之,遂即位。二年癸酉,初置大中纳言。六年丁丑,始作诗赋。十一年壬子,始作冠,令国中男子皆束发,女子皆被发。十二年癸未,始造车,停银钱,用铜钱。十三年甲申,改元朱雀。三年丙戌,改元朱鸟,慧星见。在位十五年。

持统天皇,天智第二女,天武纳为后。元年丁亥用朱鸟,唐武后垂拱三年,罗神文王七年。七年癸巳,定町段,中人平步两足相距为一步,方六十五步为一段,十段为一町。九年乙未,改元太和。三年丁酉八月,禅位于文武。在位十年。

文武天皇,天武孙,母元明。元年丁酉唐武后神功元年,罗孝昭王六年。明年戊戌,改元大长,定律令。四年辛丑,改元大宝。三年癸卯,初置参议,立东西市。四年甲辰,改元庆云。三年丙午,初定封户,造斗升。在位十一年,寿二十五。

元明天皇,天智第四女,适天武之子草壁太子,生文武。元年戊申唐中宗景龙二年,罗圣德王七年,改元和同。四年辛亥,始织锦绫。五年壬子,初置出云州。六年癸丑,初置丹后、美作、日向、大隅等州。七年甲寅,始定京城条里坊门。八年乙卯,改元灵龟。九月禅位于元正。在位八年,寿四十八。

元正天皇,文武姊元明女,名冰高。元年乙卯唐玄宗开元三年,罗圣德王十四年。三年丁巳,改元养老。二年戊午,慧星见。四年庚申,新罗来伐西鄙。八年甲子二月,禅位于圣武。在位十年,寿六十九。

圣武天皇,文武太子,名首。元年甲子唐玄宗开元十二年,罗圣德王二十三年,改元神龟。五年戊辰,始设进士试。六年己巳,改元天平。十九年丁亥,初置近卫大将军。二十一年己丑七月,禅位于孝谦。在位二十六年,寿五十六。

孝谦天皇,圣武女,名阿闭。元年己丑唐玄宗天宝八年,罗景泰王八年,改元天平胜宝。八年丙申,有虫蛊八幡神社殿柱,为"天下太平"之字。九年丁酉,改元天平宝字。二年戊戌八月,禅位于淡路。在位十年。

淡路废帝,天武孙。元年戊戌用天平宝字,唐肃宗乾元元年,罗景泰王十七年,以道镜为大臣。八年乙巳,为孝谦所废,放于淡路州。在位八年,寿三十二。

称德天皇孝谦复位,改名隆基,淡路八年乙巳唐代宗永泰元年,罗惠恭王元年正月,发兵废之,复即位,改元天平神护。三年丁未,改元神护景云。在位五年,寿五十三。

光仁天皇,天智孙,名白璧。元年庚戌唐代宗永泰六年,罗惠恭王六年,改元宝龟,称德殁无嗣,大臣共议立之。慧星见。三年壬子,初置内供大臣,道镜死。七年丙辰,遣使于唐。十二年辛酉,改元天应。四月,禅位于桓武。在位十二年,寿七十三。

桓武天皇,光仁太子,名山部。元年辛酉唐德宗建中二年,罗宣德王二年,明年壬戌,改元延历。三年甲子十月,迁都山城长冈。十二年癸卯,命大纳言藤小黑、参议左大弁小左相山城野郡宇多村,乃国中膏腴之地。十三年甲戌十月辛酉,自长冈迁都平安城,乃今京都也,命贺茂明神,定条里坊门。十七年戊寅,中纳言坂上田村瓦,创清水寺。二十三年甲申,赐第五皇子枫原亲王姓平,平氏始此。在位二十六年,寿七十。

平城天皇,桓武太子,名安殿。元年丙戌唐宪宗元和元年,罗哀庄王七年,改元大同。四年己丑四月,禅位于嵯峨。在位四年,寿五十一。

嵯峨天皇,桓武第二子,平城同母弟。元年己丑唐宪宗元和四年,罗宪德王元年。明年庚寅,改元弘仁。十四年癸卯正月,彗星见。四月,禅位于淳和。在位十五年,寿五十七,或云四十六。博雅好文,尤善书法,后宫十四人,生四十七子。

淳和天皇,桓武第三子,名大伴。元年癸卯唐穆宗长庆三年,罗宪德王十五年。明年甲辰，改元天长。五年戊申，始定诸州七道。十年癸丑，禅位于仁明。在位十一年，寿五十五。

仁明天皇，嵯峨第二子，名正良。元年癸丑唐文宗太和七年，罗兴德王八年。明年甲寅，改元永和。四年丁亥，彗星见。五年戊午五月，雨雪。十五年戊辰，改元嘉祥。三年庚午三月，以病禅位于文德，遂出家。在位十八年，寿四十一。

文德天皇，仁明太子。元年庚午唐宣宗大中四年，罗文圣王十二年。明年辛未，改元仁寿。二年壬申，彗星见。四年甲戌，改元齐衡。三年丙子三月，地震。四年丁丑，改元天安。在位九年，寿三十三，后宫六人，生二十九子。

清和天皇，文德第四子，名惟仁，法名素贞。元年戊寅唐宣宗大中十二年，罗宪安王二年。年九岁，忠仁公良房为摄政。明年己卯，改元贞观。六年甲申，彗星见。十四年壬辰，良房死。十八年丙申，赐第六皇子贞纯亲王姓源，源氏始此。十一月，禅位于阳成。在位十九年，寿三十二。

阳成天皇，清和太子，名贞明。元年丙申唐僖宗乾符三年，罗宪康王二年，年九岁，昭宣公基经为摄政基经即良房之子，中纳言长良第三子。明年丁酉，改元元庆。八年甲辰二月，禅位于光孝。在位九年，寿八十一。

光孝天皇，仁明第三子，名时康。元年甲辰唐僖宗中和四年，罗宪康王十年。明年乙巳，改元仁和。在位四年，寿五十八。

宇多天皇，光孝第三子，名定省，法名空理，后改金刚觉。元年丁未用仁和，唐僖宗光启三年，罗真圣王元年。三年己酉四月，改元宽平。三年辛亥正月，摄政基经死。九年丁巳七月，禅位于醍醐。在位十一年，又号宽平天皇，寿六十六。

醍醐天皇，宇多太子，名敦仁。元年丁巳唐昭宗乾宁四年，罗孝恭王元年，后百济甄萱六年。明年戊午，改元昌泰。三年庚申，以右大臣管原道①为太宰真外师。四年辛酉,改元延喜,放管原道于紫芝太宰府。三年癸亥,管原道死。七年丁卯,彗星见。二十三年癸未,改元延长。八年庚寅六月,雷震清凉殿,又震大纳言清贯、右大弁希世,人称管原道为祟。九月,禅位于朱雀。在位三十四年,寿四十六,后宫十一人,生三十六子。

朱雀天皇,醍醐第十一子或云长子,名宽明,法名佛陀树。元年庚寅后唐明宗长兴四年,罗敬顺王四年,丽太祖十二年,后百济王三十九年,年八岁,贞信公忠平为摄政昭宣公第四子。明年辛卯,改元承平。八年戊戌,自四月至八月地大震,改元天庆。二年己亥二月,将门、纯友谋叛。三年庚子,讨将门、纯友。四年辛丑,以摄政忠平为关白。九年丙午四月,禅位于邑上。在位十七年,寿三十。

邑上天皇或作村上,醍醐第十四子,朱雀同母弟,名成明。元年丙午晋主重贵开运三年,丽定宗元年。明年丁未,改元天历。二年戊申九月,禁中火。三年己酉八月,摄政忠平死。六年壬子,升授国中诸神一阶。十一年丁巳,改元天德。四年庚申,禁中火。五年辛酉正月,改元应化,彗星见。二年壬戌,彗星见。三年癸亥十一月,彗星见,民饥,斗米百钱,禁中又火。四年甲子,改元康宝。在位二十二年,寿四十二。

冷泉天皇,邑上第二子,名宪平。元年丁卯宋太祖乾德五年,丽光宗十八年,以清慎公实赖为关白贞信公长子。明年戊辰,改元安和。二年己巳八月,禅位于圆融。在位三年,寿六十三。

圆融天皇,邑上第五子,冷泉同母弟,名守平。元年己巳宋太祖开宝二年,丽光宗二十年,年十一岁。明年庚午,改元元禄。五月,关白实赖死,以谦德公伊尹为摄政贞信公孙。三年壬申,谦德公死,以忠义公兼通为关白伊尹同母弟。四年癸酉,改元天延。三年乙亥,彗

---

① "管原道",当作"菅原道真",疑为申氏误记。

星见。四年丙子五月,禁中火。七月,改元天贞。十一月,忠义公死,以廉义公赖忠,为关白清慎公第二子。三年戊寅,改元天元。三年庚辰七月,大风雨,罗城门毁。十一月,禁中火。五年壬午,禁中火。六年癸未,改元永观。二年甲申八月,禅位于花山花或作叶。在位十六年,寿三十三。

花山①天皇,冷泉太子,名师贞。元年甲申宋太宗雍熙元年,丽成宗三年。明年乙酉,改元宽和。二年丙戌六月,禅位于一条,遂出家,法名入觉。在位二年,寿四十一。

一条天皇,圆融太子,名怀仁,法名精进觉。元年丙戌宋太宗雍熙三年,丽成宗五年,年七岁,以右大臣兼家为摄政忠义公同母弟。明年丁亥,改元永延。三年己丑七月,彗星见,改元永祚。二年庚寅五月,以摄政兼家为关白,七月死,以兼家长子道隆为关白,遂为摄政。十一月,改元正历。六年乙未二月,改元长德。四月,摄政道隆死,以其同母弟道谦为关白。五月又死,以其同母弟道长为关白。禁中火。五年己亥,改元长保,禁中火。三年辛丑,禁中火。六年甲辰,改元宽弘。二年乙巳,禁中火。八年辛亥六月,禅位于三条。在位二十六年,寿三十二。

三条天皇,冷泉第二子,名居贞。元年辛亥宋真宗大中祥符四年,丽显宗二年。明年壬子,改元长和,禁中火。四年乙卯,禁中火。五年丙辰正月,以关白道长为摄政。七月,禅位于后一条。在位六年,寿三十二。

后一条天皇,一条第二子,名敦成。元年丙辰宋真宗大中祥符九年,丽显宗七年,年九岁。明年丁巳,改元宽仁,以道长长子赖通为摄政。二年戊午六月,彗星见。三年己未,道长出家,法名行观,以赖通为关白。五年辛酉,改元治安。四年甲子,改元万寿。五年戊

---

① "花山",原作"华山"。

辰，改元长元。二年己巳，彗星见，自二月至三月大雪，是岁大饥。九年丙子四月，禅位于后朱雀，遂出家，是夜殁。在位二十一年，寿二十九，烧尸置骨于净土寺，遗命也。

后朱雀天皇，一条第三子，后一条同母弟，名敦良。元年丙子宋仁宗景祐三年，丽靖宗二年。明年丁丑，改元长历。三年己卯，禁中火。四年庚辰，改元长久。三年壬申，禁中火。五年甲申，改元宽德。二年乙酉正月，禅位于后冷泉，遂殁。在位十年，寿三十七，烧尸置骨于圆教寺。

后冷泉天皇，后朱雀太子，名亲仁。元年乙酉宋仁宗庆历①五年，丽靖宗十一年。明年丙戌，改元永承。三年戊子，禁中火。八年癸巳，改元天喜。四年丙申，彗星见。五年丁酉，太极殿火。六年戊戌，改元康平，禁中火。三年庚子，彗星见。八年乙巳，改元治历。四年戊申四月殁。在位二十四年，寿四十四，烧尸置骨于圆教寺。

后三条天皇，朱雀第二子，名尊仁。元年戊申宋神宗熙宁元年，丽文宗二十二年，以赖通同母弟教通为关白。明年己酉，改元延久。四年壬子十二月，禅位于白河。在位五年，寿四十，烧尸置骨于禅林寺。

白河天皇，后三条太子，名贞仁。元年壬子用延久，宋神宗熙宁五年，丽文宗二十六年。三年甲寅，赖通死，改元承保。二年乙卯，禁中火。九月，关白教通死，以赖通第二子师实为关白。四年丁巳，改元承历。五年辛酉，改元永保。二年壬戌，彗星见。四年甲子，改元应德。三年丙寅，禅位于堀川或作堀河，遂出家，法名圆寂。在位十五年，寿七十七。

堀川天皇，白河第二子。元年丙寅宋哲宗元祐元年，丽宣宗三年，年八岁，以关白师实为摄政。明年丁卯，改元宽治。八年甲戌，以

---

① "庆历"，原作"景历"。

师实长子师通为关白,改元嘉保。三年丙子,改元永长,地震。二年丁丑,改元承德,彗星见。三年己卯,关白师通死,改元康和。三年辛巳,师实死。六年甲申,改元长治。二年乙酉,以师通长子忠实为关白。三年丙戌,改元嘉承。二年丁亥七月殁。在位二十二年,寿二十九。

鸟羽天皇,堀川太子,名宗仁。元年丁亥宋徽宗大观元年,丽睿宗二年,年五岁。明年戊子,改元天仁。二年己丑,彗星见。三年庚寅,改元天永。四年癸巳,改元永久。六年戊戌,改元元永。二年己亥,彗星见。三年庚子,改元保安。二年辛亥,以忠实长子忠通为关白。四年癸卯正月,禅位于宗德或作崇德,遂出家,法名空觉。在位十七年,寿五十四。

宗德天皇,鸟羽太子,名显仁。元年癸卯宋徽宗宣和五年,丽仁宗元年,年五岁,以关白忠通为摄政。明年甲辰,改元天治。三年丙午,改元大治,彗星见。六年辛亥,改元天承。二年壬子,改元长承,彗星见。四年乙卯,改元保延。四年戊午,彗星见。七年辛酉七月,改元永治,十二月见废。在位十九年,寿四十六。

近卫天皇,鸟羽第六子,名体仁。元年辛酉南宋高宗绍兴十二年,丽仁宗十九年,年三岁。明年壬戌,改元康治。三年甲子,改元天养,彗星见。二年乙丑,改元久安,彗星见。七年辛未,改元仁平。四年甲戌,改元久寿。二年乙亥,彗星见。七月殁。在位十五年,寿十七。

后白河天皇,鸟羽第四子,宗德同母弟,名雅仁。元年乙亥宋高宗绍兴二十五年,丽毅宗九年。明年丙子,改元保元。七月,天皇与宗德战,宗德败绩,遂放赞州。宗德将奥州判官源为义、左大臣赖长伏诛,下野守义朝为左马头,安艺守平清盛为幡摩刺史,赏功也。三年戊寅八月,摄政忠通辞退。是月禅位于二条,后出家,法名行真。在位四年,寿六十六。

二条天皇，后白河太子，名守仁。元年戊寅宋高宗绍兴二十八年，丽毅宗十二年，年十六岁，以忠通太子基实为关白，亦年十六岁。明年己卯，改元平治。右金吾信赖、左马头义朝作乱，十二月夜，焚王宫，天皇奔六波罗大贰平清盛之家。信赖兵溃，义朝族灭，以与尾远武纪五州，封清盛之族赏之。二年庚辰，改元永历。是年，窜兵卫佐源赖朝于伊头。二年辛巳，改元应保。三年癸未，改元长宽。六月，前摄政忠通出家，二年甲申死。三年乙酉，改元永满，玉宫火。六月，禅位于六条。在位八年，寿二十二。

六条天皇，二条太子，名顺仁。元年乙酉宋孝宗乾道元年，丽毅宗十八年，年二岁。明年丙戌七月，关白基实死，以忠通第二子基房为摄政。八月，改元仁安。三年戊子二月，禅位于高仓。在位四年，寿十三。

高仓天皇，后白河第二子，名宪仁或云兼仁。元年戊子宋孝宗乾道四年，丽毅宗二十二年，年八岁。明年己丑，改元嘉应，时平清盛长子重盛为内大臣兼左大将，弟崇盛为中纳言兼右大将，父子兄弟权倾一国。三年辛卯，改元承安。五年乙未，改元安元。三年丁酉四月，彗星见，京城火，公卿家延烧者多，遂及王宫，自朱雀门至太极殿，诸司八省扫地。八月，改元承治。二年戊戌，彗星见。三年己亥，摄政基房以事左迁，以基实长子基通为关白。六月，大风。十月，地震。四年庚子二月，禅位于安德。在位十三年，寿二十二。是年八月二十三日，源赖朝起兵，与平氏战于相之石桥山。二十八日，又战于三浦。翌日，赖朝乘舟渡房州小浦。十一月十二日，平大将重衡焚三井寺，源氏先陷关东，遂有其地。十二月，大发官军，欲东讨源氏，至富士河，官军不进乃还。

安德天皇，高仓太子，名言仁。元年庚子宋孝宗淳熙七年，丽明宗十年，年三岁。明年辛丑，改元养和。二月，源氏、平氏战于浓州，平清盛死。清盛执国政二十有三年。二年壬寅，改元寿永。六月，平氏屯兵于越上，与源氏大战，平氏不利，又战于临坂，平军大溃，源氏乘胜，遂陷京城。七月，天皇自鞍马山奔叡岳藏人行家，率兵六万，自宇治入京城，又木曾冠者义仲率兵八万，自栗田口入京城。十一月，攻法住寺院，王师败绩，赖朝遣弟义经讨义仲。二年癸卯，平氏挟天皇奔西海。在位四年。

后鸟羽天皇，高仓第三子，名尊成。安德寿永二年癸卯宋孝宗淳熙十年，丽明宗十三年八月即位，年四岁，以基房长子师家为摄政。明年甲辰，罢师家，以基通复为摄政，改元元历。二月，源氏、平氏又战于摄之一谷。二年乙巳二月，又战于赞之八岛。三月，又战于长之坛浦，平氏兵败，安德祖母后白河后抱安德投海，寿八岁。平氏及后宫从死者多矣，至今塑像于长门州，给田岁祀之。七月，地大震。八月，改元文治。二年丙午，罢摄政基通，以忠通第三子兼实为摄政。五年己酉，右大将源赖朝征奥州大捷。六年庚戌，改元建久。七年丙辰，摄政兼实辞退，以基通复为关白。九年戊午正月，禅位于土御门。在位十六年，顺德之承久三年辛巳，窜于隐岐州，号隐岐院，殁于隐岐，寿六十，公卿坐党诛者甚多。

土御门天皇，后鸟羽太子，名为仁。元年戊午宋宁宗庆元四年，丽神宗元年，年四岁，以基通复为摄政。明年己未，改元正治，右大将源赖朝死，年五十三岁。三年辛酉，改元建仁。五年癸亥，以兼实第二子良经为摄政。四年甲子，改元元久。三年丙寅，摄政良经死，以基通长子家实为摄政，改元建永。二年丁卯，改元承元或云永元。二年戊辰，朱雀门火。四年庚午，彗星见。十一月，禅位于顺德。顺德之承久三年辛巳，流土佐，后移阿波，号阿波院。在位十三年，寿二十七。

顺德天皇，鸟羽第三子，名守成。元年庚午宋宁宗嘉定三年，丽熙宗六年。明年辛未，改元建历。三年癸酉，改元建保。六年戊寅九月，震御舆。七年己卯，改元承久，禁中火。三年辛巳，废窜佐渡，号佐渡院。在位十二年,寿六十四。

废皇或称先帝,或称前东宫,顺德太子,名怀诚。元年辛巳宋宁宗嘉定十四年,丽高宗八年,年四岁,以良经长子道家为摄政。五月,关东将军武藏守泰时、相模守时房、左马头义氏等举兵攻京城,大战宇治桥,遂入京城,移鸟羽于隐岐,移土御门于阿波,遂废天皇。在位七十日或云九十八日或云二十六日,寿十七。

后堀川天皇,高仓子守贞亲王之子,名茂仁。元年辛巳宋宁宗嘉定十四年,丽高宗八年,年十一岁,以家实复为摄政。明年壬午,改元贞应。三年甲申,改元元仁。二年乙酉,改元嘉禄。三年丁亥,改元安贞。二年戊子,摄政家实辞退,以道家复为关白。三年己丑,改元宽喜。三年辛卯,道家辞退,以其长子教实为关白,是年大饥。四年壬辰四月,改元永贞。十月,禅位于四条。在位十二年,寿二十三。

四条天皇,后堀川太子,名秀仁。元年壬辰宋理宗绍定五年,丽高宗二十年,年二岁,以关白教实为摄政。明年癸巳,改元天福。二年甲午,改元文历。二年乙未,摄政教实死,以道家复为摄政,改元嘉祯。三年丁酉,道家辞退,以家实长子兼经为摄政。四年戊戌,改元历仁。二年己亥,改元延应。二年庚子,改元仁治。二年辛丑,大饥。三年壬寅正月殁。在位十一年,寿十二。

后嵯峨天皇,土御门第四子,名邦仁。元年壬寅宋理宗淳祐二年,丽高宗二十九年,年二十三岁,以摄政兼经为关白。三月,兼经辞退,以道家第二子良实为关白。明年癸卯,改元宽元。四年丙午正月,关白良实辞退,以道家第三子实经为摄政,禅位于深草,后出家,法名素觉。在位五年,寿五十三。

深草天皇,后嵯峨太子,名久仁。元年丙午宋理宗淳祐六年,丽高宗三十三年,年四岁。明年丁未,摄政实经罢,以兼经为摄政,改元宝治。三年己酉,改元建长。四年壬子,幸关东,以家实第二子兼平为摄政。八年丙辰，改元康元。二年丁巳，改元正嘉。三年己未，改元正元。是年大饥，春夏疠疫又行，饥病死者不可胜计，骸骨暴于道路。前摄政兼经死。十一月，禅位于龟山，后出家。在位十四年。

龟山天皇，后嵯峨第三子，名恒仁。元年己未宋理宗开庆三年，丽高宗四十六年，年十一岁。明年庚申，改元文应。二年辛酉，改元弘长。摄政兼平罢，以前左大臣良实复为摄政。四年甲子，改元文永。二年乙丑，摄政良实罢，以左大臣实经复为关白。三年丙寅七月，关东将军入洛。八月，大风。四年丁卯，关白实经罢，以兼经长子基平为关白。五年戊辰，蒙古使来，京城火，关白基平死，以基平长子基忠为关白。六年己巳，蒙古使来。七年庚午二月，后嵯峨殁，以谅闇罢五节。十年癸酉正月，彗星见。五月，关白基忠罢，以教实长子忠家为关白，大旱，禁中火。十一年甲戌，蒙古兵伐西鄙。禅位于后多宇，后出家，号禅林院。在位十六年。

后宇多天皇，龟山第二子，名世仁。元年甲戌宋度宗咸淳十年，丽元宗十五年，年八岁，关白忠家罢，以实经长子家经为摄政。明年乙亥，改元建治，蒙古使来。二年丙子十一月，皇子生。三年丁丑正月，天皇御元服加冠。七月，京城火。四年戊寅，改元弘安。正月，地震。二月，彗星见。四月，地震，又雹。四年辛巳，蒙古兵伐博德，适值大风，蒙古船败没。十年丁亥八月，摄政兼平罢，以良实长子师忠为关白。十月，禅位于伏见。在位十四年。

伏见天皇，深草太子，名熙仁。元年丁亥元世祖至元二十三年，丽忠烈王十三年，年二十二岁，即位之日，地再震。明年戊子，改元正应。六月，纳大纳言实兼女。是月地震十度。二年己丑，以基平长子家基为关白。四年辛卯，家基辞退，以忠家长子忠教为关白。六年癸巳，关白忠教辞退，以家基复为关白，改元永仁。自四月至六月，镰仓地震，山岳崩裂，屋宇颓坏，人民死者凡七万余。四年丙申，关白家基死，以兼忠为关白。五年丁酉，禁中火。六年戊戌七月,禅位于持明。在位十二年,寿五十三。

持明天皇或云后伏见,伏见太子,名春仁。元年戊戌元成宗大德二年,丽忠烈王二十四年,以兼基为摄政此以下关白摄政不现,然至今世袭,但掌天皇家事,不复预国政。明年己亥,改元正安。在位四年,寿四十九。

后二条天皇,后宇多太子,名邦治。元年辛丑元成宗大德五年,丽忠烈王二十七年。明年壬寅,改元乾元。二年癸卯,改元嘉元。四年丙午,改元德治。二年丁未八月殁。在位七年,寿二十四。

花山天皇或称花园①,持明第二子或云伏见第二子,名富仁。元年丁未元成宗大德十一年,丽忠烈王三十三年。明年戊申,改元延庆。三年辛亥,改元应长。二年壬子,改元正和。六年丁巳,改元文保。二年戊午二月,禅位于后醍醐。在位十一年,寿五十三。

后醍醐天皇,后宇多第二子,名尊治。元年戊午元仁宗延祐五年,丽忠肃王五年。明年己未,改元元应。三年辛酉,改元元亨。四年甲子,改元正中。三年丙寅,改元嘉历。四年己巳,改元元德。三年辛未,改元元弘。是年,源氏攻平氏,天皇密出京城避之。自清和幼年即位,良房摄政,幼冲相继,政归摄政。及高仓之世,平氏擅权,天皇摄政,亦不得与焉。源氏赖朝自伊豆起兵,逐平氏而世镇镰仓,至是源仁山又攻逐平氏,遂执国政。天皇在位十六年,寿四十五。

光严天皇,持明太子,名量仁。元年癸酉元顺帝元统元年,丽忠肃王二十年。明年甲戌,改元建武。在位五年,寿五十二。

光明天皇,持明第二子,名丰仁。元年丁丑元顺帝至元三年,丽忠肃王后六年。明年戊寅,改元历应。五年壬午,改元康永。四年乙酉,改元贞和。五年己丑十月,禅位于崇光。在位十三年,寿六十二。

---

① "花园",原作"花国",据史改。

崇光天皇，光严太子，名兴仁。元年己丑元顺帝至正九年，丽忠定王元年。明年庚寅，改元观应。二年辛卯八月，禅位于后光严。在位三年，寿六十五。

后光严天皇，光严第二子，名弥仁。元年辛卯元顺帝至正十一年，丽忠定王三年。明年壬辰，改元文和。五年丙申，改元延文。六年辛丑，改元康安。二年壬寅，改元贞治。七年戊申，改元应安。四年辛亥三月，禅位于后圆融。在位二十一年，寿三十七。

后圆融天皇，后光严太子，名绪仁。元年辛亥用应安，大明洪武四年，丽恭愍王二十年。五年乙卯，改元永和。五年己未，改元康历。三年辛酉，改元永德。三年癸亥十二月，禅位于小松或称后小松。在位十三年。

小松天皇，后圆融太子，名幹仁。元年癸亥大明洪武十六年，丽禑九年。明年甲子，改元至德。四年丁卯，改元嘉庆。四年庚午，改元康应。二年辛未，改元明德。四年甲戌，改元应永。十九年壬辰八月，禅位于称光。在位三十年，寿五十七。

称光天皇，小松太子，名实仁。元年壬辰用应永，大明永乐十年，我太宗大王十二年。三十五年戊申，改元正长，七月殁。在位十七年，寿二十九。

当今天皇，崇光曾孙，名彦仁。元年戊申大明宣宗宣德三年，我世宗大王十年。明年己酉，改元永享。十三年辛酉，改元嘉吉。四年甲子，改元文安。六年己巳，改元宝德。四年壬申，改元亨德。四年乙亥，改元康正。三年丁丑，改元长禄。四年庚辰，改元宽正。七年丙戌，改元文正。二年丁亥，改元应仁。三年己丑，改元文明，至今辛卯为三年。

国王代序

国王姓源氏第五十六代，清和天皇十八年丙申，赐第六皇子贞纯亲王姓源,源氏始此,即唐僖宗乾符三年也,后白河天皇保元三年戊寅,征夷大将军源赖朝主镰仓。二条天皇永历元年庚辰,赖朝以兵卫佐窜于伊豆州。是时平清盛秉政,父子兄弟盘据要路,政治征伐出于其手,骄奢淫虐,道路侧目。赖朝自伊豆起兵而西,先据关东,累战而胜,乘胜席卷。安德天皇寿永元年壬寅,遂入京城,平氏兵败,挟安德奔于西海。乃立后鸟羽天皇,仍镇镰仓,世相承袭。传十二代,至仁山,后醍醐天皇辛未,又攻平氏,遂逐其党,总揽国政,自号等持殿。仁山死,子瑞山嗣,号宝箧院殿。瑞山死,子义满嗣后出家,法名道义,号鹿苑院殿。义满死,子义持嗣后出家,法名道诠,号胜定院殿。义持死,子义教①嗣,号普广院殿。义教以大臣占地太广难制,欲稍稍分封之。大臣有赤松殿者,其从弟婿于义教,义教欲分赤松之地以封从弟,遂以语赤松家臣,家臣泄于赤松。今天皇嘉吉元年辛酉即正统六年,赤松伏兵,请义教宴于其家,义教盛兵而往,请入内厅,酒酣,放厩马,因阖门,伏发,遂弑义教。大内持世被枪,踰重垣而出,遂与管领细川等立义教子义胜。三年癸亥,病死,又立其弟义成。义成死,又立其弟义政,即今所谓国王也。于其国中,不敢称王,只称御所,所令文书,称明教书。每岁元,率大臣一谒天皇,常时不与相接。国政及聘问邻国,天皇皆不与焉。

国俗

天皇之子,娶于其族,国王之子,娶于诸大臣。诸大臣而下,官职世袭,其职田封户,皆有定制,然世久相并,不可为据。刑无笞杖,或籍家产,或流窜,重则杀之。田赋,取三分之一,无他繇役凡有工役,皆募人为之。兵好用枪剑俗能炼铁为刃,精巧无比,弓长六七尺,取木之理直者,以竹夹其内外而胶之。每岁正月元日、三月三日、

---

① 足利义教系足利义持之弟,此处为作者误记。

五月五日、六月十五日、七月七日、十五日、八月一日、九月九日、十月亥日,以为名日,人无大小,各会乡党族亲,燕饮为乐,相遗以物。饮食用漆器,尊处用土器一用即弃,有箸无匙。男子断发而束之,人佩短剑,妇人拔其眉而黛其额,背垂其发,而续之以髢,其长曳地。男女冶容者,皆黑染其齿。凡相遇,蹲坐以为礼,若道遇尊长,脱鞋笠而过。人家以木板,盖屋唯天皇国王所居及寺院用瓦。人喜啜茶,路傍置茶店卖茶,行人投钱一文饮一椀。人居处处,千百为群,开市置店。富人取女子之无归者,给衣食容饰之,号为倾城,引过客留宿,馈酒食而收直钱,故行者赍粮。无男女,皆习其国字国字号加多干那,凡四十七字,惟僧徒读经书,知汉字。男女衣服,皆斑染,青质白文。男子上衣才及膝,裙长曳地,无冠,或着乌帽以竹为之,顶平而前后锐,才是掩髻,天皇国王及其亲族所着,号立乌帽直而顶圆,锐高半尺,以绡为之。笠用蒲,或竹,或椙木男女出行则着。

道路里数

自我庆尚道东莱县之富山浦至对马岛之都伊沙只,四十八里。自都伊沙只至船越浦,十九里。自船越至一歧岛风本浦,四十八里。自风本浦至筑前州之博德,三十八里。自博德至长门州之赤间关,三十里自风本直指赤间则四十六里。自赤间至灶户关,三十五里。自灶户至尾路关,三十五里。自尾路至兵库关,七十里并水路。自兵库至王城,十八里陆路。都计水路三百二十三里,陆路十八里以我国里数计,则水路三千二百三十里,陆路一百八十里。

八道六十六州 对马岛、一歧岛附

畿内五州

山城州,今为国都,有山如城险峻,自北而南,东西回抱,至南而未合。别有圆山当其口,二川东西而下,至圆山合流,南入于海。

都中间巷道路,皆方通四达,每一町有中路,三町为一条,条有大路,井井不紊。凡九条,二十万六千余户。户巷有市,国王而下诸大臣,皆有分地,如封建世袭,虽居外州,亦皆置家,京中谓之京邸。所属郡八,水田一万一千一百二十二町。

天皇宫,在东北隅,周以土垣,有大门,军士数百把守。国王而下诸大臣,以其麾下兵轮番递守,凡过门者皆下马。宫中支用,别有二州,收其税供进。

国王殿,在天皇宫西北,亦有土垣,军士千余把守其门。大臣等率麾下兵轮番入直,谓之御所。

畠山殿,居天皇宫东南,世与左武卫细川,相递为管提即管领,佐国王秉政。今天皇康正元年乙亥景泰六年,遣使来朝,书称管提畠山修理大夫源义忠。宽正六年乙酉成化元年,义忠死,子义胜嗣。文明二年庚寅成化六年,遣使来朝,书称管提畠山左京大夫源义胜。又有源义就,宽正元年庚辰,遣使来朝,书称雍河纪越能五州总太守畠山右金吾督源朝臣义就。义就乃义忠同母弟,德本之子,同宗故皆称畠山。

细川殿,居国王殿西,世与畠山左武卫,相递为管提。源持之死,子胜元嗣,时未遣使于我。胜元娶山名源教丰之女而无子,教丰以其幼子属为养子。其后教丰受谴于国王,黜居外州。其子义安等二人侍国王,教丰令二子请还于国王。二子以其父性恶,恐远而起衅,不为之请,乃令胜元请之。胜元为请于国王,遂得还,以是教丰甚德胜元。及胜元有子,以其所养教丰之子为僧。教丰怒,乃与胜元相仇相战。教丰之外孙大内殿及女壻一色殿、土岐殿等,举兵助之。胜元挟国王,移天皇于其阵内。大小群臣,从细川者众。焚京都二条,以北堑而守之,相持今六年,胜元年四十余矣。又有持贤,文明二年庚寅,遣使来朝,书称细川右马头源朝臣持贤。持贤乃胜元父持之之弟,持贤无子,胜元于其家后作别室,号典厩,置持贤而师事之，年老，或云已死。又有细川胜氏、胜元从兄弟，文明二年庚寅，遣使来朝，初，上松浦那久野能登守藤源朝臣赖永，遣寿蔺书记来朝。时我世祖方议通信于日本国王，以风水险远，欲因诸酋使为使。问时在馆者，则寿蔺于其中稍解事，遂命授书与礼物，以送于国王。又命礼曹书谕大内殿及赖永护送，兼致赐物。文正元年丙戌五月，受命而去，庚寅乃来。寿蔺言其年六月，还上松浦，修船备行装。丁亥二月，自上松浦发向国都，都中兵起，海贼充斥，南海路梗。从北海而往，四月始到若狭州倭训卧可沙，驰报国王，国王遣兵迎之。然盗贼纵横，或从间道或留滞，备经艰苦凡六十日，而得达国都。致书与礼物于国王，馆于东福寺，国王方在细川殿阵中与山名殿相持，未暇修答。至戊子二月，受答书。国王更议不可无答使，又命胜氏备方物遣使。胜氏自为书，遣心苑东堂等，与寿蔺偕来。寿蔺又言，大内处书与赐物，使人传送，为海贼所掠。其所言多浮浪，不可尽信。

左武卫殿，居国王殿南，世与畠山细川相递为管提，掌他国使臣支待诸事。后光严天皇应安三年庚戌宣德三年，源义淳遣使来朝，书称左武卫源义淳。及义敏嗣，宽正元年庚辰，遣使来朝，书称左武卫源义敏。义廉嗣，四年癸未，遣使来朝，书称左武卫将军源义廉。

山名殿，居国王殿西，今天皇长禄三年己卯天顺二年，始遣使来朝，书称但幡伯作因备前后艺石九州岛总太守山名霜台源朝臣教丰。教丰出家，法名宗全，方与细川相持。国王有异母弟，尝出家，号净土院。国王无嗣，命还俗，将以为嗣，号今出川殿。后一年，国王有子，语今出川曰："汝必传之我子。"今出川誓而许之。山名既与细川为仇，细川挟国王以令，山名亦推今出川为敌。国王今年三十七岁，国王之子年七岁，今出川殿年三十二岁矣。教丰二子义安等侍国王，不敢归教丰，其长义安寻死，义安之子在山名所，山名将以为嗣。文明元年己丑，义安遣使来朝，书称丹波丹后但马因幡伯耆备前备后八个州总太守山名弹正少弼源朝臣义安，续父山名左金吾源朝臣宗全之踪，宗全书亦曰"我所领八个州悉与义安"。二年庚寅，宗全又遣使来朝，书称因伯丹三州太守山名少弼源教丰。

京极殿，居畠山殿南，世掌刑政。长禄二年戊寅，源持清遣使来朝，书称京兆尹江歧云三州刺使住京极佐佐木氏兼太膳大夫源持清，出家法名生观。又有源高忠，文明二年庚寅，遣使来朝，书称所司代京极多贺丰后州源高忠，其使人言生观同母兄。三年辛卯，又有荣熙遣使来朝，书称山阴路隐岐州守护代佐佐木尹左近将监源荣熙，其使人言生观同母弟也。初以高忠，既称生观之兄，荣熙又称其弟，其所言难信。不许接待其使，强留不还，乃以对马岛特送例接待。其使言于礼曹曰："生观兄弟，只荣熙一人耳。高忠乃生观族亲之为麾下者也，荣熙时居隐岐州。"

右武卫殿，自高丽之季，海寇为患。门下府移书，称关西省探题相公，令禁约海寇。及我朝开国，亦往来通书，然失其来书，未得其详。称光天皇应永十五年戊子永乐六年，议政府答书，始称九州岛牧右武卫将军源公。十六年己丑，源道镇遣使来朝，书称九州岛府探题，或称镇西节度使，或称九州岛伯，或称九州岛都督，或称九州岛都元帅右武卫，或称九州岛都督府探题，或只称右武卫，或称九州岛总管，前后所称不一，而国人称右武卫殿。二十七年庚子，道镇以年老委政其子义俊，自称前都元帅，义俊称九州岛都督左近大夫将监，自此父子俱遣使不绝，其所进方物甚丰，故我之报赐亦厚。三十一年甲辰，道镇书云，不意有讼事入京去。其后在其王城，只有道镇，犹遣使求丐。至今天皇永亨元年己酉宣德四年以后无使。文正元年丙戌，京城涩河源朝臣义尧遣使来朝，其使言义尧之父，曾为右武卫西海道九州岛总管，然不能言其详，盖是道镇之后欤？

甲斐殿，左武卫之臣，专掌左武卫之事。文明元年己丑，源政盛遣使来朝，书称甲斐远尾越浓四州守，其使以巨酋例接待。

伊势守，政亲文明二年庚寅，遣使来朝，书称国王怀守纳政所伊势守政亲。其书略曰："细川与山名私起干戈，京城大乱，余为停止而未止。两人之罪不少，依扶桑殿下命，集诸侯诸军，将收太平，欲蒙大国余力所望。"绵䌷、锦布、苎布、米，其所进方物亦丰。且政亲为国王近侍之长，出纳庶政者，特给绵布、正布各千匹，米五百石，以助军需，令转达国王。又于政亲别有回赐。其使以巨酋使例馆待。

教通，庚寅年称寿蔺护送，遣使来朝，书称山城居住四川伊与住人河野刑部大辅藤原朝臣教通。寿蔺往来兵中，故多称护送而来者，下同。

之种，庚寅年称寿蔺护送，遣使来朝，书称京城奉行头饭尾肥前守藤原朝臣之种。其使人言，近侍国王，其使以特送例馆待。

信忠，庚寅年称寿蔺护送，遣使来朝，书称京城居住宗见骏河守源朝臣信忠。

胜忠，庚寅年称寿蔺护送，遣使来朝，书称京城居住鹰野民部少辅源朝臣胜忠。

建冑，庚寅年以馆接寿蔺，遣使来朝，书称彗日山内常喜详庵住持建冑。建冑能文，喜详庵在东福寺内。

昌尧，戊子年遣使来朝，书称京城东山清水寺住持大禅师昌尧，以宗贞国请接待。日本国乱年饥，寄食于我者甚多，故前不遣使之人，皆不许接待，使人等强留三浦而不还。宗贞国为遣人请之，乃许接待，下并同。

用书记，己丑年遣使来朝，书称深修庵住持用书记，以宗贞国请接待。

太和州，郡十三，水田一万七千六百十四町。

和泉州，郡三，水田四千一百二十六町。

河内州，郡十一，水田一万九千九十七町。

摄津州，郡十四，水田一千一百二十六町。

忠吉，今天皇应仁元年丁亥成化三年，遣使来朝，书称畿内摄津州兵库津平方民部尉忠吉。受图书，约岁遣一船。

吉光，戊子年遣使来朝，书称畿内摄津州西宫津尉长盐备中守源吉光，以宗贞国请接待。

昌寿，戊子年遣使来朝，书称畿内摄津州佛法护持四天王寺住持比丘昌寿，以宗贞国请接待。

东山道八州

近江州，郡二十四，水田三万三千四百二町五段。

美浓州，郡十八，水田一万四千八百二十四町五段。

飞弹州，郡三，水田一千六百十五町五段。

信浓州，郡十，水田三万九千二十五町三段。

善峰，戊子年遣使来朝，书称信浓州禅光寺住持比丘善峰，以宗贞国请接待。

上野州，郡十四，水田三万二千一百四十町三段。

下野州，有火井，产硫黄，郡九，水田二万七千四百六十町。

出羽州，有温井，产金，郡十，水田二万六千九十町二段。

陆奥州，产金，郡三十五，水田五万一千一百六十二町二段。

东海道十五州

伊贺州，郡四，水田一千五百町。州有天照大神祠，国无贵贱远近，皆来谒祭。

伊势州，产水银，郡十三，水田一万九千二十四町。

志摩州，郡二，水田九十七町。

尾张州，郡八，水田一万一千九百四十町。

参河州，郡八，水田八千八百二十町。

远江州，郡十三，水田一万二千九百六十七町。

伊豆州，有温井二所，火田一所，产硫黄，郡三，水田二千八百十四町。

骏河州，郡七，水田九千七百十七町。

甲斐州，郡四，水田一万四千三町。

相模州，郡八，水田一万二千二百三十六町一段。

上总州，郡十二，水田二万二千八百七十六町六段。

镰仓殿所居，国人谓之东都。今镰仓殿，源氏仁山之后，据镰仓以东而叛二十余年，国王累征不克。

下总州，郡十二，水田三万三千一町。

常陆州，郡十四，水田四万九千九町六段。

武藏州，郡二十四，水田三万五千七十四町七段。

安房州，郡四，水田四千三百四十五町八段。

山阳道八州

幡摩州，郡十二，水田一万一千二百四十六町。

吉家，丁亥年遣使来朝，贺观音现象，书称幡摩州室津代官藤原朝臣吉家。自上院寺有观音现象、圆觉寺有雨花舍利之异，以后诸州遣使来贺者甚多，虽前不遣使者，皆许接待，下并同。

盛久，戊子年遣使来贺观音现象，书称幡摩州太守周问浦居住源光禄盛久。

美作州，郡七，水田一万一千二十二町四段。

备前州，郡八，水田一万三千二百十町二段。

贞吉，丁亥年遣使来贺观音现象，书称备前州卵岛津代官藤原贞吉。

广家，戊子年遣使来贺观音现象，书称备前州小岛津代官藤原广家。

备中州，产铜，郡九，水田一万二百二十七町八段。

备后州，产铜，郡十四，水田九千二百六十九町二段。

吉安，丁亥年遣使来贺观音现象，书称备后州海贼大将桄原左马助源吉安。

政良，戊子年遣使来朝，书称备后州高崎城大将军藤原朝臣政良，以宗贞国请接待。

光吉，戊子年遣使来朝，书称备后支津代官藤原朝臣光吉，以宗贞国请接待。

家德，戊子年遣使来朝，书称备后州三原津太守在京助源家德，以宗贞国请接待。

忠义，己丑年遣使来朝，书称备后州守护代官山名四宫源朝臣忠义，以宗贞国请接待。

安艺州，郡八，水田七千二百五十町九段。

持平，庚申年遣使来朝，书称安艺州小早川美作守持平。约岁遣一船。父常贺，近侍国王。

国重，甲申年遣使来朝，书称安艺州海贼大将藤原朝臣村上备中守国重。受图书，约岁遣一船。

教实，戊子年遣使来贺观音现象，书称安艺州太守藤原武田大膳大夫教实。

公家，戊子年遣使来贺观音现象，书称安艺州严岛太守藤原朝臣公家。

周防州，产荷叶绿，有温井，郡六，水田七千二百五十七町九段。

大内殿，多多良氏，世居州大内县山口倭训也望仇知，管周防长门丰前筑前四州之地，兵最强。日本人称百济王温祚之后入日本，初泊周防州之多多良浦，因以为氏，至今八百余年，至持世二十三代，世号大内殿。至持世无子，以侄教弘为嗣。教弘死，子政弘嗣。大内兵强，九州岛以下无敢违其令。以系出百济，最亲于我。自山名与细川为敌，政弘领兵往助山名，今六年未还。小弐乘间，复取博德宰府等旧地，详见筑前州小弐殿。

弘安，庚寅年遣使来朝，书称周防州山口所司代杉河守源弘安。大内殿代官，时方居守山口。

教之，甲戌年遣使来朝，书称周防州大内进亮多多良别驾教之。大内殿政弘叔父，约岁遣一船。

艺秀，丁亥年遣使来贺雨花，书称周防州太畠太守海贼大将军源朝臣艺秀。

义就，丁亥年遣使来贺观音现象，书称周防州上关太守镰苅源义就。

正吉，戊子年遣使来贺观音现象，书称周防州上关守屋野藤原朝臣正吉。

盛祥，戊子年遣使来贺观音现象，兼报漂流人，书称富田津代官源朝臣盛祥。

长门州，产铜及刃铁，郡五，水田四千九百二町四段。

弘氏，丁亥年遣使来贺观音现象，书称艺石防长四州守护代官陶越前守多多良朝臣弘氏。

光久，丁亥年称寿蔺护送，遣使来朝，书称长门州文司浦大将军源光久。

忠秀，丁亥年遣使来贺观音现象，书称长门州赤间关镇守高石藤原忠秀。辛卯年又遣使来报我漂流人事。

忠重，丁亥年遣使来贺舍利分身，书称赤间关太守矢田藤原朝臣忠重。

义长，戊子年遣使来贺观音现象，书称长门州宾重关太守野田藤原朝臣义长。

国茂，戊子年遣使来贺观音现象，书称长门州鹫尾多多良朝臣国茂。

正满,戊子年遣使来朝,书称长门州乾珠满珠岛代官宫内头藤原正满,以宗贞国请接待。

贞成,己丑年遣使来朝,书称长门州三岛尉伊贺罗骏河守藤原贞成,以宗贞国请接待。

南海道六州

纪伊州,郡七,水田七千二百三町七段。

淡路州,郡二,水田二千七百三十七町三段。

阿波州,郡九,水田三千四百十四町五段。

义直,戊子年遣使来贺观音现象,书称阿波州鸣渡浦大将军源朝臣义直。

伊豫州,郡十四,水田一万五千五百七町四段。

盛秋,戊子年遣使来朝,书称伊豫州川野山城守越知朝臣盛秋,以宗贞国请接待。

贞义,戊子年遣使来朝,书称伊豫州镰田关海贼大将源贞义,以宗贞国请接待。

赞岐州,郡十一,水田一万八千八百三十町一段。

土佐州,郡七,水田六千二百二十八町。

北陆道七州

若狭①州,郡三,水田三千八十町八段。

忠常,辛卯年称寿蔺护送,遣使来朝,书称若狭州十二关一番远敷守护备中守源朝臣忠常。

义国,戊子年遣使来朝,书称若狭州大滨津守护代官左卫门大夫源义国,以宗贞国请接待。

越前州,郡六,水田一万七千八百三十九町五段。

越中州,有温井,水田一万七千九十九町五段。

---

① "若狭",原误作"若狄"。

越后州，郡七，水田一万四千九百三十六町五段。

能登州，郡四，水田八千二百九十七町。

佐渡州，郡三，水田三千九百二十八町三段。

加贺州，郡四，水田一万二千七百六十七町四段。

山阴道八州

丹波州，郡五，水田一千八百四十六町九段。

丹后州，产深重青铜，郡六，水田五千五百三十七町。

家国，戊子年遣使来朝，书称丹后州田伊佐津平平朝臣门四郎家国，以宗贞国请接待。

但马州，郡八，水田七千一百四十町。

源国吉，丁亥年遣使来贺舍利分身，书称但马州津山关佐佐水兵库助源国吉。

因幡州，郡七，水田八千一百二十六町。

伯耆州，郡六，水田八千八百三十町。

义保，己丑年遣使来朝，书称伯耆州太守缘野源朝臣义保，以宗贞国请接待。

出云州，郡十，水田九千四百三十町八段。

盛政，丁亥年称寿蔺护送，遣使来朝，书称出云州美保关卿左卫门大夫藤原朝臣盛政。

公顺，丁亥年遣使来贺观音现象，书称出云州见尾关处松田备前太守藤原朝臣公顺。

义忠，己丑年遣使来朝，书称出云州留关海贼大将藤原朝臣义忠，以宗贞国请接待。

石见州，郡六，水田四千九百十八町。

和兼，周布兼贞之子，丁卯年亲来受国书，书称石见州因幡守藤原周布和兼，约岁遣一船。

贤宗，庚寅年遣使来朝，书称石见州樱井津土屋修理大夫平朝臣贤宗。

久直，丁亥年称寿蔺护送，遣使来朝，书称石见州益田守藤原朝臣久直。

正教，丁亥年称寿蔺护送，遣使来朝，书称石见州三住古马守源氏朝臣正教。

吉久，戊子年称寿蔺护送，遣使来朝，书称石见州北江津太守平朝臣吉久。

隐岐州，郡四，水田五百八十四町九段。

秀吉，己丑遣使来朝，书称隐岐州太守源朝臣秀吉，以宗贞国请接待。

西海道九州岛

筑前州，有山距海滨三里，山顶有火井，日正照，烟焰涨天，水沸而溢，凝而为硫黄，凡产硫黄岛皆同。郡十五，水田一万八千三百二十八町九段。州有博德，或称霸家台，或称石城府，或称冷泉津，或称筥崎津。居民万余户，小式殿与大友殿分治。小式西南，四千余户，大友东北，六千余户。以藤原贞成为代官，居人业行商，琉球南蛮商舶所集之地。北有白沙三十里，松树成林，日本皆海松，唯此有陆松，日本人多上画，以为奇胜。往来我国者，于九州岛中，博德最多。

小式殿，居宰府，或称大都督府，西北去博德三里，居民二千二百余户，正兵五百余。源氏世主之，称筑丰肥三州总太守太宰府都督司马少卿，号小式殿。至源嘉赖，今天皇嘉吉元年辛酉，大臣赤松作乱，国王征兵诸州，小式殿不至，国王命大内殿讨之，嘉赖兵败。肥前州，平户源义所居，寻投对马岛，居美女浦，对马岛亦其所管，大内殿遂尽有小式所管筑前州博德宰府等地。后嘉赖欲复旧地，举兵而往至上松浦，大内迎击败之，嘉赖奔还对马岛。嘉赖死，子教赖嗣。丁亥年，教赖又以对马岛兵往至博德宰府之间见月之地,为大友殿及大内代官可申所败而死,对马岛代官宗盛直算亦踪败没。己丑年,国王以大内党山名命小式复旧土,又命诸州助之。秋七月,对马岛主宗贞国举兵奉教赖之子赖忠而往,沿路诸酋护送助之,遂至宰府,悉复旧境。赖忠既至宰府,令贞国守博德,贞国身留愁未要小式殿所管在博德西南半里,民居三百余户,遣麾下守博德。肥前州千叶殿与其弟有隙,小式右其弟,命贞国往攻之,贞国难之,小式强遣之,值大雪败还,对马岛兵千之冻瘃多死者。长门筑前一歧之境,海贼纵横,今辛卯年春,我宣慰官田养民等往慰赖忠贞国,至对马岛。贞国闻之,托以海贼梗路,宣慰官不能来,我当往迎,遂留兵守博德愁未要,时不告赖忠,身还对马。赖忠前在对马岛,约岁遣一二船,今还本土,其使人依巨酋使例馆待。

护军岛安,曾为琉球图使,来聘于我,因是往来。乙亥年来受图书,丁丑年来受职,大友殿管下。

司正林沙也文,道安子,庚寅年从其父来受职,大友殿管下。

护军宗家茂,乙亥年来受图书,受职,富商石城府代官宗金之子。宗金,大友殿所差大友殿管下。

司果信盈,己丑年来受职向化卒,中枢藤安吉女婿。安吉父曾来朝,死于京馆,因葬于东郊,其母命安吉来待朝,仍守父坟。安吉死,弟茂林又来待朝,为副司果。安吉母时时遣船,称藤氏母大友殿管下。

氏乡,乙亥年遣使来朝,书称筑前州宗像朝臣氏乡。约岁遣一船,小式殿管下。与氏俊承国王之命,为宗像殿主,有麾下兵。

贞成,辛巳年遣使来朝,书称筑前州冷泉津尉兼内州太守田原藤原贞成。受图书,约岁遣一二船,大友殿族亲博德代官。

信重,丙子年遣使来朝,书称筑前州冷泉津藤原佐藤四郎信重。约岁遣一船。辛卯冬,以琉球国王使,来受中枢府同知事。博德富商定清女婿,大友殿管下。

安直，丁亥年遣使送漂流人，书称筑前州筥崎津寄住臣藤原孙右卫门尉安直，八幡神留守殿管下。

直吉，丁亥年送我漂流人，书称筑前州筥崎津寄住藤原兵卫次郎直吉。信重兄子，八幡神留守殿管下，居筥崎津。

重家，丁亥年送我漂流人，书称冷川津布永臣平与三郎重家，大友殿管下。

亲庆，丁亥年遣使来贺观音现像，书称筑前州胎土邦北崎津源朝臣亲庆。

正家，丁亥年称寿蔺护送，遣使来朝，书称筑前州相以岛大将军源朝臣正家。

氏俊，丁亥年遣使来贺舍利分身，书称筑前州宗像先社务氏俊。

道京，戊子年遣使来朝，书称筑前州丝岛太守大藏氏道京，以宗贞国请接待。

绳繁，戊子年遣使来朝，书称名岛栉岛两岛太守藤原绳繁，以宗贞国请接待。

成直，己丑年遣使来朝，书称筑前州聪政所秋月太守源成直。以宗贞国请接待，大友殿管下，称秋月殿，有武才。

信岁，丙戌年遣使来贺观音现象，书称筑前州麻生藤原信岁。丁亥年又遣使来，以不紧不接待。

筑后州，郡十，水田一万三千八百五十一町八段。

丰前州，郡八，水田一万三千二百七十八町二段。

邦吉，戊子年遣使来朝，书称丰前州蓑岛海贼大将玉野井藤原朝臣邦吉，以宗贞国请接待。

俊幸，戊子年遣使来朝，书称丰前州彦山座主黑川院藤原朝臣俊幸，以宗贞国请接待，大友殿管下，居彦山，有武才。

丰后州，有温井五所，郡八，水田七千五百二十四町。

大友殿，源氏世袭所居，民户万余，见兵二千，在博德东六七日程，兼管博德，与小式分治。初，源持直称丰筑两后州太守，今天皇永亨元年己酉宣德四年，始遣使来朝，自是使船不绝。九年丁巳，又有源亲重者，称丰筑两后州太守而遣使，其书称持直为伯父，持直书亦称让于亲戚亲重。至长禄元年丁丑，又有亲繁者，称丰州大友而遣使，源持直使亦至。礼曹问其使及同来诸使，皆言持直与小式殿同时失土，大内殿以亲繁，代持直为大友殿。今大内与安艺州相攻，持直小式，欲乘间复土而未能。或云源持直养从弟亲重为嗣，及大内讨小式，黜亲重，而以其弟亲绳代之。二年戊寅，亲繁又遣使，其书略曰："曾祖父以来，捧书通使，自九州岛陷兵，虽续箕裘之业，不以时致敬。"宽正元年庚辰天顺四年，又有师能者，亦称丰筑守大膳大夫而遣使，其书略曰："大友持直蒙大国之恩不知几年，去年十月逝去，余为持直嫡孙，续大友家业。"今辛卯年，丰州日田守护亲常遣使来朝，其使言："亲常，今大友殿政亲之弟也。前大友亲重年老，传之其子政亲。政亲乃大内政弘妹婿，小式之复土也，政亲欲助大内。父亲重以为王命不可违，遂助小式。"又问来时诸使，其言皆同。是年冬来国王使光以藏主曰："源持直初无子，以从弟亲繁为嗣。亲繁今为大友殿，年六十一岁。长子亲政，今为丰前州太守，将为嗣。持直既以亲繁为嗣，而后生二子，长师能，次能坚，皆封小地。"其曰亲重者，不知为何人。疑繁、重二字于国训相近，故或称重也。其曰亲绳者，亲繁之同母弟，封丰后州小地，死已十四年矣。同时来琉球使博德人信重曰："亲繁五子：一曰五郎，即政亲，年三十余，当为嗣；二曰亲常，年二十余，今为日田守；三曰七郎，年十八；四僧；五幼。"大友殿于九州岛兵强，小式而下，皆敬事之，然称大友者数人。丰后州在九州岛之东，地最远，来者稀少，未能辨其真伪，姑记往来之书及诸使之言，以待后考。

亲常，大友殿异母弟，辛卯年遣使来朝，书称日田郡守护修理大夫藏亲常。

国光,庚辰年遣使来报我漂流人,丁亥年又遣使来贺观音现像,书称丰后州日田郡太守源朝臣国光。

茂实,戊子年遣使来朝,书称丰后州受护代官木部山城守茂实,以宗贞国请接待。

肥前州,有温井二所,郡十一,水田一万四千四百三十二町。州有上下松浦,海贼所处。前朝之季寇我边者,松浦与一歧、对马岛之人率多。又有五岛或称五多岛,日本人往中国者,待风之地。

节度使,己丑年遣使来朝,约岁遣一二船,书称九州岛节度使源教直,或称九州岛都元帅,或称九州岛总管,居肥前州阿也非知。有小城,在博德南十五里。居民一千余户,正兵二百五十余,总治九州岛之兵。对马岛人宗大膳等言,初教直助大内及小二复土,惧弃所居,潜投肥后也望加知。

千叶殿,己未年遣使来朝,居有小城,北距博德十五里,居民一千二百余户,正兵五百余。书称肥前州小城千叶介元胤,约岁遣一船。

源义,乙酉年遣使来朝,书称呼子一歧守源义。约岁遣一二船,小式殿管下,居呼子,有麾下兵,称呼子殿。

源纳,乙亥年遣使来朝,书称肥前州上松浦波多岛源纳。受图书,约岁遣一二船,小式殿管下,居波多岛,人丁不过十余。

源永,丙子年遣使来朝,书称肥前州上松浦鸭打源永。受图书,约岁遣一二船,小式殿管下,居鸭打,有麾下兵,称鸭打殿。

藤原次郎,丙子年遣使来朝,书称肥前州上松浦九沙岛主藤原次郎,约岁遣一船。

源佑位,丁丑年遣使来朝,书称肥前州上松浦那护野宝泉寺源佑位。约岁遣一船,僧居宝泉寺。

源盛,丁丑年遣使来朝,书称肥前州上松浦丹后太守源盛。受图书，约岁遣一船。小式殿管下，有麾下兵。

源德，丙子年遣使来朝，书称肥前州上松浦神田能登守源德。受图书，约岁遣一船。

源次郎，己丑年遣使来朝，书称肥前州上松浦佐志源次郎。受图书，约岁遣一船。小式殿管下，能武才，有麾下兵，称佐志殿。

义永，丙子年遣使来朝，书称肥前州上松浦九沙岛主藤原朝臣筑后守义永。受图书契，岁遣一船。

源义，乙亥年遣使来朝，书称肥前州下松浦一歧州太守志佐源义，约岁遣一二船。小式殿管下，能武才，有麾下兵，称志佐殿。

源满，丁丑年遣使来朝，书称肥前州下松浦三栗野太守源满，约岁遣一船。小式殿管下，有麾下兵，居三栗野。

源吉，乙丑年始遣使来朝，书称肥前州下松浦山城太守源吉。受图书，约岁遣一船。

源胜，乙亥年遣使来朝，书称五岛宇久守源胜。受图书，约岁遣一二船。丁丑年以刷还我漂流人，特加一船，居宇久岛，总治五岛，有麾下兵。

少弼弘，丁丑年遣使来朝，书称肥前州平田寓镇源朝臣弹正少弼弘。约岁遣一二船，有麾下兵。

源义，丙子年始遣使来朝，书称肥前州平户寓镇肥州太守源义。受图书，约岁遣一船，少弼弘弟，有麾下兵，居平户。

藤原赖永，丙子年遣寿蔺书记来朝，书称肥前州上松浦那久野藤原赖永。寿蔺受书契礼物，传于国王，事见上山城州细川胜氏，居邦久野。

源宗传，戊子年遣使来朝，书称肥前州上松浦多久丰前守源宗传，以宗贞国请接待。居多久，有麾下兵。

源泰，戊子年遣使来朝，书称肥前州上松浦波多下野守源泰，以宗贞国请接待。居波多，有麾下兵。

四郎左卫门，乙酉年以源满使来受同参，丁亥戊子，连年而来，不许接待。

源贞，丁亥年遣使来朝，贺观音现像，书称肥前州下松浦大岛太守源朝臣贞。居大岛，有麾下兵。

源义，丁亥年遣使来朝，贺观音现像，书称肥前州下松一歧津崎太守源义，有麾下兵。

贞茂，己丑年遣使来朝，书称五岛悼大岛太守源朝臣贞茂，以宗贞国请接待。居五岛，源胜管下微者。

源茂，丁亥年遣使来贺雨花舍利，书称五岛玉浦守源朝臣茂。居五岛，源胜管下微者。

源贞，丁亥年遣使来贺观音现像，书称五岛太守源贞。居五岛，源胜管下微者。

藤原盛，己丑年遣使来朝，书称五岛日岛太守藤原朝臣盛，以宗贞国请接待。居五岛，原胜管下微者。

清男，己丑年遣使来朝，书称肥前州彼杵郡彼杵远江清原朝臣清男，以宗贞国请接待。

源重俊，丁亥年遣使来贺舍利分身，书称肥前州太村太守源重俊。居太村，能武才，有麾下兵。

源信吉，戊子年遣使来贺观音现像，书称肥前州风岛津太守源信吉。

源丰久，辛卯年遣使来朝，书称平户寓镇肥州太守源丰久。先父义松，己丑春逝去，又送义松所受图书，而请受新图书，今乃给送。

肥后州，有温井，郡十四，水田一万五千三百九十七町。

菊池殿，丙子年遣使来朝，书称肥筑二州太守藤原朝臣菊池为邦，约岁遣一二船。庚寅年又遣使来受图书。所管兵二千余，世号菊池殿，世主肥后州。

藤原为房，乙亥年遣使来朝，书称肥后州藤原为房，约岁遣一船。

教信，己卯年遣使来朝，书称肥后州八代源朝臣教信，约岁遣一船。

政重，丁亥年遣使来贺观音现像，前此再度救我漂流人，书称备后州大将军大桥源朝臣政重。

武教，丁丑年以武磨称名，使人来朝，以远处不紧人，不接待。丁亥年改名武教，来贺观音现象，书称肥后州高濑郡藤原武教。菊池殿族亲，为其管下，居高濑。

日向州，郡五，水田七千二百三十六町。

大隅州，郡八，水田六百七十三町。

萨摩州，产硫黄，郡十三，水田四千六百三十町。

盛久，丁丑年遣使来朝，书称萨摩州日向太守藤原盛久，约岁遣一二船。

熙久，乙亥年遣使来朝，书称萨摩州伊集院寓镇隅州太守藤原熙久，约岁遣一二船。

持久，丁丑年遣使来朝，书称萨摩州岛津藤原朝臣持久，约岁遣一船。忠国族亲，为其管下，居岛津。

源忠国，丁丑年遣使来朝，书称萨摩三州太守岛津源忠国，约岁遣一船。丁亥年以观音现象，又遣使，书称日隅萨三州太守岛津陆奥源忠国。国王族亲，总治萨摩日向大隅三州事。

藤原忠满，丁亥年遣使来贺观音现象，书称萨摩州一歧岛代官藤原忠满。

只吉，戊子年遣使来朝，书称萨摩州市房泊代官只吉，以宗贞国请接待。

久重，戊子年遣使来朝，书称萨摩州市来千伐太守大藏氏久重，以宗贞国请接待。

国久，戊子年遣使来朝，书称市来太守大藏氏国久，以宗贞国请接待。忠国从弟，为其管下，居部府。

吉国，己丑年遣使来朝，书称萨摩州内种岛太守吉国，以宗贞国请接待。

持永，己丑年遣使来朝，书称萨摩州岛津藤原朝臣持永，以宗贞国请接待。

对马岛

郡八，人户皆沿海浦而居，凡八十二浦，南北三日程，东西或一日或半日程。四面皆石山，土瘠民贫，以煮盐捕鱼贩卖为生。宗氏世为岛主，其先宗庆死，子灵鉴嗣，灵鉴死，子贞茂嗣，贞茂死，子贞盛嗣，贞盛死，子成职嗣，成职死而无嗣。丁亥年，岛人立贞盛母弟盛国之子贞国为岛主郡守。而下土官，皆岛主差任，亦世袭，以土田盐户分属之，为三番，七日相递，会守岛主之家。郡守各于其境，每年踏验损实收税，取三分之一，又三分其一，输二于岛主，自用其一。岛主牧马场四所，可二千余匹，马多曲背。所产柑橘木楮耳。南北有高山，皆名天神，南称子神，北称母神。俗尚神，家家以素馔祭之。山之草木禽兽，人无敢犯者，罪人走入神堂，则亦不敢追捕。岛在海东诸岛要冲，诸酋之往来于我者必经之地，皆受岛主文引而后乃来。岛主而下，各遣使船，岁有定额，以岛最近于我而贫甚，岁赐米有差。

八郡

丰崎郡或称都伊沙只郡，郡守宗盛俊，宗贞国异母兄，在前宗贞国为郡守，今传于盛俊，盛俊居古于浦遥治。戊子年遣使来朝，书称对马岛守护代官平朝臣宗助六盛俊。

豆豆郡，郡守宗彦次郎盛世。

伊乃郡，郡守宗盛弘，资茂之子，宗贞盛妹弟。乙丑年遣使来朝，书称对马州宗右卫门尉盛弘。约岁遣四船，岁赐米豆并十五石。

卦老郡或称仁位郡，郡守宗茂秀。癸丑年遣使来朝，书称出羽守宗大膳茂秀。无子，以其弟茂直子宗彦九郎贞秀为嗣。茂秀父贺茂，曾黜岛主灵鉴，而夺其任，灵鉴之子贞茂还夺之，然以贺茂族盛，不得绝之，以茂秀为都代官。

要罗郡，郡守岛主自守。

美女郡，郡守岛主自守。

双古郡，郡守岛主自守。

尼老郡，郡守宗盛家，宗贞盛再从弟，为贞盛女婿。甲子年遣使来朝，书称对马州宗信浓守盛家。约岁遣四船，壬申年以其请加三船，岁赐米豆并二十石。

护军多罗而罗，一名而罗洒文家次，一名而罗洒文家继，一名平松而罗洒文家继，一名太郎二郎。庚辰年受图书，来则赐米豆并十石，贼首也。

八十二浦

时古里浦二十余户。

尼神都麻里浦百余户。

皮多加池浦五十余户。

安而老浦二十余户。

司直源茂崎，乙亥年以救我漂流人功，受职。

守于时浦五十余户。

郎加古时浦三十余户。

头未浦十余户。

蕴要浦百余户。

紧浦四十余户。

阿时未浦百余户。

皮都浦二十余户。

和因都麻里浦二十余户。

五时浦二十余户。

时多浦三百五十余户。

沙加浦五百余户。

护军六郎洒文,己卯年来受图书,来则赐米豆并十石。

护军阿马豆,旧居一歧岛毛都伊浦,海贼首宫内四郎子。戊寅年受图书,来则赐米豆并十石。戊子,改名又四罗盛数。

司正都罗马都,六郎洒文子,甲申年来受职。

司正都罗而老,向化铁匠千知沙也文子,随父而来受职,今还本岛。

奉盛幸,本系唐人,岛主宗成职时,掌书契文引。丁丑年因岛主请,受图书,约岁遣一船,书称海西路关处镇守奉盛幸。

职盛,故代官宗盛直之子。戊子年遣使来朝。己丑年又遣使来朝,请继父遣船,以无岛主之书不从。书称对马州平朝臣宗四郎职盛。

时罗浦十余户。

仇时老浦三十余户。

所温老浦百余户。

温知老毛浦六十余户。

昆知老浦四十余户。

也里古浦三十余户。

要古浦二十余户。

时罗古浦二十余户。

要时浦十余户。

可门诸浦三十余户。

训罗串百余户。

上护军平茂持,平盛秀之弟,为从兄六郎次郎继后,来则赐米豆并十五石。

护军皮古时罗，平茂持弟，甲申年受职。己丑年受图书，来则赐米豆并十石。

副司果平伊也知，平茂知子，又名早田彦八。庚寅年以岛主请受职。

仇愁音夫浦二十余户。

吾可多浦二十余户。

桂地浦四百余户。

尼于浦十余户。

那无赖浦三十余户。

古浦十余户。

安沙毛浦

古于浦百余户。

岛主宗贞国，今天皇嘉吉三年癸亥正统八年，宗贞盛为岛主时，约岁遣五十船，如有不得已报告事，数外遣船，则谓之特送，岁赐米豆并二百石。

宗贞秀，贞国长子，与贞国同居。丁亥年遣使来朝，书称对马州平朝臣贞秀，约岁遣七船，岁赐米豆并十五石，贞秀袭贞国前任，故使船赐米，皆仍其旧。

盛俊，丰崎郡守详见丰崎郡。

国幸，今辛卯年，以对马岛特送来朝，兼察三浦，称宗大膳国幸，以岛主所亲信，别例厚待而送之。

仇多浦三十余户。

造船五浦十余户。

仰可未浦十余户。

卦伊老浦二十余户。

那伊老浦二十余户。

安佐毛浦五十余户。

豆豆浦三处合三百余户。

宗茂世,一名宗虎熊丸,宗贞盛之侄。乙亥年,约岁遣三船,来则赐米豆并十石,书称九州岛侍所管事平朝臣宗彦八郎茂世。

世伊浦二十余户。

仇女浦二处合五十余户。

沙愁浦四处合三百余户。

国久,己酉年因岛主请受图书,书称对马州佐护郡代官平朝臣宗幡摩安国久,约岁遣一船,管天神山海贼,今领兵在博德。

宗彦九郎贞秀,故代官宗盛直从弟,卦老郡守宗茂秀,立以为后。庚寅年遣使来朝,书称对马州平朝臣宗彦九郎贞秀,受图书,约岁遣一船。

上护军宗盛吉,宗盛家弟。癸未年受图书,来则赐米豆并十五石。今身死有子,时未遣使。

宗秀茂,卦老郡守。

宗茂直,宗茂秀同母弟。

阿里浦一百余户。

麻吾里浦二十余户。

于那豆罗浦五十余户。

多浦百余户。

美女浦六百五十余户。

仇知只浦三处合百五十余户。

伊乃浦二处合百余户。

尼多老浦三百余户。

是时未浦二十余户。

仇波老浦二十余户。

豆罗浦百余户。

加罗愁浦五十余户。

沙愁那浦四百余户。

国吉，戊子年遣使来朝，书称佐须那代官平朝臣宗石见守国吉。

吾温浦百余户。

护军皮古汝文，戊寅年受职，庚辰年受图书，总治三浦恒居倭。

司正所温皮破知，宗茂次子，改名宗茂实，丁亥年因岛主请受职。

宗茂次，庚辰年救我漂流人来朝。丁亥年又来，称对马州上津郡追浦平朝臣宗伯耆守茂次。

尼时老道伊浦七十余户。

道于老浦四十余户。

也音非道浦无人户。

卧尼老浦十余户。

可吾沙只浦有神堂。

阿吾头罗可知浦百余户。

可里也徒浦二百余户。

敏沙只浦二百余户。

头知洞浦二百余户。

中枢平茂续，贼首早田之子，曾来侍朝为中枢，今还本岛。

护军中尾吾郎，平茂续之子，中尾弹正，立以为后，戊子年受职。

可时浦一百五十余户。

护军井可文愁戒，父贼首井大郎，于己亥年东征有功，乙酉年受图书，岁赐米豆并十石，壬午年袭父职。

皮老浦四十余户。

多计老浦八十余户。

仇老世浦一百四十余户。

护军皮古仇罗，海贼首护军藤武家倭训边沙也文之子。乙酉年受职图书,来则给米豆十石。

愁毛浦四百余户。

吾也麻浦五百余户。

老夫浦二百余户。

卧伊多浦一百余户。

古老世浦五十余户。

介伊俟那浦二百余户。

护军时难价毛,平家久倭训和知难洒毛之子,戊子年受职。

吾甫罗仇时浦五十余户。

双介浦五十余户。

完多老浦一百余户。

古茂应只浦二百余户。

沙吾浦一百余户。

一歧岛

乡七,水田六百二十町六段,人居六,里十三,海浦十四。东西半日程,南北一日程。志佐、佐志、呼子、鸭打、盐津,留分治,有市三所,水田旱田相半,土宜五谷,收税如对马岛。

七乡:

加愁乡,佐志代官主之。

惟多只乡,志佐代官源武主之。戊子年受图书,约岁遣一二船,书称一歧守护代官真弓兵部少辅源武。

古仇音夫乡,源经主之。己丑年受图书,约岁遣一二船,书称上松浦盐津留助次郎源经。

源重实,丁丑年约岁遣一船,书称上松浦盐津留松林院主源重实。

宗殊,己卯年遣使来朝,书称一歧州上松浦盐津留观音寺宗殊,约岁遣一船。

小于乡,呼子代官源实主之,约岁遣一船,书称上松浦呼子一歧州代官牧山带刀源实。庚寅年源实子正遣使来朝,书称：去岁六月,父为官军先锋而死于敌,臣继家业。乃依父例馆待。

无山都乡,鸭打代官主之。

时曰罗乡,呼子鸭打分治,各有代官。

郎可五豆乡,呼子鸭打分治,各有代官。

十三里

波古沙只一百五十余户。

信昭于七十余户。

信加尹一百三十余户。

阿里多五十余户。

伊除而时一百余户。

愁未要时七十余户。

也麻老夫九十余户。

也那伊多三百余户。

牛时加多一百三十余户。

多底伊时九十余户。

毛而罗五十余户。

侯计八十余户。

户应口五十余户。

十四浦

世渡浦三十余户。

豆豆只浦二十余户。

仇只浦二十余户。

因都温而浦四十余户。

阿神多沙只浦四十余户。

头音甫浦四十余户。

火知也麻浦一百余户。

毛都伊浦一百户。

护军三甫郎大郎，贼首护军藤永继子，辛巳年受图书，来则赐米豆并十石。

司正有罗多罗，又名可文愁戒源贞，乃三甫郎大郎之兄，戊寅年受职。

司正豆流保时，藤九郎次子，庚寅年受职。长子也三甫罗，今来侍朝，为司正。

训乃古时浦四十余户。

卧多罗浦百余户。

无应只也浦一百四十余户。

仇老沙只浦二十余户。

于罗于未浦五十余户。

风本浦倭训间沙毛都于罗。

琉球国纪

国王代序

国王世袭。洪武二十三年庚午，国王察度遣使来朝，称琉球国中山王。自是连岁遣使，其世子武宁亦献方物。永乐七年己丑，其孙思绍遣使，称琉球国中山王。其书略曰："先祖王察度及先父王武宁相继薨逝，以致各寨不和，连年征战，一向疏旷，今荷大明皇帝宠封王爵。"十六年戊戌，又遣使称琉球国中山王二男贺通连寓镇，其书略曰："予兄今年淹逝，予始通聘。"宣德六年辛亥，称琉球国中山王尚巴志而遣使。景泰四年癸酉，称琉球国中山王尚金福见而遣使；六年乙亥，称琉球国王尚泰久而遣使。天顺二年戊寅，称琉球国王见而遣使；三年己卯，复称尚泰久而遣使；五年辛巳，遣使而称琉球国王尚德。成化二年丙戌,又称尚德而遣使。七年辛卯冬,国王使自端书堂来朝,自端曰:"尚巴志以上,所不知。尚姓,巴志号,名亿载。尚金福见,名金皇圣。尚泰久,名真物。尚德,名大家,无兄弟。今王名中和,时未号,年十六岁,娶宗姓丹峰殿主女。王弟名于思,年十三岁。次弟名截溪,年十岁。国王所居地名中山,故称中山王。"自察度始遣使以来,相继不绝,进方物甚谨。或直遣国人,或因日本人商贩在其国者为使。其书或笺或咨或致书,格例不一,其称号姓名,亦不定。琉球去我最远,不能究其详,姑记朝聘名号次第,以待后考。

国都

国在南海中,南北长而东西短。都有石城,诸岛星列,所治凡三十六岛。土产硫磺,堀之一年,复满坑,取之无穷。岁遣使中国,贡硫磺六万斤,马四十匹。

梁回,宣德五年庚戌遣使来朝,书称琉球国长史梁回。

李金玉,成化四年戊子遣使来朝,书称琉球国总守将李金玉。

等闷意,成化五年己丑遣使来朝,书称琉球国中平田大岛平州守等闷意。

国俗

地窄人多,以海舶行商为业,西通南蛮、中国,东通日本、我国。日本南蛮商舶,亦集其国都海浦,国人为置酒肆浦边互市。国王楼居,每宴他国使,为构假楼,与之相对。中国及我国书至,具旗纛出迎。有左右长史二人,出纳王命,又有五军统制府、议政司六曹。地常暖,无霜雪,草木不凋落。水田,一年再收,每十一月播种,三月移秧,六月收获,即又播种,七月移秧,十月又获。男女衣服,与日本大同小异。

道路里数

自我庆尚东莱县之富山浦至对马岛之都伊沙只，四十八里。自都伊沙只至船越浦，十九里。自船越浦至一歧岛之风本浦，四十八里。自风本至毛都伊浦，五里。自毛都伊至肥前州之上松浦，十三里。自上松浦至惠罗武，一百六十五里。自惠罗武至大岛，一百四十五里。自大岛至度九岛，三十里。自度九岛至舆论岛，五十五里。自舆论岛至琉球国都，十五里。都计五百四十三里以我国里数计，则五千四百三十里。

朝聘应接纪

使船定数

国王及诸巨酋使来，则接待。对马岛主岁遣五十船，或因事别遣船，则称特送无定数。诸酋之在诸州者，或岁遣一二船时计四十人，名在诸州，或岁遣一船时计二十七人，名在诸州，皆有定约。其余诸酋，或因事来朝，或遣使，皆临时受教应接。受我国官职者，岁一来朝，不得遣人。国王使，例有副船，或至三船。巨酋使，只有副船。其余并一船。诸使皆受对马岛主文引，而后乃已。

诸使定例

馆待诸使有四例：国王使为一例，诸巨酋使为一例日本畠山、细川、左武卫、京极、山名、大内、小二等为巨酋，九州岛节度使、对马岛主特送为一例，诸酋使、对马岛人受职人为一例。

使船大小船夫定额

船有三等：二十五尺以下为小船，二十六尺七尺为中船，二十八尺九尺、三十尺为大船。船夫：大船四十,中船三十,小船二十,以为定额。客使来,则三浦节度万户与差使员尺量船体,又点船夫名数。船夫虽多,不得过定额,若不足,则以点数给料。因是三浦恒居人等冒名受点,而分其料,奸伪日滋。今受教,只量船体,以三等定额给料,不复点人。国王使,不量船点人,只以所见定数以报,并给料。

给图书

凡给图书,着见样于纸,置礼曹典校署,又分置三浦,每书来,凭考验其真伪。

诸使迎送

国王使,遣三品朝官,率京通事迎于三浦,还时护送。诸巨酋使,遣京通事迎于三浦,还时朝官率京通事护送。对马岛主特送、九州岛节度使,使乡通事率上京,朝官护送。

三浦熟供

国王使留三浦时,上副官人正使称上官人,副使称副官人,后并同、正官船主押物侍奉称正官,后并同、伴从人,量数熟供,其余船夫给料。诸巨酋使、特送、节度使使正官以上,熟供。诸酋使以下,并给料一日两时,凡给料并同。国王使早饭,正官以下车食七果床,伴从人车食五果床,并三度汤。朝夕饭,上副官人七楪床饭羹、二样汤、二样炙；正官、伴从人,五楪床饭羹、二样汤、一样炙。昼点心,上副官人、正官,五楪床饭羹、一样汤；伴从人,三楪床饭羹、一样汤。诸巨酋使,与国王使同。节度使使、特送,与国王使同。早饭干鱼主楪,五果床,三度汤。

三浦分泊

对马岛岁遣五十船,二十五船泊乃而浦,二十五船泊富山浦。

其余诸使,各任意分泊三浦。

上京人数

国王使二十五人。诸巨酋使十五人。特送三人,别例则加一倍。九州岛节度使三人,卜满五驮,加一人,每五驮则加毋过五人。诸酋使一人,五驮加一人,毋过三人。受职人堂上官三人,上护军以下二人。对马岛五十船,每船一人,五驮加一人,毋过二人。

三浦宴

国王使,三浦留时宴享三度其一度宣慰使,其二度差使员设行,还时一度差使员设行。诸巨酋使,留浦时二度,还时一度并差使员设行,下同。特送、节度使使,留浦时一度,还时同。一歧岛以外诸酋使,留浦时一度。宣慰使宴,上副官人长车食外,行安酒入排小一果四行床。正官宣慰使同,但无一果。伴从人,马蹄车食七果床,并纸野生花下并同,三度汤,点点果,大肉雉猪。差使员宴,上副官人,马蹄车食外,行安酒入排四行床。正官对客,三行床。伴从人,马蹄车食七果床。余与宣慰使宴同国王使以下并同。每宴留船船夫,人给真麦末一升,油一合,干鱼一首,生鱼肉随宜,白酒一鐥。

路宴

国王使,庆尚道三所,其一所观察使,其二所守令设行;忠清、京畿各一所,观察使设行。诸巨酋使,庆尚道二所,其一所观察使亲行,其一所守令设行;忠清、京畿各一所,观察使亲行,还时同。特送、节度使使,庆尚、忠清道各一所,还时同守令设行。诸酋使以下,一歧以外人,庆尚、忠清道各一所。对马岛人,庆尚一所,还时并同守令设行。观察使宴品与三浦宣慰使宴同,守令宴品与三浦差使员宴同国王使以下并同。

京中迎饯宴

国王使，汉江迎宴，上副官人，车食七果床，正官以下，车食五果床，并四度汤，点点果、油密果五星二部，实果五星二部，菜肉交排五星二部已上礼宾寺，大肉干猪三口司宰监，酒司酝署。诸巨酋使初到馆，迎宴宴品与国王使汉江迎宴同，还时并饯于汉江。

昼奉杯

国王使，隔三日一设。上副官人，正官对客礼宾寺正有故，则内资内赡寺正，车食七果床。伴从人，车食五果床，并三度汤，点点果礼宾寺掌设，酒司酝署。诸巨酋使，与国王使同。

京中日供

国王使，早饭三时食品，与三浦同。自愿干受，则早饭熟供，其余三时，五日一次都给。正官以上，每一人中米二斗，黄豆六斗船主押物侍奉则太五斗，真麦末七升，全鲍一百五十介，石首鱼五尾，青鱼二十尾，白鰕三升，真鱼二首，生鲜五首，醢五合，真油二合，酱三升，醋一升五合，藿十两，芥子二合，茶一合。僧则除鱼醢，给真茸、蕙古、竹笋、吾海召各五合。清酒三瓶，烧木三十五斤，炭自二月至九月二斗五升，自十月至正月五斗五升。伴从人，每一人中米二斗，黄豆四斗，木麦米五升，其余上同。诸巨酋使，早饭三时食品干受，与国王使同。对马岛特送①、节度使使，亦与国王使同都给真麦末、全鲍、真鱼、生鲜、茶、真茸无。诸酋使以下，一日两时，干受都给中米一斗五升，黄豆三斗伴从人二斗，清酒二瓶，杂物与特送同，早饭熟

---

① "特送"，原作"特遣"，据上文改。

供。杻炬,国王使每一日都给三柄司宰监。

阙内宴

国王使,进上肃拜后,饷馈上副官人。茶食外,行安酒入排小一果四行床,丝虚乙巨皮丝表花缨络炷香具,正官对客内侍府官,马蹄车食安酒入排四行床已上朝启厅。伴从人,对客内侍府官,马蹄车食九果床已上勤政门南行廊,并四度汤,点点果床汤内赡寺,酒司酝署,大肉司畜署,下同。下直肃拜馈饷,与进上肃拜同。诸巨酋使与国王使同。对马岛特送、九州岛节度使使,上副上官人,茶食外行安酒入排小一果四行床虚乙巨皮,与国王使同,对客正官,马蹄车食四行床。伴从人,马蹄车食九果床,并四度汤,点点果,大肉。诸酋使受职人、对马岛人等,并马蹄车食四行床。伴从人对客,马蹄车食九果床,并四度汤,点点果,干大肉司宰监。

礼曹宴

国王使慰宴,上副官人,散子外行小一果四行床,纻布花劝花同。正官,长车食四行床,纸花劝花同,伴从人亦同。曹堂上官,马蹄车食三行床下并同。伴从人,马蹄车食九果床,并四度汤,点点果已上礼宾寺,大肉司畜署。僧则饼,礼宾寺,酒司酝署,妓二人,于常例倍数。近杖使令三十名,皆着皂隶衣冠兵曹。饯宴同。诸巨酋使,与国王使同。对马岛特送、九州岛节度使使宴品与国王使同,并纸花劝花同。诸酋使以下,上官人,长车食四行床,伴从人,马蹄车食九果床,并四度汤,点点果,大肉,并纸花劝花同。

名日宴

国王使以下,大小诸使,上官人正官以上,车食七果床,伴从人车食五果床,并四度汤,点点果。

下程

国王使、巨酋使，并三度。九州岛节度使使、特送，并二度。每度饼、酒、果实、蔬菜、海菜、干茸笋、豆腐、真末、清蜜、干鱼肉、生鱼肉、醢芥子、五味子、茶、油、酱、醋等物，礼曹启给。其度数物目，以使人厚薄、人数多少、留日久近，加减酌定。别下程，亦同，承政院启给。

例赐

国王使上副官人，各给九综缁染木绵长衫一单夹随时，九综白绵布长衫一，鸦青罗内蓝绡僧冠一，黑马皮云鞋一，九综白绵紬、白纻布、黑麻布各一匹。诸巨酋使，与国王使同。九州岛节度使使，衣服冠鞋，与国王使同余物无。

别赐

如有国事引见，则有别赐，临时承政院启定因人紧不紧有多寡。

留浦日限

国王使，无限日。诸巨酋使，观察使马文到后十五日，还浦后二十日。若限外故留者，不给料。有现病者待差，下同。诸酋使之受职人、对马岛人等，马文到后，卜多者十日，卜少者五日。限外故留者，不给料。

修船给妆

一歧岛以外诸使，请修船给妆者，受教令水军节度使酌量题给。因此诸使，欲多受料，或称修船，或称未修船妆故留，所费甚多。今受教：初量船时，船体完坏，船妆用不用，并检报，水军节度使更核量给，留船船夫预修。待还，其所给板钉诸缘，还归日时启闻时并启。

日本船铁钉体制

大船,大钉长八寸重二斤,中钉长六寸重一斤十四两,小钉长五寸重十一两,巨末钉长六寸重二斤七两。中船,大钉长七寸七分重一斤十四两,中钉长五寸七分重一斤七两五钱,小钉长四寸七分重九两,巨末钉长五寸七分重二斤五两。小船,大钉长六寸五分重一斤十两,中钉长五寸重一斤三两,小钉长四寸重七两,巨末钉长五寸重二斤。

上京道路

自乃而浦,由金山、清州至京城,日行三息,十三日程;由大丘、尚州、槐山、广州至京城,十四日程。自富山浦,由大丘、尚州、槐山、广州至京城,十四日程;由永川、竹岭、忠州、杨根至京城,十五日程。自盐浦,由永川、竹岭、忠州、杨根至京城,十五日程。自乃而浦水路,由金海自黄山江下至洛东江、昌宁、善山、忠州自金迁至汉江、广州至京城,十九日程。自富山浦水路,由梁山自黄山江至洛东江、昌宁、善山、忠州自金海至汉江、广州至京城,二十一日程。自盐浦水路,由庆州、丹阳、忠州、广州至京城,十五日程。国王使,无限日。诸巨酋使以下,过限则计日减料,或病或水涨或未得输卜,不得已留滞者,于所在官,受明文而来,还时同。

过海料

对马岛五日,一歧岛十五日,九州岛二十日日本本国、琉球国使亦只二十日。

给料

国王使以下,皆一日两时各一升。国王使上副官人,中米,余皆糙米。国王使，或二船三船船夫，全数给料。诸巨酋使有副船，则并给料，只以船体大小，定船夫额数给料，若请其余，则受教加给或半或三分之一。诸使违格者，报礼曹，礼曹受教许接，则受教日为始给料，不许接者，给过海料之半。

诸道宴仪

国王使三浦宴享，宣慰使东壁，上副官人西壁，并交椅。差使员堂上，则东壁宣慰使之下交椅，堂下官则南行绳床，正官西壁差后，伴从人则又后行并绳床。宣慰使宴，宣慰使陪宣酝到三浦客馆，由中门入，客使就大门外祇迎。宣慰使至大厅，安宣酝于卓上讫，近东西向立，客使由西门入就西庭，东上北向立，异位重行四拜。通事引上副官人，升自西阶，至卓前跪。宣慰使稍前西向立，传旨云云。执事者酌酒授宣慰使，宣慰使执盏立，授上副官人。上副官人，俛伏兴，受盏饮。讫，正官以下各以次升饮。讫，上官以下各还就庭下位，行四拜。上副官人由西阶升诣大厅，就宣慰使前再拜，宣慰使答拜，各就位。正官升诣宣慰使前再拜无答，就坐。伴从人就槛外北向再拜，亦就坐。行宴如常仪。路次观察使宴，观察使宣慰使东壁，上副官人西壁，并交椅。正官以下各西壁差后，重行如宣慰宴仪。客使将入，观察使出庭下，引升大厅，东西相向再拜，就坐。正官就观察使前再拜无答，伴从人就槛外再拜，各就坐。差使员守令，虽堂上，不得参。路次守令宴，坐与三浦宴同。诸巨酋使路次观察使宴，观察使北壁，上副官西壁，并交椅，正官以下西壁差后，如国王使宴仪。上副官人初入，就观察使前再拜，观察使答揖，就坐。正官以下拜，与三浦宴同。诸巨酋使路次守令宴，堂上官守令东壁交椅，别通事差后绳床，堂下官守令与别通事东壁，以职次坐。上副官人西壁并交椅，节度使使、特送同。

礼曹宴仪

国王使宴,兼判书、判书、参判,东壁交椅各以次差后,上副官人,西壁交椅,正官西壁后行,伴从人站台上北向,并绳床。客使入自西夹门,就兼判书、判书、参判前,以次再拜皆答拜,各就坐。正官入自西庭,升自西阶,就东壁再拜无答。伴从人就中阶上,北向再拜,各就坐。宴讫,各再拜如初仪,乃出。诸巨酋使宴,兼判书北壁,判书东壁,参判差后,并交椅。上副官人西壁,正官后行,伴从人站台上,并绳床。上副官人升自西阶入,就兼判书前再拜,兼判书答揖,就东壁再拜如上,就坐。正官入,就兼判书前再拜,次东壁并无答。伴从人就中阶上,北向再拜,东向再拜,各以次就坐。以各呈杯行宴,宴讫,各再拜如初仪,乃出。诸巨酋使,与诸酋使同无答。

三浦禁约

对马岛之人,初请来寓三浦熊川之乃而浦,东莱之釜山浦,蔚山之盐浦,号为三浦,互市钓鱼,其居止及通行,皆有定处,不得违越,事毕则还。因缘留居,渐至繁滋。世宗命移书岛主宗贞盛正统元年丙辰,令皆刷还,贞盛答书曰:"当并刷还,其中最久者六十名,姑请仍留。"乃许之。其后因仍不还,世祖又命移书岛主宗成职己丑年,令刷还。成职寻死,又移书今岛主宗贞国,贞国之言曰:"以我从小二殿,在博德两年,未得奉行。然当不食言。"丙戌年,巡察使朴元亨,因馈饷,密计人口:乃而浦,户三百,男女一千二百余口;富山浦,户一百一十,男女三百三十余口;盐浦,户三十六,男女一百二十余口。旧约,商贩人潜接恒居人户者、因缘结幕者、贸易事毕后故留者,并痛禁。

钓鱼禁约

对马岛人钓鱼者,受岛主三着图书文引,到知世浦纳文引,万户改给文引。孤草岛定处外,勿许横行。钓鱼毕,还到知世浦,还万户文引,纳税鱼,万户于岛主文引回批着印,还付为验。若无文引者,称不胜风浪,潜持兵器,横行边岛者,以贼论。

海东诸国记终

畠山殿副官人良心曹馈饷日呈书契

凡今原日本国大乱之起本矣。细川右京大夫源胜元、山名左卫督源持丰,国王一姓,累代之大臣,而左辅右弼,执朝家之权柄,喻如赵有廉蔺。两家争威,连日有隙,将及战斗,则天下中分,士卒辐凑于京师者,不知其几千万之计。国王屡虽下和亲之诏,而人多则胜天,滋蔓难图,遂为乱世矣。于此属于胜元者称东军,属于持丰者称西军,盖其所居之地以在东西也。东西张阵,既在咫尺之间,方出先锋,欲决雌雄。及此时,胜元不意运奇策于幄中,而急围宫内之四面,以入我军营之里。即深沟高垒,不使凤辇龙旗出于外,则持丰一党中流失舟,亦如斯乎?故与持丰比而党者,舍甲弛弓,虽请降于国王之军,而胜元称谋逆之徒,不使受其降。西军忿怒含雠于胜元者倍万于旧日,虽似致不忠于君,不战而何其息矣。西军中心实欲为敌于君,则从虽有百万之帅,天诛不可其逭,岂其待岁月后灭没矣哉?然则西军其无罪者欤?何其然乎?《传》云"赵盾不出晋境,而有弑君之名",况今彼等军众,不去京都,日夜战斗,流血漂杵,鼓之声动天地者?既及七年,上自王侯,下至士庶人,百辛千苦,国家日疲,何其以言语足说之乎?虽然朝阳不侵,而萤爝自然熄光,初在西军者,今降于东军者,十其六七,未闻在东军者,属于西军之党,是乃天定胜人之理也。如今所见,则西军之徒党不过于一两年而亡者欤。爰畠山左京大夫义胜始随于从弟畠山右卫门督义就,在西军,去年之春,国王密下诏,不俟驾而就召,由是越前、越中、能登、加贺四州关塞既开,行旅自稳,运粮于洛汭,不异于平日。北藩争谧之功,但在义胜之一举,故今忝管领之职云云。右草状一通,语言卑野,句读难分,惭汗浃背。实虽不足备于合下之尊览,而通事人只通世语耳,如是之大议,以言语难通者欤?故记其大概奉呈。

成化九年九月初二日启

琉球国

一 地界东西七八日程,南北十二三日程。

一 水田一年再收,正月播种,五月刈获,六月播种,十月刈获,陆田一年一收。

一 男子无贵贱,结发为髻于右。国王常以红巾包头,有职人用杂色巾,庶人用白巾,衣皆阔袖。中朝使臣来,则国王乌纱帽红袍玉带,群臣随品,各服其服,皆仿中朝之制。

一 朔望,群臣必设宴。

一 中朝人来居者三千余家,别筑一城处之。

一 三法司[①]有二员,当国大臣也,政无大小,皆总之,非本国人则不得除是职。

一 长史二员,正议大夫二员,用事者也,并以中朝人来居者为之。

一 朝士有职田,又以商贩船,随品计给,令收税食之。

一 国王之丧,用金银饰棺,凿石为椁,不埋葬,造屋于山以安之。后十余日,亲族妃嫔会哭开棺出尸,尽剔肥肤,投诸水,还骨于棺。士庶人之丧,亦如之,但无石椁。

一 父母之丧,士大夫百日,庶人五十日,不食肉饮酒。

一 妇无子女而夫死,则自刎从之者,十常七八,王亦不能禁。

---

① "三法司",原作"三发司"。

一 刑有流配处斩,无笞杖。

一 有天地坛,凡祈祷必祭之,奉使他国者,诣坛焚香,取香灰吞之,誓曰"我国之事,当不说于彼"云云,然后发行。

一 国之东南,水路七八日程,有小琉球国,无君长,人皆长大,无衣裳之制。人死则亲族会而割食其肉,漆其头,厢以金,为饮食之器。

语音翻译

你是那里的人우라즈마피츄我是日本国的人마온야마도피츄你的姓什么우라나와이갸이우가你的父亲有么우라아샤아리你哥哥有么우라신쟈아리你姐姐有么우라아리아리妹子有么오라리아리你几时离了本国우라잇시마타졔ㄱ我旧年正月起身마온구죠쇼옹과즈탈졔你几时到这里우라잇고마가我们今年正月初三日才到这里마온구두ᄉ사옹과즈취라지긷졔你初到江口是好么우라민라모도징가一路上吃食如何우라민지민지아긔모로란도다酒오부시好下饭오샤가라나无什么好下饭사가나무야랴비랕루모请一钟酒ᄉ긔부뎨즈이긔라汤酒ᄉ고와가시洒酒來사긔와가지구撒酒风ᄉ가구뤼不要馈他吃아리로마ᄉ라小馈他吃예계나구로마셰酒尽了ᄉ긔미나랕디请里头耍子우지바라왜쳐아숩비平坐마숭고유왜리面红즈라루아개面白자라루시루사这个叫什么子구리야루욱가这个人心肠好고노피죠기모로요다ᄉ这个人心肠恶고노피죠기모로요왈사天텬天阴了텬구모뎨天晴了텬과리뎨下雨아믜믈뎨雨晴了아믜과릴뎨下雪유기푸리雪住了유기피퍤니日头텬다日头上了텬다앙갇뎨日头落了텬다야ᄉ며잇뎨风칸피天亮了이우가미清早쇼믜지晌午필마晚夕요감븨黑夜이우루白日피루暖和록시天热악사凉快ᄉ다向火피루구미春파루夏낟秋아기冬퓨유今日쿄오昨日커리우明日아자后日아샅디这月고로즈기来月뎨왕과즈开年

먀우년拜年쇼용과ㅈ노패地지地平正지마상고山頂ㅅ노촌지山底사노시ㅈ大路오부미지小路구미지酒사긔白酒링가나ㅅ긔清酒요가ㅅ긔饮酒누미酒有ㅅ긔아리酒无了ㅅ긔긔닉酒醉了ㅅ긔이우디饭음바리吃饭앙긔리做饭오바리ㅅ데大米饭코메로오반리小米饭아와로오반리做下饭사가나요라리米고믜시랑가지肉시시鱼이우鹿肉카우루시시猪肉오와시시兔肉우샹가시시油아부라盐마시오酱미쇼醋ㅅ우芥末난다리카다시胡椒코슈川椒산시오生姜ㅅ옴가葱깅비나蒜피루菜蔬쇼리烧茶차와기시甜아미ㅅ苦리가ㅅ酸쉬사淡아바ㅅ咸시바가나ㅅ辣카니ㅅ砚ㅅㅈ리墨ㅅ미笔푼디弓이우미箭이야弓袋이우미누ㅅ箭袋이야누ㅅ弓弦이우미누됴누窗로오리门요挂帐바ㅅ帐미구席子모시루靴피샹가纸카미匙캐箸파시筛푸뤼梡子마가리砂贴匙싀뢰木贴匙과지柜子카이刀子카라느锅儿나븨帚피오기火盆피팔지衣服기루袴儿과가마裙儿카마모瓦카라车子구루마桌子타가딘炭ㅅ미柱과냐身子도우面ㅊ라眼무鼻과나口크지耳미头가난우手데足피샨舌头시쟈手指头외븨头发카시리牙齿과花과라绿아오ㅅ黑구루ㅅ青탄쳥牛우시马우마猪우와鸡루리狗이노羊비ㅈ쟈老鼠오야비쥬蛇파무龙타ㅈ象자狮시시虎도라

弘治十四年四月二十二日启下承文院

（黄修志　整理）

日本往还日记

黄 慎 撰

《日本往还日记》解题

《日本往还日记》,明万历二十二年(1594)通信正使黄慎撰。黄慎(1561—1617),字思叔,号秋浦,原籍昌原,师从成浑(1535—1598,朝鲜理学家)。万历十六年(1588)擢魁科,初授义盈库主簿,移司宪府监察,历阴竹县监、北道评事等,至大司谏。二十年(1592)"壬辰倭乱"时,以司书从光海君南下全、庆体察,并曾作为折冲将军两次往返倭营。二十二年拜敦宁都正充通信正使,随明朝使者赴日。四十五年(1617)去世。仁祖元年(1623,明天启元年)特赠右议政,谥号文敏。其生平具见于尹拯撰《秋浦先生黄公行状》。

1591年明朝在连续从朝鲜、琉球使臣处获悉有关日本欲攻打明朝的消息后,于十一月丙寅收到了朝鲜国王李昖的正式奏报:"本年五月内,有倭人僧俗相杂,称关白平秀吉(即丰臣秀吉,1537—1598)并吞六十余州,琉球南蛮皆服。明年三月间要来侵犯,必许和方解。"然而直到此时,明、朝两方似乎都认为日本的进攻目标是"明朝四百余州",只是假道朝鲜而已。但很快秀吉以遭到朝鲜拒绝为由,于次年(1592,明万历二十年,朝鲜宣祖二十五年,日本文禄元年)五月侵犯朝鲜。日军由釜山上岸后,一路杀戮,夺取王京(今韩国首尔),并占领了朝鲜的大半领土,荒乱间李昖率群臣奔走义州(今朝鲜新义州),并派遣使臣赴北京请兵。这一事件在中国和朝鲜史书中多被记为"壬辰倭乱",在日本史书中则记作"文禄之役"。明朝军队的参战改变了双方的实力对比,到了七月战争形势转缓,中、日、朝三国开始就战争结果处理与三国关系定位等问题开始了长期谈判。万历二十二年十二月,明朝命李宗城为正使、杨方亨为副使出使日本,封秀吉为日本国王。在册封使一行抵达釜山时,日方主和大将小西行长建议朝鲜派遣使臣随册封使前往日本,"朝鲜无使,则是只与天朝和也。必得朝鲜使臣,然后大事可完"。这一建议得到沈惟敬等人的赞同,朝鲜国王决定派使,黄慎便是这次出使的正使。

本书收录的《日本往还日记》正是这次出使的记录,选自奎章阁本《东槎录》。这一出使行记以日记体的形式,详细记录了从万历二十四年八月初三到十二月初九间与出使相关的事宜,包括往返日本的行程、与明朝册封使和小西行长等人谈判的过程与对话等。目前所见的通信史料中,多是记录朝鲜使臣出使日本的过程,记载中中国常常缺席,而黄慎的这本日记中有不少与中国使臣、时事相关的记录,这也是这份使录的特别之处。全书最后还对日本的地理、行政区划、官制、社会阶层、饮食、服饰、风俗等进行了记录。

显然黄慎长达两千余字对日本风土民情的描述有助于现代学者了解日本古代社会生活形态,其中有关物品的记载也可以从侧面看出当时东亚海域内的频繁往来,如"南蛮"(概指由东南亚乘船进入日本的葡萄牙人和西班牙人)的香料在当时的日本已不罕见。同时,这些详细的记录,也可以视作当时大陆国家对日本所具有的知识来源。

但是更值得注意的是,这次并不成功的(黄慎未见秀吉,就被迫返还朝鲜)出使,留下了不少与明朝使者、对马岛柳川调信以及小西行长的对话,而这些对话记录下了这次册封使的出使细节,补充了有关和谈的第一手资料,同时也反映了十五六世纪东亚秩序中明、朝、日之间的关系,对了解当时三国如何试图维护或重建彼此之间关系有着重要的价值。

毫无疑问,被日本攻下王京、国王群臣出逃的朝鲜,在这次谈判中势必居于弱势地位,这也使得朝鲜使臣对整个谈判充满了担忧。一开始选派使臣时,朝鲜官员人人畏惧,在到达日本之后,更因为明朝使臣得以面见秀吉而紧张。九月初一日明朝使臣已见秀吉,并据称秀吉于初三日接受了册封,但是秀吉以朝鲜未派王子来等理由拒见黄慎一行。初八日,黄慎等面见明朝正使杨方亨,直言道"老爷则已为颁敕册封,是天朝大事已完也。小的等未能竣事,将为虚返,故虞闷欲死耳",又说"陪臣等受命此来,全靠两老爷",都可以看出朝鲜使臣在本次谈判过程中所处的无奈境地与紧张情绪。

作为参战方的明朝,一方面由于战事日久耗费巨大,另一方面由于朝廷内部对援朝战争存在争议,试图通过册封的方式结束这次战争。而结束这次战争的前提之一是日本方面从朝鲜撤兵,所以明朝使臣从一开始即要求朝鲜派使臣同往日本谈判。这次的谈判本应包含明、日、朝三方的两重谈判,一方面是日朝双方就战争本身进行谈判,另一方面则是明日双方就战争及双方关系进行的谈判。然而事实上,这次的谈判则始终以中日关系为主,中国更是承担起对日朝双方的调解作用。这也使得明朝使臣兼具有两方面的出使任务:一是册封秀吉为日本国王,二是促成日朝的和谈。因此在面对接连遭受秀吉拒绝接见的朝鲜使臣时,杨方亨与沈惟敬都一再强调日朝和谈是"大事"的一部分,沈惟敬甚至借属下之口对朝鲜使臣说:"我之来此,专为朝鲜事,若事不完,我当与陪臣留此调停",柳川调信也安慰朝鲜使臣说:"天朝封关白,非为关白事也,专为解救朝鲜事。"这些记录都反映了明朝作为东亚朝贡体系的建立者在维系该体系时所作出的具体措施,而且这里所维系的,不仅是中国与周边某一国的关系,更是周边国家之间的关系,这也为理解朝贡体系提供了不同面相的史料。

总的来说,这份日记不仅是对"壬辰倭乱"这一震动东亚的战争中和谈的原始记录,还是理解中国在东亚格局中如何处理其自身与周边、周边国家之间关系的重要史料。本书收录的《日本往还日记》,系以韩国国立中央图书馆藏抄本(藏书号:한古朝90-2)为底本进行标点,并以《海行总载》国译本、《日本庶民生活史料集成》第二十七卷载远藤镇雄校订日译本参校完成。

(钱　云)

万历丙申秋冬通信使一行日本往还日记

使行座目：

　　正使敦宁都正黄慎；副使行上护军朴弘长；汉学行上护军朴义俭、李愉，前判官文应枢，前直长金吉孙；倭学司正朴大根，司猛金德元，前奉事金仁轼，前衔李彦瑞；医员前金正张世宽；正使军官前府使李祥，训炼院正李逢春等十六员；副使军官立功自效前郡守金好恬，训炼院判官俞允谦等十五员；小通事金彦福等七名；陪吏二名，牙兵八名，炮手十七名，通引三名，罗将八名，吹螺赤十二名，驿子五名，刀尺六名，官奴六名，正使伴倘奴三名，副使伴倘奴二名，手把赤二名；都训导金得，镇抚蔡文，无上尹今同等四名；沙工金凤金等三名，船匠二名，冶匠二名；格军成哲等一百五十名；译官奴子十三名，军官奴三十名。总计一行员役三百九人。

　　正使则自乙未夏，因皇上圣旨，跟同沈游击来驻熊川、釜山等处倭营。副使则以大丘府使，方在本府。故朝廷使译官朴大根、李愉顺赍国书自京城到庆州。

八月

初三日戊戌

　　副使自庆州奉国书具仪卫到釜山，正使带一行军官以下迎于远程，仍陪国书入营。倭将平调信、作右卫门等亦出迎于五里外，下马拱立，礼貌颇恭顺。

初四日己亥

　　是日阴。夕，正副使一行上船，平调信亦上它船。○是行，庆尚左水营船一只、右水营船三只,并俱什物遣来。通信使初欲乘我国船渡海,倭人辈争以为本国船制太阔,不便于大洋,力请乘倭船,可保万全云。遂乘倭船,分载卜物于我国船。盖我国船船底太广,不便于出入风涛。倭船则船底如鸡胸,多设轻橹,其行甚捷,然太狭易摇。中设板房,船臭极恶,入其房者,无不呕吐恶心久然后乃定。○有状启,朴大庆赍去。○是夕,宿绝影岛,岛在釜山越偏。

初五日庚子

是日乍阴乍晴。平明发船出洋。一行俱患水疾,呕吐颠仆,唯军官权克烈、金兰瑞安坐如常。午后风势不顺,还泊绝影岛之西。○通信使上船时,人皆以水疾为忧,各以治疗杂方来言者,如竹沥、酸醋、生姜、生栗、生梨、蜜果之属,无不备赍矣。及到洋中遇风也,眩晕昏仆,肢体不得收,开目而直视,张口而不能言。呕吐不止,脏腑逆上。当此之时,虽有长生之丹、不死之药,亦不能入口下咽矣。然才吐之后,生梨蜜果则稍可嚼下,盖饥甚则水疾益作,故须黾勉而吃。此浮海者之所当知也。

初六日辛丑

是日乍晴乍阴。西风连吹,不得发船。设幄于绝影岛,正使下陆与一行人闲话,暮乃还船。金善庆持状启去。

初七日壬寅

是日晓雨晚晴。阻风留泊,崔世谌状启赍去。○夕宿绝影岛之越偏。

初八日癸卯

是日晴。平明发船,风势极顺,张两帆而行,其疾如飞。一行之人,虽作水疾,并无呕吐者。但见洪涛驾山,白浪掀空,船行出没则如在九天之上,下则如在九地之中矣。夕抵对马岛之西浦,倭言利时都麻娄者是也。同浦去釜山五百里云,浦中人居不甚多。泊船处稍平阔。正使昏乘轿登徐福寺而宿。同寺俯临大洋,累石为磴,以板为屋,居僧仅数十人。副使因寒疾不下船。

初九日甲辰

是日或阴或雨。朝,下船解缆,未及出洋,因雨还泊,又宿徐福寺。

初十日乙巳

是日朝阴晚晴。早朝发船,行三百里,夕到府中,乃岛主平义智所居。调信之家亦在是处也,岛主则方赴国都矣。调信引通信一行寓岛主客舍,馆距义智家仅二三里。堂宇不甚华侈,而精致洁净,不留一尘。岛中诸倭集外厅以备供给。凡接待之事,颇极恭款。其馔品亦依我国之制,沙椀盛白粥,覆以鍮盖而进之,且具匙子。○沈天使标下李中军等亦陪谙敕,留泊于此待吾行。昏往拜李中军于船上。同岛不甚广,四面山险,府中居民仅三四百户,其余八郡居民,俱不过百余户。屋庐残破,家家穷乏,皆以芋糠为饭,虽小将辈,亦不得全吃米饭。皆言兵兴之后,大军出入,以致如此云。

十一日丙午

是日晴。风势不好,因留。调信累次馈送饼、果、鱼、菓等物,且致酒馔。分馈从者,遍及格军辈。○岛主妻亦送酒馔、鱼、菓之属颇多,且致辞云:"家翁适不在此,妾独在家,接待之事,俱不成礼,心甚惭愧"云。岛主妻乃平行长之女也。有状启。

十二日丁未

是日晴。调信饷饼,岛主妻送鱼鲍,八郡守倭呈酒馔、鱼、肉等物,齐见于庭下。

十三日戊申

是日阴。仍留府中。

十四日己酉

是日阴洒雨。岛主管下人辈呈馔牛。

十五日庚戌

是日阴。李中军下船上西山寺,排酒见邀,遂偕副使往参。○

寺在府西，精舍五六间，不华不陋。中设一龛，安一小佛像，左右排列神牌，皆是僧尼先逝者，或书物故某号禅定门灵位，或书归真某号禅定尼灵位。盖僧尼为夫妇者共一牌，倭俗然也。〇夕罢还。调信馈松蕈、沉柿。

十六日辛亥

是日朝晴晚雨。平调信馈松蕈及栗。

十七日壬子

是日阴雨。调信饷饼。〇军官姜英一赍前后状启，发还本国。

十八日癸丑

是日阴。朝离府中浦，开船出洋，风涛甚紧，不得已回泊于内浦。此距府中几至二十余里，人家极稀罕，偕副使寓僧舍。调信饷梨、栗、银口鱼、松蕈之属。

十九日甲寅

是日午阴。风势不顺。调信凡七八遭差人问候，且连续馈鱼、肉、菓、果等物。

二十日乙卯

是日晴。午往见李中军等，设小饮，夕罢还。调信馈饼、果、鱼，又送酒馔。

二十一日丙辰

是日晴。调信送馔牛、鱼、菓、盐、酱等物。李中军来见。午调信再馈饼、鱼。李中军祭海，致胙肉。

二十二日丁巳

是日晴。调信送酒馔，请分馈四船格军辈。

二十三日戊午

是日晴。晓发船还泊府中浦，夕宿西山寺。调信送鱼、果、栗。

二十四日己未

是日阴雨，夜半始晴。调信送饼、鱼、菓。岛主妻两送鱼、菓。

二十五日庚申

是日晴。朝，发船出洋，风势过猛，惊浪汹涌。到中洋，帆索不胜风，几欲绝。船欹几覆，樯竿上头曲如钩，竿头与海涛相接，浪沫喷溅船中如雨，船行奔突有如马，舟中之人莫不失色。正使乃作誓海文以誓海神，曰："维万历二十四年丙申八月二十五日庚申，朝鲜通信使某敢昭告于东海之神：伏以豺虎丛中，既持二年之节；蛟龙窟上，又乘八月之槎。捐躯是甘，稽首自誓。伏念某遭时板荡，许国驱驰，虽险阻艰难，备尝之矣。然州里蛮貊，可行乎哉，赖有衷赤之不渝，可质上苍而无愧。四千里行役，何敢一毫惮劳；三十年工夫，正宜今日得力。固王事之靡盬，抑臣职之当然。直挂风帆，遥指日域，苟可安社利国，死且不辞。如使辱命失身，生亦何益。伏愿灵圣，俯鉴忱诚，幸斯言之不诬，天有知也。倘一念之或怠，神其殛之。谨告。"

俄而风势偶稍定，船行无恙。夕到一歧岛，此距对马五百里，周回比对马之半。所见居民，仅三百余户也。是平行长手下副将飞兰岛主法印，倭言好吾印所兼管云。行长差小将来此，迎候诰敕。闻日本国畿甸各处地大震，屋宇坏颓，压死者至万余人云。

二十六日辛酉

是日晴。大风，不得发船，调信送梨。

二十七日壬戌

是日晴。阻风仍留。牙兵朴应亮赍状启去。

二十八日癸亥

是日晴。朝发船皆先去，而以风势不顺，正使所乘船体大，不能快行。夕泊班岛，岛距名护屋六七里云。

二十九日甲子

是日晴。平明发船，晚至名护屋，倭言浪耶地方。是处有关白调兵时馆宇，因山为城，甚峻而固。环其城凿壕，引水贮之。城中四面累石为阶,上为五层楼。此距一歧一百三十余里,与飞兰岛、五岛相望。地方颇广阔,人居极稠盛。其市廛楼店,鳞次成村,非对马、一歧之比。○自此以东则缘陆行船,更不涉大洋云。

闰八月
一日乙丑

　　是日阴。夕上船,移泊五里许海店,倭言要后口地方。

二日丙寅

　　是日晴。朝,发船橹行,夜深到唐浦,倭言加罗都麻娄也。留宿。

三日丁卯

　　是日晴。朝发船,午后到泊蓝岛。岛有关白馆宇,倭将平卫门留守云。

四日己巳

　　是日雨。风势不顺,不得发船。夕遂乘马移寓觉海山之禅寿寺,寺傍民居极盛。

初六日庚午

　　是日晴。风势不顺,仍留。

初七日辛未

　　是日晴。朝,自禅寿发,乘马到船所,遂乘船到赤间关,一名下关。关在海路咽喉之地,各处往来之船,必皆经由是处。形势极阻隘,民居亦稠盛。海畔两山相对,中为广野,前日平秀吉与明智对阵于此,大战得胜,遂杀明智,自立为关白云。

初八日壬申

　　是日晴。晚发船,达夜行一百五十里。

初九日癸酉

　　是日晴。晓发船,夕到上关。关与下关一样繁盛,馆舍甚宏敞。守倭毛利,是大将位高者,方在国都。代守倭接待颇尽心,呈酒馔甚丰厚，倍于它处，乃毛利所分付云。

初十日甲戌

是日晴。朝，调信以通信使所乘船过大，难于快行，遂换乘小船。午后发船，夕到倭所言甘夫老地方，宿船上。军官白云英赍状启去。

十一日乙亥

是日晴。早发，昨所换船太狭而小，动摇不安，午换乘我国船。夕到倭所言加亡加里地方，留泊宿船上。是处有关白茶房，极精洁云。守倭呈酒馔。

十二日丙子

是日朝晴午阴。早发船，张帆而行，有一鲸从船傍奔突而过，相去仅半丈许，其长竟船，状如龟，背之上有物如橡而曲。舟人摇手禁人声，良久乃曰：此鲸之小者也。夕到都毛，未及二十里许，逆风颇紧，骤雨交作。乘昏艰泊小岛，名址邦浦。

十三日丁丑

是日晴。晓始到都毛地方泊船。朝发船，夕风不顺，泊宿小岛，其名水岛。

十四日戊寅

是日晴。晓发船，遇沈天使差官王伦及倭将行长、正成、义智、有摩三奉行等差倭五员来接，朝暂歇霜露浦。夕到牛窓浦，宿船上。

十五日己卯

是日阻风仍留，下陆宿本莲寺，夜地震。

十六日庚辰

是日晴。早朝发船，望见西南间大海中，群鲸一时出没，奔突作戏，不知其几千。唯见朝日照耀，霏屑眩旋，上下十余里，波涛起立，白沫接天，礌硠澎湃，见之精神怳惚，毛发竦然，真天下奇观也。夕到倭所言无老浦，夜地震。○自此至沙盖，并无泊船之所，稍遇恶风，覆没可畏云。

十七日辛巳

是日晴。向晓发船,昏到兵库关。

十八日壬午

是日晴。早发,午后到界滨,行长、义智等各差小将迎接,行长弟亦来迓。景直送酒果。两天使出迎诰敕于津头,沈天使差舍人同倭子来言勿停鼓吹,遂下陆。平调信先到,迎接于船头。通信使遂陪诰敕到杨天使衙门,仍拜两天使,使令行礼于厅上。杨天使曰:"今日姑歇馆舍,候闲再来说话。"遂辞退,仍与副使往沈天使衙门。则沈天使自杨天使衙门追回,遂请行礼。沈天使曰:"才相见于杨老爷衙门,今姑免拜也。"答以"杨老爷衙门则为杨老爷行礼,今到老爷衙门,不可不再行拜礼"。沈天使受之。仍揖入内堂,吃茶讫,沈天使具问一路接待诸事。正使问于沈天使曰:"此间事体今如何耶?"天使曰:"再没有别样事"云云。遂辞出。寓常乐寺之中坊,在市廛中央,弥满一里,房室甚夥,而不施丹臒。中坊则在寺之西偏,轩楹皆以文槐为之,饰以铜锡,房舍洁净。但日本之不设突房,故自对马以后,一行长在板房歇宿。初不安稳,久乃自然惯习矣。是夕,义智送银花及酒十桶。

十九日癸未

是日朝晴晚午雨。朝,义智、玄苏来见。午行长、调信往关白所。夕,景直送柿、榴、梨等果。地震。

二十日甲申

是日晴。朝,景直来见。夜地震。

二十一日乙酉

是日晴。朝,往见天使标下各官。仍拜沈天使,使迎坐内堂,谈话从容。夕,义智来见。

二十二日丙戌

是日晴。夕,钱旗鼓来见,倭将安国寺使我国童男两人来见。

二十三日丁亥

是日晴。蔡、钱、王三千总来见。项督理来见。沈天使送酒百桶、干鱼百束,馈从者。

二十四日戊子

是日阴乍雨。夕,行长送酒十桶、米食、干鱼等物。地震。

二十五日己丑

是日晴。李千总来见,偕副使往沈天使衙门,谢再昨致馈。午,安国寺复使两童子来见通信使。其一金枢子、金兴迈,其弟兴达在安艺州云。○夕有晋州小姓姜者方在正成处,来谒见。思乡不自禁。通信使曰:"汝若思归,须长在正成面前泣恳,则必许送"云云。对曰"诺"。

二十六日庚寅

是日夕阴夜雨。徐相公、王千总来见。

二十七日辛卯

是日晴。平义智来见。夜地震。

二十八日壬辰

是日晴。钱旗鼓送酒、鸡、鱼等物。闻关白来御界,即五沙盖也,欲于九月初一日与天使相见云。

二十九日癸巳

是日雨。夕,平调信招朴大根谓曰:"即刻行长、正成自关白处回还。言关白曰:'当初我欲通中国而朝鲜遏,不为通情。反至动兵之后,沈游击欲调戢两国,而朝鲜上本极陈其不可。且以沈游击为与日本同心,每每恶之。李天使之出去,亦因朝鲜之人恐动。册使既渡海,而朝鲜不肯差官跟来,今始缓缓来到,且不遣王子来,事事轻我甚矣。今不可许见来使,我当先见天使后,姑留朝鲜使臣,禀帖兵部,审其来迟之故,然后方为许见'云。大事垂成而忽此生梗,极为可虑。须以此意告通信使。急须往见沈天使,使之尽力措辞，以解关白之怒可也。沈天使明日当先往五沙盖见关白，劝解后回还，同杨天使再往"云矣。昏，调信使要时罗来言："沈老爷明当往见关白。已令行长、正成将此意先往告关白，候其回报，沈老爷当去"云矣。正使使朴大根自以己意答之曰："我已将此意传于通信使。信使曰：'我离釜山时，已决三条计，事体若快则竣事即返，一计也。事体或变，欲为拘留则任留一年十年，一计也。事体大不顺，则虽加凶害亦所不辞，一计也。久知会有此等事，今不足怪，不须往见，沈天使只任它可也'"云矣。要时罗嘿然良久，遂辞去。

九月

初一日甲午

是日雨晚晴。朝使李愉往沈天使衙门打听消息。天使曰："我为尔们事，今将先往五沙盖见关白。关白盖怪你们来迟，然终必无事，放心放心。"且曰："昨正成、行长、调信辈对我说多少话，我答言此陪臣是跟我在熊川、釜山者，它陪臣恐惧不肯进倭营，而此陪臣独肯跟我到营。李老爷之出去也，人心骚动，多有说话，此陪臣又肯挺身入营，此则你们所知也。今又肯委身过海而来，元是不怕死者，你们不须吓它也。三人皆大笑矣。昨正成让我曰：'此正老爷事。须善辞解之，非老爷亲去一遭不可解，我辈则更无容力处矣。'我答之曰：'你不须再说。我不管朝鲜事则谁管此事耶？'"午后行长等回言"关白固请两天使先来，俟面讲后许见朝鲜使"云。调信来见正成曰："两天使今当先去，关白招我来议，故我亦去矣。天使与关白相见后必与面议，我当来迓使臣而去也。"且曰："沈老爷非是只完天朝事者，倘朝鲜事不得停当，则是大事不完也，岂有此理乎。"○夕，两天使发向五沙盖。

初二日乙未

是日乍阴乍晴。午要时罗来言："即刻调信通书，言关白已与天使相会，甚为喜欢，且请更留一日，明日当面话，我俟讲即回"

云矣。

初三日丙申

是日晴。闻关白已为受封，诸倭将四十人具冠带受官云。庆州吏张士秀自釜山持鹰八连及豹皮、苎布、行具、杂物来，盖都体府所分付收合各官者也。

初四日丁酉

是日晴。俩天使回自五沙盖，平调信亦回来，谓朴大根曰："昨我再见沈老爷，使之从容开谕关白，以解其怒。而沈爷连日对关白不敢一言及之，极可恨也。天朝不忒软，怕关白如此，可恨可恨。昨行长、正成谓'沈老爷曰，朝鲜使臣事，今有难于开口'。老爷须令使臣将此意呈文于老爷，仍以此书告关白，可以因此措辞"云矣。朴大根曰："呈文事使臣必不肯为矣。"调信曰："天朝封关白，非为关白也，专为救解朝鲜事。不顺则是天朝人事未完也，沈游击岂肯径还乎？此事须有结末。我当两天使详议处之也。"夕，沈天使使王千总来曰："昨关白对我言：'我四五年受苦，当初我托朝鲜转奏求封，而朝鲜不肯。又欲借道通贡，而朝鲜不许。是朝鲜慢我甚矣，故至于动兵。然此则已往之事，不须提起。厥后老爷往来讲好，而朝鲜极力坏之。小西飞入奏之日，朝鲜上本请兵，只管厮杀。天使已到，而朝鲜不肯通信，既不跟老爷来，又不跟杨老爷来，今始来到。且我曾放还两王子，大王子虽不得来，小王子可以来谢，而朝鲜终不肯遣。我甚老，朝鲜今不须见，来使任其去留'云云。我再三言：'你既受封，是天朝属国，与朝鲜为兄弟之国。今后当共敦邻好，小事不须挂意也。'杨老爷亦再三分付矣。我当更俟关白息怒，再议此事，必令无事，须放心放心。我之来此，专为朝鲜事。若事不完，我当与陪臣留此调停，陪臣须知此意也。"杨天使亦谓朴义俭曰："昨关白言你国事，多有说话。然沈爷当有以处之，终必无事，不须忧也。"夕往拜杨天使。

初五日戊戌

是日晓雨晚晴。朝，往沈天使衙门，有倭僧三人，是关白所亲近掌书记者，来议回谢表文云。其一名玄以，最居中用事者。三僧皆坐轿而行，其去也，行长、正成辈露脚至膝，褰裳疾趋，导轿前而走，其致敬如此。三僧既出，通信使遂求见沈天使。天使辞不见，谓译官李愉曰："陪臣虽不来见我，我已知陪臣欲言之事，不须相见。我之此来，专为朝鲜事。况陪臣随我一年同处者，不比它人，我岂可轻去不顾乎？然此则小事也。一国大事，专在我身上，敢不尽心乎？陪臣姑回去，我当商量善处，终必无事，放心放心。"因令歇王千总下处，吃饭而去。昏，调信使人来言："沈老爷贻书关白，且使正成、行长等往议撤兵。通信等事，明日午后当回话矣。"

初六日己亥

是日晴。夕，行长、正成及三成、长盛等来自五沙盖。夜半，平调信来到下处谓曰："今日行长等持沈天使书往见关白，关白大怒，曰：'天朝则既已遣使册封，我姑忍耐。而朝鲜则无礼至此，今不可许和。我方再要厮杀，况可议撤兵之事乎？天使亦不须久留，明日便请上船。朝鲜使臣，亦令出去可也。我当一面调兵，趁今冬往朝鲜'云云。且闻已召清正来计事。清正得志则事将不测，行长与我辈死无日矣。"又曰："我初见关白。关白问：'王子何以不来答？'我言：'王子年幼，且壬辰在北，处置乖宜，致失人心，遂被土民所擒降。故国王罪之，置诸边远。今来使臣，亦是大官。盖朝鲜怕日本，皆谓使臣若往，则必被杀害，或为拘留云。故人人惮行，迟疑未决。此使臣独言自古无杀使臣之国，日本虽强，必无此理。仍自请而来矣。'关白大笑曰：'然则我当速见，使之同天使偕还也。'即令取笔砚来，亲批两天使及通信使寓馆。杨天使则家康家，沈天使则平秀家家，朝鲜使臣则加贺守家，使之预为修扫。相会已有日子矣，不知谁人谗间而中变也。今则关白既已盛怒，清正又从而构之，大事已不可成矣。今夕行长亦对盛长等言：'我四五年力主此事，竟无结局，我宁刺腹而死也。'长盛曰：'不须如此。我辈亦闷嘿而已'云。"调信又曰："使臣必欲速为驰启此间事体，若待使臣回还，则事必迟滞。我当讨一小快船密遣也，使臣亦须与沈天使同议起程也。"正使答曰："我未获传命，岂可径归？"调信曰："关白喜欢天使之来，而及其发怒，犹促其还。使臣虽欲独留，安可得乎？明日我当陪使臣，送到釜山也。"

初七日庚子

是日晴。地震。自关白发怒之后，倭中多言关白欲拘囚通信使，或云尽杀通信一行员役，以此军官辈惶骇疑惑，渐有向隅啼泣者。军官辈中盖多岭南朴野无识之徒，妄自恇怯。译官辈则稍知事情，俱无惧色。正使乃召军官等晓谕之曰："你们岭南之人，一死于壬辰之贼锋，再死于甲午之饥馑，三死于乙未之疠疫。假令汝等死于今日，犹为最后死。尔等死，死王事，死亦荣矣。况今日之事，决无他虞，何敢妄自骚动，过为恇挠，以伤体面，取笑敌人乎？今姑饶你，如再有如此，则当先与重棍也！"皆曰不敢。

初八日辛丑

是日晴。朝同副使往见杨天使，禀曰："小的等当初奉国王命跟随老爷，俾服老爷指挥而进退之。今闻老爷欲为起程，小的等未知何以处之也。"杨天使曰："我则今明当上船，陪臣亦须收拾行李，同我起程可也。"通信使答曰："小的等奉使此来，赍致书币于关白。今不获传命而还，则无以回报国王。此由小的等奉使无状之所致，宁欲死于此也。"杨天使曰："没有是理。设今陪臣等赍国书呈关白，关白扯裂国书，驱曳使臣，则此果该死。今陪臣持国书来，而关白不为接待，只宜奉国书而还纳于国王，有何所损乎？陪臣是跟随我者，我若起身，则此是自然的，更无它道理也。"又曰："死是匹夫之勇，该死我早已死矣。但死之无益耳。"通信使答曰："老爷则已为颁敕册封,是天朝大事已完也。小的等未能竣事,将为虚返,故虞闷欲死耳。"杨天使曰:"你休说天朝事已完也,我已颁敕赐印,而谢恩表文至今讨未得,反不如你带国书在身上。天朝事还不完了。从头至尾,是一场可羞事也。今你虽住十年,完不得事。你们三百人虽都死了,干不得。只宜跟我同去,到国王面前,共议此事。须明白奏知天朝。若奏不明白,则误了大矣。"通信使等仍往见沈天使曰:"陪臣等受命此来,全靠两老爷。今事体不得停当,未知何以处之?"沈天使曰:"该去该去。假如人客到门,主人不纳,则安得强留乎?关白所为极可恶,难以好意相待也。"又曰:"人在井上,方救井中人,今自家方在井里,安能救得人耶?我辈只须快去,更议此事,陪臣亦宜收拾起程也。"○夕,平调信来谓正使曰:"我陪使臣到此,而意外被关白之怒,致令虚行一遭,我甚惭恶。今此一事,唯清正一人独喜。其余三奉行以下,皆以为恨也。昨闻清正对关白说:'当初若听我言,不放两王子,则朝鲜必不敢慢我。今我再往,则能令朝鲜遣王子来谢。彼若不肯,则我当再擒两王子生致之'云。关白已令清正等五将先往,大军则随后出去矣。使臣之行,当在清正之前,可以归报朝廷,商议处置。但清正性快,或恐乘此机会,直欲向前厮杀,则势未及周旋。今使臣倘可权辞曲许,以缓师期乎?"正使答曰:"王子决不可来。你亦岂不知我国之必不遣王子乎?而有此言耶?且我国之法,王子虽尊贵,只食禄而已,不得管事。故国内些少之任,亦不许句管。况出使外国,其任至重。两王子年幼不经事,岂堪远行乎?此则虽言之,万无见许之理。使臣有死而已,所不敢挂口也。"调信曰:"我亦知此意,故不曾对使臣说此事。非独使臣不敢挂口,虽举朝廷,亦殊难言。必须国王割慈忍爱,以救万民之命,然后方可为。我近来百计思量,更没奈何,其次则但有一策。若关白许见使臣,善待而遣之,即令尽撤大兵,仍与朝鲜相约,或每年遣使,或间一年遣使,且定礼币之数,以为恒式。此则不难之事,使臣虽以便宜许之,似为无妨也。"正使答曰:"倘日本撤兵修好,则我国自无绝信之理,然欲每年定为恒式,则必不可成之事,非使臣所得擅议也。况礼币多少,在我厚薄,若约定数目,则是责我方物也。其辱甚矣!决不可从。我则今日分当一死,更无可为也。"调信曰:"我亦无聊赖而有此闲话耳。关白既不许使臣,此计亦难施行也。"〇是日,有蔚山人被掳者私谓同乡居军官辈曰:"关白欲杀朝鲜使臣及一行员役,以多嫌其狼藉都市,故欲于兵库关除去"云,军官辈惊惧失措。通信使招行首军官谕之曰:"事体若果不顺,则我当先知之矣。好生恶死之情,我亦有之,岂得晏然如斯乎?我亦非木石人,你等当看我动静而知其说虚实也。夫关白之不许我国通信,本为王子之不来。而先杀使臣,则是欲其入而闭之门也,没有其理。以此决知传言之讹也。且杀信使,拙计也,关白极凶狡,必不为此矣。关白苟杀信使,则于我辈固为不幸,而于国事甚幸。何则?以其无谋也。今关白不杀信使而遣还,于我辈虽幸,而其志有不可测,它日国家之忧,盖未艾也。尔辈当共知此意可也。"

初九日壬寅

是日晴,午乍雨。天使上船,通信使一行随天使上船。先是通信使初到界滨,我国被掳男、妇争来谒见。如安国寺、秀家等各倭将,亦时遣所掳儿童辈来谒,每言和事若完,则当随使臣遣归。及闻通信使将起程,或有给行资而遣之者,稍稍来到通信使所寓,以待上船之期。至是各其主倭等闻和事不成,当再厮杀,遂改前言。已到寓所者,亦皆召去。唯金永川女子及男、妇二十余人,偕载卜物船。通信使上船之际,我国男、妇号泣追送者,不知其几人,一行莫不酸鼻。不为发船,仍宿船上。

初十日癸卯

是日晴。晓发船,午后到兵库关泊船。

十一日甲辰

是日晴。午后到倭言无老浦,夕调信追到,夜半义智追到。

十二日乙巳

是日晴。调信、义智差人来问安。夕南风甚盛,下陆宿山上古寺。夜大风雨。

十三日丙午

是日乍阴乍雨。留古寺。

十四日丁未

是日晴。书吏邢富寿之子彦吉被掳于乱初,随倭将到此,渠颇切欲归之意。译官李彦瑞给银三两赎之载船。通信使船宿。

十五日戊申

是日晴。副使以当日贱降,故为具酒馔,因设小酌而罢。二更发船,达夜张帆而行。

十六日己酉

是日晴。晓头到牛仓,打粮后还发船。夜深到泊霜露浦。

十七日庚戌

是日晴。晚发夕到柄浦。

十八日辛亥

是日晴。留柄浦。

十九日壬子

是日晓雨晚晴。平明发船,夜泊加亡加里地方。

二十日癸丑

是日朝晴暮雨。早发船,午泊上关。

二十一日甲寅

是日晴。仍留上关。使译官禀差人驰启国王之意于两天使,皆不许。

二十二日乙卯

是日雨。留上关。

二十三日丙辰

是日晴。晚发船,风不顺,泊倭言无论注味地方。夕,两天使下陆,周览还船。杨天使轿行过通信使所乘船所,停轿问使臣之安否。及还船后,通信使往杨天使船问安,天使即引入船房相见。

二十四日丁巳

是日晴。晚发泊天神浦。

二十五日戊午

是日□。早发船,夕泊倭称谋道野麻地方。是夜发船,彻晓张帆而行。

二十六日己未

是日晴。朝到赤间关,昏雨,两天使追到。

二十七日庚申

是日晴。午使朴义俭见杨天使,禀差人先报事,天使固止不许。复使李愉往见沈天使,禀请先遣报船。沈天使曰:"杨老爷不欲你们先报,我则不敢许。"是日仍留赤间。

二十八日辛酉

是日或雨或晴。留赤间关。

二十九日壬戌

是日晴。留赤间关。

三十日癸亥

是日晴。仍留赤间关。

十月

初一日甲子

是日晴。又留赤间关。使朴义俭差人先报事禀杨天使,坚不许。

初二日乙丑

是日早雨晚晴。又留赤间关。

初三日丙寅

是日晴。朝移泊于三里许，倭称伊沙是浦。

初四日丁卯

是日晴。早发船，昏到蓝岛。

初五日戊辰

是日晴。仍留蓝岛。使朴义俭以差报事禀杨天使，不许。

初六日己巳

是日晴。留蓝浦。

初七日庚午

是日□。留蓝浦。

初八日辛未

是日晴。夜半发船，达夜张帆行。

初九日壬申

是日阴晚雨。午到泊浪古耶，又使译官以差报事禀两天使，不许。

初十日癸酉

是日雨。仍留浪古耶。行长送酒馔、鸡、鱼等物。是夕要时罗来谒。要时罗能为我国语，因与从容谈话。时罗言："关白横失人心，为恶不悛。不出三五年，势必难保。朝鲜若能以计羁縻，撑过日子，则终必无事矣。"又曰："关白非生长深宫，不知民间疾苦者。渠亦曾自下贱崛起，知徒步之苦，知负薪负米之苦，知人打骂之为可愠，知受人奖劳之可喜。而今渠遇下如此，不恤劳苦。日本大小之人，皆怨入骨髓，决无善终之理。渠亦自知之，常曰：'我以亲侄为子，富之贵之，而反欲害我。我固知举国大小之人，皆欲杀我。我与其生而受祸，宁肆志逞威而死也。'其意盖以日本之人稍安迭，则必生凶谋，故欲使连岁劳苦，必无戢兵之理。将自取颠覆而后已也。"又曰："日本兵当先犯全罗，如往日之晋州。若前途不能抵当，则或往忠清或再犯京畿，未可知。然全罗则必往无疑矣。"

十一日甲戌

　　是日晴。朝,正成送酒十桶、猪二头、鸡十只、鱼一盘。○闻甲斐守已于昨夕到此,欲往长崎,倭言浪加沙其,贸军器云。

十二日乙亥

　　是日晴。差军官赵德秀、朴挺豪等赍前后状启,先发去。

十三日丙子

　　是日晴。朝发浪古耶,午到泊一歧岛之绵罗,倭言卧多罗。

十四日丁丑

　　是日晴。留绵罗。

十五日戊寅

　　是日晴。朝发船,午到一歧岛之风本浦。夕,景直送橘,闻调信朝已先往对马云。

十六日己卯

　　是日晴。行长送橘,仍留风本浦。

十七日庚辰

　　是日晴。仍留。

十八日辛巳

　　是日晴。行长饷梨九颗,大如数升瓢。

十九日壬午

　　是日晴。仍留。

二十日癸未

　　是日晴。行长饷橘。此岛素多橘,银子一钱直橘一千五百颗,可知其贱。

二十一日甲申

　　是日雨。仍留。

二十二日乙酉

　　是日晴。大风仍留。

二十三日丙戌

是日晴。行长饷牛。

二十四日丁亥

是日晴。仍留。

二十五日戊子

是日晴。晓发船,午到对马岛。调信、义智等乘小船亲来问候,仍请上岸留歇。向夕两天使俱下陆,寓府中馆舍。正使亦下寓西山寺,副使寓庆云寺。

二十六日己丑

是日阴。昏平义智来见,且言欲请使臣于所寓,一做稳话云。

二十七日庚寅

是日雨。平调信使人来言:"明日岛主欲设酌,专请两位使臣光临,万望早枉。"通信使答以气不平,不得赴招。夕,平义智使要时罗来请曰:"通信前过敝岛,而适值方在国都,有失接待。今幸来此,不可不请一临,明日幸望枉顾敝寓。"通信使以疾辞焉。要时罗再来传岛主之意曰:"已具筵席,欲谋从容,冀察鄙诚幸甚。在前通信使亦曾不鄙肯临,更乞毋赐牢距。"答曰:"我之此行,与在前通信使行不同。今既不能传致王命于关白,岂敢私赴岛主之宴乎?且身恙未已,决不可去矣。为我谢岛主,已领岛主厚情也。"

二十八日辛卯

是日雨。朝,沈天使招李愉传语曰:"闻岛主欲邀陪臣排宴,而陪臣不肯云。此甚过激,夫事有经权,岂可一向固滞。到此外国,须权而行之可也。渠既固不得,今又来言于我曰:'我则惭愧,不敢再请,欲托老爷邀致'云。须勉强一往无妨。"通信使使李愉回话曰:"国王若与关白通好,则两国使价相从宴饮,果为无妨。今关白既不许见使臣,使臣既不传致国王之命,则使臣与此辈势难相就宴乐。老爷虽有分付,恐未敢承命也。来此异国,朝夕食饮之需,亦不免取渠供给,固出于不得已,已为可羞,况何心更赴筵席乎?"沈天使咲曰:"小事大固执,去亦何妨?"是日义智家盛设宴具,终日以俟,累请竟不赴。

二十九日壬辰

是日或雨或晴。仍留。

十一月

初一日癸巳

是日乍雨乍晴。仍留。

初二日甲午

是日阴。仍留。

初三日乙未

是日阴。朝发船,未及开洋,风不顺还泊。

初四日丙申

是日晴,大风。

初五日丁酉

是日阴。昏,调信送长剑二口、鸟铳一串、胡椒二十四斤。以虎皮、花席、绵绸等物报之。即将长剑、鸟铳、胡椒一一分给译官辈及牙兵、炮手、使令等。

初六日戊戌

是日晴。朝,行长谓朴大根曰:"日本与朝鲜,必无终绝之理。今行虽不得完了,后当自然成就。须知此意可也。若不得已相战,则亦须以计迁延支撑四五年,以待日本事变,则可无患矣"云。○是日发船橹行,夜深到西浦。

初七日己亥

是日晴,昏雨。朝发船,午到丰崎郡之大浦。昏,天使船亦到。

初八日庚子

是日朝晴暮阴。留大浦待风。

初九日辛丑

是日晴,昏雨。留泊待风,正成自长崎追到。

初十日壬寅

是日下雪。仍留大浦。

十一日癸卯

是日阴。留大浦。

十二日甲辰

是日阴。留大浦。

十三日乙巳

是日晴。留大浦。

十四日丙午

是日朝阴暮雨。留大浦。

十五日丁未

是日乍阴乍雨。留大浦。

十六日戊申

是日晴。留大浦。

十七日己酉

是日阴。朝发船,未及出洋,风不顺,还泊大浦。

十八日庚戌

是日晴。留大浦。

十九日辛亥

是日阴。留大浦。

二十日壬子

是日阴。留大浦。

二十一日癸丑

是日晴。留大浦。

二十二日甲寅

是日晴。留大浦待风。〇自回对马之后,阻风留者二十六日。

一行皆思归，闷郁度日。盖渡海须得东南风，而冬月难得此风，故留滞至此，可叹。

二十三日乙卯

是日阴。朝同两天使发，未至二十里许，风势不便，天使回船泊大浦。唯通信使一行所乘我国船四只，橹行不止。指路倭等极力谏止，以为"我辈最惯海行，而未尚无风而涉洋，倘于中洋日黑，或遇逆风，必得漂到它处"。唯都训导金得言今日天气甚清，必终日无风，若力橹则可到釜山云。遂依其言，不为回船。频馈格军酒饭，促橹而行，夜深艰到釜山。

二十四日丙辰

是日晴。朝，军官宋橖赍状启上京。午往见陈游击及王、沈两千总，因与罗接伴官相见。夕归寓法印管下倭家。贼营中庐舍太半撤毁，在营倭卒，比前仅十之一。自成接伴官潜出之后，门禁甚紧，出入不得自在。吾等所寓门外，亦有守直倭。有时出入，例有随护者。气象可恶，非复前日矣。

二十五日丁巳

是日晴。留釜山倭营。午罗接伴送示一诗卷，乃出京日诸友别章及梁山留驻诸公所和也。子常、台征、悦之、存中姓名皆在其中，展来如见其面，甚可喜也。遂步其韵以赠之曰：能知职分所当为，肯效区区世上儿。堪笑苏卿持节日，还逢博望返槎时。

二十六日戊午

是日晴。留釜山倭营。

二十七日己未

是日晴。留釜山倭营。

二十八日庚申

是日晴。留釜山倭营。

二十九日辛酉

是日晴。留釜山倭营。

三十日壬戌

是日晴。留釜山倭营。

十二月

初一日癸亥

是日晴。留釜山倭营。

初二日甲子

是日晴。留釜山倭营。

初三日乙丑

是日晴。留釜山倭营。

初四日丙寅

是日晴。留釜山倭营。

初五日丁卯

是日晴。留釜山倭营。

初六日戊辰

是日下雪。留釜山倭营。

初七日己巳

是日晴。两天使差官杨得、钱思本等,自大浦来泊,即为发去。沈千总谓译官李愉曰:"沈老爷使钱思本口报云,两陪臣到王京,事干甚多,须传语先发去"云。昏,平行长自大浦来到。

初八日庚午

是日晴。朝,正成自大浦来到,午往陈游击衙门告辞。且使朴大根告明日欲去之意于行长。夕,行长差作右卫门送青蓝花段二疋、长剑一口、短剑二口、金扇六把、胡椒十袋。以豹皮、花席、油纸、绵䌷、乡扇等物报之。即将所送各物,尽赏一行译官及各下人等。昏,行长再三求见,且曰"使臣所寓似烦,欲相会于寓傍空舍"云。遂相会于空舍。行长曰:"使臣远来,未得完了事,我甚惭愧,诚无颜面也。当初关白放还两王子之时，意谓朝鲜必差王子中一人来谢，而厥后竟不为来谢。我曾对沈游击言之。而游击曰：'我要一个陪臣，亦不肯许，况肯差遣王子乎？尔勿复言'云。我又禀杨天使。天使但曰唯唯，不肯说出。我辈亦以为只此使臣之行，亦足完了事，故不为强请耳。今关白既怒王子不来，并怒我辈。前日受封时，我亦不敢见面于关白也。使臣须备陈此意于国王，俾大事得完了幸甚。我自初主张此事，今已四五年，欲终始成就之耳。"通信使答曰："王子决无来理，我辈固不敢开口于国王。设令言之，必不可从。我辈今日岂可妄为无实之语，苟快目前耶！我虽未及归，已知朝廷之意，故如是老实说也。"行长又曰："朝鲜必虑王子到日本，或被拘留，此则保无是理。但关白之意，只以为我曾放还朝鲜王子，而朝鲜不肯遣王子来谢，是慢我也云云。王子之外，虽百官齐往，亦不济事。王子一往则更无它事矣。"又曰："国王虽甚爱王子，须思昔日被掳时。割慈忍爱，以救生灵，则幸矣。我固知使臣难于发言，然亦须明白归报，备陈此间事情。毋论好报恶报，须有回话。回话未到之前，我当一力撑住，限三四月相待。须趁大军未出来之前，通示幸甚。若至动兵之后，欲为观势进退则无及矣。"又曰："朝鲜每以壬辰之役归咎我辈，以为我辈构出祸端云，殊乖实情。关白有令，我辈不得不从耳，非我首唱此举也。平义智亦每恨此事，义智是我女婿，故我尤欲致力于通信之事。使臣归国，须明我心事幸甚。"○正成使人带一童男来言："所带一小童，是晋州士人之子。渠苦思归乡，甚可怜愍，今欲遣归，使臣须带去。如有渠亲戚生存者，即可相托。如无所归，则幸还送我处，俾不至失所幸甚。"此儿乃前日在沙盖时相见姓姜者也。

初九日辛未

是日晴。朝，正成来到门首相见，谓曰："我是待朝鲜回话归报关白者，今姑留此。须早早回话"云。通信使一行起身出营。平行长差小将作右卫门送到东莱而回。〇通信使于是年八月初四日，自釜山乘船，以闰八月十八日到界滨。留二十九日，复乘船，以十一月二十三日回到釜山。盖自釜山抵对马岛水路五百里，对马抵一歧岛又五百里，自一歧抵名护屋一百三十余里，凡三涉大洋。而对马、一歧之间，海路最险，波涛极恶。自名护屋以后，则凡数千余里，皆傍陆而行。下关以西则陆地在南，上关以东则陆地在北，如我国之东西海。但一边是大洋，故风涛稍紧，则船行之艰甚于涉洋。通信之往返也，行船日子则俱不过二十日。而待风留泊之际，遂至久滞。倘由名护屋，从旱路抵下关，又从下关陆抵界滨，则亦须费数十日子云。〇大概倭国幅员，稍广于我国，而无名山大川之固。风土物产，俱不及我国。有曰富士山，在国之东，最号大山而别无形胜佳丽之可观。其国在天地东南，故风气甚和暖。仲冬之日，正如我国八九月。每于九十月间，种萝卜等菜，以为过冬之用。虽穷冬无冰雪，通信还到马岛，始见微雪，而亦旋消不凝干矣。〇其国有六十六州：山城、大和、河内、和泉、摄津，所谓五畿内也。伊势、伊贺、志摩、尾张、三河、远江、骏河、伊豆、甲斐、武藏、相摸、安房、上总、下总、常陆，所谓东海道十五州也。近江、美浓、飞驒、上野、下野、信浓、陆奥、出羽，所谓东山道八州也。若狭、越前、加贺、能登、越中、越后、佐渡，所谓北陆道七州也。丹波、丹后、但马、因幡、伯耆、出云、石见、隐歧，所谓山阴道八州也。幡摩、美作、备前、备中、备后、安艺、周防、长门，所谓山阳道八州也。纪伊、淡路、赞歧、阿波、伊豫、土佐，所谓南海道六州也。筑前、筑后、丰前、丰后、肥前、肥后、日向、大隅、萨摩、一歧、对马，所谓西海道九州岛。而一歧、对马则其属岛也。〇国中有所谓天皇者，极尊之。不与国事，唯逐日三沐浴一拜天而已。其长子娶于其族，诸子则皆不娶。皇女则悉为尼不嫁，盖以为其尊无对，不可适人也。所谓关白，乃其用事大臣，号为国王殿者。今则关白平秀吉传位于其子，自称大合,而国事则皆关于秀吉云。○官制有摄政、关白、大政大臣、左大臣、右大臣、左大将、右大将、中大将、大纳言、中纳言、少纳言、宰相、侍从、弁、别当、判官、大贰、小贰,□位必卿辅。□录、目、司马、中务、式部、民部、治部、刑部、大藏、宫内、左马、右马、兵库、主殿、扫部、木工、主计、主税、勘解由、藏人、将监、带刀、缝殿、舍人、图书、大学、雅乐、玄蕃、大炊、监物、头、助、隼人、织部、采女、亲、内藏、主水正、造酒、市正、佐、大膳、左京、右京、修理大史、权大史、进、亮、左卫门、右卫门、左兵卫、右兵卫、左近卫、右近卫、督、佐、尉、弹正少弼、忠、外记等官,略仿唐制为之,而其实别无所管职事。如调信自称秘书少监所谓图书,而目不知书。平清正自称主计,而初不管钱谷。盖只用虚衔也。○其民有兵、农、工、商、僧。而唯僧及公族有解文字者,其余则虽将官辈,亦不识一字。兵则吃官粮。商人最富实,而以其利倍,故税稍重。国有大小费用,皆责于商人。农民则每田收其半,此外无它赋役。漕转、工役皆给佣价,故弊不及民。○其地四面环海,而亦无珍鲜异错。所贱产者,唯钱鱼、道味鱼、长鱼、弥叱鱼、生鳆、小螺而已。秀鱼则多骨,银口鱼少膏,松蕈无香,牛则肉膪而多筋,鸡则足毛而肉硬,雉则毛黑而肉腥。物性之不同如此。唯家猪颇肥腯,如中朝所畜而稀罕矣。果则多产,而橘子、石榴最佳。蜂蜜不产,故所贵者蜜蜡也。以漆宝造烛,状如我国之牛膏烛矣。鹰子、虎、豹,皆本土所不产,故绝贵之。其它绵䌷、白布、人参、花席、细柳器之属,皆其国切求之物也。○其俗清净简素,不喜纷华热闹之习。以板子盖屋,或以土涂之,间有瓦屋而亦甚稀。不用丹腹之饰,唯务洁净耳。○男子则削去须发,只留顶后一撮发,长半尺许,以绳括之,又以纸裹之。无网巾、严头、笠子、耳掩、袴裈、行缠、靴鞋之属。妇人则委发于背后,以为容饰。平居则亦括于脑后,又无袴裙帔帽之属。男女皆用半幅青巾,遮护脐下,亦不甚秘之。男女俱着完幅袄子,如我国所着女人长衣之制。无贵贱皆穿藁鞋。出入时,男子则或露顶,或着簦笠,或以色绢裹头脑。妇人则以衣蒙头,而行路遇尊行,则去笠解绢以为敬。入尊行之室,则解剑脱鞋,蒲伏唱诺以为礼。其俗无拜礼,唯以两手据地,露膝顿地,以为极敬。如平等则或举手以代揖,或蹲地以为礼。其相尊称,或称殿或称样,其呼主倭亦然。女主则称为上样。盖言殿为顿吾,样为沙马,上样为加美沙马云。○其衣青、蓝、红、白、紫、茶褐等色。或着斑衣,或以杂彩,画花草之形。达官辈所服,则例皆华其里而俭其表,盖其所尚然也。○每饭不过三合米,菜羹一杯,鱼脍、酱菁数三品而已。脍亦极麤硬,如小指大,一楪只盛五六条,以醋和之。饭后例饮酒两三杯,虽小倭稍饶吃着者,则亦不辍饭后酒。故市上最尚酤酒,一日用三吨饭,卒倭则例吃两吨,有役作然后吃三吨。但将官外,皆用赤米为饭,形如瞿麦而色似蜀秫,殆不堪下咽,盖稻米之最恶者也。○常时器皿则例用漆木器,每盛宴则用白木盘及陶器。彻则弃之净地,不再用。且以金银涂鱼、肉、面、饭之上。剪彩为花,或刻木加彩,以造花草之形,置诸筵席之间,而极精巧逼真。四五步之外,则便不能辨其真假也。每进馔行酒,例使小将辈为之。俱戴漆帽,如缁冠之状而极尖长,且着蓝纹白地单袴,其长竟踝有半,俾不露袜,曳地者几尺许也。○市中用银子及钱,故米、布、绵之属价甚贱。如胡椒、丹木、花丹段等物,则皆非土产,乃南蛮人所货者也。金银则出于陆奥、出羽等地而已。金甚恶,不及天朝与我国所产。且鸟铳之制,初出于南蛮矣,倭国中习传不甚久,然不及南蛮之精巧坚致也。○人性轻儇,亦颇有真态。轻信人言,语言曲尽如儿女。且轻生任侠,以病死为辱,战死为荣,不为室家妻子之恋。父子兄弟之间,不甚相爱。僧商外,男子各带长短两刀,或有三四刀者,有冤则以刀剚腹,为十字以自明。有雠则必拔刀以报之。○萨摩之人,性最凶悍。善用长剑,号为精兵云。对马、一歧诸岛之倭,入其国都,则为人所侮,如我国两界之人。工商之徒，极怕将官之辈，必纳赂以结之。○妇人轻清伶俐，貌多明莹，但性颇淫，虽良家女，多有外心。商家女亦潜有所私。僧人亦有挟妇而居寺刹者。沿途地方，例有养汉的店，倚市邀迎，以收雇价，略无愧耻之心，甚于天朝之养汉的也。○俗尚沐浴，虽隆冬不废。每于市街头，设为浴室，以收其直。男女混处，露体相狎，而不相羞愧。与客戏狎，无所不至。或饰男倡以娱客，平居亦以男色自侍，嬖之甚于姬妾。至于嫁娶，不避娚妹，父子并淫一娼，亦无非之者，真禽兽也。○倭法犯罪者，无轻重皆杀之，而不用笞杖。盖虑其受杖之后，必为报复故也。其鞫囚之法，以木箝口，灌之以水，至吐实乃已。其杀罪人也，轻则斩头，重则以十字木植于道傍。钉其两手及头发，或以火灸之，或以枪刺之，备极惨毒。欲其受苦而死也。其被罪者临死，亦不甚怕。唯沐浴理发，趺坐瞑目，念阿弥陀佛，延颈以俟刃。一有应斩者，则诸倭辈争欲试铏，莫不砺刃淬锋以趋之，待其行刑才讫，百刀齐下乱斫，如馒头馅，而少无恻然之意也。

闰八月二十一日乙酉

夜正使梦得归家之兆，朝起书一句于纸，置之床上。其诗曰："已将身许国，犹有梦还家。"王千总抡来见，喟然叹息曰："吾家益远，梦亦不到矣。"正使往见沈惟敬。惟敬迎入，座既定，从容打话。因言自己前后事迹及我国薄待之事，颇有恚恨之意。正使再三辞退之。惟敬更留之，而谓正使曰："此地近有地震之变，无日无之，不可不虑。出避之以免其压也。"正使笑而答曰："此天之所以恶夫日本，而示之以如此之变。朝鲜本无干摄，陪臣无所畏也。"惟敬大笑曰："诚是天之所为，然以吾身言之，则趋吉避凶不可不为。天朝人亦有多死者，可以戒谨也。"因又曰："陪臣在此，别无他事，暇日可以数来谈话也。"正使乃辞退。

（钱　云　整理）

庆七松海槎录

庆暹 撰

《庆七松海槎录》解题

《庆七松海槎录》,万历三十四年(1606)回答兼刷还副使庆暹撰。庆暹(1562—1620),字退甫,号退夫、三休子、石村、七松,本籍清州。万历十八年(1590)增广文科及第,授弘文馆正字。二十六年(1598)以书状官奉使明朝。历任司宪府持平、掌令、司谏院献纳、南原府史、弘文馆校理。三十四年以回答兼刷还副使出使日本。

这次出使的背景是从万历二十年(1592)开始持续六年之久的"壬辰倭乱"结束,朝、日、对马岛三方都希望能够恢复日本、朝鲜的邦交。一方面由对马积极斡旋议和事宜,对马岛主宗义智多次派使、遣返俘虏以表达诚意;另一方面朝鲜也已经收到逃回的朝鲜俘虏有关日本"前在朝鲜求和之日,欲求割地,今则不顾割地,只欲交邻,通商贾之船"的情报,于是朝鲜在1602年、1604年先后两次派出"探贼使",到对马探听日方讲和的真伪。尤其是1604年派出僧侣松云(四溟堂)到对马岛,在宗义智、柳川调信、景辙玄苏的陪同下,于翌年三月到达伏见城拜见了新将军德川家康。会见中家康强调自己身处关东,未曾参与壬辰年的战争,希望两国和平相处,并承诺遣返三千多名朝鲜俘虏以示诚意。1606年2月,朝鲜经过廷议,决定接受日本的议和要求。在日方满足了朝方"先为致书"和"缚送犯陵贼"(即战争期间挖掘成宗、中宗陵墓的罪犯)的要求之后,由朝鲜派出回答兼刷还使赴日。吕祐吉为正使、庆暹为副使的这次出使,是壬辰倭乱之后朝鲜第一次派往日本的正式使臣,肩负着恢复朝日邦交、刷还被俘朝鲜人的双重任务。出使记录从万历三十五年(1607)正月十二日辞朝开始记录,逐日记载到七月十七日复命,共计二百一十二日。

吕祐吉等人的这次出使相当顺利,不仅朝鲜使臣觐见了新将军源秀忠并交换了国书,又于回程中拜访了德川家康,出使沿途也受到各地支待官的礼遇,并在最后成功地带回了壬辰倭乱时期被掳的一千四百十八名朝鲜人。然而朝鲜使臣亦有不安与紧张,如赴日初始因风势不顺而导致连日漂风,使臣便认为是因为对马接待橘智正奸猾,故意耽误行期,甚至毫不客气地质问"海上风气,汝必善占,而必于不顺之日劝之发船,何也?"尤其是在德川家康拒绝接受国书并要求朝鲜使臣将国书递交秀忠时,使臣认为极不合理,提出"使臣奉国命而来者,只为传命于家康,不可以中间言语,径往新关白所也",纵使对马接待僧元丰一再表示"无害于理"时,朝鲜使臣还是要求由家康提供印信文卷以作为证据。由此可以看出,在经历壬辰倭乱及前次黄慎出使失败之后,朝鲜使臣对日本的戒备之心。

除了对日本的戒备之外,朝鲜使臣对对马岛接待的诸人也是多有防备。对马在壬辰以来朝日间的数次交涉中常常扮演着"对方"的角色,这次和谈的基础——"先为致书"和"缚送犯陵贼"——便是由对马宗家"假扮"关白一手操办的。在递交国书之后,元丰与景直对朝鲜使臣言及日本与朝鲜关系的恢复,实际上是希望能够通过朝鲜得以"朝贡天朝",并声称是前次与孙文彧等人已经商定。虽然使臣中的金孝舜说"吾亦其时同来之人,而不曾闻知此事",景直坚称"文彧善为倭语,直与元丰潜相讲定。令公之不知,势所然也"。无论怎样,朝鲜诸使臣坚决拒绝代为通书明朝的请求,并认为此事"必是景直凭借元丰,自相唱和,鼓此诡谲之言,为他日操弄之计"。这也展现当时东北亚局势中多重关系,一方面是以明、朝鲜、日本所构成的国家间的关系,一方面是作为中介的对马与朝鲜、日本之间的关系,由此而言,传统时代的国际秩序与国际关系并不能单纯以一种秩序模式而概言之,还需要探究不同关系模式的叠加与融合。

除了直接参与这次交涉的三方以外,中国"不在场"的参与及其影响常常于不经意间流诸笔端。卷首所记的朝鲜礼曹参判吴亿龄给日本执政的书信中有"况敝邦之民,实是天朝之赤子也"一句,可见作为"不在场的第三者",中国始终扮演着东亚秩序的创立与维持者的角色。就连日僧元丰劝说朝鲜使臣代为向明朝请和时也自称为"夷",说"帝王待夷之道,宁有永绝之理乎?"即使日本声称日本与明朝是"相等之国",所以没有"称臣之理",但是在处理彼此关系时却无法绕开以中国为中心所建立的东亚秩序及思想。

两国往来的国书是更能体现中国在东亚诸国处理彼此关系中发挥潜在政治影响的例子。庆暹所记载的朝鲜致日本国书中,便强调了"朝鲜国王"复书"日本国王",礼曹参判奉书日本执政,这是朝鲜通过国书来确立朝、日之间的对等关系。虽然朝鲜也知道日本另有天皇,关白只是总揽国事的"征夷大将军",并且"朝得暮失,争夺相寻"。更有趣的是在对马伪造的关白国书中,也以明朝所赐"日本国王"为印,这引起了使臣的嘲笑:"不受封王之命,而印即仍用,你国之事,未可知也。"

国书中除了在名号上的用心与考究外,年号也是双方不同立场之下容易产生争议的焦点。相对于朝鲜奉大明正朔而用万历年号,日本国内却对用何年号产生了不同意见,一面是玄苏支持用万历年号,一面则是承兑坚持用日本年号。后来由关白提出了解决方法:"我国不事大明,不可用其年号,若用日本年号,则使臣必有未稳之意,莫如两去之宜当",由此选用"龙集",也就是"岁次"之意。之后似乎"龙集"成为朝、日国书间为了避免争执的折中之法而常常使用于日本国书中。

除了在国书中,中国也常常是朝鲜使臣评判日本社会生活的潜在标准。如四月十三日庆暹就写道:"麦秀已黄,又闻蝉声,节序早晚,亦与中华有异",指出日本的节气与"中华"大不相同。又如他听到日本音乐,认为其"声音短促,少无和畅之候,真所谓不入耳之欢也"。日本尚武之风在朝鲜使臣来看,也不合中华礼仪之风:"国俗以勇锐为高致,以剑枪为能事,专务战阵,不事文教。近年有以文聚徒者,一年之内,几至千百。国人笑骂曰:'日本兵强,闻于天下,倘事文教,则兵政解弛,反为弱国。'排而摈之。"在朝鲜使臣来看,这是因为"日本为国,专尚勇武,不知人伦"。所以生活在日本的福建人叶七官因其"礼数甚恭,言辞逊顺,冠服不改,形体尚全,少无变夏之态",朝鲜使臣认为"可尚",被掳的朝鲜人姜沆"不毁形体,不变衣冠"则被视作"节义"。这一系列具有评判性质的描述背后正是作为东亚文化、礼仪标准却并不在场的中国。

在这次出使记录中,中国文化在东北亚的影响也有所体现。朝鲜使臣到达对马岛时,对马岛主邀请使臣前往其府邸,其中堂的屏壁上有一幅宋徽宗所作白鹰图,其后还见到其他两幅宋画,大概都可以视作是中国文化在东北亚传播的例证。同时还需要注意的是,文化、风土的记录与传播并不是单向的。朝鲜使臣的记载中多有对日本的观察、研究,对历史、风土、民俗、传闻都有所涉猎,这些信息经由使臣记录,也就将有关日本的知识传播回了亚洲大陆,这或许也成为了中国了解日本的一个窗口。本书收录的《庆七松海槎录》,系以韩国国立中央图书馆藏抄本(藏书号:한古朝90-2)为底本进行标点,并以《海行总载》国译本参校完成。

(钱 云)

万历三十五年丁未

正月小
十二日丙子

晴。平明诣阙拜辞。命赐酒,赐马装及定南针一部。先令掌务谭官持书契往候江头,巳时发行,饮饯于都门外,乘夜投宿于汉江村舍。曹辅德叔父及任进初追来共宿,有后随行。

朝鲜国王姓讳奉复日本国王殿下。交邻有道,自古而然。二百年来,海波不扬,何莫非天朝之赐,而敝邦亦何负于贵国也哉。壬辰之变,无故动兵,构祸极惨,而至及先王丘墓。敝邦君臣痛心切骨,义不与贵国共戴一天。六七年来,马岛虽以和事为请,实是敝邦所耻。今者贵国革旧而新,问札先及,乃谓改前代非者,致款至此。苟如斯说,岂非两国生灵之福也。兹驰使价,庸答来意,不腆土宜,具在别幅,统希盛亮。万历三十五年月日。

别幅:白苎布三十匹。黑麻布三十匹。白绵䌷五十匹。人参五十斤。彩花席二十张。虎皮十张。豹皮五张。厚白纸五十束。清蜜十器。黄蜜一百斤。青斜皮十张。

朝鲜国礼曹参判吴亿龄奉书。敬奉我国王之命,致书于日本执政阁下。壬辰之变,实敝邦不可忘之痛,而抑贵国不可洗之羞也。交邻之道,信义为重,无故加兵,亦独何心。是宜天地鬼神所共愤者也。今者贵国先奉咫尺之书,乃谓改前代非者。信斯言也,岂非两国生灵之福也。我国王兹遣使价,以答来意。第念既曰改前代非者,则所当尽反其所为。敝邦生灵,系累凡几万,拘絷凡几载。自六七年来，马岛似若致力于刷还者，而前后所送不啻九牛之一毛，阁下其亦念及于兹否？夫国之所以为国，以其民也。况敝邦之民，实是天朝之赤子也。今两国要结新好，不于此时尽还被掳男妇，则贵国虽称改前代非者，其谁知之？此正阁下周旋宣力之秋也。如速出令，趁即刷还，一男一妇，不许仍留，使彼此生民各自奠居，则两国交欢，万世永赖，岂不休哉！惟阁下勉图之。且将土物，略具于别幅。余冀春和，若序珍重。不宣。

别幅：白苎布十匹。白绵䌷十匹。花席五张。虎皮三张。油芚三浮。

朝鲜国礼曹参议成以文奉复日本国对马州太守平公足下。人至惠书，就审示意，甚慰甚慰。所谓一件事，贵国王既令缚送，渠辈终不输情。从前贵岛每以和事为请，我国固以诚实为勉，今此之事未知于诚耶否耶？第我国常以信义为重，既许遣使，不可因此而所前却矣，此后务尽诚信为可。至于刷还一事，贵岛尤宜加勉，幸望终始竭诚奉行，勿令一男一妇仍留为幸，余在使价口伸。且将土物，略具别幅，统惟亮察。不宣。年月日。

别幅：白苎布五疋。白绵䌷十匹。花席五张。虎皮三张。油芚二浮。

与平景直书同前。

别幅：白苎布三疋。白绵䌷五匹。花席五张。虎皮二张。

十三日丁巳

晴。判书辅德两叔父及朴大宪孝伯、崔判书汝以、宁堤君、南参判子有、李副学大中、金舍人希泰、李舍人养吾、李应教而实、吕正德夫、丁佐郎希温、丁遂安士优与洛中诸益三十余人，追饯于济川亭旧基。醉乘雪马，游戏于江冰上。惜别相携，不觉日已晚矣。未末登程，到良才驿，果川县监金荣国以支待官到站，李佐郎士庆远将于此。初昏到龙仁县。县监，赵宗男也。振威县令李升亦以兼定官来到，从容谈话。述古兄与昌后及李晔然来会共宿。

十四日戊寅

晴。早食后，发龙仁县，行到佐赞驿前路，逢安丹阳宗吉之行，班荆暂话而别。择甫、容甫、苏大震等，会待于金岭川边。久座叙阻，并辔偕宿于阳智县。李应禄兄弟及李元舆亦来会。利川府出站，而新府使卢大河未及赴任，乡所庆元吉独来支供。

十五日己卯

晴。阳智县监朴彩、阳城县监南嵘暂话而罢。行到竹山山里墓所扫坟，仍话于朴启章家。夕到本府，府使乃金尚寓也，骊州牧使金玄成亦出站矣。月夜，与主倅及骊牧设酌于客舍旧基，宋参议骏、宋校理骍亦来参。盖觐亲受由，历见其兄德甫公于利川，仍向全义县之路也。郑佐郎造及显甫、庆运、郑谨等，亦自骊乡来会。朝别择甫、容甫于阳智县，通宵耿耿，难堪远别之怀。

十六日庚辰

晴。朝发竹山府，路访朴持平承业于其家。栾栾之形，殊非昔日颜面。驰到用安驿，日已昏黑，连原察访奇敬中率人马来会。支待官镇川县监尹仁演、清安县监梁士行也。自京城至此四日程，并不设中火，连日过站，饥困逼骨，苦哉。

十七日辛巳

晴。朝发用安驿，午时到忠州。本道都事郑默先到有日，仍与酌话于上使房。显甫及郑濂、庆运自竹山偕行到此，金知叔父亦自骊乡来会。与奇察访会话于房中。闻尹东莱暄递来寓于州内云，即伻问候，夜深不得相见。

十八日壬午

雨。留。忠州都事设宴享于东轩，本州岛牧使禹伏龙、清州牧使韩伯谦、清风郡守柳永成并参。夜与上使从事及尹东莱设酌而罢。金培氏来会，共宿。

十九日癸未

晴。朝，洪醴泉致祥，持酒果暂酌。仍与忠牧、清牧及尹东莱酌别。申时发行，投宿水①回村，与上使同宿于一房。村舍狭陋，寝食颇苦。牧伯追送歌妓二人，来慰客怀。

二十日甲申

晴。朝发水回村，踰鸟岭暂憩于龙湫，驰入闻庆县。日未夕矣，微雨暂洒。会一行军官译官辈设酌，金孝舜连吞十余大碗。备边司差官持松云抵日本僧人书札及礼物追到，仍见本家平书。

松云与圆光元佶长老

西来一曲子，曾与兄吹之，瞥然如昨。再换春秋，无情岁月，如石火电影，长吁耳，奈何！遥想老兄于无位真人面目上，能发大光明，度脱诸岛生灵，高哉高哉！向者余以先师谛，南游马岛，前至贵国，得见圆光老兄，与西笑长老、五山诸德，盛论临济狂风，别明宗旨，不亦多乎。余之本愿，只要尽刷赤子，以副先师普济生灵之诀。愿莫之遂，空手而还，无任缺然。余自西还，衰病已深，仍入妙香山，自守待尽矣。适来闻有使行，即以寒暄二字，远惊老兄静中春睡去也。惟兄无违本志，当以度生愿前告大将军尽刷生灵，无冷旧盟，幸甚！不腆薄物，统希笑领。不宣。

云孙一卷。清香四封。真笏六束。药参一斤。管城二十柄。

与承兑西笑长老

海城一别，星霜再换。鲸波接天，回首奈何。春生诸岛，遥想老兄顺时珍福，道眼益高。倒用横招，直以西来印印之，使海外众生，咸蒙润泽，以报诸佛莫大之恩，庆喜所谓将此深心奉尘刹。是则名为报佛恩者，不亦体乎。松云西还，衰病侵寻，即入妙香山，以尽此报身为期。闻渡海使臣之一行，仍付以候状焉。向者松云因

---

① "水"，底本误作"冰"，据《海行总载》国译本附录改。

奉先师遗谛,以普济为任,南游马岛,遂至贵国。得见鹿苑大长老西笑师兄与圆光长老、五山诸德,盛论宗旨,以明所从来。兄亦不辱先师正眼,余亦得知同宗一脉,盛光于东海也。此亦夙缘,夫岂人力致之。曩时余既以普济为任而前去,则朝鲜赤子之陷异域者,譬犹垫溺水火,不此济导,而心何慊焉。将军初欲有意刷还,而竟为不然,今乃空手而还。今因有使行,语及此耳。唯兄善报大将军,尽刷其时之不施者,无食前言。此非干老僧事,只以拯人济人为念,而远游见知于大将军与诸将、诸大长老,敢以是进焉,惟兄圆照不腆薄物,统希笑领。不宣。

云孙二卷。清香四封。真笻六束。药参三斤。管城三十柄。

与玄苏书

别来如昨,星霜再换,相思一念,未尝暂忘。只以百草头上祖师意自宽耳,余何足道哉。古德或以望州亭相见,或以乌石岭相看,以是道眼看来,则长老之眼、松云之见,松云之眼、长老之见云,何以别商量去也。余乃西还,衰病侵寻,西入妙香山,自守待尽矣。适来闻使臣之行,为寄相思字,以问老兄安否万一也。向者余以先师遗诀,南游至贵岛,与兄及柳川前至日本,得见圆光长老。五山诸德,盛论宗旨,且明所来,佳则佳矣。未遂本愿而回,无任缺然。惟兄更为尽力,尽刷生灵,无落前期,幸甚。不腆薄物,统希笑领。不宣。

太守处为告问候状

余病伏远山,未及修状,惭负。且晚闻柳川仙去云。此人体富骨劲,谁知乘化至此易也,为之痛焉。丰前临别,求以青瓦古砚等若干物。余自西还,即入远山,病未能出行,未及备付使行,惭负。以是意各报之是仰。

云孙一卷。清香四封。真笻五束。药参一斤。管城二十柄。

与宿芦禅师书

道无形,何有所隔。心无迹,谁敢去留。无去留,无形迹,兴来独与精神会。然则在万里长相见,师与我又何容声于其间哉,师亦以此眼照之。不腆薄物,统希笑领。不宣。

云孙一卷。清香三封。真笏三束。管城十柄。药参一斤。

二十一日乙酉

晴。京差官辞归,朝食后发行,中火于犬滩。赵修撰潝、闵佐郎涤、洪咸昌师古、李主簿申禄、荣川郡守李舜民、咸阳郡守尹讱、山阴县监权淳、尚州牧使李绥禄等,大会设酌以待。午后上使与从事由左路向龙宫,吾独由右路向咸昌,约会于永川郡,盖要谒聘母于尚州也。千里同行,一夕分路,临歧黯然,有同远别。夕到咸昌县,县监即沈憬也。陕川郡守吕大老亦以支待官到县。

二十二日丙戌

晴。朝食后驰到尚州,觐冰母于衙中,仍设小酌。清州李忠义、李承孙、李应孙已先到矣,朴益成兄弟亦来会。

二十三日丁亥

晴。留尚州。设酌于衙中。

二十四日戊子

晴。留尚州。主牧及并定官咸阳、山阴两倅共设宴享礼。

二十五日己丑

晴。昏雪。留尚州。与主牧并辔访郑监司景任于道南书院,乘夕而还。咸阳、山阴两倅设别酌。

二十六日庚寅

雨雪交下。发向比安县,郑景任、姜应哲等邀别于路左生员宋光国家,从容话别。中火于洛东江观水楼,善山府使张世哲出站支待,申之、绥之、承禄、敬舆等追至作别。送有后还向尚州,仍为上京。脉脉相看,不出一言而别。自此之后,怀抱甚恶,不能自抑。冒雨雪初更入比安县,达夜转辗,明发不寐。以别子之心,度离父之情,远别之怀,彼此应同,尤觉湑然。县监乃赵稷也。

二十七日辛卯

雨。朝，与比安倅及支待官知礼县监卢道亨暂话而罢。冒雨驰入军威县，县监朴齐仁也。李居昌辅持酒果来酌。

二十八日壬辰

阴。发军威县，中火于召溪驿川边，仁同府使柳承瑞出站。申时驰入新宁县，县监郑樟以差使员上京，青松府使李泳道以并定支待官到县，从容叙话于溪堂。闻上使与从事今日到义城云。

二十九日癸巳

晴。发新宁县，午时到永川郡。与主倅黄汝一、支应官高灵县监申守淇、大邱判官金惠会话。夕，本道方伯柳询之、都事黄谨中入郡，往方伯下处，仍与都事、主倅设酌于房中。夜阑大醉，扶还下处。省岘察访尹起三来话。

二月大

初一日甲午

晴。留永川郡。午时，上使与从事自新宁驰到本郡，即往相见。仍与方伯会酌，夜罢。青松府使以宴享官来到。

初二日乙未

晴。留永川。方伯大设宴享礼。都事，青松、永川、大邱三倅入参。

初三日丙申

晴。朝，会于方伯下处，设酌大醉。午时发行，中火于阿佛驿，清道郡守金九鼎出站。松云使其沙弥追送别章。驰入庆州府，时夜向阑。府尹许镗病剧不出，判官朴瑞独为支待。

初四日丁酉

晴。留庆州。尼山县监许涵，府尹之子也，以忠清道杂物差使员将向釜山，行到本府，以府尹病苦仍留，相见暂话。午后登览凤凰台，小酌而还。

初五日戊戌

　　晴。朝发庆州，中火于新院。昌宁县监李奎宾出站，仍与设酌醉别。申时，驰入蔚山郡，兵使郑起龙来见，设酌，夜深乃罢。

初六日己亥

　　晴。朝发蔚山，中火于龙堂驿。昏入东莱府，与主倅李士和、倭使橘智正、接慰官金子定会话。

初七日庚子

　　大雨。留东莱。

初八日辛丑

　　晴。朝发东莱府，午时到釜山浦。水使崔钢、佥使申景澄来见。支待守令来会者，无虑数十余人。士和及子定亦追到，逐日会话，庶慰客里之怀。○自京城至釜山浦，九百八十里。

初九日壬寅

　　晴。留釜山。各官杂物太半未到，凡事不备，渡海之期渐远，可叹。

初十日癸卯

　　晴。留釜山。与上使及从事偕往水使东轩，东轩即子定下处也。仍与水使设酌射帿，数巡而罢。来路醉入佥使衙中，听伽倻琴，即佥使小家之弹也。

十一日甲辰

　　晴。留釜山。与上使、从事偕往船所，检察诸具之未备者。

十二日乙巳

　　晴。留釜山。

十三日丙午

　　晴。留釜山。

十四日丁未

　　晴。留釜山。会坐于大厅，点阅书契及礼单等物。方伯送简，仍传本家平书。

十五日戊申

　　晴。留釜山。晓头，一行员役及水使以下支待守令诸官，行望阙礼。水使设宴享礼，大犒上下员役及格军，至夜而罢。

十六日己酉

　　晴。留釜山。与从事及金使乘水使战船往游太宗台。俯见大洋，对马岛明灭于海云间。乘月醉还，上使以齿痛不往。

十七日庚戌

　　晴。留釜山。夕，士和设酌以饯。

十八日辛亥

　　晴。留釜山。登城楼望海。

十九日壬子

　　晴。留釜山。与上使、从事及士和、子定乘船往没云台，从容游览。行过绝影岛倭馆前，招见橘智正于船上，乘夜而还。士和闻其妻父丧，夜深还府。

二十日癸丑

　　晴。夕雨。留釜山。

二十一日甲寅

　　晴。留釜山。日吉乘船，因宿。

二十二日乙卯

　　晴。留釜山。朝，自船上还下处，统制使李云龙来到相见。

二十三日丙辰

　　朝晴午雨。留釜山。统制使设宴享，夜罢。

二十四日

　　晴。留釜山。与上使及从事往统制使下处，醉还。

二十五日戊午

　　晴。留釜山。与上使往统使战船会酌，从事以宿醒不参。乘醉入从事下处，统使亦踵至。三人携入金使廨中，听伽倻琴，大醉。夜罢，上使自船上迷醉，直入下处。

二十六日己未

晴。留釜山。午后率一行乘船，仍宿船上。家奴向洛，因寄家书，启本陪持人还来，得见一家平书。闻两孙儿好疫之奇，喜不自胜，顿忘涉海之苦。

二十七日庚申

晴。朝，封发船状启，因寄家书。水使及子定、士和等酌别于船上。因为发船，候风于十里许海口戡蛮浦，格军等妻子遵渚拦哭，惨不忍见。三更雨作，大风。

二十八日辛酉

朝雨晚晴。留戡蛮浦，终日大风。

二十九日壬戌

晴。四更，登海岸祭海神。晓头，士和、子定与水使、金使由陆路来别。三使臣同坐一船。辰初举帆，风势正顺，帆疾无恙。才到中洋，东风大作，石尤打船，巨浪掀天。篙师失势，出没倾侧，上如登天，下入九泉，飞涛喷雪，激波如雨。欲向马岛则风浪相搏，欲还釜山则海路已远，进退狼狈，罔知所为。船工等胥动浮言，舟中汹惧，顷刻之间，势将末如之何。幸赖圣泽远暨，艰难进泊于马岛泉浦。诸船鳞次而到，日已没矣。常时往来之船，例泊于完尼之浦，故马岛支供皆候于其处。而风势不顺，不得直到，仅泊于此浦，此去完尼十余里也。未及泉浦三十余里，所骑船只底板拆隙，水入如涌，非衣枷所能谋。一刻之顷，舟中之水，已没肩矣。奔遑催汲，幸免沉溺。倭小船三十余艘，连络来迎，牵缆引行。橘智正所骑船，举帆先发，而漂风落后，不知去处。问于岛倭，则恬然不动曰："从风放船，自当到日本之境。"少无忧虑之色。倭官进黄橘及鱼馔、粮饷。是日宿于船上。〇自釜山至泉浦，水路五百里。

三十日癸亥

　　晴。风势不顺，仍留泉浦。昏间望见海口灯火荧荧，倭船齐进，火光耀海，正是平景直自对马府中来候时也。

三月小

初一日甲子

　　晴。发船行二十里许，风雨大作，入泊于西泊浦。浦边有数十人家，浦上有小刹，乃西福寺也。数间茅屋，萧条于林岸间。春柏烂熳，梅已结子，杏花落而桃始开矣。会景直于寺里，景直纳庭实酒七桶、猪三口、魴鱼十尾、天门冬冰糖一函、梅花茶一函、黄橘百余枚进呈。茶再巡而罢，还宿船上。○自泉浦至西泊浦，水路二十里。

初二日乙丑

　　晴。棹船至船越浦，浦边有人家三十余户。未及本浦十余里，自洋中迤船，由峡中而行。峡尽有巷口，两岸相对如门，仅容船路。才过巷口，两山相回，别作一区，筑石作台，建一神宫。古有孝子名住吉者，其母死此，血泣成雨，海水为赤，倭人感而立庙。僧人数三，至今守直。岛主平义智乘船迎候，请见于船上。辞以非便，不与相会。岛主先向其府中。其所乘之船，格军皆着斑斓之衣。棹家齐发，少无参差。浦上有默林寺，比之西福，颇似潇洒。门之内外，有棕榈、枇杷，奇怪之木，不可一一名焉。是日煎花汤蕨，异方时物，可感客怀。○自西泊浦，水路一百五十里。

初三日丙寅

　　晴。朝发船，午时到对马府中，因坐堂，为受一行员役之礼。礼罢，使景直拜受礼曹书币，仍与岛主、玄苏、景直等相会。行茶再巡而罢。夕，景直进饭，馔品非一，亦极精洁。自此厨供粮馔，逐日继呈。岛主曰："一行所骑船只，皆不坚致，请改装。"许之。○自船越浦至府中，水路七十里。

初四日丁卯

晴。岛主请临其第,午时联轿而往。岛主迎于中门,玄苏、景直亦齐到,引入中堂。宫室之制,无株糯檽枦,不施丹青,饰以文杏,装以黄金,金屏银壁,曜夺人目。壁间有一古簇画白鹰,画上有赞。赞曰:"御笔淋漓,写决鹰儿。金睛作眼,玉雪为衣。刚翮似剑,利爪如锥。何当解索,万里高飞。恭承宠命,仅作赞辞。宣化殿学士蔡攸赞云。"是宋徽宗所写也。坐定进饭,饭讫,茶酒迭进,下至员役皆大饷焉。堂之西庭有莲池,池边孔雀双戏。礼罢而还,岛主追送孔雀、鹦鹉,见即还。

初五日戊辰

晴。留对马岛。差晚,岛主、玄苏、景直等偕来谢昨日之临,茶再巡而罢。馆后有八幡宫,乃岛主邀福之处也,与上使、从事联袂步赏。岛主送橘、茶及饼,即分给一行员役及伺候倭子等。夕景直送厥子,请医看面疮,名彦寿,年六岁,招见赠物而送之。

初六日己巳

晴。景直请临其第,礼不可辞。早午联轿而往,岛主、玄苏已先至矣。酒馔讫,将罢出,景直令人置空盏台具于堂北曰:"国俗,欲留尊客,则必用此礼。愿少停席,更进一杯"云。固辞而出,则景直奔走前后,恳留请坐,不得已更传一杯而罢。仍往船所,观装船形止。海岸上有流芳院,即景直祭其父调信之斋宇也。岩泉飞洒,烟花烂熳,俯临沧溟,景胜无涯。来路历入西山寺,乃僧宿芦所住寺也。宿芦,乃平调信生时迎于日本国都,将以代玄苏掌文书者也。殿额有万松山三字,李海龙庚寅夏随黄允吉来此所写也。又往国本寺,寺在岛主家后福利山麓。殿壁垂一古簇,画白鹘击白鹞之状,乃宋朝驸马之所画也。庭之左右,分种赤木,樑其枝干作为藩篱,蒙蔚方正,有如筑墙。主僧名晚室者进茶果,堂额亦有李海龙所书"福利山"三字。乘夕还馆。

初七日庚午

　　晴。略将土产分给岛主及景直、玄苏等。初昏,橘智正自一歧岛入来请谒,夜深不见。漂风第九日也。

初八日辛未

　　阴。夜大风雨。朝,橘智正来谒,问其漂流形止。则其日到洋中,忽遇逆风,从风漂往。行二昼一夜,到泊于长门州即赤间关主镇也。弃船由陆至博德州,赁船由一歧还来云。仍问曰:"海上风气,汝必善占,而必于不顺之日劝之发船,何也?"智正答曰:"固知向晚,有不顺之候。而吾惯见朝鲜,多执狐疑。凡于轻重大小之事,论议纷纭,时或有既定还止之例。况使臣久留境上,上使亦有气不平之患。迟延之际,或换差或停止,深恐朝廷有何别样处置之举,日夜忧闷。适于乘船之日,晓风甚顺且快。妄意以为,不顺之前,当为到泊。而未到中洋,逆风大至,使莫重之行,未免蹈险之厄。死罪死罪"云云。倭人素称狡诈,而智正之奸滑机辨,尤于倭中。岛主自昨日请赏其林亭,至于再三,不得已联轿而往。由园门而入,翠竹碧桃,奇花异草,挟路左右。石径回转,迷不知入。岛主出迎于门内,引入中堂,玄苏、景直亦齐到,相揖而坐。阶前剪彩葛花,蔓延架上,不能辨其真假。檐外左右,各设大炉。焚沉香二块,其大如杵,香闻内外。壁上画簇,乃南极老人缩坐之形也。画上有赞曰:"东华帝君,南极老人,寿我皇祚,八万千春。政和甲午书于宝箓宫"云。末端有御书二字,字下着押,押上有玺迹,而岁久模糊,未辨其画。以其年号考之,乃宋徽宗所写也。坐定,进酒茶果馔。礼讫,岛主请移赏山亭,穿林傍花,跻层蹊而上。草亭甚精,其幽复萧洒之趣,水石花木之胜,愈出愈奇。周览未几,天雨有征,促驾将还,则岛主恳请还入中堂,再设一酌。略仿我国茶啖之规,劝酒殷勤,情意甚款。罢出还馆。夜雨灯前,客思无聊,招坐一行各员,设酌大噱,夜深乃罢。

初九日壬申

　　晴。终日大风。景直呈香醪三器。

初十日癸酉

　　晴。午后，与上使从事偕往船所，看船形制。仍赏流芳院，闲谈终夕，乘月而还。

十一日甲戌

　　晴。略设酒果，会岛主、玄苏于下处，从容酌罢，以答主人累度邀宴之礼。景直以病不来，送酒于其第。

十二日乙亥

　　晴。初闻新莺，客里光阴，催换节序，感时思乡，华发冲冠。

十三日丙子

　　晴。橘智正进牛、酒馔、饼、鸡、猪等物，分饷员役。

十四日丁丑

　　晴。船役告讫，极致牢固。被掳人权立，晋州人也，自倭京来到此岛有日，仍来请见曰："家康去冬往关东，今年则不还"云。

十五日戊寅

　　晴。晓头，率一行员役行望阙礼。一行将以二十一日择吉，发向倭京。岛主请饯宴于其第，礼也。午后，具冠带联轿而往。岛主迎入，设东西交倚座，座前用高足床。先设果饼，皆插造花，恰似我国宴享之仪。堂北设雕云床二座，设假山、彩花、鱼鸟等物，涂以金银，如我国之用阿架床然。玄苏、宿芦、景直亦齐到，行揖就座。玄苏首据，宿芦次之，岛主、景直次之。盖国俗以解文僧人称为长老，尊敬重之，故僧人之坐，每先岛主。盘酒茶果之礼，一如前日。礼罢，改着便服，分东西平坐，更以酒果行礼。岛主请呈舞戏，庭前结一彩棚，或六七人，或十余人，作六队分六巡入舞，舞者皆着斑烂之衣日本女服也。其乐有小鼓一、小腰鼓二、短笛一，起于东厢，过庭前，而登歌蹈舞于彩棚之上。声之振之，以短笛一声为节。异方之乐,虽不得解听,其回转进退之状,颇中节奏。而声音短促,少无和畅之候,真所谓不入耳之欢也。酒半,问于玄苏、义智等曰:"关白无王号云,然耶?"玄苏答曰"然。"曰:"前日全继信等赍去书契,果是家康书契耶?"玄苏曰:"果矣,何以更问?"曰:"无王号,则印文何以刻日本国王云云耶?"玄苏曰:"此乃前日天朝诏使所赍印信也。其时前关白虽不受封王之命,而印则诏使置而去之,故仍为恒用行矣。"吾等笑曰:"不受封王之命,而印即仍用,你国之事,未可知也。"玄苏等亦微哂不答。观光男女,填庭溢巷,而静无喧聒之声。一行员役下至格军皆大饷之。

十六日己卯

晴。岛倭要汝文与橘倭同船漂海,自一歧岛追后出来言:全罗道漂风船十余人,漂到长门州室津地方云。长门州,乃辉元所管之镇也。

十七日庚辰

晴。今日母忌也,追慕感怆,海天茫茫。

十八日辛巳

晴。与上使、从事出船所,点阅一行卜驮装载船上。仍宿流芳院。岛主送酒馔,分给一行。

十九日壬午

晴。欲见倭船形制,乘岛主船摇橹出海口而还。仍宿流芳院。

二十日癸未

晴。步往海岸寺。寺在流芳院后麓,亦临大洋。少憩而还,仍宿流芳院。或以装船,或因无风,留连此岛凡十八日也。○此岛三面倚山,南临大洋,浦前海中,筑石如城。开路三处,仅令容船。居人几至千余。岛主之家,在岛之西北。设城墙不甚高大,门设十字层阁。家后山项,设小城,城下西麓有国本寺,岛中大刹也。城之东麓有八幡宫。浦之西岸有流芳院,院北有庆云寺,寺北有西山寺，院右有海岸寺。浦东有石崖，壁立千仞，名曰立龟岩。浦边系战船三十余只。平景直，乃调信之子也，一岛中凡事及接客应对之事，渠自主断，岛主则只点头而已。此岛属郡有八：曰丰崎、曰豆豆、曰伊乃、曰挂老、曰要罗、曰美女、曰双古、曰尼老，属浦八十有二云。南北二日程，东西或半日或一日程。土瘠民贫，山多石田。而去陆绝远，自作一州，兵火不及，居民等饥馁度日，虽多菜色，自以为乐地云。自壬辰之役，秀吉以岛主有前导之功，岁给博德州二万石税米云。

二十一日甲申

晴。辰时乘船，西风与便，海路颇安。岛主及景直、玄苏、宿芦同时发船，大小并二十三只。三使臣同坐一船。未时，到泊于一歧岛风本浦，有人家四五十户。浦边有馆舍，下船仍宿。此岛，乃平户岛守法印德长之管下也。其弟名信实者，代来支待，而不能趁时供亿，最晚进呈之物，亦甚卑薄，岛主怒而却之，自备夕饭而供之。法印，僧人也。村人皆云，为此一行，收聚民间不为不多，支待之不谨如此，此人素是贪悍无状，所行皆类此云。○此岛有七乡：曰加愁、曰唯多只、曰古仇音、曰小于、曰无山岛、曰时曰罗、曰郎可立豆，东西半日程，南北一日程。土品沃饶，水田居多。直到肥前州名护屋所谓郎古耶，水路百七十里。自名护屋，傍陆东至博德州二百十里。自博德州东北直渡蓝岛，二百十里。关白使岛主傧接一行，检饬一路。○自对马岛至一歧岛，水路五百里。

二十二日乙酉

晴。平明，法印呈酒馔、饼、果、牛、猪等物，固辞却之，只受猪一头、酒一尊。西风连吹，船路甚稳。辰时举帆，泛大洋过博德州前洋。未末，到泊于洋中小岛，岛名蓝岛，延袤数里，居人仅数十户，筑前州地界也。馆舍皆新造，铺陈什物，极其齐楚。玄苏、景直等来请对饭，馔品亦极精洁，器皿皆用新造，涂以金银。上下员役之供，莫不备具焉。太守长政送麾下黑田三佐卫门等支供一行。
〇自一歧岛至蓝岛，水路三百五十里。

二十三日丙戌

　　晴。平明，筑前太守送礼银各五片子、环刀各一柄及酒馔、牛、猪等物，拒辞却之。景直再三恳请，只受酒一桶、猪一头，余皆还送。卯时又得西风，泛大洋向赤间关。去岛数里，有石屹立于洋中，中折作穴，如城门焉。潮汐往来，冲波撞击，蹴浪如雪。远望南边一带，稍分山岸，白沙如云，岛屿相环，皆筑前之界也。风势便高，舟行如箭。未及赤间关三十里许，海边南岸，地名小窓，设五层门楼，城堞周遭，间阎扑地，即丰前州关防之处也。又行十余里，倚岸停楫，俟诸船齐到，整饬而行六七里余，进泊于赤间关，即长门州所属也。与丰前州隔海相接，水阔仅十余里。间阎繁盛，市廛连甍，神宫佛宇，翚飞于岸上。商船贾舶，簇立于海边，颇有江湖形胜之概。越南岸有山城，危险无比，炮楼粉堞，缥缈于半空之外。乃丰前州设防之处，而地名文支关也。丰前太守送其麾下松井佐渡守及加贺山隼人等来，致酒馔、牛、猪等物。长门守森秀元，即辉元之子也。此州，乃辉元食邑，而割与其子云。代官木工来供，新构馆舍于弥陀寺，器具供帐，亦极精侈。〇自蓝岛至赤间关，水路三百二十里。

二十四日丁亥

　　晴。留赤间关。连渡三洋，上下疲困，不得发船。午后，与上使、从事上海岸神宫。地形奇绝，而楼阁拥塞，且为颓毁，又无登眺临观之胜，暂憩而还。昨日到泊之时，望见千层石桥，数仞楼台，以为形胜之地。及往见之，则其中之未必有如是焉。曾在马岛闻湖南人船只漂到本州岛，来此问之，时则在此去六十里室津地云。令景直招之，长门守使其麾下带率其中二人，夜深来到。景直送五香酒、南蛮饼。昏，岛主送异馔一大器，即分馈一行。

二十五日戊子

阴。留赤间关。大风逆吹，不得发船。招漂海人私奴山梅、水军银伊等，问其漂流形止。则系是罗州人也，上年十二月二十六日以统营兴贩事到西生浦前洋，忽遇大风，漂二昼夜到泊于此地。太守辉元待之甚厚，周给酒食，护恤安接，即报关白，时未回答云。馈酒慰送，俾待关白处置。赠带来倭人若干礼物，以谢护恤之意。岛主送橘一器，又送牡丹一枝，其富贵绰约之态，如见故园春色。

二十六日己丑

阴。留赤间关。风逆雨暗，不得发。景直进五香酒、牡丹两枝。馆后有神宇，为安德天皇设也。安德时，有平清盛者专政，有源赖朝者被谪于关东伊豆州，起兵犯京，天皇西奔，到此力穷。其祖母负天皇投海，宫嫔皆随之，天皇时年八岁。关人怜之，排土像，令僧辈守之，香火至今不绝。今日适天皇溺死之日也，僧辈设馔诵经，终夕供之。源平两姓，互相争夺，始于此云。

二十七日庚寅

晴。朝发船，或帆或橹，过箕崎、岩屋等村前洋。行二十里许，北边斤岸斗起。走入波心，粉堞缭绕，闾阎连络，即辉元之子秀元之居，而地名宫崎也。遥见一山，缥缈于东边，酷似我国木觅山之形，望之尤觉故国之怀。日昏，到泊于海岸无人之地，宿于船上。地名糠浦，周防州所属也。三船及伺候船一只落后，夜黑不知去处。岛主于海中送橘一器，景直送橙、酒及沙糖等物。○自赤间关东至糖浦，水路二百三十里。

二十八日辛卯

晴。未明发船，到宫渚浦，汲水载船。三船及伺候船，昨因夜暗，未寻一行停舟处，过行到此，至是相逢。未时，齐泊于上关，亦辉元管下周防州所属也。代官美孙卫门来供，供帐器用，极致精备。辉元使其麾下柳泽三左卫门送呈礼物，鞍子三十部、鱼、酒等物,辞而不受。卫门入谒固请,只受酒一桶、鱼若干,仍送谢帖于辉元,兼谢湖南漂流人护接之事。○自糖浦东至上关,水路一百里。

二十九日壬辰

晴。平明发船,或橹或帆。过小室、小森、津轮等村前洋,乘昏到泊于锅悬,即福岛太辅正则管下安艺州地方也,送呈支供杂物。正则,乃秀吉亲属,而今附于家康,为其侄婿云。是夜设酌听笛,夜深醉罢,宿于船上。○自上关东至锅悬,水路二百里。

四月大

初一日癸巳

阴。夕雨。平明发船,过盐屋但海三原等村前洋,行一百六十里许,风逆雨下,依泊于无人海岸。岛主谓藏船不便,更进二十里许。风浪大作,日已昏黑,齐船相失,以火箭相应,艰难到泊于田岛,宿于船上。田岛亦正则管下备后州地方也。○自锅悬东至田岛,水路一百八十里。

初二日甲午

晴。平明发船,行十里许到押渡地名也,有石峰削立于海岸,岸后有层岩,傍绝人迹。峰头尖小,筑石而补之。构二间佛宇,名曰观音庵,僧人数三居焉。飞甍舞槛,望之缥焉,庵在海澨渚曲之处,行舟者必由其下而过,以钱米盛于筒中,投掷崖海之间,有若湘水祀屈之事。居僧缘石栈而下,拯之以资活契。又行十里,到泊于韬浦,日未午矣。浦亦正则地方备后州所属也。倚山襟海,间阎栉比,观光男女,填溢水边。新筑石城于岸上,将为防备之所,而时未完矣。前站尚远,汐势又逆,不得行舟,岛主请留下宿馆舍。正则送其麾下福岛丹波守大碛石见等来供。○自田岛东至韬浦,水路二十里。

初三日乙未

阴。平明发船,过备中州前洋,行一百里许到下津地名也,是备前州地方，而家康养婿池田左卫门熙政之子池田右门熙元管下也。新筑城子于峰头，以设掎角之险。闾阎甚盛，系船又多，其中有一板屋船，如我国战船之制。南洋有七点大岛，素无管摄，自有酋长，别作一区，倭人目之为海贼。南边即赞歧州也，山多材木，国中船屋之材，皆取于此云。又行四十里许，风势甚逆，入泊峡里无人之地，地名京长老，宿于船上。长老者，美女之称。昔有倭京美女溺死于此，因以名之云。〇自韬浦东至京长老，水路一百四十里。

初四日丙申

终日下雨，不得行船，留京长老，仍宿船上。后站已过，前站未及，上下支供皆阙，岛主自备以呈。

初五日丁酉

或阴或晴。四更，随潮发船，行六十里许。卯时，到泊于牛窗，亦备前州地方，熙元管下也。闾阎临海，仅至三百余户。熙元遣其管下人支供。饭后得顺风，张帆启行。未时，到泊于室津，即幡摩州地界，而熙元之父熙政管下也。代官荻田胜助者支供。闾阎繁盛，挟浦成村，人物之盛，优于牛窗。下宿馆舍，代官之子八岁儿佩剑来谒，赠纸笔、扇柄而送之。〇自京长老东至室津，水路一百六十里。

初六日戊戌

晴。平明发船，或橹或帆，行八十里许。过高砂村，有城临水，即幡摩州设备之所也。又行五十里，地名明石浦，村居之盛，非赤间关之比。炮楼层阁，耸出云间。昔有将军战死于源平之乱，仍立祀宇于水边，其所吹竹笛，至今犹在云。又行五十里，到泊于兵库，乃摄津州地方，而秀吉之子秀赖管下也。闾阎之盛，人物之众，雄于所经。自海边迤从大道至馆所，几四五里许，道路皆洒扫，无一点尘芥。左右市廛，观者拥道，及至馆所，周以城池，门设三重。供亿铺陈之具，极其丰侈。至于灯烛之繁，皆用金银。铺席之边，亦以彩段饰之。支供官乃秀赖代官片桐主膳,即大坂执政片桐市正之弟也,其支供迎接之礼,极致情款。此地曾在丙申年地震,举村五百余家,没数倾颓,继以火起,人畜财产,烧尽无余。今此居人,皆自他处移来云。自赤间关至牛窓,乱岛纵横,山岸峻岌,未见广衍之地。及至室津历兵库,迤及大坂,广野宽平,白沙如带,闾阎连络,烟火相望,城堡罗列,雉堞相对,首尾三百余里。〇自室津东至兵库,水路仅一百八十里。

初七日己

晴。早朝发船,到泊于大坂前洋。因江口水浅,不得进船,下碇于洋中。移乘小艇,橹行十余里,止宿店浦村家。船上行具什物,以小船搬运而来。浦口有板屋船三十余只,如我国战船之制。江之左右有芦田,即秀赖嫡母折受之地。自前无折受旷地之事,而秀吉生时,虑其身死之后或有争夺之患,抄给境内芦田,使民收税刈用,一年之入几至累万余石,今居倭京云。西南越边,乃界滨村也,介在和泉、摄津、河内三州之界,故名之云。与大坂连陆,相去三十余里。山回海转,闾阎相续。烟树迷茫,望之弥然。远近船舶,皆会于此,实商贾所集。物货府库,虽在兵戈之际,彼此爱惜,互相完护,不行焚杀,避乱之人,争先投入。丙申,使臣黄慎之来,关白在大坂,故住于此村云。〇自兵库东至大坂,水路一百十里。

初八日庚子

阴。早食后,大坂屋船及小船四十余只迎候江边,与岛主等各船鳞次以进。旌旗剑戟诸般仪物,并皆载船。分行十余里,望见大坂城,是摄津州地方。海水襟带,湖浦萦回,城郭重重,楼阁层层,碧瓦粉堞,隐映于云树之间。有板桥横江,高可数三丈,舟行其下,过桥下陆。员役所骑马,无虑数百,皆具鞍以候。轿行四五里,闾阎家公廨。环匝四围,街衢墙壁,栉比五达。男女老少,远近争集,填街溢巷,喧噪熏天。至一馆舍,门墙高大,庭宇敞豁,金银之饰,光照四邻,即寺泽志摩守政成之家也。政成今在肥前州任所，只有守直之人秀赖代官主膳云者，亦来支供。〇自店浦至大坂，水路二十里。

初九日辛丑

晴。留大坂。岛主等请留，盖以倭京迎候之具未及完备故也。被掳男女，赢粮来集，填委于门外，使朴译谕以回还时率去之意慰以送之。在远地不能来者，则多载书札，告陈其所住之处。其中有数三士族女子，致谚书陈情，使译官措辞以答。大坂，即秀吉之子秀赖之居也。秀赖时年十五，气岸雄伟，饮食之时，不废声乐，唯以豪侈自娱。处事多柔，倭人谓之迂阔。倭京东郊，有我国人鼻冢，盖倭国相战，必截人鼻，有若献馘者然。故壬辰之乱，收聚我国人鼻，埋之一处，筑土为冢。秀赖立碑刻之曰："非尔等有罪，尔国之运数使然"云云。设堑围垣，使不得践踏云。其母为秀赖多行佛事，以祈后事云。倭中传言，秀赖之母，淫奸间夫而生秀赖。秀吉死后，间夫事觉，家康欲正其罪，而虑其处置难便，只窜其间夫于绝岛。国人至于作歌，以讥秀赖云。景直先往倭京。

初十日壬寅

晴。留大坂。安意之子安必得者书名投入，即招见之。颜貌克肖，时住纪伊州云。景直还自倭京，乘昏来见。且言关白传位于第三子秀忠，创新都于武藏州江户。使臣一行，似当入去关东，而当俟关白的报，以决进退云。

十一日癸卯

晴。朝食后，具仪物由间阎间行八九里，市廛连甍，直道如砥。大坂城因丘设险，北有大河，东连平陆，西临海岸。重楼层阁，弥满数里，间阎之盛，不下数万余户。引河通渠，虹桥处处，船舶充满。行到江边，屋船及小船二百余只，整顿以候。曳船之军，沿江填塞，而各有将领。公私行李，分载随行马岛诸船。一时并进，旗帆蔽江，首尾二十余里。行五里许，江之西畔有曝村，是乃浣纱之处。

沙渚之间，长林凝绿，铺布如云。又行四十余里，有平方店，是河内州地界也。人物繁盛，楼槛压湖。有江汉之女，引客馈寝，如中朝养汉的之流。大坂代官预设帐幕于江头，设中火而候之，饭于船上。又行二十余里，东边有桥本店，是山城州地界也。人物之居，引客之风，亦如平方店云。又行二十余里，望见倭京在北，伏见城在东。江水两派，一自丹波州，由倭京而南流，一自近江湖，绕伏见而西疏，至此合为一江，过大坂南入于海。西边山腰，有一巨刹，丹碧照曜于林木间，秀赖母祈祷之所也。下有巨村，村名山崎也。申时到泊于淀浦俗名五沙浦，有板桥横截江流。两边栏干，柱头皆以青铜冒之。下陆过桥，寓一馆舍，是秀吉妾家也，今已适他，为家康麾下将倭所据。四面凿水为壕，壕西有十字阁楼船，涂饰黄金，即秀吉生时所骑船也，废弃已久。舍后江桥下，设水车刳木作水道，高可五六丈，激水引之，直注厨舍。大坂代官亦来支供。○自大坂至淀浦，水路八十里。

十二日甲辰

朝阴夕雨。食后登陆路，景直先导，岛主后拥。自此至倭京三十余里，闾阎连续。道傍观者，贵贱奔波，远近争集，尘埃涨天，道路填塞。及至倭京，路左新创大刹，名曰东寺。粉墙四围，中有浮屠，层龛五重，迭砖十层，上出云霄，望之缥缈。迤行间阎间十有余里，街衢四通，市廛纵横，货财山积，人物云委。观光男女，摩肩蹑足，互相践踏，不知其几千万亿。往往有流涕者，是我国女人，得见故国人，莫不吞声感怆。历尽都中，至于迤北龙宝山底，周墙数里，松竹掩映，其中大刹，名曰大德。周墙之内，多有属寺，曰天瑞寺、总见院、甘棠院、大光院、金龙院数十余院，总以名之曰大德寺。寓于天瑞寺，轩楹宽敞，花木满庭。庭前有木，其名苏铁，干无傍枝而直上，根不盘错而直下，叶发于颠，四散如伞。如或焦枯，则拔之曝三四日，遍身加铁钉，植于燥强之地则即苏，故名之云。有板仓伊贺守者,留管京城之任,有若我国判汉城者也,送人来问。支供一行,极其丰侈。又有僧人元丰者,实用事之僧也,伫候于堂上译官处。伏见城在京东南间,依山设险,层台炮阁,重城粉堞,突兀星罗,是家康曾所留镇之城也。馆舍才定,大雨达夜。倭人等方苦旱,谓吉行之致,贺之不已。接待粮饷,一日之供,使臣各米一百升、堂上译官各五十升、员各三十升、奴子各十升、役各六升。其一升,容我国二升五合。粮馔柴烛等物,皆此米贸用,为一行出市于馆舍门外。○自淀浦至倭京,陆路四十里。

十三日乙巳

或阴或晴。留倭京。麦秀已黄,又闻蝉声,节序早晚,亦与中华有异。景直送馔一器。

十四日丙午

雨。留倭京。宿芦、景直各送馔一器。板仓、元丰等冒雨来见,下轿于大门外,褰裳跣足而趋入,敬谨之礼也。迎入中堂,行揖分坐。问关白去来迟速,则答曰:"使臣之来既已驰报。而此去关东,道里遥远,徐行二十余日,疾行十五余日,故回答时未来到。然不久当有的期"云。行茶数巡而罢,景直亦来同参。板仓年六十余,元丰仅五十余矣。

十五日丁未

晴。留倭京。板仓送下程面、饼、酒、果、鱼、猪等物,极其丰侈。固辞乃受,回帖以谢。

十六日戊申

晴。留倭京。食后出坐中堂,点阅礼物。仍与上使、从事步出中门,往见金龙、大光两院而还。闻关白以长门寺湖南漂流人付与马岛,押还本国云。

十七日己酉

阴。留倭京。玄苏送馔一器。

十八日庚戌

　　晴。留倭京。岛主送馔一器。

十九日辛亥

　　晴。留倭京。景直送馔一器。食后岛主、玄苏、景直等来言：关白修治关东一路桥梁，将迎使臣之行。且遣亲丁三人，来探一行消息云云。

二十日壬子

　　晴。留倭京。元丰送下程，回帖以谢。岛主送活鱼二尾。食后板仓送见猴戏：倭子十人，各牵一猴，呈戏于庭下，着人衣立，舞剑挥扇，指嗾随人，机巧万状。其怪奇之形，不可尽记。略给米石、扇柄而罢。午后板仓又送蹴鞠之戏：有六倭皆着其公服，入谒于庭下，设场而掷之，揖让跪起之节，坐作进退之制，皆有规矩。六人共以一鞠，传蹴递踢，不令落地。其轻捷便儇之状，令人耸观。略赠土物而送之。

二十一日癸丑

　　阴。留倭京。

二十二日甲寅

　　或阴或晴。留倭京。

二十三日乙卯

　　晴。留倭京。板仓送红白芍药花一盆、竹笋、活鸡等物。

二十四日丙辰

　　晴。留倭京。食后与上使、从事往见东福寺。寺在倭京东南间，去馆所十余里。殿宇门楼，甚为高壮。登楼骋望，自伏见城至倭京，皆列眼底。又往一寺，名曰三十三间寺也。法堂三十三间，左右长廊亦各三十三间，故名之云。泥金菩萨三万三千三百三十三，佛像簇立，如来光夺人目。又往清水寺。寺枕山腰，洞壑清绝，松竹蓊蔚，飞楼临涧，高可十丈，俯临魄褫。景直办供于路边人家，邀入设馔，极其精备。家在山麓，林木掩映，小阁闲敞，景甚幽寂。午睡才阑，西日已斜。又历一寺，名曰智恩院，乃家康为其母新创寺也。极其宏丽，其刻镂之巧，金银之饰，曾所未见。寺后又有一刹，肩舆往访，登临楼上，眼界敞豁。俯压京都，小憩而还。往来道路，争先洒扫，少无尘芥。

二十五日丁巳

晴。留倭京。板仓送芍药及竹笋。关白自关东送使者本田和泉守来问安否。三人具冠带、陈仪物，引入中堂，行揖就坐。使者以关白之言，先慰远来之劳，次及淹留之苦。仍问关白去就一行进退，则答曰："将军关白之称闻使臣之至，不意催送。其去就进退之事，未能详知，而的期不日当到"云。行茶而罢。元丰、景直亦来同参。

二十六日戊午

晴。留倭京。板仓送活鸡等物。

二十七日己未

阴。夕雨达夜。板仓送木匠，造三使臣所乘屋轿于馆舍近处，又定监役倭官来董役事。

二十八日庚申

阴。留倭京。景直等来言曰："关东的报来到，请择日发程，以五月初六日择定。"

二十九日辛酉

阴，夕晴。留倭京。长老承兑及学校元吉等来见，暂行茶而罢。两人皆僧人也，掌国中书记之事，为关白耳目之任。而元吉知尊孔圣之学，故称为文官，谓之学校云。两人以明日先向关东，故来见而去。玄苏、景直亦来参。一行初到大坂，承兑议于板仓曰："朝鲜使臣，非有益于日本，不过探兵机、审形势而来也，待之以薄可也。"板仓曰："君言非矣。吾等若薄待使臣，则使臣虽不介意，还归之后，必谓日本无义，其于天下听闻何？况邻国使介涉海远来，主客之礼，不可凉薄。大非将军之意也。"承兑又议于养庵乃家康所近信医僧也，养庵以板仓为是，承兑惭而退。此僧素是贪凶，庚寅年书契之不逊，丙申年诏使之胁迫，皆出于此僧云。

三十日壬戌

晴。留倭京。朝，景直来见。食后点检礼物，分数作驮。

五月小

初一日癸亥

阴。午后大雨达夜，留倭京。馆后有小山斗起于野中，设帐登眺，俯临都城。闾阎市廛，鳞鳞井井，历历可数。景直设馔于山下小寺，恳请历入。小憩而罢，冒雨而还。景直云："关白传位于其子秀忠，方在关东武藏州江户府，吾等当奉使臣进去其处"云云。

初二日甲子

雨。留倭京。以初六日发向关东之意具由状启，付于马岛倭源信安我国所谓要汝文也，仍寄家书。兼领湖南漂流人及被掳晋州人权立等若干名，送至釜山。信安来辞，给白绸及苎布各一匹，以慰远行。

初三日乙丑

或晴或雨。留倭京。岛主景直等送馔一器，极其丰侈。

初四日丙寅

阴。留倭京。午后岛主及景直、玄苏、宿芦等来见，暂设酒果而罢。

初五日丁卯

或晴或阴。留倭京。朝，天瑞、金龙、总见、甘棠、大广诸寺长老僧人等处，分给纸笔、席子等物，以谢居停之意。金龙、大广僧人回送米食十八纸袋、干栗二袋。受之，分给各员。○此都东南长、西北狭，户数可十余万。主山高大，名曰爱宕山，其势北来，东西分围为左右龙虎。平野几四五十里，无案山，无城郭，南临大野，东西大川合流为淀水，作为水案。闾巷道路方通四达，每一町六十步为一段，十段为一町有中路，三町为一条，条有大路，井井不紊，凡九条。天皇宫在东北，周回不广，且无园囿城池之设，仅如将倭之第。关白宫在西，高楼五层，粉堞四围，凿水为濠，因地设险。西麓有天神祠，乃天皇春秋修祀之处也。关白宫后有小丘，如覆甑之形，谓之甑山。秀吉营第于其上，极致壮丽，名之曰聚乐宫。壬辰，秀吉出住西海，使其侄平秀次留都守宫。先是秀吉无子，欲传于秀次。及秀赖之生，秀次忌之，欲趁其未长而图之。秀吉西还，秀次邀宴于其家。先作深坎，排植剑戟于坎内，掩板铺席，将就计而杀之。事机透露，为秀赖母族所告。秀吉据伏见城，率兵来剿，诱致秀次而诛之。以聚乐宫为凶贼之居，遂夷而平之。旧基寥落，宿草荒凉而已。

初六日戊辰

朝雨午晴。巳时，冒雨离倭京，指关东。过间阁渡三条桥，迤从知恩院右路，东行二十里，有大津村，即所谓关也。自此以东，谓之关东，属近江州。又行十余里有大湖，名近江。周围八百余里，沧波浩渺，风帆点点，未见津涯。沿湖而行五里许，湖边有巨村，村名濑濑崎。村后湖中有小岛，筑石设城，层楼粉堞，俯压一湖，板桥横架，长可数百步，高若垂虹。倭将户田左门居焉云。近江下流，迤伏见城而北注，为倭京南江。行五里许渡大津桥，中火于势田村。板仓先送其代官采女办酒食以待之。自倭京至此四十余里，间阎市廛，连甍栉比，首尾相接，少无间断处。又行二十里至草津村，道傍堀黑土，处处山积，乃土炭也。涵水腐干，用为炊爨，燃火若柴。年年堀取，旋复起出，平田不陷，禾赖沃饶云。又行十里到森山村，寓于小寺，亦近江州地方也。支供倭官乃伏见城大炊石见守及丹波州权田小三郎云。留军官韩德男、咸得世、崔爱立、译官朴应梦、梁大福等率格军百余名，仍留倭京。○自倭京东至森山，陆路七十里。

初七日己巳

晴。食后发森山。自此行路之间，景直等前导，岛主随后，元丰、玄苏、宿芦等亦同行。旗枪剑戟、车马辎重弥满十余里，观光之人，处处填塞。道路坦荡，极其修治。挟路左右，列植松桧，绿阴千里。行三十里，有八幡山，有城依山。间阎繁盛，曾为秀吉之侄秀次所居。又行十里，地名阿奏支，北环大湖，前临旷野。山上城基，包络山下，引水为湖。是前关白平信长设都之处，及秀吉篡夺之后，尽徙其居民于大坂，只有旧基颓落，宿草荒凉而已。城之西麓，树林丛蔚，中有一刹，丹壁辉映，葬信长于此，为创此寺云。又行十里，中火于射场村，八幡代官德长法印来管支供。又行四十里到彦根城，一名佐和城，寓于安国寺，亦近江州地界也。城郭高峻，间阎可数千余户，为一州雄镇。守城宫井兵部直继，年十六，承其父爵守此云。送麾将问安于中路，躬迎于五里程。前导而入，供帐器具，极致齐楚，供亿支供，尽其诚款。轿夫人马，自此以后逐日相递。○自森山东至彦根，陆路九十里。

初八日庚午

晴。发彦根城。行五里，有小岭，岭上有城基，乃秀吉麾将三成之据。而山名佐和，及其败事，移设此城于彦根云。又行五里，有磨针岘，岘上有店，清凉可坐。又行二十里，过醒谷村，间阎稍盛。山底有大窦十余处，泉水流出如大川。一歃此水，宿醉便解，故名之曰醒谷。景直先行，设茶于川边，停轿引饮而过。又行二十里，中火于井益村，乃美浓州地方也。关白代官陷岛孙兵卫来供。又行十里，历关原村。两边有山，平原极目。路北野中有小山如覆盆形，上有筑垒之基，曾是家康结阵之处也。己亥秀吉之死，辉元、家康共受托后之盟。而家康执权，辉元恶之。辉元尝要破朝鲜之功于家康,家康曰:"朝鲜礼义之邦也,只尚文教,非有扬武耀兵之事。而无故兴兵,虽战胜不足为武,何功之有?"遂不赏,以此嫌怨日深。庚子,辉元欲除家康,密令能登州太守景胜故为起兵叛。辉元因劝家康亲自往讨,乘隙袭后,陷伏见城。掳家康妻子,率平秀家秀吉之婿也、安国寺、三成、行长等,皆西海将官也,以西兵三十余万攻家康。三成阵于大柿城,去此三十里,辉元等诸军据关原拒家康。家康未及能登州,闻变而还。领军五万,结阵于野中小山。辉元等前后搏战,家康几至势穷,多行间谍说辉元阵将中纳言金吾,约以西海饶邑,使之内应。家康进兵于后,金吾倒戈于中,中外夹攻,西兵大败,退走伏见城。家康追至伏见,约与辉元:若全还其妻子,则当待以不死。辉元如约解兵归邑,诸军缚行长等出降家康。家康入保伏见城曰:"徐待秀赖年满,自有旧盟。而诸将径自起兵讨我,我幸而胜战,是诸将以日本与我也。"迁秀赖于大坂,自立为关白。削景胜食邑。夺辉元食邑十一州,只与周防、长门两州。斩行长、三成、安国寺等。窜秀家于绝岛。肥前州太守清正、安艺州太守正则等乘机投顺于家康,并许仍带旧职,增给食邑。以金吾为备前太守。一国之人恶其背主将得饶邑,讥侮笑之,数不义必曰金吾,与人盟必称金吾,金吾愤恚羞愧,成疾而死,时年二十七,无子云。萨摩州太守义弘令其子领兵,从辉元于关原。及辉元之败,东兵四围,萨摩军兵等扬言曰:我是萨摩太守义弘之军也,尔等欲战则战,不能则开路。萨摩之兵,素称精强,莫敢抵当,遂溃围,全军而出。义弘之子至中道曰:"萨摩之兵,天下称强,今败而走,将何颜面更归见父。"遂自刭。使其麾将领军而还。其后义弘亦属于家康,仍带旧职云。又行三十里,到大柿城,寓于宗画寺,亦美浓州地方也。城堡闾阎数千户,守城官即石川长门守也。歧府代官天羽吉右卫门及德长法印等支供。歧府在城东百余里,危峰接云,上设山城,真天险也。美浓一州,皆是平野,南临大海,一望无际。○自彦根东至大柿,陆路九十里。

初九日辛未

阴。午后洒雨,食后发行。行二十里渡泽渡江,江设浮桥,左右有护涉倭官。又十里中火于洲股村,德长法印等亦来支供。渡洲股江,又十里渡小越江,又十里渡荻原江。三江皆设浮桥,护涉倭官一如泽渡焉。四处江水,自北而南,青芜白沙,处处萦回,沃野弥漫,烟树微茫。又行三十里到清次城,即美长州地方也。重城迭郭,平临大野,引海为濠。水深且阔,舟楫通行。其闾阎之盛,人物之繁,实关东之巨镇也。地主即家康第四子下野守忠吉,今春以疮疾死。代官小笠原和泉守者来供。关原之战,家康几败,忠吉挺身出阵前呼曰:"我是家康第四子忠吉也,有能敌我者,出阵。"辉元出一麾将,交刃数十合,忠吉斩首于马上。东兵得志,因而取胜。名闻一国,军卒爱戴。及其死也,所属男女皆断发致哀,至有杀身而殉之者。忠吉年二十八,无子云。家康有八子:第一子,尝于信长关白时,从家康于战阵,谓之怵,使之自杀,遂刳腹而死。二曰三州,今为越中太守。三曰秀忠,今为关白,时在江户。四曰忠吉。五曰竹千代,已死。六曰满千代,七曰五郎太,八曰长福,皆幼。长福年今六岁,将代忠吉守此城云。○自大柿东行至清次,八十里。

初十日壬申

雨。留清次。元丰招金、朴两译,提起进贡天朝及通货等两款,多费辞说。两译严辞据理而斥之。元丰曰:"前日孙文彧则既许之,且多有相约之物。使臣之行,约与偕来,而今不来,未知何意?"两译反复痛言折之。

十一日癸酉

晴。发清次,三十里过厚田村。村左有神明宫,每于五月五日,远近祈祷之人,皆集于此云。地临海浦,野接关原,农盐之利,为一州最。闾阎人物之盛,有若州邑然。又行二十里,中火于鸣海村。海无潮汐,浦渚之间,风波撞击,声振訇訇,鸣海之名以此也。清次代官送麋将来供。又行三十里,地名鲤鲋村。自此以后,三河州地界也。又行三十里,到冈崎城。城西有大川土桥,长可三百余步,间阎仅千余户。城之壕塞,极其缮完。守城官名丰后守康令也。关白送使者岛田兵四郎检饬一路桥梁、道路、支供等事。○自清次东至冈崎,陆路一百十里。

十二日甲戌

晴。发冈崎,行五十里,中火于五井村。冈崎守官送麋下来供。又行十五里,过小崎村。又行十五里,渡吉田江浮橘,入吉田城,寓于城内间舍。城池间阎之盛,稍优于冈崎。守城官松平玄蕃家清者,家康族属也。其接待夫马等事,颇极勤饬。使者兵四郎请见,景直亦来参。使者言:"新关白虑一路诸事或有疎略之弊,使之来候捡饬陪行"云。馈茶而罢。○自冈崎东至吉田,陆路八十里。

十三日乙亥

晴。发吉田五十里,中火于远江州白次河村。村居滨海,海水无潮。沿海滨而行二十余里,地名今切村。平湖百里,与海通波,沙岸萦回,村落隐映。烟树处处,远淡近浓,舸舳迷津,景胜如画。倭将舣船于渡口,津阔数里,乘屋船涉津三十里,驰到滨松村,亦远江州地方也。城郭市廛,无与相比。守城官松平左马丞,亦家康族属也。地官稻备前支供。自吉田至此百里之间,左右苍松,夹路成行,绿阴满地,微凉载道,信轿终日,不知炎程之苦矣。○自吉田东至滨松,陆路一百里。

十四日丙子

晴。留滨松。闻家康第二子三州亦以疮疾,今月初八日死于越月州任所云。朝,元丰来辞,先往骏河州家康所住处,以赍来书契当传于家康之意,反复开谕,则元丰答曰:"既已传位,万无自受之理。第将使臣之意,导达于家康,迎报于中路。"吾等答曰:"使臣奉国命而来者，只为传命于家康，不可以中间言语，径往新关白所也。不得已先见旧关白，听其丁宁之语，然后传命于新关白。事甚顺理，又为得体。"元丰答曰："虽不见旧将军，只往新将军，无害于理。"吾等答曰："吾等当守我国事体，旧将军虽不可得见，必须得印信文券，然后方可往彼。而回还我国，亦有证据。"元丰答曰："日本无符信等物，第以言语相凭，不须印文为矣。"反复许多辞说。吾等答曰："然则此一事，一任尔辈中间周旋，使得一文札而相凭，则如何？"元丰答曰："是则可矣。"茶行数巡而罢。午后，地官进饼糒等物。驱驰累日，一行困惫，因留不发。

十五日丁丑

晴。发滨松，行二十里渡大天流、小天流两江。一江歧而为二，皆设浮桥。又行十余里，中火于见付村店舍。又四十里到悬川城，炮楼五层，突兀山顶。城下间廛，亦可数千余户。沃野宽平，地临海浦，亦多鱼盐之利。守城官松平隐岐守定胜，即家康同腹弟也。支供之事，极致诚款。是日，有人持家康文书过去者，偶然得见，则称之隐居所云云。盖家康传位之后，逊居于骏河府，名其所居之城曰隐居所，以示传位之实也。○自滨松东行至悬川，陆路八十里。

十六日戊寅

阴。晓雨。发悬川，行二十里有大岭，名佐夜中山。岭路参天，内外诸山皆在眼底。北望富山，雪峰微露于半空之外。行二十余里，岭下有大村。村东有大野，野有大川，川名大井。分派散流，阔可十里许，深不可揭，浅不可船，阔不可桥，急不可游。倭将数三辈率众三十余人，随处护涉，凡八九处，水皆没髀。其源出自富士山云。中火于川边店舍，村名田岛，间阎仅数百余户。骏河州地方骏河代官支供。又行二十里至藤枝村，间阎可五六百余户，寓于洞云寺。元丰自骏河将家康之意送小札于金、朴两译，曰："使臣之意，导达于家康。则以为既已传位，不可自受国书。使臣当直往江户，传命于新关白。

回还时,当为相见"云。○自悬川东行至藤枝,陆路七十里。

十七日己卯

晴。发藤枝村,行三十里,踰宇津屋岭五十里,中火于鞠乡村。新构草舍于川边,金屏、彩帐诸具整齐。骏河代官来供。又十里过骏河府,此府背山临水,东南际海,平原极目。土地沃饶,耘耕满亩。方可数百里,城池楼阁,时未完筑。诸州将倭,各领其军,输材运石,填塞道路。将营闾廛,区画基址,町条井井,延袤甚广。或为假屋,或移屋材,草创未就。时存间阎,数千余户,人物时方成聚,颇极繁盛。三十里投宿于清见村,村后有清见寺。寺在海边山麓,前有十里松林,走入海中,为一带长岛。岛中有神宫,隐映于丛翠间,望之如仙境然。骏河代官井出志摩守来供。义智、景直等自半程径入家康府中见家康。夜深,与元丰偕来,言家康多有喜意云云。上使军官慎忠义奴子允福,阉人也,年十六,被掳于壬辰,得充家康宫里之任,最见亲信,食禄亦多,前后剑枪,乘轿来谒。因言行次过府之时,家康与宫嫔之类上层楼观光,甚为喜悦云。○自藤枝东至清见寺,陆路八十里。

十八日庚辰

晴。朝,义智、元丰、景直等来言:"将军颇极喜悦,欲接一行。而非但事体不可先见,接待之所,时未缮完。回程时虽草创馆舍,必行相接,以示和好之意"云云。上野守正纯,乃家康执政,而新关白权臣佐渡守正信之子也,送干柿一器曰:"欲呈礼物,而尊严不敢,只以此表诚而已。"送回帖以谢。差晚发程,沿海滨行四十里,渡藤川浮桥。富士山在川北,为一国宗岳。形如覆甑,山腰以上,积雪深丈,正如隆冬,望之如银山玉峰,耸出于重霄之上。倭人言此雪半消于七月望间,至九月还积,虽流金之日,人行半腹,寒不敢逼。峰头平康,周可十里,中有一大池,深不可测云。山之高广皆四百里,骏河、信浓、甲斐、上野、伊豆等州境环绕其下。无峰峦、无涧壑、无草木，只无棱大石一块而已。藤川之水，出自兹山，冻雪方消，水气冷冽，渡涉之人，不堪寒逼。日本在海中，风土蒸郁，冬不堪寒，夏无盛暑。国俗于六月初一日吞冰，以为一年却暑之方。而国中无冰，唯于此山四时有之。伐冰转输之际旋即消融，仅供于天皇、关白而已。其于不得冰者，则每于十二月初一日，以饼作为冰块之形，储以待之，至六月吞之代冰云。尽日从山下行二十里，中火于吉原村。又四十里过沼津城，城池闾井，亦一大镇，地官大久保次右卫门居焉。又十里投三岛村，市肆间阎，比于沼津。守官志摩守者来供。村南五里有浦，浦名河崎，波连清见村前洋云。○自清见寺东至三岛，陆路一百十里。

十九日辛巳

晴。留三岛。闻家康为关白之后，东西酋长，互相易置。西海之人，移居此地者亦多。有一支待倭卒，自言曾从清正于岛山。其时清正败缩乏粮，入保小城，将至一旬。人脑之液，马骨之髓，以救饥渴，朝夕将降。夜有一人，呼于城下曰："我是投降朝鲜之倭也，不忘故国之心，敢此来言，若为出降，则唐将密有生擒之计，慎勿出降。"清正决意不出，而势已穷迫，欲与五六属将，直夜溃围逃去。麾下觉其有谋，遮阻使不得出，其势将至自尽。幸而援兵速至，天将退师，仅得生还，而死伤则无数云云。

二十日壬午

晴。朝发三岛村，村北有大岭，岭名箱根。岭路四十里，岭上有大泽为湖，周回数百余里。湖边有村，村上有城，湖名、村名、城名，皆称箱根，伊豆、相模两州之境也。中火于城内馆舍。下岭亦四十里，鸟道连空，峻岌盘折。洞深邃，万壑争流，虚籁굠窣，哀猿断续。岭下地名松山，曾在庚寅，北条院氏直者守小田原，负险不服，秀吉水陆进兵，大战剿平。庚寅使臣之来，秀吉东征云者此也。山腰有筑垒旧基。驰入小田原，相模州地方也。东压大海，西依峻

岭,间阎人物,亦极侈繁。守城相模守,即新关白秀忠乳父也。接待供亿,颇致情款。寓于大莲寺,寺在水竹林木之间,多有清洒之想。新关白秀忠,送使问安。有一唐人服冠唐冠而来见曰:"我名叶七官,系是福建人。嘉靖年间,同船五十余人漂到此处。三十余人则年前还归本土,只有我们十余人仍住此去五里许地。有妻生子,契活已定,今难迁动。"倭人名其所住之处曰唐人村云云。礼数甚恭,言辞逊顺,冠服不改,形体尚全,少无变夏之态,是则可尚。○自三岛东小田原,陆路八十里。

二十一日癸未

晴。午后微雨,发小田原,五里许,渡板轮江浮桥。又三十五里,中火于大矶村,相模代官来供。行十里,渡马入江浮桥。又三十里,冒细雨,驰入藤泽村。寓于闾舍,相模州地方也。间阎人物,又如三岛,相模代官稻备前来供。终日沿海而行,尽是平原旷野。夕,大雨达夜。○自小田原东至藤泽,陆路八十里。

二十二日甲申

阴,午后雨。发藤泽,三十里,过唐冢村,间阎甚盛。二十里,投鹿川村,寓于金藏寺,武藏州地方也。关白代官小泉次太夫来供,接应支供,极尽情礼。关白别遣大口但马守及各程准人正等两人检饬诸事,皆是职高有权之人也,伺候外庭,亲自奔走。○自藤泽东至鹿川,陆路五十里。

二十三日乙酉

晴。留鹿川村。朝,召景直,以入府之日即欲传命之意,使之周旋。则答曰:"传命迟速,唯在关白择日处分,力难周旋"云云。

二十四日丙戌

阴。夕雨。朝发鹿川,沿海而行三十里,有板桥横江。江阔数百步,舟行其下。又二十里,中火于品川村法华寺,供帐支候,极其整齐。饭后具冠带乘明轿,行二十里,抵江户关白府中。未及五里许,有两倭官前后剑戟,各率从倭三十余人,持大杖分左右,夹轿而行,呵喝前导。道路辟易,市廛人物,雄盛无比。间有将倭之家,接屋连墙,金甍粉堞,照曜远近。凿河引海,达于城壕者三处,皆设板桥,舟楫通行其下。青楼丹阁,夹河罗络,商船贾舶,簇立河边。行间阁间十余里,馆于府东本瑞寺。寺甚宏侈,黄金涂柱,新创未毕。屏障铺陈帐帷,皆用黄金。盘中进茄,其节早可知,食前方丈,金银涂器,其丰侈之盛,远过于所经之处。关白别遣倭官三人,多率从倭,伺候接应各趋任事,极致敬谨,又尽情礼。元丰来言:"关白即欲送人问安。吾以为使臣才到,起居非便,待明日非晚。关白止之"云。入馆未几,大雨彻夜。○自藤川东至江户府中,陆路七十里。

二十五日丁亥

或阴或雨。留江户。关白送酒井雅乐、鸟井左京等两倭来问一行安否,两倭曰:"将军慰谢远来。"答曰:"一路支待,皆致恪谨,无非将军之令,多感多感！第将王命而来,即未得传,以此为念。"两倭答曰:"当择吉日,便可传矣。愿安心待之"云。鸟井左京者,乃彦右卫门之子也。卫门尝与辉元等战于伏见,守城而死者云。其所带从倭,可数百余人。义智共来,随例接话,行茶而罢。两倭皆食禄十万石者也。元丰、景直等伺候于交椅后,不敢出一言,只应对顾问之事而已。且闻家康惩庚子之变,西海诸将家属皆移置于此府,有若执质者然。清正妻子及母,亦皆来此。而其母死于前冬,其子以疫疾死于今春云。马岛从倭自倭京来,传留馆各员等告目。格军甘浦土兵守直者,今月十四日不意身死云。

二十六日戊子

朝雨午晴。留江户。支供之需、伺候接应之事,一如倭京之例。

二十七日己丑

晴。留江户。关白送饼馔三器,皆以金银涂洒。又令支候官逐日进别馔。

二十八日庚寅

晴。留江户。平义智、玄苏、景直等见谒于关白，关白并招橘智正，慰其随使臣远来之劳云。支官进烧酒二瓶，日以为式。

二十九日辛卯

晓雨朝晴。留江户。支官等云："日本陆奥州之境，与贵国北方胡地隔一海，互相往来。仍闻天兵之尚留朝鲜"云云。

万历三十五年丁未

六月大

初一日壬辰

晴。留江户。

初二日癸巳

晴。留江户。关白招义智、玄苏、景直等讲定传命仪，以初五日择定。盖仪礼于家康处往来之际，多费日子，如是退定云。日本之事，素无典故，临时创设，唯意所适。故先令景直等预为周旋，酌定节目。有一裸壤国人，身长甚长，色黑如灰，目睛多白，额鼻高尖，发如羊毛。

初三日甲午

晓雨晚阴。留江户。支官进卢橘一盘。中朝人叶二官来言："来此已久，为将倭所信任，时时往来于福建，福建商贾亦连续出来。往年唐船，托以买卖而来，实为哨探而去"云。

初四日乙未

雨。留江户。橘智正来言："明日将行传命之礼，而雨后道路极泥，不得已退定"云。以传命重礼、久滞未安之意，措辞开谕，使之周旋。

初五日丙申

或阴或晴。留江户。支官进饼三器。倭中造历，与中国差违一日，故月之大小、日之进退，或有不同。今年闰朔，冒于四月，故以今日为端午云云。自初一日，有男子之家，各竖纸旗，以为报战之具，预养勇锐。及至是日，先聚儿童，处处屯集，彼此对阵，投石乱击，如我国角抵之戏。午后，远近丁壮贵贱咸集，持枪荷剑，奔走恐后，累千为群，结阵相对。其进退、坐作、合散、诱引之势，一依战法。各出精锐，合刃交战，或进或退，霜锋如攒，日光相射，争相搏杀，见死强进，以日暮为限。所杀多至四十余人，其余断臂割肱、带疮而还者不可胜记，以杀人多少决其胜负。被剑而死者，身未落地，众刃交下，分裂百片，谓之试剑云。有一人闻其子死，即奋身而战，报杀数人。是日杀人者无罪，故少有嫌隙，必报于此日。日本六十六州之人，处处皆战，而唯京都，则只设彩棚山台之戏，男女盛备酒馔，游宴而罢云。适于馆所相望之地，设此角战之事，目见其挥剑乱斫、流血涂原之状，诚极可骇。伺候倭官来言："我国于此日，例设此戏。但使臣所馆之处至近，若嫌其扰乱，则当禁止"云。答以国俗不必禁之之意。大概日本国俗以能杀为胆勇，故杀人多者，虽市井贱夫，声价即倍。畏缩回避者，虽权贵子弟，一国弃之，不容于人类。其轻生乐死之风如是。智正来言"执政佐渡守送简于景直曰'日气晴霁，明日行礼'"云云。盖关白以传命一事，为稀贵无前之礼，欲俟清明干净之日，铺张器具，耸动观瞻，为夸耀一国之盛事。而天气连阴，泥潦不止，故有进退之举。

初六日丁酉

晴。留江户。朝，景直来见，讲礼以去。巳时，上下具冠带、陈仪物，三使臣联轿诣关白宫。到第一门，旗枪吹手止焉，各员以下皆下马步入。使臣至内门下轿，平义智具其冠服，迎引入门。执政佐渡守及相模、雅乐、右京等倭官五六人亦具冠服，相迎行揖。义智引升东夹堂小憩,承兑、学校等两僧来见。其他护卫倭官,皆具冠服,听于外堂者,不知其数。关白具冠服坐西夹堂,左右无一人侍立,只有数三倭官,去剑跣足传语而已。关白坐东设卓子,加锦绣袱,安我国书契于其上,陈礼物于西楹之外。堂有三级,高各半尺许。上堂铺一锦褥,关白坐焉。使臣入就中堂行礼,仍坐东壁堂上,译官于下堂,各员于楹外,各役于庭下,皆行礼而退。佐渡守及平义智坐于楹内西隅,他无入坐者。关白令佐渡守传言曰:"远来良苦,不胜感悦"云云。倭官撤入礼物,俄而倭官进饭。先奠关白前,次及使臣前,器皿馔馐,皆着金银。关白执箸以劝之,行酒两巡,别进彩云床四坐,分置各前。床设五色线彩花及涂金土杯,关白先执杯劝之,令佐渡传言曰:"一杯酒,愿各尽饮。"饮讫撤饭,更进果茶,茶罢行礼而出,复憩于东夹堂。竣员役礼毕,整齐而还。佐渡等倭官出送于门外。关白宫设三重土城,城下皆引海为壕,舟楫通行,高架板桥,舟行其下。一二门之内,皆是倭将之家也,门墙屋瓦皆着黄金,其雕饰之辉,眩曜人目。三入重门,方有石城,城役方兴,时未完筑。各州军兵皆来赴役,呼耶之声震动远近。伐取巨石,长广丈余者,堆积道左。一石之运,费银四十两云。城高六七丈,重城层堞,互相环抱,城池之壮,为一国第一。关白所居之宫亦皆新创,而金银之饰、刻镂之巧,实难形言。关白名秀忠,年二十九,形貌勇锐,多胆气。接见使臣之时,欲令承兑、学校等参席,元丰言"朝鲜之人排斥佛教。若使僧人同坐,则使臣不无未稳之意"。关白然其言而止之云。国俗:官高势家,皆着黑团领,自余将官,皆着红团领。其衣服制度及所戴冠帽,诡怪难状。是夕,平义智、景直、玄苏等皆送人问安。

初七日戊戌

晴。大风。留江户。令朴大根传礼曹书币于执政佐渡守处,分送松云书物于承兑、学校等处,仍赠礼物于承兑、学校、佐渡、相模、雅乐等处。佐渡守名正信,年可六十余,为关白执政,最见信任,一国之事专委此人云。

初八日己亥

　　晴。留江户。承兑、学校等回帖以谢赠物之意。午后,支官进饼三器。唐人叶二官来言:"关白令承兑等制作回书时,善为措语,毋使使臣有未稳之意,亦毋令贻笑邻国"云云。

初九日庚子

　　晴。留江户。承兑送纸烛、扇子等物,受而送之景直处。义智率倭一人,痛腹数日,其侪辈将欲舁还,彼乃曰:"吾病不已,又贻劳侪辈,吾何生为?"遂刃其腹而死。闻之可愕。一行入府之时,关白下令曰:"日本之人,若有与朝鲜人抗犯无礼者,斩无赦。"以此,倭人等虽下辈,必致敬谨焉。

初十日辛丑

　　晴。留江户。送书于学校处,问"徐市入来时,必赍全经而来,愿一见之。且徐市庙在何地方耶?"学校所答模糊,语不分明。更问于玄苏,玄苏答曰:"全经在于徐市庙,皆蝌蚪书也。退计三百年间,徐庙为兵火所烧,基在纪伊州熊野山"云。

十一日壬寅

　　晓雨朝晴。留江户。朝后,关白送佐渡守正信、相模守忠弼及岛主平义智等传给回答国书。盛以黄金画柜,裹以五采锦袱,白金妆饰,锦绦结之,以漆柜锁以黄密钥,印篆刻"源秀忠印"四字。盖日本之俗,无国王相传之印,为关白者,自刻其名而用之云。以此观之,则前日马岛称国王书契,印文所刻"日本国王"云者,是马岛伪造印信也。玄苏则欲用万历年号,承兑则欲用日本年号,禀于关白。关白曰:"我国不事大明,不可用其年号,若用日本年号,则使臣必有未稳之意,莫如两去之宜当"云,故书之曰"龙集丁未"。龙集者,如我国之岁次云耳,日本年号则庆长十二年也。佐渡守以关白之意传言曰:"远来良苦,接待之事,未尽情礼。"仍送礼物、银子、长剑等物，下至员役，赠物各有差等。使臣等再三固辞，佐渡及元丰等曰："将军深慰贵行千里跋涉，以不腆薄物聊表谢意。"既以礼赠，则似不敢拒，不得已受之。佐渡曰："此后进退，惟使臣处分，今者和事既成，源氏之世，更有何嫌！此后如有两国相通之事，令马岛为之。"俺等答曰："日本之于我国，有不可忘之雠。而老将军为国累次请和，先遣书契，以为改前代之非者。故我国王特遣使价，以答将军致勤之意。而老将军已为传位于新将军，故使臣等入来于此。今见新将军接待邻国使价，诚意如此，岂非两国生灵之福也！"佐渡曰："日本亦以为幸，将军颇极感悦"云。俺等仍问曰："我国礼曹奉国王命，致书于贵国执政矣。使臣等今将发还，愿即修答。且书中刷还一事未知何以为耶？须尽心成事，以遂两国和好也。"佐渡曰："当禀于老将军，尽力为之"云。流闻佐渡送其书契于其子上野守正纯处，使之禀于家康，自骏河州修答以送云。是日，承兑、学校等先向骏河州家康处。秀忠虽行关白之事，凡事必禀断于家康。国人以为父子之间，少无嫌疑相阻之弊，岂非一国之幸也云。

　　日本国源秀忠拜复朝鲜国王殿下。玉章落手，拜披熏读。卷舒罔措，不胜欢惊。矧又吕祐吉、庆暹、丁好宽三使不远千里海陆到敝邦，而传灵区之异产，如别幅所载，件件纳受。恳情益切，感愧交加。夫吾邦于贵国结邻盟者，所从来太久矣。今要修旧交，敝邦亦何存疏志乎？势利之交，古人所羞，只宜以信义为心也。维时绿竹风静，黄梅雨香，伏祈顺序保啬。不宣。龙集丁未夏五月日日本国源秀忠。

十二日癸卯

　　晴。留江户。佐渡、雅乐、相模等送银子以谢前日赠物之意，再三固辞。元丰等恳陈不可辞之意，不得已受之，即分给景直等。午后，与从事联轿登馆后筑途。眼界敞豁，烟波绿芜，一望无际，暂憩而还。关白回礼之物，已尽备完，而顺付使臣，则似涉无礼。当于明年春,令景直等赍送云云。军官慎忠善宦奴自骏河来谒云:家康许令出归,欲辞于新关白,仍与其主偕行而来矣。仍问家康有行用印信乎,宦奴答曰:"前果有之,而有人伪造现露。家康即烹其人,曰'用印被欺,不如着押之为愈,即销之',今则无之"云。

十三日甲辰

晴。留江户。今日当为发程,而景直等事多未完,不得启行。佐渡守送雪绵各十束曰:"勅使等日本称使臣必曰勅使将有远行,故贶之云。"据礼固辞,至于再三。使者反复恳乞,曰:"国俗,不受所送,则谓之人之待己也薄,非徒自惭,人亦讥之"云云。不得已受之,即分给员役辈。○自京都至此,人物繁盛,三四五里之间,闾阎市廛,连络不绝。土地沃饶,田野尽辟,经界方正,禾谷蔽野。伊豆以东,家不畜牛,耕获用马。江户为府,背无主山,面临大海,平原旷野,极目弥漫。西据箱根、河崎之险,东有安房、两总上总、下总两州也之防,真一国之奥区,控制之形胜也。地近北方,风气不常。府北七日程,有常陆州。州北二十五里程,有陆奥州。以道里远近观之,则此府实居国中。陆奥以北,山多地广,人迹罕通,迤北有夷地,人身有毛。地官有称松舞殿者,服事关白。夷地越边,有夷岛,种类寔繁,往来通货。而津渡之处,四时有冰,故由海路相通云。闻其地势,似与我国北胡之界隔一海,不甚迥远矣。

十四日乙巳

晴。朝食后,发江户。昨日景直来禀品川中火与否,答以道里不远、不须为之意。关白闻越站之奇曰:"中火之具,既已预备,况当勅使发行之日,不可过站。"令元丰再请于路上,遂入品川村中火。夕到鹿州,关白又遣使者于宿所,检察支供之精粗勤慢,有若摘奸者然,可见接待之诚也。关白别遣使者问安于中路。

十五日丙午

晴。景直、元丰等以家康之意,请过镰仓村观古迹。发鹿川行十余里,由迤南小路又行四十里到镰仓村,乃源赖朝开府古基也。山势周遭,左右怀抱,前临大洋,中开平野,真形胜之区也。山麓有神宫,即赖朝时所营建也。松桧掩映,丹碧照耀。殿中设赖朝,关白每年八月望日来行祈祷之事云。宫后有赖朝宫址,宿草荒凉,尽入耕耘。门前有虹桥,高可四五丈,桥之左右有莲池。宫西有馆舍,关白驻宿之处也。景直、元丰等先来设中火以待。未及镰仓数里,有巨村,村中有一古刹,门额"天下禅林"四字。倭人言昔有高丽僧渡海来此,开阐佛教,创立此寺,日本禅宗始此云。中火后行数里,有小山临海,望见苍石巉岩突立于山前。近而见之,则青铜佛像,高可十余丈,其大无比,东行一壮观也。夕到藤泽村,招关白使者暂示谢慰之意。

十六日丁未

晴。发藤泽,中火于大矶村,夕到小田原村,馆于大莲寺。

十七日戊申

阴。朝发,中火于箱根岭,夕到三岛。有一倭子偷割一行下人所佩囊子,倭官执捉将斩,令译官措辞止之。则答以依命,而国俗无赦盗之法,终乃杀之云。相模守昨自江户先来到此,支供诸事,极致情款。令金孝舜往致谢意。景直从倭自马岛来言:"原信安赍使臣状启,前月二十八日间,当向釜山"云。仍传留馆各员告目,皆无事留住云。

十八日己酉

或阴或晴。发三岛,中火于吉原村。富士山雪半已消下,而浮云蔽遮,不得再见前面目。夕到清见寺,寺在巨鳌山麓,寺后有瀑布,高可七八丈。引水为池,树木葱郁,景象幽夐。层岩怪石,奇花异草,不可胜记。堂前有老梅一查,蔓延屈曲,掩覆一庭,有若葡萄、茄子然。门临大海,眼界无穷。寺僧二人来谒,呈馈三器,仍给纸笔、扇柄以慰之。

十九日庚戌

或阴或雨。留清见寺。景直等请留以待骏河整齐,仍留不发。朝,元丰先向骏河家康所。玄苏来言:"使臣之来,老关白通于新关白曰'接待之际,勿循往日无礼之规,只以诚信相接。回送书契,亦须务致温顺'"云云。景直使人言曰:"家康送船五只,自骏河即刻来到以候使臣,往赏海中松林"云。见五月十七日。乘板屋船,与岛主景直共渡前洋,即家康所骑船也,妆以金银,左右各设三十六橹。洋中有南蛮船一只,制度甚巧,亦极宏壮。船头尖锐,锐端刻坐黄金狮子,狮下刻龙头。船头两傍,各挂铁锚二部,皆如大柱。船中板屋二层,穹窿如龟背状,板隙涂以松脂,以备雨漏。船底涂用石灰。船尾起二层楼,雕饰华彩,眩于耳目。建前后两樯,樯有上下层,皆设布帆。船之头尾,亦各有小樯。船外杂刻云龙、花草、人神之像,填以丹碧之彩。其余雕刻工巧之状,难以笔尽。船长可三百余尺,广可七十余尺。南蛮人六七带同倭子守护。南蛮一人缘索上樯,如履平地,若蜘蛛之由丝,虽猿猱之捷,无以加矣。岛主即脱所着衣赏之,从容观览,向夕而还。

二十日辛亥

朝雨晚晴。朝发清见寺,午入骏河州,暂入市中人家。具冠带入家康宫城,到第三门下轿,入中门,上野守及承兑、学校、平义智等出迎,引入。家康着其冠服,坐西夹堂。堂有二级,高各半尺。先陈礼物于西楹外,使臣入中堂行再拜礼,仍东壁坐。堂上译官二人,亦于楹外行再拜礼,礼毕罢出。倭官之具冠服伺候于外堂者,不知其数。家康座边,别无仪物,楹外只有五六倭官听候而已,一如秀忠之所。家康年六十六,形体壮大,观其气力,不至衰老。所居之城,今方改筑,时未毕完,门设三重,皆裹以铁。一行还出上野家,送礼物于上野处。上野来见,相揖坐定。上野言:"欲为对饭,而虑使臣动止非便,不敢"云。即起身而出,进饭酒茶如仪。床撤,上野出视家康所送礼物单子。使者三人具其冠服，入传礼物金妆甲、长剑、银子等物，下至员役，银子、铜①亦各有差。辞以不敢。使者行揖而出。上野又送银子若干，以谢送礼之意，固辞乃受，即分给景直等，以示不受之意。上野传厥父佐渡守答礼曹书契，仍立接话。临别言曰："两国既已和好，将军亦极感悦，彼此不须致疑。吾父子未死之前，亦岂有他肠乎？此后凡事，当令马岛相通"云云。点后发程，夕到藤枝村。

本多佐渡守藤原朝臣政信拜复朝鲜国礼曹参判吴亿龄阁下：蒙国王钧命，被寄芳墨。特数种嘉贶，如别录拜受，莫胜欣幸之至。抑敝邦与贵国，数年虽绝，往来如旧。时行交通，而海山难路，遥劳华使者，吾王所感悦也。即今书中所示谕之大事，具奏达焉。贵国男女生擒之辈，散处郡国者，殆垂二十年。以国中诸士之爱怜，或有作嫁娶者，或有婴孩者，其身有不可归国之思虑，则各各可随所思。有还乡之志者，速可作归计之严命也。吾王爱远人之心，尤深厚也。既虽为吾殿里养育之士，归心切则允容焉。古今非仁政，其国不治，宜奏敝邦宽宥之命意于殿下也。珍重。惶恐顿首。岁舍丁未五月十一日云云。

二十一日壬子

或阴或晴。发藤枝渡大井川，中火于铁屋村，蹢佐夜岭，夕到悬川。马岛人自倭京来传留馆各员告目，皆无事云。朝，景直招两堂译与橘智正同坐而言曰："元丰欲见金令公作话，而有故先往。大概今番事几乎殆哉。众论欲将进贡天朝一款，载录于回书中，关白亦有此意。而承兑言于关白曰：'日本有天皇，大明有天子，此是相等之国。顷日关白辈欲为通和，称臣进贡，大不可也。岂有以相等之国，自贬称臣之理乎？'关白然之，不为载录。"且言"元丰，可恶

---

① "铜"后疑脱"钱"字。

之人。每次提起此款,论说纷纭,不可说也。然前日孙文彧言和事若成,则进贡之事,自当次第许之云。何耶?"金孝舜答曰:"吾亦其时同来之人,而不曾闻知此事,是何言耶?"景直曰:"文彧善为倭语,直与元丰潜相讲定,令公之不知,势所然也"云云。盖一行在江户、骏河之时,此等事邈不闻知,而登途之后,乃有此说,岂非景直辈做出谎说,欲试吾等之所答耶? 诚可痛惋。此乃自中闲话,故佯若不闻,不与相较。

二十二日癸丑

阴。夕雨。发悬川,中火于见付乡村,夕到滨松村。元丰自骏河追来言:"家康令被掳人愿归者,一切刷还。如有愿归而其主勒留者,罪之"云云。

二十三日甲寅

晴。发滨松,中火于白次河村,夕到吉田村。有被掳人数名,自骏河逃来,其主送人追蹑于此。令译官通于元丰,元丰招其人叱曰:"将军有令,尔是何等人,而敢来推之乎!"其人无言退去。景直在倭京时,先送一倭于长门州,带率我国漂流人前往马岛,仍为出送矣。其倭送简于景直曰:"长门守秀元解送漂流人时,极力护送,且给粮米三十石、银子、酒馔等物,兼刷被掳男、妇二十名付送,须于回还时致谢"云云。景直送其简来示。

二十四日乙卯

晴。发吉田,中火于五井村,夕到冈崎村。今日乃大忌也,故国渺茫,感怆倍极。

二十五日丙辰

晴。发冈崎,午炊于鸣海村,夕到清次城。

二十六日丁巳

晴。发清次,午炊于狄原村,夕到大栘村。马岛人自倭京来,传格军多大浦土兵高承福病死云。

二十七日戊午

　　晴。发大柹,午炊于井益村,夕到彦根城。朝闻我国全罗道水营人乱初被掳来在大柹,今年三月与人相斗,刃杀人一马一,地官即令诛之。麾将等以为,他国人不可忍杀,囚之牢狱,使自饥死。有一伴倭,连续馈食,至今不死云。令元丰言于地官,地官即为出给,与之偕来。

二十八日己未

　　晴。发彦根,午炊于八幡村,夕到森山村。

二十九日庚申

　　晴。发森山,午炊于势田村,夕到倭京,寓于天瑞寺。

三十日辛酉

　　晴。留倭京。玄苏送馔一器。景直来言:"行次若为速发,则刷还人物恐未多得。请留五六日,使措手足。"不得已,约于初八日发行。夕,板仓送酒四桶、菜果三器。自江户至此,陆上未尝有雨,只于清见寺留日,大雨达夜,厥后长晴,行程无碍滞之患。今夜始雨,有若神佑者然。

闰六月小

初一日壬戌

　　大雨。留倭京。一路刷还男、妇仅至百余名,而皆以赤手随来,以供余米石,计日给粮。被掳晋州士人赵完璧,伶俐可信人也,给谕文一度,使之招谕刷还。元丰、景直会于一处,招两堂译,提起进贡天朝一款。互相酬唱,多费说辞,曰"姑勿令使臣闻之"云。两译反复论辩而来。

初二日癸亥

　　或阴或晴。留倭京。先送各船船工、格军若干名于大坂,修饬船只,令梁大福、朴应梦等押领以去,兼给谕文,多般招募,以待一行。景直送馔一器。

初三日甲子

　　晴。留倭京。送礼物于板仓、元丰等处，以慰接应之劳。永登浦土兵尹彦福自昨夕出去，不知其处。

初四日乙丑

　　晴。留倭京。板仓送金屏各二坐，以答昨日赠问之意，固辞乃受，即给景直。

初五日丙寅

　　夜雨午晴。留倭京。被掳恩津士人金震生自萨摩州持被掳士族等联名告哀之书来谒，自言弃妻子冒死出来，由南外洋两月到此云。仍授礼曹谕文一度，使之付送回人，开谕出来。闻元丰以刷还一事，传说于板仓。板仓曰："如此等事，何①持公文来示耶？"元丰答曰："公何不吾信，吾已听命于将军。而佐渡答礼曹书契，亦有许还之意，惟公第可速施。"板仓曰："然则当力施"云云。

初六日丁卯

　　阴。留倭京。贸军器所用长剑一百柄。

初七日戊辰

　　晴。先送若干员役及车辆于大坂，又遣崔义吉、金九畴、韩应龙等率炮手三人往界滨村贸鸟铳，使之留待大坂。元丰等来见告别。俺等问于元丰曰："他国使臣传命之后，即可回程。而徘徊迁延，以至累日者，专为刷还一事。今之所得，尚未满数百，公等亦未尝不为致力，而何以如此耶？"元丰曰："非不力焉。将军许令愿归者，皆为刷出。而但被掳之人，皆少时入来，男婚女嫁，生子居产，今至十余年，有若土著之人。愿归者少，兹以如此。但被掳之人，多在西海，前头则不患不多得也。"答曰："更须十分勉力，以示和好之实。"元丰曰："敢不尽力。虽于使臣出去之后，当连续刷还焉。

――――――――

① "何"字后疑脱"不"字。

且通和一事，专为进贡天朝也。"俺曰："日本之进贡天朝，何预于朝鲜，而言于吾等耶？必欲入贡，自有旧路，日本自当奏请，尤非我国之所知也。"元丰曰："朝鲜乃中国一体之国也，欲因朝鲜导达进贡之意也。将军于使臣接待之际，欲为出言，或于书契中，欲为措辞以送。而以为如此之事，不可烦渎于国王前，亦不可泛言于使臣，只可令马岛通于朝鲜执政云。吾既听将军之言，若只言于马岛，而不告于使臣，则似非尊敬使臣之意，故敢此言及矣。"俺等曰："此事极难。往年天朝以帝王包荒之量，许日本乞和之请，委送诏使，远涉沧溟，封王锡服，此实日本前古所未有之盛事。而你国不但不受诏命，至于慢辱册使，驱迫出送，圣天子以此震怒。其时主和之人如石尚书、沈游击等，皆被诛戮。至今言及和事者，辄被处重罪，我国何敢更发此说于天朝，自速罪辜哉？况此事苟是将军之所大欲，则俺等接见之际，未尝一言及此，执政、佐渡、上野等相接之际，亦未曾言及。乃至今日，始有此言，未知其故也。"元丰曰："吾虽微贱，岂敢做出虚言？前日松云、文彧之来，与调信鼎坐言之，则文彧未有难辞，今何牢拒之至此耶？今则日本事情，与前日有异，朝鲜只须导达此意于天朝，则帝王待夷之道，宁有永绝之理乎？"因指金孝舜曰："前日与文彧虽闻此语，如此莫大之事，宁有擅许之理哉！"元丰、景直等合辞言曰："此事之难，吾等亦知之矣。所以告使臣者，非必欲闻其可否也。他日马岛或通于贵国执政，恐使臣以为其时未尝有此言云云，故敢此告之。使臣则只可闻知而已可也。"俺等答曰："莫大之事，将军虽对面言之，必须力辩乃已，况于今日，岂但闻之而已乎？他日马岛以此一款通书我国，则窃恐和事旋坏。吾等此行，终必归虚也。"因谓景直曰："我国事情，你所备知。石尚书、沈游击之死，你亦闻之。以我国为可导达此事于天朝耶？"景直曰："唯唯。此事之难，吾岂不知？但将军有令，则马岛不敢不通矣。朝鲜只答其不可从之意，则别无他事，亦不害于和事。"俺等曰："你等既知我国决难从之情,则与其通之而不见听,曷若初不言之为顺且便也。况吾等入来之时,关白及执政之人所不言之事,马岛必欲通书我国,则朝廷以你等为何如耶？深虑马岛积年勤苦之功,尽归不信之地也。"元丰、景直等曰："但不敢不告而已,何敢强烦。"遂行茶而罢。大概此事实是关白所欲之事,则与使臣对面之时,关白及佐渡、上野等万无不言之理也。必是景直凭借元丰,自相唱和,鼓此诡谲之言,为他日操弄之计,可痛。

初八日己巳

晴。朝后发倭京,午炊于淀村。乘板阁船,顺流而下,夕到大坂,寓于九品寺。曾闻福建商船二十余只到泊,于西海河崎地方路远,唐人载物货乘船向倭京。昏,崔义吉等自界滨村贸鸟铳五百柄来到。日本曾有他国人潜买兵器之禁,平调信生时禀于家康曰："朝鲜欲贸鸟铳、环刀等物,未知许否？"家康曰："当战则战,岂可与无兵之国,较其胜负哉？况邻国欲买,则如何相禁"云。故今此所贸兵器,略无禁防,人争卖买。景直戏而言曰："昔在平时,朝鲜大有禁防,如雉羽、阿胶等不关之物,皆为严禁,亦不许贸去"云云。答曰："先王法条如是,非独为你马岛而然也,今汝等若致诚信,则朝廷岂不以诚信许之。"行茶而罢。被掳人自此稍稍来集愿归。

初九日庚午

朝阴,午大雨。留大坂。弦时潮浅,浦口水落,所骑大船未得出洋,且以刷还人所载船只亦未购赁,不得发行。格军一人逃走见捉,略示杖罚,以警他人。

初十日辛未

晴。留大坂。发倭卒三百名曳船,不得流下。

十一日壬申

晴。昨夕送格军八十名,乘夜潮下船于海口。午时,乘小艇过店浦,有一男子自浦边芦丛中走出叫呼曰："我朝鲜人也,愿上归舟。"停舟上之,则全罗道人也。其主倭不肯放还,故逃来隐此,以待行次云,其情可怜。又有一女人,泣诉其主,其主放还,即脱身趋来。其夫倭,恶少年也,按剑相对,不肯放还。橘智正与其接待长倭开谕万端,彼不得已退去。又有一女,其夫不肯放送,其女若将不去,乃诳其夫曰:"使行过门,其中必有吾族类与乡中人,吾虽不去,可传音信。乃倚门而待之。"其夫可其请。一行过去之时,其女辄走入军官等卫行之中,到船即上,其夫莫敢追捉。又有男女数十辈,亦自芦中出呼,皆许登船。夕,一行乘海船下碇泊于洋中,赁船分载刷还人。有庆尚道蔚山等地人四十余名,自买一船,满载米谷,酿酒盈瓮,悬帆扣枻,唱歌随来。有海平令者,宗室人也,初欲来,及至乘舟,还为回走,可骇。

十二日癸酉

晴。平明,令刷还船八只一时开洋。东风正顺,舟行若飞,过兵库明石高砂等村,到泊于室津,日向午矣。马岛船及刷还诸船落后,不得已留宿。地官之支候供帐,一如来时。晓,义智先向马岛。

十三日甲戌

风雨终日,波涛汹涌,不得发船,仍留室津。

十四日乙亥

朝雨晚晴。朝后风势似便,举帆发船,过牛窓京长老下津等村。初更,到泊于韬浦。

十五日丙子

或阴或晴。平明发船,东风连吹,轻帆甚疾,行三百余里。西日已暮,风微海静,月色如昼,鸣橹而行,到泊于上关,鸡已鸣矣。

十六日丁丑

晴。朝,丰后州太守忠㮣自小窓城送人问安,且请过其城。答以行路甚忙,直向外洋,不得历入之意。辰时发船,风潮俱逆,船路不便,促橹而行。才过宫渚浦前洋,逆风大吹,舟行不利,依泊于海岸无人之地。诸船落后不至，不得已仍留于此，宿于船上。是夜，山回风定，桂影无尘，海波如镜，鹤立船头，身轻欲飞。瞻北极于云端，望故国于天末，沧波浩渺，归路茫茫，兴尽悲来，客怀转凄。行酒数巡，鼓笛交作，俘还诸船，环绕来听，莫不掩泣。夜已向阑，瘴露沾身，入卧篷底，羁梦难圆，终夜耿耿，涛鸣窗外而已。

十七日戊寅

晴。鸡鸣发船，逆风连吹，终日催橹，初昏到泊于赤间关，宿于船上。

十八日己卯

晴。留赤间关，送上使军官吕卿轴、京炮手金硕连等乘马岛船，付回还状启，先为出送。丰后州太守忠隩送麾将呈下程牛、猪、酒馔等物，又送被掳男女四十余名。令崔义吉带同被掳士族罗大男等二人，往于小窓城言于忠隩，多般招募而来。崔义吉得百余名，先率四十人，乘夜还来。其余则留罗大男等，使之装束领来。

十九日庚辰

晴。掳人之多，无过于此关。而关人等闻一行出来之奇，尽数移匿，使不得刷出。盖地官之佯为刷出，终无实数者，到处皆然，而此关尤甚。痛惋痛惋！朝后发船，或帆或橹，初昏到泊于蓝岛，下宿馆所。从事以霍乱不得下馆，独宿船上。筑前州代官来供，仍言筑前太守长政时在博德州，募聚被掳人一百余名，将为出送云。

二十日辛巳

晴。朝送崔义吉、郑大男等于博德州，带同马岛倭人，使之领长政所募人，更加招集追来。长政送麾将问安，兼送彩甲各一部，再三固辞。景直曰："彼既致诚，且多送俘人，今若不受，恐为缺然。"不得已受之，还送土物以谢之。午时发船，无风，不得由外洋，迤从博德州上松、下松等浦前洋。三更，橹到名护屋倭音郎古耶，宿于船上。此浦岛屿环抱，藏船甚便。浦上有新旧城，即壬辰秀吉来屯设营之处也。人家仅十余户，昔时村居甚繁，物力雄富，而自经兵事之后，残薄如此云。

二十一日壬午

晴。留名护屋。肥前州太守政成送代官支候，兼刷我国人一百四十名送来。代官请下馆进饭，器皿饼品，皆用极礼。景直请观采鲍。午时乘船，棹出浦口断岛边，使鲍作倭十余辈，沉水摘鲍，皆女人也。沉取甚善，给米三石赏之。罗大男等自牛窓城率俘人六十余名追到。○此浦属于西海。西海，九州岛南北十日程，东西六日程。人物之盛，土地之饶，兵甲之锐，冠于国中。平户岛，在九州岛之西，比马岛差小，而近处小岛及一岐岛皆属焉。北距马岛，水路五百余里。筑前太守长政，为家康腹心，肥后太守清正，亦最纳款于家康，而皆有举足左右之志。福岛大辅正则、萨摩太守义弘等，虽服事家康，心迹亦皆不明云。

二十二日癸未

晴。鸡鸣发船，或帆或橹，到泊于一岐岛。朝已晚矣，平户岛主法印请下馆进饭。饭后，法印请谒而退。夕还宿船上，格军守福之母，壬辰被掳，不知其去处者，于今十六年，其母适在此岛。偶然相逢，母子抱持拦哭，同载而归，虽倭中之人，亦皆叹异之。

二十三日甲申

晴。风势似便，舟行如飞。鸡未鸣发船，巳时到泊于对马岛，寓于庆云寺。夕，崔义吉、郑大男等率俘人一百八十余名自博德州由一岐岛追到。被掳晋州人姜珥，士族人也，掳在筑前州长政阵下，自聚俘人一百二十余名，亦自博德来到。昨日先来被掳人等曰："自一岐到对马岛时，遇三龙自海中飞升上天，风波猝起，颠危惊怖，仅得过来"云。岛主邀一行于其家，下至员役皆大饷。先来状启，赍持军官吕卿轴等，今日渡海向釜山云。

二十四日乙酉

　　晴。留对马岛。慎忠善宦奴允福肆酒拔剑，人皆惊走，使人夺剑，囚于人家。

二十五日丙戌

　　晴。留对马岛。岛主、景直等来见请留。以风势不顺，日亦不吉，以二十九日退定发船之期。

二十六日丁亥

　　晴。留对马岛。大坂代官片桐主膳追送俘人二十四名，甲斐守长正又送俘人六十四名。使堂译等送帖以谢之。马岛人等跟随一行，多有糜费，以用余银子一千二百余两给之。点籍俘还男、妇，仅一千四百十八名，仍放十日粮。大概被掳之人，散在日本内地者，不知其几万。关白虽有愿归者许归之令，而其主等争相隐匿，使不得自由。且被掳之人，亦安于土著，思归者少。今兹刷还之数，不啻九牛之拔一毛，可胜痛哉。

二十七日戊子

　　晴。留对马岛。午后，景直邀饯于其第，岛主亦参。景直、岛主辈送土物若干，不可固辞，只受胡椒少许，分给各员。仍令马岛整理船只，分载俘人。

二十八日己丑

　　晴。留对马岛，率一行宿于船上。是日岛主设饯宴于其第，玄苏、宿芦、景直等并参。

二十九日庚寅

　　晴。朝食后一行齐发，义智追来十里许，送别而去。波安风猛，飞帆甚疾，过西宿等浦，入湾浦，宿于浦口。景直已先至矣。未及浦口，有堆险隘，甚于灩滪。倭篙师请以其类熟手者同上行船，顾眄相呼，使格军等不得喧聒，谨慎操舟。而船尾触石戛过，暂为倾侧，舟中失色，仅得无恙。上使所骑船，落后追至，回顾见之，则其船亦如之。

七月大

初一日辛卯

　　朝阴晚晴。留湾浦，风势不顺，不得发船。

初二日壬辰

　　晴。早朝发船行三十余里，至沙愁那浦，下陆就馆暂憩。午后景直设幕于浦边，盛陈酒食，请观鱼猎，得鱼甚多而无大鱼。

初三日癸巳

　　晴。卯初，景直送人曰："今日风气自南正顺，可试发船"云。东船西舫，一时举帆，顾盻颇壮。景直送别于浦外十里海口，风势极顺，舟行甚快。午正，到泊于釜山浦，釜山金使与水使率诸浦战船出迎于太宗台前洋，卸入釜山客舍。封还越海状启。岭南巡察使郑梦与令公统制使李箕宾送简来问，东莱府使李士和见罢，未及交代，仍在本府。闻成之及子安景进诸友皆蒙放，绥之见罢上洛云。分付刷还人等，散接釜山间家，以待朝廷处置。

初四日甲午

　　晴。留釜山。人马不齐，未即登途。橘倭到泊于绝影岛，则旧馆撤毁，草屋龃龉，支供亦不整齐，不即下陆，大怒欲为回去。令两堂译谋送米石而慰之。

初五日乙未

　　晴。人马不来，仍留釜山，送酒肴及米斛于橘倭处。

初六日丙申

　　晴。人马齐到，上使朝发，直向梁山路。吾与从事午后起程，宿于东莱府。与士和终日叙阻，夜还下处。召募将都元亮、前判官安伸、出站官金海府使李景灏，酌话而罢。

初七日丁酉

　　晴。早朝发行，中火于龙堂驿，夕到蔚山府。兵使李璲来见，暂酌而罢。

初八日戊戌

晴。朝，兵使来见。朝后发行，中火于朝驿，驰入庆州府。与府尹南季献令公酌话夜罢。上使自密阳送简子，及传书有旨草，乃兼程上来事也，以十一日约会于尚州。

初九日己亥

晴。早朝，府尹令公来见设酌，判官安由省亦参，暂酌而罢。中火于阿佛驿，秣马于永川郡，郡守黄会元设酌暂话。初更，投宿于新宁县，县监郑樟也。有后自京来会。

初十日庚子

晴。朝发新宁县，中火于召溪驿，义兴县监南士彦出站酌话。昌乐、安奇两察访来候。秣马于军威县，与县监朴齐仁、统制从事洪玮酌话。初昏到比安县，与县监赵稷从容话罢。

十一日辛丑

晴。朝发，中火洛东江观水楼。义城县监姜克裕出站，闻罢还县云。夕到尚州，上使已先至矣，同宿于上使下处。郑兵使起龙、赵判官靖会话，夜罢。

十二日壬寅

晴。朝发尚州，中火于咸昌县，暂休于幽谷驿，夕到闻庆县。并定官醴泉郡守金道源、新尚州金而敬令公会酌，夜罢。

十三日癸卯

晴。朝发闻庆县，踰鸟岭到安保驿，槐山郡守尹三聘不为出站。连原察访奇敬中只以水饭进供，员役以下，皆不得食。加以岭路巉岩，人马俱疲，十步九颠，艰难得达。夕刻到忠州，新牧使洪思斅未赴任，丹阳郡守安嶷以兼官来到，闻其子安必得刷还之奇，喜倒不胜。

十四日甲辰

晴。留忠州。岭南人马自釜山驱驰到此，颠仆不起，本道人马未到。欲由水路，而船只亦未整齐。路阻水陆，不得已留滞。

十五日乙巳

晴。人马未到，仅得船只流下，中火于可兴仓，夜到骊州，则牧使赵守准令公也。诸亲来会，夜深话罢。

十六日丙午

晴。朝发船，中火于杨根沙滩。秋水已落，处处滩浅，舟行不快，达夜乘月而下。

十七日丁未

晴。朝到广津，振威县令李升来供朝饭。午时诣阙复命。

○一行员役：上、副使子弟各二员、军官各七员、奴子二名、罗将各四名、吹手各六名、小童各二名、都训导各一名。从事官子弟一员、奴子一名、罗将四名、吹手三名、小童二名、都训导一名。三使臣军官子弟等奴子各一名。译官六员、医官二员、学官一员、画员一员、书写一员等奴子各一名。旗牌官四人、小通事四人、吹笛一人。上船二只，沙工各四名、格军各一百名。下船二只，沙工各三名、格军各八十名。小船二只，沙工各二名、格军各十名。以上通共五百四员名也。自京城至釜山，陆路九百八十里。自釜山至日本淀浦，水路三千三百三十里。自淀浦至倭京，陆路四十里。自倭京至关东江户府，陆路一千二百四十里。已上水陆路五千五百九十里。往来通计一万一千一百八十里也。正月十二日辞朝，二月初八日到釜山浦，二十七日乘船，候风于豉蛮浦。二十九日发船，到泊于对马岛泉浦。三月初三日，入对马岛主平义智府中。二十一日发船，四月十二日到倭京。五月初六日发向关东，二十四日到关东江户新关白源秀忠府中。六月十四日发江户，二十九日还到倭京。闰六月初八日，发倭京。二十三日还到对马岛，二十八日乘船，候风于马岛沙愁浦，七月初三日还渡釜山浦。十七日入京复命。自辞朝至复命，凡二百十二个日子也。员役之多如是，道里之远亦如是,以如是许多员役,行如是险远道里,跋涉沧波豺虎之窟,未满八朔,一行上下,皆得无恙归来,岂非圣恩远暨,神明所扶而然也。仍采倭国中制度法令风俗,略陈于后。

○日本地势前尖后圆,状如琵琶。东西六十余日程,南北十余日程。区画八道:曰畿内、曰东山、曰山阳、曰山阴、曰东海、曰南海、曰西海、曰北陆道也。分置六十六州:山城、河内、大和、和泉、摄津等州,属于畿内。近江、美浓、飞骡、信浓、上野、下野、出羽、陆奥等州,属于东山道。幡摩、美作、备前、备中、备后、安艺、周防、长门等州,属于山阳道。丹波、丹后、但马、因幡、伯耆、出云、隐岐、石见等州,属于山阴道。伊贺、伊势、志摩、尾张、三河、远江、骏河、伊豆、甲斐、相模、武藏、安房、上总、下总、常陆等州,属于东海道。纪伊、淡路、阿波、赞岐、伊豫、土佐等州,属于南海道。筑前、筑后、丰前、丰后、肥前、肥后、日向、萨摩、大隅等州,属于西海道。若狭、越前、加贺、能登、越中、越后、佐渡等州,属于北陆道。州各有属郡,如一岐对马等岛,不属道,而各自为主,服事关白。国中初无郡长,处处保聚,各自为国。至周幽王四十九年,有名狭野者其母河神女王依姬也起兵诛讨,始为混一。置州郡、定国都即今倭京,自号神武天皇,为始祖,寿一百二十七岁。七世孝灵天皇时,秦始皇遣徐福,入海求仙药。徐福至纪伊州,居一百八十九年而死。国人为之立祠,至今祭之云。六十世至安德天皇时,征夷大将军源赖朝事见三月二十六日专擅国政,事无大小,皆出其手。使天皇徒拥虚名,只今行祭天拜佛之礼。天皇支供之需,除出和泉、山城两州之税而取给焉。每岁元日,关白率诸将一度拜谒于天皇,常时则绝无相接之礼。关白之总揽国政,自此始焉。天皇官属,世袭其禄,而世无职掌。虽有干戈争战之事,天皇与其官属旁观而不与焉。自狭野天皇至今凡一百九世也,唯关白权势所在,朝得暮失,争夺相寻,或一二世而亡焉者,或有自己得而自己失焉者。关白以下诸将,皆分食邑,使之各自收其地之出，以为禄。有累世袭封者，有因功割受者，大则跨连州郡，所食至于百万石，小则或千或百。凡食邑境内，专其与夺生杀之权。有食邑者，亦以其地分授偏裨诸将，亦如食邑焉。

量田用町段之法，以平人两足相距为一步，六十步为一段，十段为一町。一町一年之税，上田则三十二斗，中田则二十斗，下田则十三斗，盖取三分之一。而自秀吉，为国中之田尽作公地，所出之谷没数入官。水田则先种两麦，农民自食，收麦之后，移秧种稻。随地沃瘠，较岁丰歉，作米纳官，如或未准定数，则荡其家财，鬻其妻孥，则必取盈焉。农民等秋冬则收储余糠，和草实而食之，春夏则略给农粮。农民之苦，天下无比，而但不预于兵戈战阵之间。国有争斗，虽至十年之久，安业如旧。又无结负赋役之事，一应公家需用器皿、衣服、饮食、夫马等物，皆以钱银，就贸市上而办之。

养兵之法，募民勇健者为兵。而食禄一百石者，养兵四名。千石者，养兵四十名。以至于百千万亿，随其禄之厚薄而多少焉。至于丰富豪侈，力足以多募者，则不拘此数，多多益善。一卒一年之料，以米二十五石为准，身无杂役，不事农耕。使其各将，各带所养之兵，专委练习，以待调用。如有战伐之举，虽百万之兵，朝令夕发，少无差迟之弊。行军之法，各将各有号旗，使所属各兵，各随其将之旗。又每人作小标旗，负之于背，或着奇形怪状之甲，使人谎惑。先阵必用精锐，盖虑先锋挫则军势溃散也。攻城之际旗军在前，为其旗军先登，则敌兵眩惑也。面有兵痕者有赏，背有剑伤者有罪。败军之将，非但诛身削邑，其管下军兵，亦不许再属他将，一国共弃，终为穷饿无所归之人。故战必以进死为荣，退生为辱。军兵久闲不用，则必生自中之变，故兴徭作役，使不安佚，筑城穿池之役，无岁无之。兵器之用，刀枪鸟铳为上，弓矢驰马为末技。行军用兵，杂用孙吴兵法，自以为无敌于天下，而至于水战，则最惮我国战船，不敢抵当云。

舟楫之制，略似我国，而设鹙直垂，排橹甚密。橹用一人，大船则一边用二十五橹，或有三十橹者，皆用布帆，舷设栏槛，以帐围之。筑城之制，不择险阻，必于旷野中。取其形势，不务广阔，惟事坚高，必筑重城，或至三四重。每重凿壕为池，水深且广，以通舟楫。城内作石窟，窟上建五六层望楼，突然陵空，其大可容数百人相战，势蹙则入保于此。或乘机出战，或迟延时日，以待外援之至云。宫室皆盖以板子，唯将官家及僧舍与藏货市井之廛，或板或瓦，自任其意。金银珠翠雕刻之饰，无贵贱尊卑等级，唯以丰富，自相矜夸。家无土床，虽隆冬盛寒之时，设炉于堂中央，熏气取温。窗户无枢，凿穴道于上下阃木，互相推转而开阖焉。

街衢方正，闾阎栉比，市廛之间，物货堆积，中国及南蛮、南殷、琉球等国互相行货，无远不通。关东诸州及石见、丹后、长门等州，多产金银，亦取天朝铜钱，行用于市。以此商贾四集，国中富裕，市廛铺店，制同中国。引客留馆，馈饮酒食，以收其直。行者不赍，居者有积。饮食之品务其精洁，用木箸而无匙，器皿则或用漆木器，或用画沙器。享尊客必用白木床新土器，皆涂以金银，一用之后，便即掷破，示不再用，以为敬客之礼焉。

国中只有源、平、藤、橘四姓，而源、平两姓，互相执权。平氏执权则谓之关白，源氏执权则谓之将军。人无定姓，不承其祖先，虽道路之人，养而为子，则必承其姓。或以执政之姓姓焉，或以主将之姓姓焉。朝为源姓，暮作平氏，兄弟而异其姓者有之，异姓而作同姓者有之。诸将官多有自微贱而起者，指其旧家族姓世业相传者，谓之屋形。盖保存其房屋之形，世守而不毁之意，如我国之谓阀阅者也。若家康、辉元、义弘、平义智等，称为屋形。平义智，一小岛主也，爵秩最卑，而国中座次，则最在高列。平秀吉虽为关白，而不得与于屋形之类云。

无官府、无法制，罪重则杀之，罪轻则或籍其家产，或流窜远岛。用法低昂，随一时喜怒，杀人盗贼者皆死，而盗则计赃征酬，无财则没其妻子而偿之。杀人者或不即就捕，迟留自现，则谓之胆勇。非徒不罪，又从而擢用之。人尚侠气，轻生忘死，少有不平，则辄拔剑相杀。略无忌惮，暂有小嫌，则自刳其腹，死而不悔。与人相接，互生猜疑，夫妻居室，寝不同席，父子相对，亦不解剑。或至贪功争利，则父子相谋，兄弟相贼，故子生十岁，出养于他人，不与之同居。醉酒则乘其酗斗，或相拔剑，故不敢纵饮。至于接客之际，必先用饭，饭后行酒，亦不过三杯。虽佳辰令节，无会饮宴乐之事。

婚姻之礼，女先于男跨火入门，与夫相见。异母及兄之妻妾，其父兄死则谓之传系，淫烝而居焉，禽犊之行，言之污口。天皇之子，娶于其族。关白之子，娶于诸将官家。天皇之子，唯长子方许娶，以其承家也。其余子则不许嫁娶，盖以下嫁下娶，为不相当也。

男子剃发，只存脑后小发，以纸绳束之。女则被发，而贱者束于脑上，如我国之男子。拔眉染齿，脂粉冶容，未嫁者则不拔不染。男女头无所饰，足着藁履，如或出行，则男女皆着蓑笠，衣无裙带，只穿斑斓长阔之衣，以掩肢体。虽天皇之尊，无贵贱一样。如遇尊者，则去剑脱履，趋走而进，两手据地，蹲伏为礼，无拜跪之节。

男子恒佩大中小三剑，大者杀他，中者防他，小者自杀。国俗以勇锐为高致，以剑枪为能事，专务战阵，不事文教。近年有以文聚徒者，一年之内，几至千百。国人笑骂曰："日本兵强，闻于天下，倘事文教，则兵政解弛，反为弱国。"排而摈之。惟僧辈稍习文字，大小将军书记之任，皆用僧人。僧为长老而尊敬、崇信佛法，寺刹神宫，联络于都中，缁发之徒，杂行于闾阎，非民非兵，无役无徭。一国中安居乐生者，无如僧徒。

人死则过三日，举而置之于薪火上，待其烧尽，纳灰于小櫝，葬于佛寺，立小牌而表之。其家素服素食，令僧徒诵经四十日后，即除丧就吉。

倭中言："姜沆作俘五岁，不毁形体，不变衣冠，静处一室，只以看书缀字为事，未尝与倭人相对启齿。"宋象贤之妾，守节不屈，以死自誓。倭人贵以敬之，为筑一室。使我国被掳女人，护卫使唤，及至惟政之行，全节而归。远近喧传，称为美事。盖日本为国，专尚勇武，不知人伦，而至见节义之事，则莫不感叹而称之，亦可见天理本然之性也已。

回答兼刷还使同槎员役录

上使：通政大夫吕祐吉尚夫，丁卯。庚寅司马，辛卯别试。痴溪，咸阳人。

子弟二员：前佥使吕卿轴、前判官康远。

军官六员：出身郑大男、前县监郑潭、闲良慎忠善、闲良韩应龙、闲良崔爱立、一员从事官移送，奴子二名。

副使：弘文馆校理庆暹退甫，壬戌。庚寅司马，同年增广。七松，清州人。

子弟二员：闲良金九畴、闲良金德邻。

军官六员：闲良庆时亮、出身郑谦、前主簿韩德男、出身金士伟、出身韩士逸、一员从事官移送，奴子二名。

从事官前都事丁好宽希栗，戊辰。庚子司马，壬寅别试。一翠，罗州人。

子弟一员：闲良梅应春。

军官二员：闲良姜得瑞、闲良林嵘，奴子一名。

译官六员：堂上金孝舜、朴大根、上通事韩德男、押物通事梁大福、崔义吉、汉通事朴应梦。

医官二员：治肿教授朴仁基、惠民直长辛春男。

学官一员：杨万世。

画员一员：李弘虬。

书写员一员：卞铁寿。

已上各员奴子各一名，合二十八名。

京炮手四名：金硕年、吉云、姜得男、李天祐。

东莱小通事四名：金君万、金德孙、崔福万、金顺介。

吹笛一名：徐凤庆州。

上使所属

小童二名：金云兰庆州、安戒一庆州。

都训导一名：郑亿寿庆州。

吹手六名：尹玉蔚山、金碧春庆州、韩择清道、金叱同伊永川、曹春化蔚山、刘命庆州。

罗将四名：金亿庆州、房春福永川、李应男永川、朴彦起永川。

副使所属

小童二名：李星会山阴、赵继业咸安。

都训导一名：金克寿金海。

吹手六名：李春世巨济、徐金伊金海、姜厚同昆阳、金兰己东莱、朴允男陕川、黄黑梅星州。

罗将四名：朴连海南海、金今福延日、金永福清州、李注乙伊兴海。

一船沙工四名：金伯统营、宋文世统营、高双乞统营、三石统营，格军一百名。

二船沙工四名：金淡连统营、金贵仁统营、孙凡统营、金连富统营，格军一百名。

三船沙工三名：崔芿叱同顺天、金今浩兴阳、金春色顺天，格军八十名。

四船沙工三名：金莫乞东莱、金士同釜山、崔牙山伊釜山，格军八十名。

伺候一船沙工二名：崔点同统营、金安世统营，格军十名。

伺候二船沙工二名：朴连玉长鬐、郑东岭东莱，格军十名。

（钱　云　整理）

李石门扶桑录

李景稷　撰

《李石门扶桑录》解题

《李石门扶桑录》成书于1617年,是朝鲜光海君九年,朝鲜王朝派出的出使日本的通信使所留下的记录。这次出使日本的朝鲜通信使行录总共留下了三篇,分别是正使吴允谦的《东槎上日录》、副使朴梓的《东槎日记》以及从事官李景稷的《扶桑录》。其中,从事官李景稷的《扶桑录》以其流畅的文笔、独特的视野和不可忽视的史料价值一直为研究者们所重视。

此部《扶桑录》的作者李景稷,籍贯全州,字尚古,号石门,生于朝鲜宣祖十年(1577),亡故于仁祖十八年(1640)。他在朝鲜宣祖三十四年(1601)通过了司马试,宣祖三十九年增广文科丙科及第。宣祖四十年,作为从事官,成为通信使节中的一员出使日本。光海君十四年(1622),明朝将军毛文龙驻军椵岛(皮岛)时,李景稷作为铁山府使,与毛文龙进行了会谈并获得了他的赞赏。仁祖五年(1627),丁卯胡乱时期,李景稷作为兵曹参判赴江华岛,与当时的后金国(清)使臣交涉议和。同年,在南汉山城与清王朝进行交涉,并代表朝鲜王朝接受了清太祖的敕书。此后,李景稷历任户曹判书、都承旨、江华留守,直至追封右议政。以郑芝相为代表的韩国研究者们认为,李景稷总是在国家出现重大危机的时候,担任最重要的和平交涉任务,这与他在青壮年时期出使日本,积累了大量的与外国交涉的经验有着很大的关系。

《扶桑录》的记录始于明万历四十五年(1617)七月四日,通信使团出发当日,止于十月十八日,朝鲜王朝出使日本的使节团结束出访,回到本国釜山港,历时一百零四天。此外,在日记体行录的最后,还附有记录日本疆域、地形、物产、民俗、官制、田亩、军事等情况的总论性文章。这些记录不仅在当时为朝鲜国王、大臣、文人以及民众了解邻国日本提供了非常丰富和相对全面的资料,对现代的学者和研究者来说,也具有非常珍贵的史料性的意义,为了解当时日本的情况打开了一扇历史之窗。

1617年派出的赴日朝鲜通信使,一行共四百二十八人。这一庞大的使行团队,不仅包括有舵工(水手)、格军(士兵)、通事(翻译)、汉学同知(精通汉学的人)、写字官,还有画员、医官、负责礼仪和仪仗的乐器吹手、旗纛节钺捧持人、旗牌官等等。此次出使的主要目的是救助在壬戌倭乱中被迫留在日本的俘虏,遣送朝鲜俘虏回国。但实际上,刷还俘虏的任务并不十分成功。这次出行距离壬辰倭乱的始发年(1592)已过去了二十五年之久,一些久居日本的朝鲜俘虏已经适应了在日本的生活,其中的一些人通过自己的努力,过上了比在朝鲜更优裕的生活,所以并无返乡之念。此外,许多从小被俘虏到日本的朝鲜人,行动和语言都与普通日本人无异,就更无思乡之情了。在日本的朝鲜俘虏,对来自朝鲜的使臣们,一方面有着"得见故人"的亲切感;一方面又对回到故国,开始新生活有着莫名的恐惧与担忧,所以,主动要求回到朝鲜的俘虏人数极少。最后,返回朝鲜的俘虏人数只有一百来名。来自朝鲜的使官们并不十分理解俘虏们对故国的复杂情感,他们站在传统儒家伦理的角度,对无意回国的俘虏们嗤之以鼻,认为他们背乡忘祖,"与禽兽无异"。因此,作为出使的主要目的的"刷还俘虏"任务,遇到的阻碍重重,最后并不十分成功。

李景稷的这篇《扶桑录》中,留下了许多当时朝鲜与日本交流的珍贵记录。这些记录在今天看来，也有其独特的历史价值和意义。在与日本交往过程中，对马岛人的作用不容忽视。对马岛，位于日本和朝鲜之间的朝鲜海峡内，是朝鲜与日本交往的重要交通门户。由于其特殊的地理位置，对马岛与朝鲜半岛和日本列岛都存在着紧密的地缘政治关系，韩国方面也一直对对马岛有着领土主张。所以，在《扶桑录》中的一条关于对马岛的记录一直为韩国学者所重视。

> 调兴仍言马岛世受国恩，不敢忘之意，因曰："顷日小的在伏见城，执政大炊问曰：'马岛本是朝鲜地方云云，然乎？'小的答曰'未能详知也。然而以道路远近言之，则马岛之于日本则远矣，朝鲜则只隔一海，得半日可往返耳。'大炊曰：'尔岛必是朝鲜地方，宜勉力于朝鲜事'云云"。

很多韩国学者认为，这一条记录是证明对马岛属于朝鲜的有力证明。但实际上，结合《扶桑录》的上下文可知，这只不过是对马岛人为了取悦朝鲜使者，一时所说的片面之词，况且史料本身的真实性也无法考察，所以对于韩国学者把这一条史料作为对马岛属于朝鲜的证据，笔者不能赞同。当时的对马岛人，与朝鲜语言不通，风俗不近。虽然世袭岛主和一些对马岛的官员同时拥有日本和朝鲜的双重官职或爵位，但无论从心理还是当时的实际情况来看，对马岛人都认为日本才是他们的母国，对天皇和关白有着相当程度的忠诚和敬畏。《扶桑录》的作者李景稷其实也默认了这一点，在《扶桑录》后附的日本总纪中，李景稷写道："……所谓西海道九州，一岐、对马，亦属其岛也。"不仅是地理因素，在文化心理方面，以李景稷为代表的朝鲜通信使们也数次表现出了对对马岛人的文化蔑视和不认同。他们称对马岛人橘智正为"橘倭"，认为对马岛人不仅"冠带之状可怪"，人品也狡诈不可信，"倭人之诈伪如此,深可恶也!"虽然对马岛人接待朝鲜来使十分殷勤和敬谨,但朝鲜来使依旧对他们十分反感,"中心一念,每在雠敌,虽礼貌之勤,接遇之诚,未足以为慰。见其丑貌,听其鸭音,心中愕怡,如蛇虺过前,苦哉此行!"再加上对马岛人对于刷还朝鲜俘虏一事,由于害怕开罪于各地日本主倭,所以并不十分热心,"对马岛倭人等,呵禁我国被掳人,使不得任意来见。不胜惊愤,使人责诘……","大概观其情态,所经地方,皆是大将高官,恐以刷还一事,得罪于彼辈,生此拦阻之计。反覆两间,狡诈不测,甚可痛也!"这些矛盾和摩擦,都使得朝鲜使者们对对马岛人始终存有偏见,并未有文化认同感。

其次,作者对当时日本的历史、地形、政治、风土人情等情况特别重视,对相关的见闻事无巨细、十分详细地描述并站在重要邻国的角度进行评论。特别值得重视的是,作者对于儒教礼仪的重视和站在儒教伦理角度对日本的相关认识和评价。与日本国从天皇到平民醉心于朝鲜通信使的"衣冠之盛、礼貌之美"相反,朝鲜通信使们对日本的儒教礼仪、风俗民情都带有某种程度的"傲慢与偏见"。对日本天皇的地位,李景稷评价道:"臣等切观日本形势,所谓天皇,特一伴尊人而充位而已。"在风景秀丽、层楼粉堞的大阪,作者却认为其间"男女僧尼杂乱混淆,真一禽兽场矣!"作者对对马岛人和日本君臣的礼仪风俗嗤之以鼻:"蛮夷之俗本不知礼,衣服之制、进退升降之节,不成模样。"在日本君臣接待朝鲜使者期间,天皇的父亲过世,此事在极度重视儒教丧葬礼仪的朝鲜来使看来,是极其重要的大事,而日本君臣淡漠的处理态度却让朝鲜使者瞠目结舌:"既曰君臣,而其君之父死,则无举哀之节,有职任者,但一往吊焚香而已。关白亦无来临之仪,只在其官中者一日丧服云云。其为禽兽之域,据此可想也。"《扶桑录》中称日本为"蛮夷",认为出使日本是朝鲜的"羁縻之计",处处可见朝鲜对于自身儒教文化和礼仪的自傲。

此外,重视儒教礼仪和规范的朝鲜使者,认为国书和交邻文书的撰写"事体重大",在用词方面格外地用心,对于日本事先准备好的交邻文书的草稿,十分不满,认为文书中有很多不合礼仪规范的地方。其中,最大的问题是"日本国源秀忠",认为他并非是日本国国王,在礼仪上不能与朝鲜国国王平等以对。交邻文书中没有"王"字,是对朝鲜国王的"非礼"。另外还有领纳之"纳"字,贺弊邦之"贺"字,旧盟之"盟"字,"自爱"二字等"俱未安妥",需要"须往见执政,删改为可"。他们为修改交邻文书,周旋于对马岛岛主、管文书僧人、日本执政等众人之间,数次商议,甚至自掏腰包,"将行李中䌷端、笔柄、豹皮等物",送与有关的日本大臣,"以偿其劳,仍责以周旋刷还之事"。在朝鲜使臣的努力下,日本方面终于对交邻文书做出了修改。从朝鲜使臣对交邻文书不厌其烦地修改和数次为交邻文书的撰写斡旋于日本君臣之间的事件中,反映出了朝鲜使者们对于儒教礼仪的重视。在与日本的交往中,朝鲜使臣们特别注意的就是不能出现"失礼"的行为。在去往日本的旅途中,朝鲜使臣们不顾航海中艰辛劳苦,坚持"具朝服,行望阙礼",数次拒绝日本君臣赠予的银两和物品,认为"授受非礼",并"再三牢拒",这些细节描写都体现了朝鲜通信使的"重礼"。

此外,这一历史时期东亚海域潜商贸易的情况也在《扶桑录》中得以体现。使臣们在伏见城中看到了一个南蛮人,"使臣乘轿于下轿之处,见一怪状,立于门内,问之,是南蛮人也。"暂居伏见城期间,有两个来自福建的商人前来相见,"唐人二人来见,译官等问之,是福建人也,以买卖事往年来到长崎,时未回还云。唐人与南蛮人,往来无常云。"在日本的神集岛,朝鲜的使者们还发现了一艘来自明朝的废弃船只,问其来历,当地的日本人回答道:"今五月间,商贾唐船来泊于此,所载物货,此地之人不能尽贸。唐人分载倭船十余只,回泊长崎,只留此船。"根据这条史料,可以推测,这一艘唐船所载的货物量较大,除去当地日本人购买的,剩下的还需要倭船十余只分载,回到长崎。这一条记录的时间是当年十月,距这艘唐船来到神集岛的日期五月,仅有数月之遥。由此可见,在这一历史时期,虽然明朝与日本之间并无直接的官方贸易往来,但仍然有来自明朝的商人和商船远赴日本,进行潜商贸易。实际上,这一历史时期,东亚海域间民间贸易和潜商贸易的贸易量、交易数额、交易频率都是非常可观的,日本和朝鲜之间的贸易额也是相当之大。作为日本和朝鲜贸易的中间商,对马岛人对朝鲜使者们抱怨朝鲜和日本之间每年定额贸易的船只数量太少,"平时有诸巨酋等各项诸船,而今者只定二十船,时送亦入于其数……心甚落莫",对马岛人想要让朝鲜通信使从中斡旋,放宽对贸易船只数量的限额,并代表日本意图向朝鲜贸马,"将军与执政等,求得好马,马岛要买以送,敢为书契于礼曹许贸。往复之间,自迟时日,且许贸之马必不好。望使臣为之容力,从速许贸好马幸甚"。虽然这些请求都遭到了朝鲜使臣的拒绝,但从中可以看出,在壬辰倭乱之后,日本与朝鲜之间的正常贸易虽然遭到了很大的打击,但是很快就得以恢复,两国间的贸易需求量相当可观。这些史料从侧面反映了当时东亚海域间贸易的昌盛与繁荣。

  以上所提到的《扶桑录》中的一些史料和记载,仅仅是《扶桑录》中极少的一部分。《扶桑录》作为朝鲜使臣出使日本的行录中非常重要的一篇,内容丰富、文字优美、资料翔实。作为同时代使行录中的佼佼者,《扶桑录》是研究日本史、日韩交流史、东亚史、海洋史的研究者们不可忽视的重要史料,其中还有很多重要的内容等待着不同领域的研究者们去探索、发现和利用。

  本书收录的《李石门扶桑录》,系以韩国国立中央图书馆藏抄本(藏书号:한古朝90-2)进行标点,并参校以《海行总载》国译本。

(徐　凡)

正使佥知中枢府事吴允谦,副使行护军朴梓,从事官行司果李景稷,译学行司正朴大根,前正崔义吉、康遇圣、郑纯邦,前佥正韩德男,汉学同知郑彦邦,前直长李贤男,医员前佥正郑宗礼,前奉事文贤男,写字官行护军宋孝男,画员行司果柳成业,书写严大仁,正使子弟训练院奉事李景兰,学生李安农,军官宣传官李真卿,前县监柳时健,前万户宋德英,前万户郑忠信,前主簿禹尚中,内禁卫李瀛生,副使子弟内禁卫朴霙,司勇柳润,军官武兼宣传官安景福,前检查崔昊,哨官朴应云,内禁卫申景沂,内禁卫朴成贤,内禁卫柳东赴,从事官子弟金哲男,别破阵崔义弘、郑义逸,旗牌官金迪,炮手金士吉,正使伴倘奴彦生、九男,副使伴倘奴张福伊、福伊,从事官伴倘奴生伊、福只,小童金得秀、李庆生、朴以清、黄大希、朴酉生、洪凤龙,旗纛节钺捧持人金得立等八名,吹手黄黑梅等十六名,罗将李天云等十四名,刀尺命生等六名,吹笛庆州奴应世,小通事金君万等六名,斗上金成己、金欣世、朱同、高春福,舵工韩汗己、金连世、吴梦连、金彦祥,三船以下斗上姜乞等七名,舵工朴彦福等七名,格军彦金等二百八十名,译官以下奴十六名,军官等奴十四名,总计一行员役四百二十八人。

万历四十五年丁巳七月

四日丙寅

晴。午时,釜山西门外港口乘船。从事官先到船所,点检一行行李载船。令军官郑忠信束伍各船格军,使相统领,不得擅离行伍,任意上下。差晚,正副使继至,斋宿船上,将祭海也。夕食后,暂为行船节次,回泊港外。橘智正、平智长等,亦乘船中流,为导行也。调度使韩德远、水使金基仚、收税官尹民说,东莱府使黄汝一皆来别船上。

五日丁卯

晴。夜四更，正副使、从事官具冠带，率一行员役上坛行祭，以牲币之奠祭海神。其文曰："受我后之命，仗节而东，遥指日域也。海路宁三千，治船六艘，徒众数百也。匪敢我忘雠，事有经权，资庙略也。忠信笃敬，蛮貊可行，何敢自谓得力也？使于四方，不辱君命，庶不负于所学也。爱君如父，夷险不二，矧苍苍之可质也。神聪明而端一，听不可滥而惑也。斯言不诬也，其庶祐之，惠以福也。风恬波静，四维廓氛，可利涉也。谨涓月日，选牲为酒，侑香洁也。神之听之，无作神羞，以彰灵德也。"

既祭之后，天无点云，星河明朗，海无瘴雾，四望轩豁，一行相贺，以为吉兆。天将明，顺风微生而旋止。仍泊港口待风，风势不顺。日没后，下宿釜山待变厅。

朝食后，调度使、水使、收税官皆来会。船上狭窄，日气且热，移坐水使战船，终日杯酌。东莱令公，以方伯迎候事还本府，修家书及晋昌古阜答书，以付康遇圣之奴。朝日，方伯送军官，以书相门①，仍致别章。夕食时，方伯自本府直到船上，酒数行而罢。

六日戊辰

晴。天明后，顺风渐生，橘倭等屡次送人曰风势甚好，可以发船云云。问于舟人，则此风不久而止，日势已晚，不可开洋云。以此答之。日未午，顺风止而逆风生，舟人之占风可谓妙矣。若听橘倭之言，轻易发船，则几乎狼狈也。申时，行船到泊戡蛮夷待风，沙工倭十四名，分上各船。朝食后，先往船所，照点格军。上副使直往方伯设饯之处，方伯即来使人相邀，乘小船往赴。调度使、水使、密阳府使李弘嗣、东莱府使、收税官皆来会，各行酒而罢。座中皆

---

① "门"，疑当作"问"。

上水使战船，行到戡蛮夷相别。与正副使乘小船，移上度海船。
七日己巳

晴。鸡鸣时，橘倭使人来告曰："顺风已生，可令舟中催食开洋。"舟人等亦言顺风将作。天明时，开帆出海。海路以日前连吹东风之故，波浪未定。顺风虽起，风力甚微，摇荡倾侧，舟行最迟。过太宗台后，顺风止而横风生。催督橹役，仅到中洋，人力已尽，日势亦晚，舟中忧之，进退狼狈。俄顷之间，顺风大起，船头破浪，疾行如飞。虽曰顺风，风势极猛，雪山掀天，银屋架空，上如登天，下如入地。舟中之人，无不仆卧呕吐。当此之时，虽有良医妙剂，殆不可捄矣。从板房上望见他船，则几覆而复起者数，令人丧胆。而我国舵工，与操舟倭人等，皆以便疾为贺，未知前日之风浪，作何等危险之状，而以此为贺也。渡海之行可谓难矣！申时初，到泊对马岛西鳄浦，倭音则宛尼浦也，水路四百八十里。距浦口十里许，倭小船数十余只，催舻来迎，牵缆入浦。自海抵浦岸，仅二三里也。两岸有人家二十余户，距马岛府中二百八十余里云。府中，浦名，岛主所居也。岛主平义成，义智之子也；柳川平调兴，景直之子，调信之孙也，皆差人来候，如我国之问安者也。正使以下军官、译官、下人若干，下宿僧舍，寺名宝藏庵，而为一行修扫者也。橘倭等欲来谒，使译官崔义吉语曰："橘智正受我国堂上职，与接智长之礼，自相不同。橘倭则进前再拜，而使臣作揖以答。平智长则再拜，而使臣举袖以答之"云。则橘倭等托以无礼服，欲于府中谒见云。盖智长嫌其降杀礼貌也。使朴大根开谕礼之当然，则即来，以次入谒。智长不知拜礼，大根教之行拜。暂赐坐，劳行而送。其礼貌言辞，甚为敬谨。马岛人呈下程米、酱、鸡、酒、油、醋、牛、猪、盐、藿、鱼物、菜、瓜、柴碳等物，盖上下员役五百之供也。自正使以下，皆以一日三时每升磨炼，余皆分给各船。岛主以支供事，差人来待者已月余云。凡迎候倭人等，各执其事，奔走服役，极其恪勤。

下程：白米八十一石。酒四十桶。油二斗。酱九桶。清酱四斗。鸡百首。干鱼六百尾。猪脚百二十。盐三石。鳆盐二百七十五介。芋茎二十束。炭二十八石。松节二十丹也。米一石入三斗一升。所谓斗，以我国斗计之，则可二斗五六升也。所谓升，以我国升计之，则可二升五六合也。

三行同寓一寺，与上使同宿，副使隔壁而宿。梦魂还家，一未记忆，岂精神疲困而然耶？方其渡海之时，行未数十里，人皆颠仆。余亦未曾渡海，水疾之为不为，不可预知，中心疑虑。高坐板房之上，行才四五十里，上使似有不平之色，先为下卧，俄而下人急呼："取洗面盆来，欲吐之也！"问之，则吐后暂似平安云。顾见舟中之人，颜色皆青如蓝，或有蒙面而卧者，或有呕吐而仆者，或有摇头而坐者，或有失魂而倚者。问其何如，则皆瞪目口呿而不能言。其中最甚者生奴，卧吐不远之地，恶臭不堪闻。使人扶持，移卧他处，则恶涎流口，闭目不开，四肢不收，一身萎苶，如大醉之人，不能收拾。初为矜悯，而还不觉一笑也。余因去夜舟人喧闹，半夜不能宿，以此惊波汹涌，若是可惧。而睡魔后逐，不能开眼，倚枕而卧，殆不觉牢睡。郑忠信来而觉之曰："板房之上，风势甚紧，可下卧房内"云。即下入卧，入卧之后，亦因睡不能觉，与正使卧而相戏曰："吾等于水疾，亦不得入格，仅为次下也。"正使曰："我则小吐，而君不吐，可谓更而不足于次下也。君之奴，正为第一人矣！"舟中危惧，无不动念，而独能晏然，略无死生之念，但于思量之间，有"更见父母，重亲天颜"八字自然萌于心上，此是不知不觉动念处也。到浦岸之后，副使船随至，问其安否，则暂吐入卧，不至大呕云，亦一行之幸也。下船之时，顾见生奴，犹仆卧不省人事。日没后始下来，自初昏，腹痛下泄，终夜登厕者凡五度也。

八日庚午

晴。早食后乘船向府中。出浦口，迤西而行，行可十余里。水势甚急，波心有石，激湍倒流。倭船数十余只，牵缆而前，左右格军，高声摇橹，欲上还却，艰难过了。各船牵缆者，无虑五六十只，行到八十余里，亦有迎候之船。到一浦口，潮水方退，风势不顺，不得进退。橘倭导船，引入浦内，泊船浦岸。人家在十余里之外，不得已而止宿船上。浦名盐浦也，自宛尼浦抵此八十里。俄而有倭船一只，自海入浦口，问之，则平调兴来迎使行也。止泊浦口，送人问安。少顷，来呈酒、果、猪子、鱼、面等物。橘倭使人来告曰："调兴远来迎行，且欲拜谒，若不许见，则年少之人，恐有轻侮之疑"云。答以渠若来现，则船上可相揖而送。俄而调兴移船来谒，船上恭行再揖，暂举袖施揖而答之。去后，又送呈银唇、生鳆、真瓜等物。有倭船待风者，为渡海状启送于釜山，使之转达。

调兴送呈酒果，各有单子。上副使各花折箱一介、银丝一介、大鱼三介、猪子二介、清酒尊二介。从事官则重箱一介、银丝一介、大鱼二介、猪子一介、清酒尊一介。所谓花折箱，以薄板如厚纸者，雕刻为箱，以木雕刻凤头状，插于盖上。四面盛沙糖果子、白散果子，以金银箔作小片，散蔽其上。所谓饮食散金银者，岂止此也。银丝，指细面也。重箱，谓复箱，而上盛两色果子，下盛全鳆作片者及酒馔数种。大鱼，鲂鱼也。

九日辛未

朝晴夕阴，夜大雨。平明，发船向府中。岛主义成，以书相问，答书以送。调兴先导，智正或先或后，催督倭船牵缆，或张帆或橹役而行。行到百有余里，船入两岛之间，是为下濑浦。浦口甚狭，不得方船。浦行未半，左岸上有一架板屋，设神祠，谓住吉祠，岛俗以为灵验处，过此者必有祈祷之事。舟人亦以米、鱼、壶酒赛之而过。过浦出海，风势甚逆，虽为橹役，将不得抵府中。少顷，东风忽起，张帆而行，望见大船一只高张素幕而来。倭人指谓岛主来迎。须臾，两船相值，果是义成也。船上恭揖慰行，举袖答之。引船过去，为拜副使也。迎拜副使之后，又催舻前来，与调兴并舟前导。申时，到泊府中浦前。正使以下，具冠带，盛张威仪，奉国书而行。倭人亦分队前导，观者如堵，男女骈阗。岛中地势狭隘，四面山拥，民家甚盛，户不下千余。前泊大船十余艘，小船六十余只，自岛主家距海仅一里许。自船所至馆舍可七八里。左右间阎，楼阁居多，所谓两班之家，庭园松竹，十居八九，大概风俗以净洁为务者也。前此馆基在间阎中，以狭隘之故，今为此行改造云。中堂敞豁高峻，左右设房屋，床席帐褥等物，略仿我国之制，而皆谓新造。问候供亿，各有执事之人，互相禁喧，极其恭谨。调兴随行到门外，欲为入谒，辞以路困不见。调兴为设饭以呈曰："日暮入馆舍，恐未及设厨，敢呈薄具"云云。馔品极精。义成差人问安。分付军官率旗官一人、小通事一人，轮回守直船上，禁断格军等擅自上下者。夜大雷电，雨下如注。自盐浦抵府中，水路二百里。

义成书曰："平义成谨上书三大人阁下。日之昨，波稳风顺，闻越海者，幸甚。今日以风逆之故，定知阁下迟留于边浦也，是以差小飞船问安否者。余期对颜之日矣，恐惶不宣。"

答书曰："渡海之初，委人远问，足见情款。问礼继至，尤荷厚意。俺等蒙庇，一行无恙。余俟面剖，谨谢不宣。"

天地无私，不悭胜概，蛮海一曲，亦有干净。所谓下濑浦，长可二十余里，海潮之散入为浦者，包络左右，有如蜈蚣张足之形。或广或狭，或张①或短，或远或近。峰峦奇秀，崖岸明媚，一草一木，皆不寻常。望见住吉祠前，飘然有举臂招仙之意，殆非斥卤醎鹾之地也。连日海行，心神疲困，过此长浦，始得开眼。

十日壬申

朝阴昼晴，夕阴雨。留府中馆舍。义成、调兴，差人问安，调兴

---

① "张"，疑当作"长"。

送呈鱼鲍等物。调兴为承受礼曹书契赠物来到馆下。正使以下，具冠带，出大厅，东壁立。调兴所谓具冠带，先入，北面四拜，并受岛主处所赠书契赠物而出。橘智正及受职倭三人，具我国冠带，以次入，行四拜礼，各受赠物。马堂古罗、宗方等病不得来受云。当初礼曹未详马岛事情，调兴赠物与宗方一体磨炼，及到本岛，详细闻见，照管一行，凡所周旋，皆在调兴，年前入往江户，久在关白之侧，最见怜恤，本岛名位亦尊。宗方虽以玄苏弟子，至授图书，而不与本岛之事，不过一少僧。而赠给若无差别，则渠必落莫。橘智正亦甚惊讶，言于朴大根曰："须告于使臣，便宜善处"云。马堂古罗亦甚贱末，橘倭之羞与为伍，而前头且有勾管任使之事，不得已以臣等别盘缠略加数目，以示赠给有差之意。各倭行礼之后，义成、调兴各具冠带，以次入揖，东西分坐。论以此行专为刷还之意，渠等答以已知，当尽心为之，但今年势与前悬殊，少者已长，男婚女嫁，老者已长子孙，虽有刷还之令，必有不肯之人，此甚可虑也。答曰："我民在此者无穷，男婚女嫁，已长子孙者，想必无多，而人情切于怀土，前此或刷还或逃还者，皆是男婚女嫁者也。只恐贵岛不用心力，我民岂有不肯之理乎？"仍语调兴曰："自尔祖尔父，尽心向国，朝廷嘉之，待之甚优。你虽年少，宜念朝廷德意，尽诚于刷还一事可也。"答曰："当竭诚为之，所教如此，不胜感激"云。言辞礼貌，极其敬谨。义成、调兴等皆下马门外，所率兵卫皆扯住于清道旗作门之外，只率从倭各二人，橘智正管文书一人而入。义成年十四，调兴年十五，俱是黄口小儿。而调兴言语动止，颇伶俐狡捷，义成痴呆，都无精神。岛人亦以调兴为右，曾入江户，得宠于秀忠云。临夕，调兴送呈米钉、屑糖。岛中凡事及一行接待之事，调兴主之，义成以尊不皆管，岛俗然也。

义成等冠带之状可怪。衣如团领之制，而其袖广如僧衲，旁无衽制，直缝而下，只于两旁下端付一幅帖，如我国直领之旁衽，长才五寸许，立如箭羽，冠如纱帽之制，而后之立者，尖如砺石，前之覆者盖子形，仅掩顶会之间。横插长簪，叠插两角于后，卷曲上损，长可尺余，广可数寸，以紫丝为缨，结于颔下。衣以红黑辨尊卑，故岛主着黑，调兴着红。

十一日癸酉

朝雨夕阴。留府中馆舍。早朝，义成等差人问安，请行茶礼。以上使气不平，从事官有忌，故辞之。差晚，送呈酒、面、牛、猪、雉、鹿、生鲍、小螺等物，分给一行员役。

义成下程：素面一盘。生鱼五尾。雉十五。鲫十五。鲍十五。鹿脚三十。小螺三十七。牛一首。良酒六瓶。献酒肴，惟幸笑留。七月十日，三大人足下。

十二日甲戌

朝雨夕晴。留府中馆舍。早朝，义成等差人问安，请行茶礼于岛主之家，许之。宗方使人来曰："以病不得承受书契赠物，心甚未安。今日欲来承受，仍欲谒见使臣"云。食后，宗方来。译官崔义吉、康遇圣等具冠带传受之。后三使臣以平服暂为出见，寒暄以送之。调兴以小札相问，即答以送。三使臣具冠带，下轿于重门之内。义成、调兴、宗方等，各具冠带，下立于阶上。有三层，使译官崔义吉，论以下阶行迎拜之意，橘倭争之，朴大根举礼以责之，即下阶迎揖以上。东西分坐，坐定行酒礼。馔品略仿我国之规，但果子、鱼、炙、饼等物，皆金银箔片片传①之，剪彩为花，插于果上，果器皆用涂金银木器。奉酒进馔之人，选用小奚，一巡一易，皆着长袴，垂踝曳地者一尺有余，盖本国尊敬之礼也。一行军官以下则飧于大厅之西堂，旗牌官以下则飧于西堂之下长廊长廊即手下军兵所在之处，满壁皆是鸟铳刀枪下也，下人则馈酒于大门之内，馈飧各有其所。

---

① "传"，疑当作"傅"。

倭人之佩剑列坐于楹外西边者,几三四十人,皆如军官之辈云。小奚二三人,立于其后。橘智正、内匠等周旋辞令于左右所谓内匠即管文书者也,言辞亲恳,礼貌恭顺。杯酒之间,语义成等曰:"朝廷勉从你等之请,为遣使臣远来渡海者,只是矜怜赤子之未还者,专为刷还一事。你等宜体念朝廷德意,尽心奉行可也。"义成等答曰:"随力所及,尽心竭诚,何必再言乎?幸勿虑勿虑。但愿勉进薄酒,以领下诚。"调兴曰:"前头事势,与前稍异,手中无物,则周旋于执政之际,恐或有未易也。"使臣答曰:"两国修好,只在信义,既曰修好,则在此俘民自当一一刷还,若必货之,然后刷还,则恶在乎信义相交也,此则使臣意虑所不到处也"云。则调兴辄谢曰:"非欲货之也,第言我国事势如斯而已,如以货易之,虽尽马岛之力,何可及也?自当尽心力为之,勿以为虑。"微发用货之端,而辞直义正,则即反其辞说以谢之,年虽少,计实巧矣。又曰:"小人之祖与父若生,则酬酢之间,勤侑之礼,岂如是龃龉乎?小人生于海岛,年纪且少,不闲酒礼,馔品亦薄,只顾①领诚。念父祖向国之诚,待以朝鲜人可也"云云。其伶俐如此。

宗方不过一小僧,而以仙素之弟子,稍解文字,以首座而为西堂者。日本僧,例以西堂为东堂,由东堂而为长老,长老则虽尊官大爵之人,坐之首座云。此僧时未勾管文书,故不得为长老,坐于调兴之下云。宗方号曰以酊庵,盖用仙素之义也。语义成等曰:"俺等到江户传令之后,则不可久稽。刷还一事,必须预先详讨。或自贵岛另差的当员役,分送附近诸岛,开谕我民,或周旋主倭,一齐知会,俾及回还交解甚可。只待关白令下之后,则恐有后事之患也。"义成等曰:"当依教奉而周旋。"中心一念,每在雠敌,虽礼貌之勤,接遇之诚,未足以为慰,见其丑貌,听其鴂音,心中愕怡,如蛇虺

---

① "顾",疑当作"愿"。

过前,苦哉此行!

　　柳川平调兴谨启三大人阁下,不得论风雨,今日于太守之馆闻来过者,不耐欢忭之至,仆江户退出之日,引导信使之约期,余日也余月也无数多,以故于仆早馆要请求过者,风若逆,则必请之,风若顺,则还乡之日长对酌以发万年唱者也,惶恐顿首谨言。

　　答书曰: 下馆数日,礼遇甚勤,足见尊朝廷以及使价之盛意也,今又承问,良慰客怀,王事靡盬,不可久淹,得风便发是所望也,置酒私会诚不暇论,太守馆中即可相面。不备,谨谢。

十三日乙亥

　　晴。留府中馆舍。早朝,义成等差人问安。调兴请于明日行茶礼于其第,许之。义成送呈酒、果、生鱼等物,橘智正亦呈酒、饼、鱼、鲍等物,分给一行员役。令译官崔义吉、康遇圣送土宜于义成、调兴等,且赠给智正、智长及随行通事倭人等各有差。义成使平智长来谢,调兴亦差人来谢。使朴大根往见调兴,详讨刷还之事。调兴答曰:"本岛则前次已尽刷还,虽或有之,皆有子有孙,执①有所难者也。"大根答曰:"在你之道,勿论有子孙,尽为刷出,然后方见以信相交之义。其中势难者,则自我当为酌,你处不可先自搪塞"云。则调兴曰:"当如命。"大根曰:"以言语回报使臣,使臣必不信之,须将一字相报,以为信标。"调兴曰:"明当以书相报"云。岛主例呈五日支粮馔物,即令分给。朝,橘倭以义成等之言来告曰:"差人分送开论之事,更思之,则关白未下令前,先自下手,以至谗间或入,则恐误事机。所经诸岛,则自然周旋,其他远道,令下之后,亦无不及之理,兹不敢妄动"云云。再三恳谕,皆以恐惧关白,不得承教为辞。

十四日丙子

　　晴。留府中馆舍。早朝,义成等差人问安,平调兴以小札陈刷

---

① "执",疑当作"势"。

还之事,答昨日朴大根之意也。日中,三使以平服往调兴家,义成等下阶相迎,上堂平坐,坐定,先设饭,饭讫,行酒礼。酒罢,请曰:"等当少退,愿倚枕安息,周览陋地"云。暂入,见浴室、茶房、莲池等处。出来时义成等延坐于东边静室,略设酒礼,酒数行罢出。还馆之后,调兴送呈米、酒、牛、猪等物,愿分给下人之未随行者,即令分给白米七石、酒十五桶、鹿脚五十六、猪脚三十五、鲫二十尾,牛一头。

调兴书:柳川调兴谨呈三使阁下,畴夕,朴同知来招话,但论擒人在马岛者也,在马岛之擒人,昔日归去者多,而残留者少也,三使臣还乡之日,仆必探之,付归帆以送还之者也,安贵怀,恐惶顿首不宣。

十五日丁丑

晴。留府中馆舍。黎明,三使具朝服行望阙礼。早朝,义成差人问安。调兴使人谢曰:"昨蒙荣临,不胜感激"云。宗方送呈酒、饼、蔬菜等物,即分给一行下人,酒各双榼、团饼一器、馒头一器、豆腐一器、野菜两种共一器。

十六日戊寅

晴。留府中馆舍。义成等差人问安。倭俗以此月十五、十六为大名日,以日本历则为十四、十五也,为供盂兰盆,而大小上下盛服游嬉,家家悬灯,蹈舞街路。处处山上,把火以为祭先,亦不设馔,终夜喧闹,而第不食肉以致斋也。义成、调兴临夕来谒,设茶酒以饷一行。自釜山渡海时,倭人等宣言:"关白六月离江户,七月当到伏见,为朝谒皇帝也。若闻使臣渡海,则必留待于此"云。初以为催行之说,不以为信。渡海之后,橘倭等亦言之,道路中亦有传言者。今日始问于义成等,则曰:"果是信的。六月二十八日,已到伏见,欲及九月九日回还云。行次于十八日当为乘船,若趁时得风前进,则可及宣命于大坂"云。十八日乃我十九日也。义成送呈烧酒、生鱼、果箱、真瓜等物，分给一行下人，烧酒各一瓶、花折箱一介、真瓜三十介、生鱼三介。

十七日己卯

晴。留府中馆舍。义成等早朝差人问安。受职倭人等马堂古罗四人，送呈酒、猪、生鱼、真瓜等物，分给问候倭人及一行下人。调兴朝送生鲋鱼，夕送生银口鱼，分给厨房。副船格军一人病重云。前以刷还事，差人分送各岛之事，到今来言，业已分送云，未知道真的也。

与上使、副使出坐大厅。副使先入，与上使见月而罢，宗方使少僧来呈小帖，乃以请自炫者。

宗方小帖：搪突使威，固知汎滥，而诗可言志，兹忘鄙拙，敢尘清鉴，伏愿金使相国，原恕垂怜，运斤笔削万幸。

特报纶音超海来，使华应自但宽怀。休疑往日情无□，须信今朝事有谐。宜把客鞭摧打着，好将旅枕顿安排。归期定在黄花节，不必登临望思台。

语少僧曰："来诗甚佳，但望思台三字，非但平仄有误，望思之意有不然者，主僧岂未之思也？"少僧曰："欲曰望乡台，而恐失平仄，故如是下字云，亦不知望思之思，实非平仄也。"

十八日庚辰

晴，留府中馆舍。早朝，义成等差人问安。调兴送呈银唇。自十四至此日，岛俗以盂兰盆供，禁忌乘船，连有顺风而不得发。义成、调兴等亦未及整顿行李故也。与上副使终日坐大厅。译官朴大根往见调兴、智正、内匠等，开谕刷还事。

十九日辛巳

晴。留府中馆舍。义成等差人问安。此乃乘船定日，而无风仍留馆舍。岛中例呈五日支粮馔物，即分给一行。勿论上下员役，皆以一日三时各升磨炼之后，尽还其余米。倭之计粮，上自使臣，下至格军，各有降杀。至于格军，最是苦役，而只给一日一升，以我国升则二升半也。以此减多增小，满给三升者，为其役苦也。下辈之应受差优者，不能无多口。此不过取赢转贷之意也，可胜痛哉！调兴送呈生鱼。智正病愈，来候馆下云。

二十日壬午

晴。留府中馆舍。义成等早朝差人问安。调兴送人致语曰："风势不顺，未得速发。俺等亦以为悯，须预为治行载船，得风旋发"云云。朝送海羊，夕送银唇。宗方送呈南蛮酒二樽及分馈一行军官。橘智正亦呈油饼各一器，乃我国人所制。智正妻乃我国人也。调兴等处使人问曰："风便虽得，自此上船，恐或小迟，欲移寓流芳院，得风即发。"调兴等曰："来教甚当。"即令修扫以待，夕食后移寓，调兴等差人问安设茶。流芳院为调兴愿堂小刹也，在海岸。岛主送呈酒馔，遍及下人，即令分给一行下人及倭子问候者。

二十一日

晴。留流芳院。调兴等早朝问安。食后，调兴与宗方来候馆下，暂与相见。义成自昨日恳请曰："自前使臣久留馆中，设振舞以慰者例，今者累见牢拒，不敢仰请。近日风势不顺，势将久留，愿一光临，以副下情"云。使译官等谕之曰："使臣曾已一遭领宴，今不可再往，你等必欲为之，移次流芳之后，暂来相见也"云，则"排宴于使臣所寓，非我国尊敬之礼，此则不敢。所教如此，不胜落莫"，再三恳请，调兴亦送人恳陈岛主之意思，不得已许之。今日调兴亲自来请。午后往岛主家，盛设酒饭，少顷罢还。军官及一行下人，亦皆饷之。

二十二日

晴。留流芳院。义成等早朝差人问安。午后雨。橘智正送呈粘饼各一器。调兴送呈烧酒二瓶、生鲍四甲。夜，风雨大作，倭人终夜救护船只。

二十三日乙酉

晴，夕阴。留流芳院。义成等差人问安。岛主例呈五日粮馔，分给各船。日中，义成、调兴来谢而去。调兴送银唇，义成饷三色饼。

二十四日丙戌

阴。留流芳院。义成等差人早朝问安。食后，宗方来见，仍道同行上京之意。调兴送呈生银唇。

二十五日丁亥

晴。留流芳院。义成等差人问安。调兴送呈花折箱二副，一则霜花饼，一则数色酒馔也，分给军官。与上副使暂憩涧边，仍上西廊闲话。到马岛者今已十七日，东南风连吹，顺风不作，非但一行悯郁，倭人亦深为虑。日日望海，一刻如一年，欲速其行者，欲遄其归，而淹留至此，几发狂疾也。

二十六日戊子

朝小雨，夕阴。留流芳院。早朝，义成等差人问安。夕，义成送呈银唇、生鳆、小螺等物，调兴亦送银唇。逐日有支供之物，而例外别呈者，示诚款之意也。

与上使终日闲话，副使以病不出。宗方送小帖相问，以示求和之意。前有四韵，后有小诗，皆不酬酢，以此颇自憾恨，发于言辞形于文字者，非一再也。

宗方小帖：谨书上金使大人阁下，曩日造旅床下，尘谈殆如听咸韶，而直不觉手之舞之，足之蹈之也，快意曷穷耶？且中因命赋野诗，而不蒙慈斤，不赐尊和，为大遗憾而已，抑亦恐不肖之见却也。虽然，所谓无弃才无弃人，则岂以宽裕之德而弃人乎也？顺风大难，只将佳制，宜消郁怀矣。余万在奉颜，只此草草，伏仰鉴烛不宣。主臣叩首。

答曰：向日鸣锡，良慰寂寥。仍留佳制，以为客中清玩，岂不欲效颦,以酬厚意。渡海以来,文客多病,诗思无没,遣词中律,自不果为,此岂少有不屑之意也。日后长途,退蹑后尘,瓜报有时,幸勿疑讶。琼翰中多小缱绻,非奉难谢,姑此不具。

二十七日己丑

雨,夜大风雨。早朝,义成等差人问安。调兴送呈银唇。与上副使终日闲话。夜来风雨大作,屋瓦皆飞,栋宇振摇,雨下如注,义成等多差偏裨以救舟楫,终夜喧呼,不得交睫,鸡鸣后暂睡。

二十八日庚寅

朝小雨,夕阴。早朝,义成等差人问安。调兴、橘智正送呈生梨,义成亦送油饼、生梨。国分寺僧铁总和尚为名者送酒桶、豆腐、菜、饼等物,以油芚、乡扇、纸、笔、墨等物谢之。

二十九日辛卯

晴。早朝,义成等差人问安。义成使人来告曰:"顺风久不作,为行深虑。但夜来人有那边来者,闻关白当久留伏见,幸勿为虑"云,送生鱼。调兴送生拖,宗方送生梨、油饼等物。

三十日壬辰

晴。留流芳院。早朝,义成等差人问安。

八月初一日癸巳

晴。留流芳院。地势狭陋,不得行望阙礼。义成等早朝差人问安,倭俗以此日为名节。调兴送梨、酒、楸子等物。楸子如我国榛子之状也。午后,橘智正以岛主、调兴等之言,来言于朴大根曰:"不得顺风,久滞至此。自今日南风渐西,若乘船回泊于岛西四十里地,待明日风势稍西之后,直向一岐,则正好"云。答曰:"今日已暮,不可乘船,明早可乘船回泊,任风去留可也。"智正曰:"然则以此意回报"云云。

初二日甲午

晴。平明,岛主使人来曰:"今日风势甚顺,须催行上船。俺等已为乘船以待"云。催食登船,日已辰时末也,即发船直向一岐。日本船凡四十余只,一时开洋,张帆蔽海而行。所谓顺风,非北风也,乃南风之稍西者也。此所谓斜风,不得正帆,而斜悬而行。申时,到泊一岐岛。岛主乃隆信,而以关白迎候事往伏见城,以南总右卫门称名倭官替管接待之事。泊舟于浦内,下宿圣母坊。圣母坊,乃寺刹也。圣母,山神名也。橘智正临昏来谒,愿进本岛所设之饭,既以行次厨房设食,辞而不食。有一人来言于厨房军官李瀛生,"小人乃顺天加里浦居坊踏水军,以镇抚为役,而闲山之败,被掳于法印之阵,来居飞兰岛"云云即平户岛也。即招见,先奖其向国之诚,次谕其朝廷宣谕以意,约以回还时募聚以待。则曰:"已与数十人相约,闻使行渡海,到此等待者,已数十日子"云。我国名则朴春节,而倭名信时老也。对马岛倭人等,呵禁我国被掳人,使不得任意来见,不胜惊愤,使人责诘,则橘智正说称:"刷还一事,俺等自当尽力为之。若先自行中,处处招见,以致搔扰,则恐或有主倭之厌其刷还者,不无行间误事之患。若一见诺于关白,则凡被掳人口,自可刷出,何乃先自纷扰乎?"此言亦似有理,而实非为我国计。恐被令前先扰之消,且虑主倭等或为怨谤,隐然为我国计者,而先自隔阻,不胜痛甚。一岐岛,比对马岛甚小,西北对对马岛,东南近西海道平户之东,正与郎古耶相对。泊舟浦口,左有经岛,右有没岛。自马岛至一岐五百里。与上使同宿,副使隔壁而宿。舟行甚稳,曾为水疾者,亦不至甚,只不得起动而已。

初三日乙未

　　晴。一岐岛以隆信去时分付,呈酒各三桶、雉鱼若干、甲一领、胄一头等物,辞而不受。有一金堤人来谒,问其居住姓名父母兄弟有无,皆曰不知。朝鲜言语亦不能解听,十岁被掳云,而其愚劣如此,约以来时出待,而如此者特一倭人也。岛主义成、丰前调兴、橘智正等早朝差人问安,仍曰:"今日风势甚顺,但潮水方至,可少迟发船"云。观其气色,渠等似有未及措置之事,而有此言也。三行鼓吹乘船,义成以下亦发船。风势甚顺,船行疾如奔马,申时到蓝岛。蓝岛即筑前州所属,而太守长政以关白迎候事在伏见城,差倭官源正直替管接待之事。馆舍亦为新,凡支待铺陈等物,极其清洁,奔走应接,极其敬谨。有一我国人,以小纸投于船上军官等所在处,乃一小诗也,其诗曰:"平安渡来海上路,御使供亿亦功劳。二十年来无消息,相逢相对语不尽。国下忠臣书"云云。本岛倭人、对马岛人等互相拦阻,使不得相见,欲问其居住姓名,亦不可得,极可痛甚也。即令军官等,作答书以付,以陈其朝廷宣谕刷还之意,俾令召募,以待回行。又有一人投谚札于下人等所在处,其书略曰:"朝鲜国全罗道淳昌南山后居权牧使孙女,而父是权伯也,外祖父于丁酉年为龙安县监,妾年十五被掳而来,为此邑太守亲近奴子之婢。此邑名乃至久前也,此地最贵者虎皮,若得一张,可以自买而还。虽不如是,若言于此邑太守,则必许放还。妾思欲生还死于故土,人皆嫁夫,而独自居生。闻我国使臣之来,望有拯济之路,敢此仰达"云云。有一倭人来传,使下人作谚书,以道回还时刷还之意,而泛称筑前太守亲近奴家居生,不道其主倭姓名与渠常称名字,问于传书倭人,则亦不详言,必是惧不敢言也。至久前,乃筑前之倭音也。蓝岛乃行商泊船之处,人家仅二十余户。自一岐岛抵蓝岛三百五十里。而望见山势自南而东者,乃西海道肥前、筑前、丰前等州,而日向、萨摩、大隅、肥后、筑后、丰后等州相连之地也。北过一小岛,乃五老岛也,渔人数家居生云。蓝岛有一小岛,中穿如门,谓之鼻口岛。自一岐以后,一行员役,随其所到,各有支供。

初四日丙申

晴,夕雨,夜大雨。长政差倭正直请谒,与上使同坐召见,膝行匍匐,致敬甚恭。问之,乃食万石者也。义成等差人问安,仍曰:

"今日风势甚顺，可早发"云云。辰初乘船，开帆出洋，风势甚顺。未末到赤间关，未及泊舟，骤雨忽至，既至而雨下，亦甚幸也。赤间关乃长门州所属也，太守广元在伏见，差倭下总、采女称名者二人替管接待云。三使臣同寓一寺，名乃阿弥陀寺也，供帐之侈靡，比蓝岛尤加焉。自蓝岛抵赤间关二百五十里，而过大岛、胜岛、钟崎等岛，皆筑前所属，而钟崎则连陆，胜岛则人不居生，大岛则有数十余家。南过丰前之境，望见小船百余只来迎。望见东北连陆之地横亘海天，乃长门、周防等州也。有间岛、间浦、二盖岛，皆所过之地。未及下关十余里，南岸上号为小仓城池，家舍甚盛，弥满十余里，有五层门楼，凿濠引海，上架虹桥，其下可以容舟。自小仓而东有文字山城，秀忠为关白之后，下令各州各保一城，使不得别设城子，使之毁撤云。小仓君将倭即忠奥也，亦在伏见云，号称越中倅。

长州倅广元，即辉元之子，而秀赖之败，辉元右秀赖者也，以此家康夺其十州，只以二州授其子广元袭职，辉元则削发为僧，待以不死云。忠奥则右家康者也，秀赖以其妻子为孤注，欲致忠奥，忠奥之妻语其管家倭曰："秀赖欲以我为孤注，以致吾夫，吾不知夫心，而何可遽为此言，吾宁死而无伤夫心也。"使之杀其二儿，渠自焚死。其六岁女子临死乞曰："吾自此切不折庭前一茎草，切不点污屏上画"云。忠奥之妻忍此杀之，虽似为夫而死，其残忍恶毒之性甚可恶也！

初五日丁酉

或阴或雨。留。义成、调兴早朝差人问安。橘智正、平智长等伺候外云。越中倅忠奥管下倭平景嘉，来呈下程干饭百桶、酒百桶、鸡百首、折五个，曰："主将虽在伏见，行次过境，以主将去时分付，敢呈薄礼"云。令朴大根谕曰："小仓非所经直站，受授有礼，不可领受，情则已知，可完还。"景嘉曰："已闻行次先声，不敢以他物为礼，只呈薄物，为分馈下人之资。将军下令国中，而必使极致诚敬。若不俯领，主倅亦无颜色，心甚未安"云。令译官辈再三牢拒，景嘉恳请不去，义成辈亦合辞力请不已。领受其半，分给一行下人及义成、调兴一行倭通事、沙工等随行者。折，即前所谓花折箱之类，盛各色酒果者也。调兴使人来曰："行次渡海之后，先差多多源右卫门者，送至伏见，以通先声，去夜回来。关白以九月十日后将还江户，而亦未可必。倭俗，离家三朔而还，大有禁忌，故关白以此仍留，九月当还云，为行次深贺。但元丰病死，不能无缺然，但此人之死，将前例礼貌间文书，以付当事之人云，是则多幸也"云云。使译官崔义吉，招对马岛能解吾国语通事称名倭人，责之曰："朝廷既以信交邻，汝岛先受我国厚恩者也。凡系于刷还之事，汝岛当尽力周旋。而我国人被掳男妇，或有欲见者，而汝等多般阻拦云，是说然乎？或有来诉者，不敢尽其辞说者，必有所以。汝可言于尔岛主、调兴等，俾无如前隔阻之弊。"其倭即来报曰："即以所教之意，归言于岛主、丰前，则曰'行次所到处，恐有喧扰之弊，只呵禁日本人，岂有挥却朝鲜人之理乎？当严敕下人，俾之勿禁'"云云。与橘倭前言，大相径庭。倭人之诈伪如此，深可恶也！临暮，岛主等使人来告曰："明日潮水甚早，可乘船以待"云。夕食后，一行宿于船上。

初六日戊戌

朝小雨，夕阴。留。东风连吹，且有大雨之征，不得发船，还下待风。义成等使人问安，仍曰："日候如此，俺等亦以为闷"云。晋州被掳人李仁松来见军官等曰："小人是晋州士人李万璟之子，李芬之弟也。于丁酉之乱被掳于河东，今在丰前小仓市街。闻行次到此，为陈情事，渡津以来，拟于回还时随行"云。令军官另加慰谕，谕以召募以待之意。招见源右卫门，详问伏见消息，不过前日调兴所通之意，而无他辞也。宗方来候，暂为寒暄而送之。

初七日己亥

阴。留。义成等使人问安曰："风势似顺，而有大雨之候。徐观日势,以禀行止"云。或阴或雨,风且不顺,仍留。调兴饷烧酒。下总、采女等以为久滞,仍呈白折箱各一,盖霜花饼也,分给下人等。傍有神祠,以土塑为小儿像以祭之。古有安德天皇者,年八岁,为源赖朝所侵,流难到此,履战见败,势穷力竭,其祖母负而入海,宫嫔数人从,中纳言教盛等七人同赴海水死,飞骠左卫门景经等五人战死,至今图画壁上,与安德同祭,至今传之为古谈。蛮夷之中亦有忠其所事者如此,因乱后君者,可不愧哉!

初八日庚子

　　雨。留。义成、调兴等差人问安。调兴来见,问伏见消息。答曰:"因人书札中,闻将军八月则定留伏见,而未得其详"云。军官等来言:"我国被掳男妇,欲与舟人诉其情怀,而对马岛人呵禁挥却,使不得任意出入"云。不胜痛愤,招橘智正严辞以责之。岛主送烧酒、葡萄等物。

初九日辛丑

　　雨。留。义成等早朝差人问安。差晚晴。初更末,调兴手下七兵卫称名倭人,来传东莱府七月十九日成帖牒呈,乃渡海状启交付文书也,本月十二日到本府云云。

初十日壬寅

　　晴。夜小雨。早朝,义成等差人问安,仍曰:"今日虽无顺风,风势甚弱,潮水方退,可橹役而行"云。即催食乘船,鸣橹出海。行可十余里,东望盛村,即广元所居之城,比小仓甚残薄也。未时许,到周防舟山崎。东风大起,潮水且逆,停泊崎边,渐有风雨之征。移泊崎内间阎之前,问于义成等曰:"日候如此,欲下宿间家。"答曰:"间家窄陋,决不可止宿,幸暂留船上"云。二更许,义成使人来曰:"此间无藏船之所,若风雨大作,则恐有狼狈,切欲还泊赤间关",问诸我国篙工等,则亦以为然。乘夜发船,到泊文字城下,日已向曙。义成等使人问安,曰:"待朝可进泊赤间关"云。自赤间关到下崎可三十里,而倭云七十里也。
十一日癸卯
　　晴。未及朝炊,云敛风生。义成等使人来曰风势似顺,可发船云,问于舟人,则此是南风,而颇有雨征云,迟疑之间,西风忽生,一行船只、马岛随行之船,一时悬帆。到向岛,人定时也。义成等停船以待曰:"行次远劳,欲留宿此处,而明月正好,风势甚顺,此去上关亦不相远,切欲即到上关"云。与一行相议,待舟子落后者,更为悬帆出海。到上关四百里,二更末也,宿船上。曾见日本地图,西海道丰前州之文字城,正与赤间关相对,之外地势已断,迤南而西,即画南海道相隔之海,旋画南海道与周防州相对。到今见之,西海道丰前、丰后地方,迤南而东,与周防州相对者。尽日看了,知其图画之误也。所经岛屿甚多,距赤间关数十里,有小岛,名是冶岛,而多产蛇虺,人不得居,而岛周防所属也。自向岛浦口,南望一岛,乃丰后所属硫黄岛也,产石硫黄,故名之云。
十二日甲辰
　　晴。上关首倭等来请曰:"略设振舞,幸暂赐下临。"答以行忙不下,只谢缱绻。振舞犹我国所谓宴也,倭音为侯老麻伊也。例呈下程粮馔等物,依前分给一行。卯时,张帆发船,风力甚微,舟行甚迟,时时摇橹而行。过上关之后,岛屿甚多,不可殚记。自上关而行可六七十里,东出海门,南有姬岛、灵生岛,皆小岛也。自此逶东数十里而过者,乃汤岛。南过鹿岛、根岛,皆倭人所居之岛也。所谓灶户关,正与上关相对,自硫黄岛而稍东,地图则画于安艺州、伊豫州之间,恐是误也。自赤间关至上关,水路四百里,南与丰后地方相对,海水甚阔。自周防而与伊豫州相对者,海路暂近,且多岛屿也。津和岛,即讹时麻,正与根岛相对。过此之后,风潮俱逆,催橹役回泊于安艺州可留岛,宿船上。自上关抵此一百五十里。倭音以岛为时麻。

与上副使下船，上岛边绝岸望海，伊豫州地方，正在眼中，海中岛屿，或大或小，或远或近，夕阳方照，景像千万也。日没后，下坐沙边。闻潮生上船，月色如水，与上使共坐船楼之上，几至三更，此时心事，自难禁泪也。

十三日乙巳

晴。未明，义成等使人问安，仍曰："今方潮退，可以发船"云。即鸣橹出海。辰时，到泊三濑岛，即安艺州地方也。安艺州，乃福岛太辅正则所管也。正则在伏见，差副官彦右卫门检饬接待之事，凡支供馔物，精备以呈。元非站所，故无官舍，只修扫一室，以为休息之所。三使臣下船暂憩。进呈竹叶裹白饼一盘、雪糖一器，进茶。未时，义成等使人来告曰："潮水方退，敢禀乘船"云，即上船橹役而行。正则乃前日右秀吉者也，与家康颇不协。正则曾管关东一路尾长州，而家康疑之，移置安艺州。艺州广岛，乃徽元所居，而被削之后，正则来往广岛云。自可留岛东行数十里，北望浦内一小岛，岛名宫岛，由此岛而入，即抵广岛云。三濑之南，有蒲苅岛，此是译官辈所谓锅悬岛也。问于倭人，则曰："非锅悬，乃蒲苅"云云。译官康遇圣到此，言曰："在上关时，有一倭人言曰：壬辰之乱往朝鲜，见一壮勇之人。到庆州，活捉一人，六七倭人手缚不得，既缚之后，两臂暂举，大索即绝，以枪刺肋，亦不小挠。将倭以为奇异之人，不可自此杀之，用三大木横缚一身，以小船载送日本。八日而至，水浆不入口亦不速死。秀吉以为异人，使之救解，亦不食，十余日而死。真所未闻之壮士也"云。非但壮士，必是义烈之人，倭人等到今称之，惜乎失其姓名也。下三濑之时，橘智正、源智正来谒。源智正去时，谓朴大根曰："被掳人如有来现者，须令解事军官记其姓名，作为一册，以为他日凭刷之地可也"云云，盖示尽忠之意也。俄而有一被掳人来谒，自言熊川座首之子，壬辰被掳，来居安艺州广岛，以筛为业，交嫁我国人利川居严渭称名人之女云。方与译官崔义吉问答之际，马岛人麾而去之，不胜痛愤。即令崔义吉往见调兴，严辞以责。又送朴大根，开谕诘责，调兴即来谢而去。大概观其情态，所经地方，皆是大将高官，恐以刷还一事，得罪于彼辈，生此拦阻之计，反覆两间，狡诈不测，甚可痛也。北过小碇岛、唐船岛、上碇岛，南过大碇岛。人定时，抵安艺地方忠海岛但多于微，宿船上。自可留岛抵三濑五十里，自三濑抵此百一十里。倭音谓忠海谓但多于微。

十四日丙午

或阴或雨。未明发船，橹役而行。自过根岛之后，安艺、伊豫之间，岛屿相隔，分为两岐水。山崎海曲，围拥四抱，或广或狭，作为长浦，近者二三十里，远者四五十里。舟入浦内，若无所通，舟行渐近，曲曲浦口，四通五达，或望大海，或望沙渚，大岛如屋，小岛如舟，奇奇怪怪，真可一奇观！自三濑以东，达有间阁。离忠海行可三十里，北望盛村，此是备后州三原地方，以酒有名。自此行四五十里，南过横岛、田岛，民居甚盛。小艇五六，满载男女来观。自此迤东十余里，北望有石壁千丈，半入海口，上有数间精舍，名曰观音寺也。有僧数人，结庐寺傍，有船过此，辄鸣钟以待之，或以米钱投之，僧人取此资活云也。此是虿岛，而与韬浦相连之岛也。出此浦口，始望赞歧州地方，与安艺州地方相对也。午时到泊韬浦，间阁甚盛，比赤间关为优，备后州属浦，而正则所管也。停舟将下，韬浦之人与调兴管下再三来往。橘智正乘小舟来见朴大根曰："幡摩州曾是家康女婿三左卫门之所管，而卫门死，其子武藏倅袭职守幡摩。次子宫内卿忠长，分守备前、备中州。武藏死，而其子新大郎年幼，以幡摩近畿剧地之故，移授因幡、伯耆二州，以幡摩夺与其女婿本田平八。新大郎管下之人，散而为牢人。方到此浦，行次不可下馆，出此浦口二三里许，有泊舟之处，可安泊于此"云。所谓牢人，如我国之无赖人也。其言甚似诈伪，而彼既以主人导行，其言亦不可不听，即移舟回泊。岛名泉水山也。义成送人曰："行次在马岛时，差送十兵卫称名者，以通阻风未得前进之意，昨夜自伏见还来，将军闻行次入来之奇，深以为喜，但以迟为嫌。将军欲于九月初四五发向关东，在彼奉行人等，作书以通速来之意。将军若还，则关东之行，亦甚劳苦，行次一刻为急，须待潮作，速前进可也。今差快船一只，飞报行次已到韬浦之奇"云。未初，往伏见倭告归。韬浦前有山城，今则毁撤，如文字城之类也。自韬浦距泉水山岛，不过一条水相望之地。韬浦人载支供之物，来纳船头，设使牢人多在闾家，不得下馆，不妨泊舟浦内，而必欲回泊于此者，其情难测也。自马岛抵此几数千余里，而上关以东，颇有岛屿浦溆之胜，到韬浦则最明秀奇绝。韬浦之观音堂，泉水之社堂，皆在松林绝壁之上，相对浦口，作一海门也。少顷，顺风忽生，各船及倭船一时张帆，向下津。过白石岛之后，日已昏黑，阴云蔽月，风微潮逆，且有雨候。距下津十里许，不得前进，泊舟木路岛，止宿船上。郑忠信适病卧，舟中之事，无人管摄，雨将下而不设蓬茨，舟夜行而不问险易，满船军官，无一人吐一语以督舟人，只有李瀛生奔走检督。才难之叹，不其然乎？自忠海抵水①路二百里。倭音以泉水为线总。

十五日丁未

或晴或阴。在船中不得行望阙礼。早朝，义成等差人问安曰："待风当发，风势既顺，即张帆开船。"过下津。下津，备中属浦也。暂落帆取水而行。南过盐田岛、大豆岛、八岛，北过比比岛、京长老崎、儿岛、冈山岛。儿岛乃以美酒名于日本之乡。而冈山即备前主将所居之地也，望见城楼民舍甚盛。下津亦是形胜之地，山城亦为毁撤，亦如韬浦之类，而民家不甚多也。午时到牛窓。牛窓，备前属浦，而宫内卿所管也。岛主、调兴、橘智正停舟以待。智正曰：

---

① "水"，疑当作"木"。

"风势甚好,牛窗亦非支供之处,可直向室津"云。暂落帆汲水,即向室津。南过小豆岛、江岛。申时到室津,调兴停舟以待。室津人乘船出待,先导而行,直入浦内。浦口两岸,松竹成林,闾家仅百余户。下宿茶店,店舍甚为宏大精洁。地方则幡摩州,而以郡易之故,备前州忠长管下倭人安养寺藏人、津田将监称名倭二人,支待于此。非但幡摩无主将,行次过下津、牛窗两站,故出待于此云。此人等请设振舞,以忌故辞之,只以茶果进呈,铺陈供帐比赤间尤备也。橘智正来谒,朴大根于相见时问智正曰:"昨于韬浦,虽有牢人,以将军之令,各站出站,有何扰害而必移泊于泉水乎?必有隐情,你等之情难测"云。则答曰:"果然本浦不修馆舍,不设振舞。再三往复,则本浦人曰:'闻行次于三濑,亦不领振舞,片时过行,故不修馆舍振舞等事。今甚忙迫,深以为悯'云。不可以此直告行次,适有牢人,故托此以告"云。大根以不为诚信相告,责之以送云矣。岛主、调兴等,各送酒数桶、干鱼、生梨等曰:"今日闻朝鲜节日,故敢呈薄物,以饷下人"云。自木路岛抵此二百里。倭俗以换郡为郡易。

十六日戊申

晴,夜风雨。义成等早朝问安,仍曰:"此去兵库一百八十里,橹役而行,必须早发,然后可以及到"云,即上船开洋,人定时,兵库有风雨大作之候,下馆而宿。兵库所待馆舍,以稍远夜深不得住,止宿浦岸店舍,三使臣同宿。兵库乃摄津州所属,而关白以为藏入之地。使片桐主膳称号者管之。藏入,如谓汤沐邑也。片桐方在伏见,故差副官冈田新兵卫等三人检察支供等事,来候所寓云。自室津迤东数十里有盛村连亘数十里,乃鹿松村也。自此村北望,有五层城楼,是幡摩主镇,地名姬地也。室津正如阿婆相对,南过江岛、上岛、淡路州。淡路州之北,有岛崎城,岛崎皆毁撤,只有三层楼。淡路是胁坂中书治安所守,而以蜂次阿婆守有功,移守此州。

以中书之子胁坂淡路倅为信浓倅,中书则留置倭京云。岛崎与摄津之明石浦相对,过岛崎之后,又与阿婆相望。自室津抵此一百八十里,所经一路,闾阎之胜,兵库为最。

十七日己酉

朝小雨,夕阴。义成等差人问安,仍曰:"今日日候,似若不雨,可乘船去留"云。即上船开洋,到七八里许胁浦前,停舟待潮。申时开船,到芦屋村前浦,夜二更矣。不碇待曙,一行皆宿船上。岛主、调兴等送人曰:"前送七兵卫送人来曰:将军闻贵使之行,深有喜色,为一行深贺"云云。朝日,新兵卫等各设振舞,仍呈支供之物。自兵库抵此一百里。自室津以东,村间相望不绝。调兴饷柿、梨、酒、馔等物,岛主送折箱,分给舟人。夜,导行小艇百余只自江口出来。

十八日庚戌

或阴或雨。乘早潮向大坂。西望界滨、住吉数十余里,闾阎扑地,与店铺相连。自住吉至江口,至每年三月三日,则海忽成陆,广可十余里。初四日,海水渐生,至五日依旧。远近男女奔波来见,仍作遨游云云。调兴前导,岛主随后入江口,小艇蔽江导行,江口水浅,行舟甚难。到店浦,移乘倭人所送小楼船,溯流而行,过五坂桥下船。西过大市街,馆于阿弥陀寺大御堂。入江口行五里许,水分为两流,又过七八里许,又合为一,又过三四里,又分为二。一源则出于宇治,一源则出于河内州,至大坂前备前岛合流,或分或合,北流入海。自店浦两岸,闾阎相连,东岸只一带相连,西岸则闾阎扑地。南北几十有余里,东西亦如,人民之众,货贿之盛,不可胜言也。江河之内数十里,商船贾舶,舳舻相连,瞻望两岸,无所着足。过二桥之后,河水西流为长浦。战船几五六十艘,泊于此浦之内。战船散泊他岸者,或一二只,或三四只,而皆不如此浦之多也。日向寺在大坂之西北,闾阎街路如井字形,四望洞达,男女骈阗。秀赖之败，间家荡然无一余存，皆是兵火之后新创者云，而其盛如此。天之种育此类，若是繁盛者，抑何意欤？秀赖败后，秀忠之侄松平下总来守此地，而下总方在伏见，下总差其副官山田半右卫伺候于馆下，检查支供等事。此人问安于河口，下馆之后，呈下程折箱、鸡、酒等物，分给下人。大坂乃摄津地方，而秀忠以和泉州支待于此。和泉州副官长川左兵卫、小河清右卫、末孙兵卫等三人来待，设振舞，铺陈供帐器皿之奢侈，下人奔走服劳敬谨之状，所经之所未见也。仍呈折箱，分给下人。调兴、义成等来拜，橘智正、平智长、内匠等皆来拜。所谓七兵卫者来拜曰："将军来在伏见，诸将皆会，使行适于此时相值，深以为有光，多有喜色"云云。五桥，一则土佐，二曰越中，三曰筑前，四曰三佐，五曰肥俊，此必随其所造之地而名之也。自芦屋前抵大坂三十里，来时望见岸上有怪形三人，问之，则乃南蛮使者，而馆置间家，只给料米云云。探问秀赖之败，亦不得其详。

十九日辛亥

雨。收拾随身行李，移载倭小船，住泊所乘船只于河水十里之外，留各船守直人通共七十八人，倭沙工十四名，釜山小通事一人以守之。初次之后，雨下不得发，仍留大御堂。

二十日壬子

或阴或晴。义成、调兴等，以随行事来馆下。辰时发程，乘亭子船，泝流而行。调兴前导，义成随后。行李、军官、下人等分载小船，各船曳船之倭几五六百名。舟行甚疾，未时到平方，倭音彼乐可多，河内所属，而秀忠往来昼站处也。所馆则茶屋也，支供管倭二人，而官则内藤纪伊倅、小河大和倅也。自大坂抵此五十里，自船所过新旧天满二桥，抵备前岛仅三四里，此乃河内宇治合流处也。南望京桥，此是由伏见来大坂之大路，此去大坂城仅五里。旧有层楼杰阁，尽烧于秀赖之败，今则只设炮楼及若干馆舍，间阎则依旧创设。左右家舍,一如下流之盛。外城外有处处造山,是家康陷城时所造云。大坂、平方之间,村闾相望。而北过森口,南过山田,最是盛村。平方之南,山顶平夷,陵谷崩颓。有城池基址者,周回几数十里,问之,则是家康攻秀赖时来阵之处也。平方越边,北有盛村,乃是山崎,是平秀吉战破源信长之处也。平方亦是盛村,而秀赖之败,为兵火所及,人家太半烧尽云。中火后,即向淀浦。望见岸上有一老妇坐而垂泣,知其为被掳人。所经处处,颇有我国男女,垂涕者绝无,今始见之,令人惨恻。距淀浦十余里,日已昏黑,到淀浦,人定时也。自平方抵此三十里也。秀忠在伏见城,差管下将木村总衙门、藤内市街门等二人支供于此。管本浦市廛者,僧倭竹庵也,奔走伺候,极其敬谨,请设振舞,辞以夜深。所馆处,即秀忠往来昼站茶屋也。橘智正来告曰:"执政四人,送人问安,使者方到,愿暂招见。"答曰:"今日夜深,不可相见,明朝当见之。"岛主等更请,执政还送问安之人,暂许招见,则欲以日本礼拜谒而退云。三使臣同坐招见,则使臣四人入来罗拜致辞而去。岛主、调兴奔走引导于庭下,两人皆着肩衣,倭音可当其娄,此是尊前所着大衣也。敬使者如此,其敬畏执政可想也。执政四人,一曰本多上野守正纯,一曰土井大炊利胜,一曰酒井雅乐忠世,一曰安藤对马守重信。而正纯,即丁未年回答使时执政佐渡倅之子也,此人管朝鲜信使之事。其差人荒木虎助者,探得使臣姓名而去。使译官言于橘智正曰:"你之在马岛时,言问安人必于中路出来,而到此一日程,亦无形影,何异于丁未之规也?"智正曰:"丁未年行次入来时,以使臣入往关东事,将命于元丰者,适到大坂,以将军问安,权辞以告于使臣。其时亦使臣到江户,于下馆之日,送人问安"云。其前后巧诈,甚可恶也。

二十一日癸丑

或阴或晴,夕雨。支供倭人等请曰:"将军为送支供,昨日辞以夜深，不设振舞。将军闻之，亦必落莫，愿略设领诚"，许之。器皿馔品，极其精洁。既罢，请于智正等曰："愿以恪勤支供之意语及将军，幸甚"云云。日本国中，称秀忠为将军。问安倭人求书使臣职姓名而去。辰时发程，三使臣始乘马岛所造有屋轿，向倭京。调兴前道①，义成随后，旌旗车马，弥满数十里。一行人把员役车辆及所骑人马，皆自伏见城调送者也。午时到倭东京寺，三使臣着冠带入倭京，馆寓于大德寺。见一唐人立庭中，福建人，以买卖来者云。自淀浦至东寺二十里，间阎相连。六十六州将倭皆未罢还，入寓左右间家，长枪大剑，罗列道路，南望伏见，层楼粉堞，相对嵯峨，闾里周回几数十里也。秀赖在时，将官妻孥皆在伏见，而秀赖败后，又移于江户，巨室则太半撤毁云。自淀浦至东寺，左右皆竹林，间家皆在竹林间。自东寺至大德寺二十里，左右间阎，皆是市廛，物货之堆积，男女之骈闐，不可形言。大路则自东南间而向西北间，小街则自东而西，横街直卫，四通五达。行过如此巷口，不知其几十。过十余家，则置一里门。街路如井字形，洞达方正，处处市廛。所谓天皇宫，在市街之西南云。男女僧尼杂乱混淆，真一禽兽之场也。秀忠使其管下将倭小野宗左卫门及板仓，勾管一行支供伺候等事。板仓管下大村十左卫门、小林猪兵卫等二人，小野管下古岛新左卫门、岩崎清兵卫等二人来候馆下，设振舞以飨一行上下。方对食，闻板仓胜重及执政上野正纯来馆下，饭讫相见，板仓等各具公服，雨中只张伞跣足而入，岛主、调兴等亦跣足导入，使臣具冠带相见。板仓是秀忠奉行而总治倭京者，上野亦是秀忠奉行之人，而皆以秀忠之命来见也。板仓曰："使臣远来辛苦，将军使俺等奉候起居，故来耳。"答曰："入境续闻将军起居，甚慰，一路接待亦以诚款，足见将军敬邻邦以及使臣之意，下馆即蒙委问，深感。且两国

---

① "道"，疑当作"导"。

二百年相交之义，自壬辰以后实为不共戴天之雠，而先将军时荡灭平氏，累请重修旧好，故嘉其诚款，以通使价耳。"上野等曰："将军年虽少，常以信义为重，两国相交必以信义可也。"答曰："我国素以礼义闻于天下，常虑贵国之信义或有所未尽，今闻将军之意如此，实两国之幸也。"上野等答以信义相交者再三而去。岛主、调兴趋走于左右，如我国之传语者然。板仓等极其恭逊，言语亦不敢高声，俯伏酬酢。

二十二日甲寅

或阴或晴。留。调兴早往伏见，留人问安，送酒桶、生菜、干鱼等物。午后，岛主送三折于三使臣，盛各种饼也。日没后，调兴还，使人致语曰："今日已暮，不得拜谒，明早又与岛主往见，将军传命日期，明日可以探听"云云。所经道路，或有被掳人，而其数不多。到倭京之后，则连有来谒者，而愿归者甚少。年过十五以后而被掳者，稍知本国乡土，稍解言语，似有欲归之心，而每问本国苦乐如何，投足左右，未定去就，丁宁开说，反复恳谕，解惑者亦少。被掳于十岁以前者，言语举止直一倭人，特以自知其朝鲜人氏，故闻使臣之来，偶然见之，而略无向国之心，且此欲归未决徘徊于彼此者，皆佣赁吃苦之人，至于生计稍优已着根本者，顿无归意，或闻或见，情态可恶，直欲芟刈而不可得也。且倭人之俗，最紧使唤之人，朝鲜被掳太半为人奴仆，主倭每喝以朝鲜人刷还者，或杀，或送诸绝岛，且于使臣各自召募，渡海之后，则随其多小便作己奴使唤云云。彼不知事情者，万端生疑，以绝其向国恋土之请。倭人之巧诈，甚可愤惋也！晋州士人张汉良之子仁凯称名者来现，以写字为活生之资云，此人则癸酉年生，稍解文字，颇有向国愿归之心。罗州人罗允红，自言罗德昌六寸显门之子，十岁被掳云，而观其状听其言，略无怀归之心，不胜痛恶。大概无怀土之心者，湖南人被掳者为尤甚也。倭人守门，我国被掳人不得出入云。使一行别破阵旗牌官小通事，轮回守直，使不能任自禁抑。义成送葡萄各一盘。

二十三日乙卯

晴。留。马岛调兴率来内匠、橘智正等往伏见云。义成等申时自伏见即抵馆下曰："将军甚有喜色，饬命尽礼接待，将于二十六日传命"云。执政上野送下程茶一缸、磨石一坐、酒二十三桶、柿一折折箱也，引鳆二百把、食盐九桶，即令分给一行下人。有一倭人来传一纸谚书于军官译官所在之处，首书曰：墨寺洞柳金知子柳锡俊生员之书若来，愿为传送。因而列书南小门洞慎向、新门外李惠、南大门外长耆宅、乾川洞柳植、庄义洞李汝寿、东大门外李判书希俭、承旨李晬光，曰：或此人族属，或子息等被掳在此，倘寄书信，幸愿传送，故乡音信，绝不得闻，日夜悲伤，欲知各人生死，愿怜故国之人，详细下示云云。且及愿归之意，不书谁某之书。问于来倭，则答称："伊豫倅与信浓州相换，方归信浓，此人等随到大坂，闻朝鲜使行到此，作书以送，吾亦不见其面"云云。令译官等作答书，恳谕还乡之意，以授来倭，来倭曰即当受答更来云。一行支供，皆以干粮进排，使臣米日各一百手斗，堂上译官各五十手斗，军官译官等各三十手斗，中官等各十五手斗，伴从等各七手斗半，格军等各五手斗，凡馈物皆以此贸用，惟柴炭日有进排。一手斗容入三升。

二十四日丙辰

晴。留。义成、调兴等往伏见，留人问安云。被掳人求礼居士人梁应海、金海居、武科出身金应昌、蔚山居两班韩应凤等来呈单子，以道归之意，而其文无序，不可解见。即为招见，则梁应海、金应昌皆为僧人，梁颇识字，在本国儒业云，金亦自言出身，而不知为某年出身，但言渠之出身后三年而变生云，皆有向国之心，自幡摩州闻使行追来云云。被掳人中颇有诚款，馈酒慰谕，出示谕文，随读掩抑，情状可矜，约以召募来会于中路而去。又有军资正李涵一之弟被掳在倭京市中者来现,闻其兄生存,泪下如雨,其愿归之心则不如梁、金两人也,问其侄云从所在,则只于渡海时相见,到日本以后消息亦未闻知云,丁宁恳谕必归之意,馈酒而送之,在本国时,名以成一、行一,而未定遭乱云。义成、调兴等自伏见回来,送平智长曰:"日暮不得来谒,二十六日则丁宁传命,深以为喜"云。礼单物件一一点授马岛人,与上使往见副使。

二十五日

晴。留。调兴等来言:"明日当传命,请先受礼单之物以去。"使臣具冠带坐堂,一一点视以授。执政处礼单,亦令朴大根点授以送。朝日,橘智正来谒。板仓送下程盐雁十首、鳢鱼二百尾、昆布二十束、酒二十桶,分给一行下人。梁应海等更来言行,致丁宁而去。倭名安多知者,随使者来言:"将军下令,馔品器皿,亦皆十分精备,其有喜心,欲尽敬礼之意可知"云云。

二十六日戊午

晴。一行入把人马皆自伏见调送。黎明,奉国书往伏见城,调兴前导,义成随后。距城十余里,倭人或持长枪五六为伍,处处罗立。五里之外,着朱衣持铁杖跪者罗列左右,呵禁杂人。巳时到城,下轿于第三门之外,即承以步茵。又入一门,便是西夹外门,板仓、上野等与义成、调兴等下庭迎揖以入。廻过长廊七八间,有一室,板仓等引就于此,请少憩,渠等退坐于外。俄有一人着公服者自内出来,板仓引到使臣之前,跪而致秀忠之言曰:"远来勤苦,不胜未安"云。使臣还谢问行之意。将命者乃大泽小将,最是高官亲近之倭云。少顷,板仓等趋出,迎入大厅,厅有一级,差高半尺许。秀忠具公服坐上堂,使臣就堂中,行四拜礼如仪,仍坐下堂东壁。堂上译官拜于楹内,军官以下拜于楹外,下人等拜于庭下,皆如仪。罢出。秀忠左右无一侍者,只板仓、上野、小将等数人听候西夹楹外。一行行礼讫,小将趋入,听秀忠之言趋出,板仓、上野等与义成趋入，招译官传语曰："过海勤苦，得见希罕之事，不胜感幸。"使臣答曰："承问感戢，两百年交邻之义，不幸中途坏裂，歼我雠贼，重修旧好，实两国之幸也。"语讫，倭官着公服者一时进馔，秀忠举箸，使臣亦举箸。盘床、器皿、馔品皆着金银，杯用涂金土杯。果床随酌辄改。连酌三杯，而秀忠先饮以劝之。三杯之后，又设丝花彩云金台，置二杯于台上，倭官奉进于秀忠之前，秀忠先执一杯，酌而饮之，移置于正使之前曰："远来良苦，为劝别杯"云云，连酌二杯以劝之，次及副使，次及从事官，而各置云台，一则植松树于金龟之背，一则桃树结子者，一则葡萄也，行酒皆如正使之礼，如我国寿杯也，使臣皆拜而饮之。饮讫，秀忠致语曰："吾欲久坐，恐劳使臣，有迷少二弟，欲令侍饭，幸少留，俺则入去"云云。宴床辍，进茶床，茶罢，使臣行拜礼如初仪。秀忠起入，亦跣足矣，观其辞色，多有喜气。所谓其弟二人，皆着公服，自西夹入来坐西壁，又设振舞。饭讫，又设彩云床，如秀忠相见时，更为劝酒，三杯后辞之。大泽小将自内出来，以秀忠之命来言曰："恐劳尊体，先自起来，使迷弟侍坐，幸为我勉进一杯。"小将坐而劝之，更酌一杯，辞之，又劝曰："阴数不可，愿进一杯，以成阳数"，更酌一杯，辍床又进茶床，茶罢罢出。板仓、上野立于西夹楹外，笑而相迎，使臣相与立揖。上野等曰："今日得见盛仪，将军亦甚喜，良幸良幸。"使臣仍谢秀忠厚礼，仍言："两国相交之道只是信义，而信义只在于刷送一事，愿诸君勉力，转达将军，毋使一口遗落，此正今日邻好之实事，若不着实为之，而只循礼塞则如前日，则是外貌，非诚信也。"上野等高声以答曰："何为再言，当奉而周旋"云云。倭官着公服者簇坐于西夹门外长廊，无虑数百。板仓、上野、大炊等送至夹门外庭下，揖而送之。军官译官等设享于别厅，而委差一倭官接待，秀忠别为送酒，劝以大杯云。所谓二弟，一则尾张州太守中纳言，年二十；一则骏河州太守中纳言，年十六云。与秀忠相对时，有一僧坐于佐渡上野之后,问之,则是管文书僧崇传云,年可四十六七,而住瑞龙山南禅寺,号以心云云。秀忠身长体大,今年三十九,有子一人,年十四,有女四人,一女嫁幡摩州太守五郎平八,二女嫁纪伊州浅野但马守,余皆幼云。有次弟越前州太守上总,年二十三岁者,以罪流窜伊势州浅间云云。秀忠将见臣等,六十六州将官皆会城门之外,枪戟如束,人马辟易,城门之内,持铁杖枪戟者罗列左右,着公服将倭满堂盈庭,跣足奔走而寂无喧哗,城外十余里皆除洒水静尘,接待之礼极其敬谨。而蛮夷之俗本不知礼,衣服之制、进退升降之节不成模样,只瞪瞪相视者腰间一剑而已,秀忠之傍,无一侍人,非为严敬,实出于猜疑,蛮俗可恶也。公服则紫、黑、红三色,而所着之物,亦有三样,如义成所着者名曰加牟里,最上者,渠所谓冠也;次曰乌里染甫,渠之所谓折乌帽也;次曰染甫,是渠之所谓乌帽也,其状或似帽形,或似炭函之形,或似丁字形,奇奇怪怪,不忍见也。使臣乘轿,于下轿之处见一怪状立于门内,问之,是南蛮人也。出城门,倭将三人以秀忠之令随后护送,倭官亦罢出,填街塞路,倭将呵禁,使不得突过,随至五里许而还入去。调兴致语曰:"将军为一行下人设食于大佛寺,请暂过此寺供馈下人而去为当"云。入大佛寺,秀忠差送伊丹木助、松平右门二倭来谒,进呈饼折于三使臣,军官以下,皆饷以折,下人等皆馈酒食。申时还大德寺。自倭京至伏见几三十余里,间阎相连,过五酊桥以东,则闾里之盛不如倭京,而只左右相连不绝,皆卖饮食之店也。自倭京之北东至伏见,松林竹林寺刹相接,浮屠层塔突兀半空,其中东福寺、大佛寺最是巨刹。大佛寺佛像高十余丈,广可四五丈,一掌之大几一间,座傍左右之壁,皆贴金佛像,自膝至顶,连贴十三佛,一佛之长长如平人,而贴一佛又间一丈许又贴一佛,如是而上者十三佛,左右并二十五佛,其长可想也。外是二层而内不架楼,佛顶直抵梁上,间架之广几二十余尺,而长十一间,广七间,积横楣而上者十二,两楣之间几容一人之长，一柱之大几三把，窗户之玲珑，铺石之平衍，巧不可形容，三面长廊，几数百余间，自外间至佛殿之前，左右各置刻石，张明灯十余，终夜明火云。门内两边置金狮子，其状极大，门外左右置四天王，长四五丈，殊形诡制，真一奇观也。寺前有高丘如坟状，设石塔，秀吉聚埋我国人耳鼻于此，秀吉死后，秀赖环封立碑云，闻来不胜痛骨也。伏见城门外西南皆是将官家舍，而今皆荡然为民田矣。使臣休于外室之时，军官与他员等列坐其外，执政中有安藤对马守者，问于崔义吉曰："此何官也？"义吉佯应曰："皆文官也"，其人指郑忠信曰："此人吾曾相见于战场，必是武人"云云，可怪也。倭京左有白河，河源出爱宕山，东流与宇治之水合流于淀浦者也，五町桥渡此河者，几一马场也，以铜铸法兽头，桥柱辄盖之，比万岁桥差短也。秀忠荡灭秀赖之后，诸将畏威不敢动，而人心未付，自生疑惧，易置诸将，以亲易疏，质其妻子，移置江户，诸将之不自安者，亦颇有之，六月二十六日到倭京，六十六州将倭皆提兵来会，使臣之行适及于此时，秀忠得为夸大之一助，以此深有喜色云云。

往来伏见，非但气困，拜此雏贼，初非不知，到此屈膝，心胆欲裂，归来废食，与郑忠信相对下泪，不胜慷慨愤惋，咄咄奈何，乃赋自叹诗。

二十七日己未

晴。令朴大根、崔义吉，带同义成、调兴往伏见传致礼曹书契礼单于执政处。上野、大炊等招接大根于所在处，大根更陈其信义相交只在刷还一事之意。答曰："将军盛称使臣衣冠之盛，礼貌之美，深有喜色，此事不足虑也。但今日将军有不得出之事，兹未禀定，当俟其出，尽力周旋"云云。出而问其不得出之事，则倭人等言所谓天皇之父昨夕身死云云。初欲传授其第二子，其长子者阴结秀忠，约以为婿，秀忠劫传长子，四十一而传，四十九而死云。既曰君臣，而其君之父死，则无举哀之节，有职任者但一往吊焚香而已，关白亦无来临之仪,只在其宫中者一日丧服云云,其为禽兽之域,据此可想也。倭人等曰:"若天皇之父死于昨日之前,则传命必至稽迟,昨日之事万幸万幸"云云。执政五人,一样出接,私送之礼,不得取舍,各以路费中物略送为礼,白绸、白苎布各五匹,人参各二斤,花席各五张,虎皮各二张。马岛人请曰:"关白之弟二人,既与相见,此人等皆在内间,于刷还一事亦或不为无助,愿以笔墨为礼"云。其言亦似有理,将黄笔各百枚、墨大小中各十笏、尾扇十柄、别扇二十把作单送之。管文书僧崇传处,亦送海松子十斗、尾扇十把,黄笔五十枚,墨二十笏,人参一斤。上野等曰:"送礼多谢,但必禀将军而领之",故授调兴而去,徐当委人以谢云云。被掳人南原士人金龙侠之子吉生来谒,年十三,被掳于丁酉云,而言语则甚涩,颇解文字,作婿于富商之家,多有欲归之心,未易决意,丁宁恳谕而送之。咸安校生河宗海称名者来谒,投呈小书,以陈愿归之意,其略曰:"二十五年之间,食不甘味,寝不安席,一片恋主之丹心,几滴思亲之泪"云云,招见馈酒,恳谕归意,嘉奖而送之。唐人二人来见,译官等问之,是福建人也,以买卖事往年来到长崎,时未回还云。唐人与南蛮人,往来无常云。

二十八日庚申

阴。执政安藤对马守送下程酒六桶、干鱼四十七介、盐雁五介、干鳢鱼九十尾。大炊送下程酒二十桶、面百沙里、引鲅百把、干鲢鱼三十尾。雅乐送下程酒二十桶、鲭鱼百尾、面五箱、糒百封。糒,米食也,一封容入三升也。调兴、橘智正亲率其使者来呈,辞之不得,则分给一行下人。雅乐所送,则分给义成、调兴等。三更许,外门喧闹有斗哄之声,招译官崔义吉问之,格军福同称名者,与守门倭人相斗,倭人诉于别破阵郑义一,义一者亦醉酒,至于拍縶倭人,使不得出,倭人拔剑,格军一人夺其剑,以止其斗云,即令军官禹尚中缚致,以待天明。

二十九日辛酉

雨。食后，三使臣坐堂，拿致夜里相斗格军及郑义一，棒招决罚。义成、调兴等以执政处传致送礼事告归，少顷还报雨势如此，到大佛寺而还来云。所谓天皇之父，称之以隐御所，御所之丧，国无定制，将依天皇丧礼而行之，天皇死，则关白虽在远地，当来临丧事，今已到此，不可舍去。天皇不为火葬，将七十日而葬，凡丧葬之事关白主之，初五日则决不可发行，势将久留云云。将官虽或散去，所谓为侍从官者，当与关白同其去就，岛主、义成亦以侍中拾遗，当在应留之中，而第以使臣之行，未知去留云云。智长到馆下，以岛主、调兴之言言于译官曰："将斩昨夜相闹倭人，可告知使臣"云云。使臣答以："其罪可痛治，尔国无他刑罚，至于死则大过，须体使臣之意，宜饶之。"良久回报曰："罪状可恶，初欲斩之，所教如此，今姑恕之"云云。

三十日壬戌

晴。橘智正、内匠等以执政处书契礼单停当事，告归伏见。大坂来沙工等告归，内匠还招朴大根，出示书契草：

日本国源秀忠，奉复朝鲜国王殿下。珍翰焚诵，卷舒数过，特劳三员官使，兼赠多般奇产，如目录领纳，厚意难谢，感欣有余。抑大坂孤主，企叛逆阴谋，为太平奸贼，速诛戮之，靡有孑遗，今也国平民乐，海晏河清。事已，闻贵国急奏天朝，而贺弊邦之无为，实宿契坚也。弥不渝旧盟，永可修邻好。余蕴付在三使舌头而已。维时晚秋，自爱珍重。龙辑丁巳九月日。

即令朴大根往见调兴，招内匠语曰："交邻文书，事体重大，若曰日本国源秀忠，则何敢与邻国之君抗礼乎？必书王字然后可也。至如领纳之纳字，贺弊邦之贺字，旧盟之盟字，自爱二字，俱未安妥。你须往见执政，删改为可。"内匠曰："此草稿仅得觅来，不可以挂诸使臣之眼为言，当以吾意往图之。"

九月初一日

晴。行望阙礼如仪。橘智正等送人曰："昨夜夜深方还,今日大早,不得躬达,敢此佇报。刷还之令,昨日已下,一依丁未年例为之"云。答曰："事势与丁未有异,若只许愿归者听,则虽有愿归者,主倭等其谁肯出送也？今日岛主、调兴须往伏见,周旋于执政,必得悉令刷还,然后方可也。"俄而调兴来谒,将归伏见云,语曰："前者日月不久,愿归者甚众,主倭等据执不送,刷还者甚少。今则岁月亦深,愿归者虽多,每诿以男婚女嫁,阻拦不送,必胜于前。将军若不下悉归之令,则朝廷之委遣使臣,欲以信义相交之意者,果安在哉？况今各道诸将齐会,若一下令,使诸将各差差人,籍还被掳人,交付使臣,取还公牒,以凭虚的则甚好。自尔祖、尔父,受国家厚恩,今汝若不致力于此,则非但坠乃祖父之功劳,朝廷将以汝为何如也？尔须十分尽力周旋。"调兴曰："当奉而周旋,但行次所经处,则令下便可发还,至于深处,势将不及"云。答曰："行次不限日月,当久久留滞,必得尽刷而还。六十六州,不可不一时下令也。此意并为知悉图之为可,尔若或自不能周旋,则带同朴同知前去见执政图之为可。"答曰："将军既已下令,执政亦尽心奉行。今不可促迫,吾当前往图之。"辞去。调兴年少不解事,虽与执政相接,至于酬酢应对,专靠下人。遣朴大根进往调兴所在处,使之一一语其随行任事者。临昏,义成送人曰："俺与调兴往见将军之弟于淀浦近处,俺则直来,而调兴为见执政,仍往伏见城中"云。宗方来谒。

初二日甲子

晴,日气甚寒。日没后,闻调兴之来,问其更请悉还曲折及文书删改之事,答曰："今日更请于执政而来,来即又招,今将又往伏见,来即详报"云云。有被掳人晋州居河魏宝之子河愃者,为僧人,来谒馆下,适是左议政称念中人,译官等喜其相逢,细陈其父母消息,仍言关白已为下令刷还之意,问其居住寺刹,则嗫嚅不言,闻父母之言，略不动念，诿以明日更来，一去无形影，情状极可恶也。光州居柳玹之子命环，自大坂持梁千顷子梦寅、梦獜等及前日通书慎向等女子与其妹惠兰书并三道而来，慎向女子等书，即前书中愿归之意也，惠兰书亦其意也。梦寅等书若曰："奉母携弟妹，保全无恙，远流绝域二十年，夏之日冬之夜，暂刻之间，不忘归国之情，虎口难逭，至今不遂其意，惭愧惭愧，愿赖恩德，欲归故国"云云。招问命环，则答曰："胁坂中书年老，传授其任于厥子，厥子换授信浓州，将赴其地，中书则将永居倭京，提携眷属来到大坂，将军在伏见城，故不得入来，姑为迟留，命环母子、梁梦寅，则许令任意去就，而其余则皆不许出，其中梦獜以僧点茶，中书最为爱重，恐其逃去，以母为保，母虽年老，以此难归"云云。即将各人姓名书诸别纸以授调兴，请于将军，使之许还。但闻中书之子年十五六岁以下二人，方在关白左右，为其信爱云，恐其拦阻云云。闻刷还之令知会倭京，若有愿归而隐接不还者有重罪云云。内匠招朴大根言曰："文书删改事言于执政及崇传，则执政曰：不书王字，自是日本古例，况降杀不书，于礼何妨？崇传曰：将军非王，何可书也云云。然崇传与我，昔日同学之伴，更当往言之。"

初三日乙丑

晴。早朝，橘智正来谒，语曰："书契未妥处，不可不改。至于刷还之令已下云，而时未见文书，未知信的，且闻只还愿归之人，以信义相交之意安在？且归路必须差马岛人解事者，带同译官，分往诸处，然后方可刷出。而若无文书，则恐或不肯举行，须知此意，受出文书为可也。"答曰："今行将军另为致敬，凡事皆欲加前例，刷还之令亦以通谕诸将，如将官之辈，必无容隐不送之理。倘有愿归而小民拦阻，可以成①力捉去。至如悉数刷还之请，则虽已恳请于执

---

① "成"，疑当作"威"。

政,而岁月已久,有同土着之人,男婚女嫁,势有所难劝者,此则决难得请。还其愿归者,亦出于前例,若得踏印文书,示谕诸处,则事必着实,故今方图此"云云。将军执政,无路更接,凡有所通,只凭对马岛人,虽百分恳谕,不过为一场闲话,每于尽力奉行为答,而未见实效,尤可愤惋也。调兴自伏见还来曰:"昨日所教,一一言于执政,则答称刷还事,业已申令京中,如有容隐者,则可来告,当治罪刷还,文书亦当成送。使臣还时所经地方,刷去甚好,第有查问前例之事,急送内匠云。且将军初欲留俺,以为听用,而使臣在馆,而不可暂离,可以归去,接待凡事,必倍于前,更加敬谨"云云。令朴大根往见,言其书契删改之事,大根往,则内匠已去,即令解事倭人,作书以送而来。调兴辈口尚乳臭,虽去来往复,而都不管事,皆委于内匠之辈。管文书僧崇传者,亦与此人通议可否,以此自炫,其奔走劳苦之事,俱有希望之心,将行李中绀端、笔柄、豹皮等物,以偿其劳,仍责以周旋刷还之事。

初四日丙寅

晴。内匠自伏见还曰:"刷还事及文书删改事,已为力陈于执政,将周旋依副云。而但传长老曰:自前将军时,不书王字,以成规例,今不可改。傍有一僧道春为名者曰:将军在日本,实行王事,书王字,实为尊大,书之为可。但天朝虽朝鲜之所尊,非日本所书极行者也。长老以为送朝鲜之书,不可不依朝鲜例书之云。明日,执政板仓、上野等将将军送礼回答文书而来,若见元本,则可知删改与否。文书未及传授,不得以使臣之意言之,只以吾意言之,以此不得见信。明日,使臣若对执政等,披见元本,开道曲折,则必以为然,而谓改于将军也"云云。以别纸列书士族被掳人表表者柳植、慎向、梁千顷子女等四十余人,授调兴送于伏见执政等处,各别分付刷出。义成送生鲋鱼。

初五日丁卯

晴。调兴等使人来曰佐渡等即刻当来云。橘智正、内匠等先来等待。问曰:"文书未妥删改否?"答曰:"曾已力陈,而时未得知,若见元本,则可知也。"使臣责之曰:"前日家康在时,马岛所传书契及今番书契,皆书王字,独于此不书者何意也? 当以此开谕执政,以明前例之亦不然也。"智正等失色曰:"其间果有曲折,使臣虽直请删改曲折,亦必许之。若如此言之,则岛主等当骈首就戮,使臣独不矜怜乎?"颇有遑遑之色。智正、内匠等合辞以乞,其前日弄奸之状,据此可知,甚可恶也。巳时,板仓、上野等将回谢文书及使臣以下送礼而来,以秀忠之言言曰:"远来良苦,久留龃龉空馆,日气渐寒,心甚未安,谨修答书,且呈薄物,以便行李。自此以后,两国相交,朝鲜则未能知也,日本则此生未死之前保无他伤"云云。使臣答曰:"将军致款甚厚,甚用感谢,自此两国当以信义相交,岂有他哉? 且交邻文书,事体重大,使臣不可不被①见授去,愿就此披见。"即令译官开函披见,果如前日所见草稿少无异同,即就书中点示其未妥处,详言其宜改曲折如语。内匠、板仓等初以为难,再三开谕,则答曰:"当归告将军,周旋删改。"即起立,取其送礼物目床,陈列于堂上。日本之俗,以薄板造床,如平床之制。贴纸如小札,随银枚数,列贴于其上,纸面各印银子一枚状,置银于庭下,只奉入其床,盖敬礼也。使臣辞谢曰:"奉命出疆,礼无私受,既领将军厚意,不敢受去。"板仓等曰:"唐礼则未知也。尊者有馈,不敢辞却,亦是日本之礼也。将军闻之,亦必落莫,幸勿辞之。"日本谓我国为唐也。臣等答曰:"礼则然矣,但银货非授受之礼物,以此未安耳。"上野等曰:"当以使臣未安之意,归告将军。"再三辞之,不得已受之。使臣三人各银子五百枚、金屏十面,同知译官二人各银子二百枚,随员三十一人而书以三十七人银子五百枚、金都封。员役四百人铜钱一千贯、银子一枚四两三钱云。板仓等即欲辞去,令译官请

---

① "被",疑当作"披"。

曰：“暂与相坐，切有所言。”板仓等坐，使臣曰：“将军已下刷还之令，而被掳人绝无来者，必是主倭等不肯放还也。若不十分严令，似难刷出。须作文书，以为凭刷之地可也。”板仓曰：“当归而书送，又以别纸书前日书给柳植等子女以授之，另为刷出，披见曰：当依副。”又欲起去，更挽留，上野者便有不平之色，起立而言曰：“日本人甚多，朝鲜人五六千有何关乎？”使臣曰：“朝鲜亦非人少也，我国赤子岂忍弃置异国乎，兹欲一一刷还耳。”答曰：“当依命。”即辞去。义成、调兴等亦随来随出。以银子处置事，即招义成、调兴、橘智正、内匠等，已随板仓等往伏见致谢云云。译官同知以下赠物，即令分取。

初六日戊戌

晴。平明，以书契删改事，送朴大根于伏见。日晚还来，执政等以使臣之意言于秀忠，已许删改。今方改写，明间必传授。一路所示刷还文书，亦与此时并来云云。所谓秀忠之弟骏河守、尾张守二人，都送白金二百枚于三使臣。调兴率其使者来献，施礼毕，忙遽趋出，令译官崔义吉固辞之。使者曰：“既以将帅之令来传礼物，决不可持去，固辞之意，则谨当归告”云。即却之，令调兴措辞以还之，亦不肯持去。日已昏黑，待明出给次。姑令朴大根等看守，三使臣同坐，语调兴、橘智正等曰：“将军所赠银子，辞之不得，既已领受，是使臣之银也。前头有刷还人口，支粮雇船等许多需用之事，皆当责之马岛。尔等且有奔走之劳，此银没数归之马岛，一以为应办，一以为酬赏，宜速取去。”智正等曰：“将军所赠之物，吾等岂敢尽取，似无此理。若以为酬劳而分给若干银子，则可以受之。至于尽授，则决不可为也。”使臣曰：“尔等殊不知使臣本意也，奉命出疆，决不可挟而还，况有尔等应用之地，授受少无所妨，尔等若不受去，使臣决不可赍去，将置此银于何处？”再三开谕，则曰：“然则吾辈不可独自取去，当与众人，一时赍去”云。如此之间，因日暮不得出给,约以明日取去而去。大概观其意,非以金多为嫌,将军所赠没数取去,恐有人言,以此迟疑也。观一行下辈之气色,众目睽睽,意在欲得,处处偶语,较其多少。至于格军,则盈庭呼诉,争钱多少,其可恶之状,何可形容?严加禁戢,使不得纷扰。唯军官郑忠信,以其所赠银子,尽为分给其从人,不留锱铢云。国家羁縻之计,实出于不得已,而不共一天之雠,虽百死难忘也。虽不得蹈海刃决,忍而至此,一饮一食,愤气撑肠,至于授其物置诸橐中,非有血气者之所忍为也。余非敢以淡然无欲,自许太高,授受非礼,不敢忘①取一物。夫有所受之也,况奉命出疆,以易平日之常守乎?朴大根来言,亚使公招郑彦邦,谓曰:"吾意欲以彼银持献国家,一以为宫阙都监之费,一以为诏使时需用,令公可微禀于上使与从事乎?"郑答曰:"小的安知其意而敢禀乎"云。既以为不可受之物,而反欲持献于君父,此岂尊君忠国之意乎?甚可惊怪也。被掳人忠清道定山居定虏卫金继镕,自纪伊州来谒愿归,渠所居之地,亦多朝鲜人,而不知本国事情,皆不肯归,若得劝谕文书而去,则可以召集同归云。招见深加嘉奖,给米一石使之为粮,书谕文一道踏印以给。前日传柳植女子等书僧人又传谚札,皆是前日书中愿归之意也,令军官郑忠信将已通执政之意,作答书以送之。

初七日己亥

雨。内匠自伏见还,曰:"书契既已删改,而今日雨势如此,不得传授,明日必来传也。"问刷还文书,何不书送也。答曰:"明日必并送"云云。以银子处置事,招调兴等,互相推诿,皆不肯来。使朴大根往谕其曲折,答称一人不可独去取来,所当齐往赍来。而甲者无故,乙者有事,兹未即往,以已为出给样,姑置同知所在处云云。观其辞色,执政答书删改之书,俱未传授,径先取去,则恐有尽取将

---

① "忘",疑当作"妄"。

军所赠之物之消,欲于临行取去之意也,其情诈谲。故又令督催,则明当取来云。内匠言:"闻执政答书,欲依前例,书礼曹参判之名,不书执政姓名"云。大根答曰:"国王书契,亦必删改而后已。执政文书,虽百改之,必改可去也。"还应曰:"吾当图之,勿虑"云云。盖先言其难,欲以为己功也。马岛人之用心,类多如此,可恶可恶!

自伏见之败,移置秀赖于大坂,割授若干食邑,而相怀疑惧。秀赖之金钱甚多,家康惧其为乱,以计侵竭,既使重建大佛寺,又劝为善缘,车载银钱散于行乞之人,以此秀赖之疑惧愈深,多发金钱,阴养死士,招亡纳叛,军兵渐盛。家康闻之,欲为剪除。甲寅之冬,自关东提兵来攻,秀赖坚壁固守。家康自十月至十二月累战累败,军兵亦多死亡,家康以计诱之曰:"尔于我亦亲属,闻尔有异志,故来攻。尔若自撤外城,以示无他,则吾当讲和而去。"且有内应劝者,秀赖然其言而许之,佯为和亲,解围而去。乙卯,大举再来,师期则定于八月,而五月动兵,乘其不虞。家康军号三十万,结阵于平方。秀赖军号十万,入据大坂城中,又募市井得十余万兵,下令市民尽烧其家,以为战场,约以战胜之后自官造给。初六日家康进兵,两军合战,秀赖兵败,入保内城。初七日家康令军中人各负土,积而为山,以攻外城,又凿地道,以通城中,城中扰乱,气势已拙,内应者从中放火,焚烧其窟,诸将死者不知其数。自大坂至界滨,酷被焚荡,两军死者几二十余万,间阎男女,糜烂而死,积尸蔽江,江水为之不流。秀赖死生,虽未的知,而烧死中有一人,股不尽烧,股上有烧余甲片,此是秀赖平日所着之甲,非凡人所着,故知其为必死也。或云人虽烧,而剑铁不烧,见其剑标,知其秀赖之所配云,未知孰是也。秀赖之母,乃秀忠妻之兄弟,而秀赖之妻,即秀忠之女也。方其围城也,秀忠欲取还其女子,募人有能取我女子来者当有重赏。秀赖军中有其族人京极修理者,佯为之谋曰:"出其女子,以请和亲可也。"即出秀赖之妻，以纳于秀忠，以为己功。有浮田左京者自请为婿，以为狂妄，使之自死。嫁与五郎平八，今之幡摩守云。秀赖管下将倭等与新集倭人等分为二，秀赖之妻所带妇人亦多自关东来者，以此多有内应，易致败没云云。其所生之母则死于兵火。所谓其嫡母，今在倭京称御政，所受禄数千石云云。秀赖死生，自马岛屡问于倭人等，详略不同，剑甲之说十居八九，逃生之说只闻于大坂舟上一人，必死无疑也。如秀忠自怀疑惧，各道诸将，屡换食邑，质其父母妻子，皆在江户，以此将官皆不自安，人心亦不内服，今到伏见，自提关东兵十余万，不在倭京而入据伏见城，诸将来会，军兵几三四十万，而已经三朔，不许还罢，军兵暴露，颇有愁怨，自九月初稍有放还者云。秀忠行期，初闻定于初五，而以天皇父葬，退定于十五日云。问于倭中，则将军行止，虽曰定日，未可的知云云。我国所送礼单之物，一一分给诸将云。

初八日庚子

朝雨夕晴。令朴大根谕马岛诸倭，促令取去银子，终日互相推诿，趁不取去，必是欲俟明日，有若搬运使臣行李者而取去，其意甚巧诈可恶也。执政五人送礼曹答书，送银子二百枚，枚各四两三钱，通共八百六十两，都送于三使臣以为回礼，又送五十枚于朴大根。使臣招见使者，固辞曰："我国士大夫，本无以银为礼之事，厚意则感矣，决不可受，可完还。且前路各处刷还文书已蒙肯诺，趁不成送，实深苦待，须归告此意，即即成送。"使者曰："礼物不可持去，文书事当如命归告。"即辞去。令马岛人措辞却之，马岛人知其必辞，只呈物目单子，而银子则留置于外也。使臣言于调兴曰："善为周旋，期于必受"云。郑忠信胆势颇重。

日本执政本多上野书契：

日本执政本多上野太守源正纯，谨奉书于朝鲜国礼曹参判大人阁下。二十年来，海波不扬，两国相有修好之情深矣，是马岛能周旋于先将军未薨前之功也,万幸万幸!不意今承远惠玉章及土宜,感荷何极。示谕擒人之事,转达我殿下,出令刷还,而但恐男婚女嫁,有其子有其孙,前日出送为半,且深岁月,必不思归者也,然十分用力于其间矣,况今老者已死,少者已老,散在诸州,一时尽刷出难也。今日事势,实信使之所共见闻也,从此连续刷还之意,有言于马岛柳川调兴耳。统惟圣谅不宣。龙辑丁巳秋九月日。日本国执政本多上野太守源正纯。

内匠曰:"以此头发尽白"云,具自炫其功,果如前日之所料也。见此答书言其修好之功则归之于马岛,语其刷还之难则诿之于使臣之见闻,且于末端有若连续刷还者而属之调兴,必是马岛之容力处,其计巧矣。被掳人命环,来传慎向女子等及梁梦獜书,板仓已通书胁坂中书,使之刷出放还,中书者答以当送,梦獜赉送其书,事已成矣,只未许出,夜半当俟其宿,出往馆所,细陈曲折云云。二更许,梦獜果来谒曰:"二十年忍辱至此者,只为有今日也,今者若不得出归,誓欲自决。今奉老母,将归故乡,喜不自胜。"约以明日送橘智正言于中书,刷出而去。李涵一弟献民,寻得其妹而来。

初九日辛丑

晴。早朝,调兴来传删改,书"王"字,"纳"字改以"受"字,"贺"字改以"远慰","盟"字改以"交"字,"珍重"字亦书上行。出银子、屏风等物,没数给付调兴,以一纸书给曰:"将军厚礼不敢辞,既已领受,领受之后,既为使臣之物也,马岛既多奔走之劳,前头又有刷还事,及刷还人口粮、雇船等许多责应之事。马岛无物亦为,有亦为,况此物件,没数封还,自是以后,又为马岛之物,其出入费用,马岛任自为之,使臣切不相关。如有以此物为言者,可来告。"书其元数曰:银子一千五百枚通共六千四百五十两、金屏十五对通共三十面、辞却不受银子骏河守、尾张守所送二百枚通共八百六十两、五执政所送二百枚通共八百六十两。三使臣皆着押以付之。送译官崔义吉带同橘智正及板仓管下倭往胁坂中书所在处，刷出金顺、命顺与柳植、慎向、梁千顷子女等及他被掳女人二十二名，女子六人、男丁一人出来之后还为没入云，不胜痛愤。其中有柳锡俊女子自言："父母兄弟，皆不推我，我虽出去，更何依乎"，还为入去云，甚可恶也。岛主、调兴等各送饼折、酒桶，以酬佳节也，即分给军官及下人。有一被掳人倭名金藏者来谒，愿归，渠在萨摩，随其将上来，闻使臣之行，请还故国，已得其将之许云，问李涵一子云从消息，适是相识之人，云从今在长崎，年前得见其父之书，思归甚切，无路逃还，若闻此言，必即出来云。问曰："汝可往言其父望甚生还之意，与之偕来耶？其父之书，向使马岛人委传萨摩，其传致与否，时未闻知。汝须往言如此曲折，与之出来，以及于一岐、马岛之间为可"，答曰惟命，且言本岛多有被掳人，即书谕文，且以日本谚书翻译以给，使之召募而来，约以重赏而送之，给米一斛，以资行粮。使倭通事言于调兴曰："书契已完，明当发，可整齐车马以待。"橘智正即来听令而去。使译官崔义吉言于调兴曰："刷还文书，何至今不为成送乎，必待此发行，预为知悉。"答曰："七卫门专为此事在伏见，幸勿疑"云。临昏，又送康遇圣问之，答曰七卫门时未还来云。闻将军慰谕西海道一路诸将曰：闻尔等善为接待使臣，诚为可嘉，回还时亦须致敬支送云云。

初十日壬寅

或阴或晴。早朝，使译官问刷还文书来否。橘智正、平智长来到馆下言："昨夜七卫门作书以送曰：大炊妻讣自江户入来，刷还文书趁未成送，当留俟着责持追往云。行次可发向大坂也。"使臣招二倭面谕曰："前路最多被掳之人，虽有将军之令，若无文牒，似为无据。执政文书至今不来，发之后，若诿以不许成给，则奈何？"智成等曰："何敢面瞒，更勿疑讶。"使臣曰："信听尔等之言，今姑发行，须及大坂赍来，毋致远误。"丁宁分付而送之，用余米五十石积置庭中,招板仓下人使之取去。早食后,离大德寺。未时,到淀浦止宿,支供一行如前。七卫门赍刷还文书夜深来到。被掳人男女并三十四人,而四人则先往大坂云。朝日,康遇圣持一封书及砚封来示曰:此乃晋州人河愃传致其兄者也。大责其妄受,盖恶其无归意也。既发之后,追到路中,必闻其痛恶,忽生悔悟之端也。自倭京至淀浦,旱路四十里。

十一日癸卯

晴。早朝,橘智正来谒。使臣谓曰:"离大坂之后,当分遣译官带同尔岛人,刷出人口于诸处,尔岛亦为差人以待。"智正曰:"吾亦知必有是事,当惟命。"早朝,七卫门持执政刷还文书来谒,五人共著名也。乘小艇流下,未时到大坂,馆寓于阿弥陀寺,支供如前。下总使其管下程酒十桶、鸡五十首,仍致语在将军之侧,去来皆不得迎送,心甚未安云。使臣谢其去来皆致厚款,仍语其使者曰:"大坂地广,必多被掳人口,将军既下刷还之令,一一刷出以送之意,详细归告。"使者唯唯而退。自淀浦至大坂,水路八十里。调兴、义成等随到馆下辞去。

十二日甲辰

晴。以刷送事,持谕文及执政等文书,送康遇圣于界滨。被掳人等或有来现者,迟疑未决,百般开谕,而已惑于引诱恐吓之言,不为解惑。倭中事情,极可恶也! 调兴管下倭七右卫门自伏见追至,言将军十三日定离伏见云。

十三日乙巳

晴。义成、调兴等来见问曰:"离此之后,欲分遣译官带同贵岛人,刷还人口于诸岛,未知定谁某否?"答曰:"所教宜矣。但如所经一路及肥前、筑前、博多等州则可也,如四国则非但海路遥远,我国人心不好,若做出浮言,以朝鲜使臣与马岛人,诸处威力劫还之语闻于将军,则于马岛甚有害事,且于朝鲜人联属刷还之事不无所妨，四国则决不可从命"云。使臣大言诘曰："汝等在马岛时，欲分遣诸岛，则初以为然，而中以为难，至于屡言则曰答：已为分遣，到中道之后则曰：将军未下令前分送诸岛，似为未便，故不得送之，令下则当样样为之云。而今则又变其说以难之，尔等所为，事事无实，何乃如是乎？"义成、调兴等坐如尸童，顾见其下辈如内匠等曰："邻国使臣分遣使者遍行诸岛刷出人口，亦于事体何如也？"答曰："俺等非欲劫夺人口，只依将军许还愿归之令晓谕所经诸岛，带其愿归者以去也。"平智长进曰："使臣之意如此，虽不得遍送土佐等处，送于便近淡路、阿婆等处无妨也"云。义成等辞去。则副使朴梓自在倭京时，重患疟疾，涉海积伤之余症势非轻，行中忧之，此日始得离却。康遇圣自界滨还，仅募得十余人，而亦不随来，约以明日治行而来云。所谓梁梦獜，即被掳久在伊豫者也，详问四国事情，则伊豫以南道里甚远，虽送人，今年决不可得还，伊豫以北则吾所详知，吾当往刷来云。问被掳人在彼者几许也？答曰："阿婆、淡路则不多，而伊豫则颇有愿归之人，虽不可预定多少，而吾若入去，则可以刷出二十余人。但吾弟梦寅时在伊豫，吾若作书详通于梦寅，且将谕文及执政文书送于相识可信之人，与梦寅通论刷来，则似为便当"云。义成饷折饼。郑忠信以治船事归船所。

十四日丙午

或阴或晴，被掳人梁应海等自姬地来谒，给粮还送，使之刷得人口，待候于室津、大坂，得被掳人数十余人。言于马岛人雇船以载。夜雨。在倭京时，闻秀忠欲定关白之号，来见其所谓天皇而不许，以此空还云。臣等切观日本形势，所谓天皇，特一伴尊人而充位而已。秀忠之所欲为，天皇万无不敢许之理，而至言秀赖袭关白之职，今不知其生死，未可轻许云云，此言尤不近似，而被掳人亦皆言之。倭人之言，如出一口，未知所以也。

十五日丁未

阴。封先来状启,以授李真卿、申景沂,使马岛雇船先送。马岛人七卫门落后在伏见,今朝来传崇传书,书曰:"崇传谨答朝鲜国三官使价。柳川丰前受一片手教、五种厚惠,不堪感愧,已领国报归帆。海上波稳,船尾风顺,不日着岸,非啻主使事,况又发功名者乎,实自他之大幸也。仓卒不备,顿颡。"在大德寺有赠,而怪其无答,今始来传也。被掳人自昨日绝无来现者。未末,离阿弥陀寺。义成、调兴等来候馆下,先后随行,乘江船流下店铺前,还乘海船,留朴大根、安景福招集被掳人落后者。被掳人置簿姓名者,临行多逃去,不胜痛憎,只一百人乘船。令马岛备给散料上三船,六船上船者自船给料。朴大根、安景福临昏下来,被掳人绝无形影云,有一抱儿女人上船还逃云,可恶之甚也!一行宿船上。自大坂至店铺,水路二十里。

十六日戊申

朝阴午晴夕阴。平明,得顺风张帆。午初到兵库,支供如初。调兴等再度送人曰:"此处既无藏船之处,自此去室津,又无止泊处。今日风势适好,夜亦月明,须既发船云。"答以日暮不发,为刷出被掳人留。令译官崔义吉、康遇圣言于管地方之倭,终日知会,仅得一人,一人上船,二人还逃。男人五名,自大坂逃来。二更许,调兴又送人曰:"此去室津,非顺风不可得,今夜月明风顺,幸商量发船"云。张帆,鸡鸣时到明石浦前,风微潮逆,下碇洋中待潮。自店铺到兵库,水路一百四十里。

十七日己酉

晴。未明,张帆向室津。距室津五六里许,望见义成、调兴等已过室津巷①口几十里停船。橘智正谓曰:"室津因郡改,支供不

---

① "巷",疑当作"港"。

出,决不可入,愿过去"云。前日在倭京时,所约被掳人梁应海等相期于此,在大坂时有来致丁宁而去,不可弃去,不听智正之言,引船入港。智正者自不促舻来言,而大喝停船。朴大根叱曰:"在兵库时尔等约曰:此处无藏船处,且有风便,可速向室津,凡买船分遣译官之事,皆可于室津停留云。而义成、调兴不待使臣之行,先自棹去,有若我若先去自当随来者然,只留尔泛然请过,此岂宾主相敬之礼?况与被掳人相约于此,不可失信,决难过去"云。则智正怒去。申初,泊舟港内,望见智正先导,调兴随后而来。调兴停船于二三里许,智正入来,朴大根又责其不当然之由。仅下数语,智正引船而还,并与调兴而出去,必是智正以不平之语,恐动调兴而偕出也。日没后,内匠以调兴之言来致问安,仍欲接话,令大根招接,详道其不可弃去之义。内匠曰:"此地因邑守改易,不为出待,使臣之行,停船于此中,所见埋没,且不知有所约之人,兹欲引向十里外停泊,待明作行,不过是无心妄作之举,而重逢嗔怒,调兴亦欲来谒,而智正来而不得谒,恐或来而无面,兹以不果"云。令朴大根谓曰:"初不相通曲折,径先引去,以此有未便之意。支供之不出,事势若然,则不必介意也。第有待之人,不可失信,兹以留此,岂有含怒不见调兴之理?"内匠即通于调兴,调兴即来相与语如内匠,则恳请出泊于岛主所在之处,留人以待相约之人。既与梁应海有募人会此之约,不可失信,且观马岛人辞色,盛村近处必不欲停船久留,其意不过乎以被掳人事见过于管地之人,其情可恶。不许其请,而仍为留宿船上。夕阴,有雨征,人定后云散月出。自兵库到此,水路一百八十里。

十八日庚戌

阴。平明,梁应海等果率眷家且募人并十四名来到。其中有一人称贷别人银子不得偿还,贷银之家留质其妻,不得带来云,情理矜恻,自行中觅给所贷银子三两,使之偿还来带。自室津距其所五十里，往还之间，当费一日之力不得，留马岛倭通事一人、别破阵郑义一、使令一名，自马岛雇一船只，备粮馔等物，载梁应海同来之人留泊室津，待还同发。巳初开船，橹役到牛窓，牛窓亦如下来时，不为支供。调兴等先送小船以通出待之意，而时未出来云。调兴使人问安曰："使七卫门探其支待出来与否，则所备者只若干粮料柴木，而亦甚草草，深以为愧"云。宿船上。自室津抵牛窓，水路一百里。

十九日辛亥

雨。留。朝，马岛人来言，支供之物又为来呈，而亦草草云。令马岛雇船二只，令崔义吉带同小通事黄吾乙未、使令一名、格军一名、马岛倭通事加卫门，先往西海道小仓、筑前、博多等处，揭示执政文书，刷还被掳人，约会于一岐、马岛等处。令康遇圣带同小通事朴春、马岛倭通事甚卫门，使令二人先往一路所经山阳道、备前、广岛等处，刷得人口，会于中路。调兴先定下处于海岸私家，请下船俟晴，即下馆所。有一被掳人谒，愿归，而其主倭不许出给其妻云。即令译官言于地方人，则与调兴互相推诿，外为致力之状，而实与地方人相为表里，其情态之可恶，不一而足也！将军既下令，执政有文书，渠自愿归，而亦不得刷还。据理以言，则辄有厌色，恳辞以谕，则互相推诿，尤可愤也！调兴饷蜜桃、红柿。郑义一领梁应海等，二更许自室津追来，持银买妻者还逃不来，只推银子而还。幡摩人持支供出来，行次已发，还为已去云。

二十日壬子

晴。平明，调兴等使人问安，告以风顺，即上船开洋。东南风甚微，橹役而行，行十里许，悬前帆，东风渐起，到下津前，风势甚好，张两帆而行。调兴等停舟留待于泉水山，到此暂下碇，告以韬浦人定馆舍领支供出待，可前进云云，即回泊于韬浦前，闻馆舍稍远不下。被掳人昌原居金开金称名者来谒，自言十二三被掳入来，而不通一句话，特一倭人也。谕以还乡之意，则答称主倭方在江户，俟还归告，然后方可出去，二十年受恩之人，不可相负云。再三谕之曰："受恩轻重，孰与汝之父母？汝之被掳入来，告于汝父母乎？汝若还乡，得见父母兄弟，则是再生之乐也，汝父母相见之乐何可概量。禽兽至无知也，鸟还旧巢，牛马知家，矧以人而不如禽兽乎？"傍有倭人听之咄嗟，此人顽然不动，欲杀而不可得也。大概思归者，稍知有诚之士族及在此吃苦之人也，其余有妻子有财产，已定其居，顿无归意，可恶可恶！自牛窓抵韬浦，水路二百里。宿船上。自室津至此，皆秀忠至亲之所管，恐或见过，必欲速为经过，其情态欲掩而不可得也。三更许，调兴告曰："月明风顺，开洋若何？"答曰："有将军之令，有执政之书，有愿归之人，各处主倭容隐不出，马岛亦不尽心，虽留此无益，不如启行之为愈也"，即张帆出海。行到高崎，阴云蔽月，仍而下雨，日将曙矣，下碇停舶。自韬浦抵此，水路百有十里。

二十一日癸丑

雨。仍留泊。午后，雨势暂止，潮水且至，即发船橹役而行。行可数十里，有一小岛边岩石伏在波心，鸥木不意撞触舟舷，左右倾覆，如摇轻篦，鸥木荡石之声，如有鸣雷，舟中失色，实赖天幸，忽然荡过，尽日惊魂未定也。距三濑岛十里许，日已昏黑，到泊岛前，初更中夜。丰前使人问安曰："福岛太辅送二倭官领下程及支供之需、引路船只等物来待"云。自高崎，水路九十里。

二十二日甲寅

雨。福岛大辅之差倭二人，以小舟载下程之物，来拜船下，调兴同来。使译官语曰："去来皆致诚款，深谢。且广岛多有被掳人云，闻尔大辅颇有号令，且识事体，将军之令必不违误。曾已送人前去，尔亦归告，须尽刷出以送。"二倭拜曰如命，辞去。有被掳人四人来谒，一则自称前缮工监判官朴佑，倭名休庵，为僧业医在岩岛，托于岩国大守吉川广家，全罗道罗州人也。一则大邱人别侍卫安梦祥之子景宇，僧名卓庵，业医，托于大辅之侄右卫门，居广岛者也。一则全罗道金沟居人金承守之子玄鹤之孙应福，而倭名正三郎，居广岛纸屋町者也。一则咸平广桥居人，梦杰之子木汉云。木汉与军官安景福，约以追到下关，自外已去，其余三人，则招致眼前，出示谕文，恳恳开说。安景宇则顿无归意，每托大辅不许。朴佑则自言非无向国之心，而在此绝岛，逃去无路，适逢使臣之行，若得一只船，当还所居；携妻孥追及中路，有子女六七人，一女则在江户将军之侧，一女则又在广家之侧，若得本国文书，可以出示携来云。即言于马岛，雇船一只，带同义成管下倭胜兵卫、通事倭利兵卫等前去岩岛、广岛等处，刷出各人妻孥，使之追来于行次所到处。大辅下程于三使臣处，酒各十桶、红柿三百介，即分给一行下人。朝食后，雨收风顺，即张帆开洋。行到可留岛前，日势似晚，且有雨候，欲为留泊可依之地，而业已出海，进退亦难，不得已而从风放船。倭沙工指一海口曰彼边有泊船之处云。望见马岛诸船皆过去，观马岛辞色，欲从渠主所去处放船，再三严饬，停船于依泊之处。日没之后，行二十里余里，上下昏黑，咫尺不知，掩篷行舟，舟行甚危，艰难到泊于油宇岛，初更中也。三濑岛指路船二只、上副船、三船、五船一时来泊，止宿船上，四六船随倭船先去。四更许，阴云渐开，微有月色，舟人请行，问于倭工及我国篙师，皆曰风顺可行，即张前帆开洋。行可数十里，风势渐紧，阴云四塞，波涛渐起。望见马岛诸船停泊于加室岛边，欲为止泊于此，而风潮皆急，不得回船，从风放船而行，行可三四十里，天日渐曙。三濑岛支供之物，马收载而来。自三濑抵此，水路百十里。

二十三日乙卯

阴，大风。欲明未明时，出立船上，波声如雷，海如墨水，天无点白，黝云如漆，风势甚紧，骇浪如山。前帆半挂，舟如狂马之奔，片片阴云和雨飞过,大者如幕,小者如帐,气象阴曀,殆不可形容。舟人最忌岘逾风,而从北陆来者,时时暴至,帆索欲绝,樯竿曲如钓钩,舟中人色甚惧。四望副使之船,出没洋中,相距甚远,帆如墨笏,看来懔然,但是顺潮顺风,而风猛波怒,亦不可恃也。距上关十里,狂风暴作,舟行倾覆不安,程途稍远则将不可支也。上使卧房中数数问前路几何,佯言以慰之曰才未到十余里也。问曰:"君之十里,何不尽乎?"既到之后,始觉其见诒。巳末,诸船皆无事来泊,实天幸也。方其急时,心中自念王□,方渡江之誓,忠孝大节虽非人人之所敢自期,而君亲之间欲尽忠孝之心,岂必下于义方,而至于兄弟朋友之间,未尝有恶念萌于心上,伤人害物之心,平生所未有者,人或可欺,神不可诬也,东海神灵,万一有知,吾知免夫。只此一念,耿耿心头,而此言近于自期过重,可以自知,不可闻于人也。上关迎候之船,多有促橹出海者,而风潮俱逆,泛泛波浪,不得出来。巳时到泊。朝食后,即下馆所,此是周防所属,实广元之管下,而其妹夫吉川广家管治云,馆舍亦为使臣之行新造云,而凡迎候支供,一如来时敬谨。见崔义吉与朴大根书,二十一日辰时过上关云云。人定时,调兴、橘智正来谢昨日之失。自油宇岛抵此,水路一百里。

二十四日丙辰

朝晴夕阴。东风不止,风势似顺。卯时,张帆开洋,风势甚好,行可百有四五十里,风力辄止,橹役而行。距山崎百余里,义成、调兴停船以待。日势已暮,而无泊船处,待副使船,将泊宿山崎。少顷,副使船从洋中过去。顺风且起,又为张帆出海,风势渐好,宜向赤间关。三更许,到泊文字城,止宿船上,一行诸船,鳞次来泊。自向岛以东,夜里行船,故所经岛屿,未能问之,今朝过来时始问之,自上关出来时西望者曰西未岛,过此十里许南过者路岛,东南过者大小二岛曰甥妹岛,在其左者曰兄弟岛,过此而南望者曰住吉岛,去时夜到上关,来时夜到下关,甚为辛苦,而一日涉四百里,实是幸也。摇样①船上,终夜不得交眠。自上关抵此,水路三百九十里。倭音谓路曰至路,谓住吉曰瘦未要时。

二十五日丁巳

阴。罢漏后,潮水方来,乘潮到泊赤间关,东风连吹。马岛人不敢直请,语译官辈,使之闻之曰:"此时得风甚难,崔义吉过此,被掳人切无愿归者,何不过行"云。下关闾阎甚多,下馆淹留,或有可得之路。故言于调兴,即下寓于去时所馆处。越中守忠奥送差倭一人领下程之物来呈,米二十斛、鸡十首、柿千介、生鱼百介、酒五十尊,即令分给一行下人。招见差倭语曰:"委呈下程,多谢致敬之意。闻汝主将颇识事例,被掳人许归事,已有将军之令,必能遵行。日者差译官一人前去,今日得其书,将为刷还于马岛云。幸汝归告此意,悉数打发,及解于行中为可。"差倭唯唯而去。见崔义吉与朴大根书,二十四日自下关到小仓港口,张网使不得通舟,未能接足,仅见前日所识清田兵卫,通报委来之意于忠奥,则答以刷出追送于马岛,不得一人而去云。调兴送平智长于小仓,送其礼单,仍言被掳一事云。被掳人男女并六人来现,即分上各船。见李真卿等书,十八日三更过此云。自文字城下抵此十里。

二十六日戊午

雨。留。被掳人男并七人来现,分载各船。越中倅忠奥差人押送被掳人李太成夫妻,小仓城中最多被掳人云,而只送二人,以为塞责之地,可恶可恶!平智长以义成使者往小仓见忠奥,语及被掳人事,即招必不归之人三四者,问其愿归与否,则皆掉头。忠奥指之曰如彼如彼奈何云,其情态之巧诈如此。

在德寺,执政等来传赠物之日,马岛人译官奔遑有可疑之迹,

---

① 原作"样",疑当作"漾"。

行中人颇有殊常辞色。日昏后,与上使同坐,有人欲诉窃银之事,来号门外云。执政亲传物目小纸,使臣既已亲受,区处各样银子,设或有偷窃之事,非使臣所与知,听而不闻。翌日朝,格军等满庭呼诉曰:"昨日,执政赍来银子,既入庭中之后,盛皮囊银子一俗物目盘等物,马岛人分明还为持去"云。使臣喝退曰:"执政亲呈物目小纸,使臣受之。自使臣以下,分明各有所赠,设或有此事,银非及汝之物,且非使者与知推核之事,汝等退去。"入燕处,招译官崔义吉、康遇圣语曰:"马岛人或不无用诈之迹,而见疑于此辈,尔等可善为辞说,以破此辈之惑可也。"崔、康两译答曰:"朴同知方在伏见,俟其还议处"云云。大根还而听其说,大言于使臣前曰:"执政所传物目,明有可据,此说出于何处?无状格军之辈,只有欲得之心而不分事理。行中之人,和而唱之,做成虚辞,以为陷人之地"云。大概行中,缘此一事,似有搔扰之端,使臣严责镇定,佯若不知,其疑似之迹以俟从容探听。朴译亦于其时,说称赠内匠、橘智正之物,误入而还出。一则微言赠崔、康之物若干,自外扯住云,而语不分明,使臣只听之而已。日本人虽不解语,伶俐之辈见其辞色而必已揣,其亏损一行体貌,莫此为甚。情状殊极痛愤,而只见疑似之迹,未得其端绪。倭人所见处,又不可龃龉推核,益损其体面,况是系于银货。言之污口,置之勿问,以至于此。此夕缘有开端,朴大根来言其颠末甚详。当初赠给之时,崔、康两译,另为加数,崔义吉以其加数扯住于外。朴大根曰:"何必如是?"崔译曰:"令公不知,前行亦有加赠,而一行正官为名之辈,号诉使臣,使之均分。今若一体入之,则不无此患。"还为出置于外。执政亦闻其语,掩置原来单子,而更书他纸,以授使臣云。闻来不胜痛愕,虽优赠万两,他人何敢诉?使臣岂可干与于此,而渠敢先自妄料,至以此说,挂诸执政之耳,以伤体面,致有行中疑讶纷诉之弊。其妖妄可恶之罪,不可一而足也。

二十七日己未

晴,大风。辰时发船,微有北风,张帆橹役而行,行可十余里。累日东风连吹,且是雨候,波涛汹涌不静,舟行摇漾,若不堪行。未半,风势渐猛,波涛益险,雪山银屋,叠叠层层,上如拍天,下如入地,左右船板,叶叶动摇,骇浪来打,几覆者数。舟中之人,危惧遑遑。出立船头,顾望诸船,只见帆樯,出没波间,而未见舟形。行到钟崎,欲为止泊,咫尺之间,亦难回泊,不得已从风放船,实赖天幸。风势自北而东,东风急吹,舟行甚疾,俄顷之间,来到蓝岛,岂非威灵所及,海神亦为之默佑也。格军之不为水疾者,亦甚颠仆不起,设有可救之势,此辈亦难时也。诸船鳞次来泊,而唯郑义一押领被掳船一只不来,问于行中及马岛人,则皆言在赤间关时,帆樯木有伤处,将改樯竿发船,以此落后。马岛船一只亦落后,万无所虑云。郑忠信则发船时,见郑义一亦开船出海,到钟崎之间,望见四五船只,直向一岐,或者郑义一亦在其中,到一岐则可知云。义一与马岛通事一人,同上一船,同时发船,则夜必追来,而终夜待之亦不来,直向一岐之说,恐或近似,而以彼以此,皆不能无虑。但夜有追到之船,而不见其形影云。直向一岐岛云者,尤可信也。有德源人、兴阳人、益山人被掳在博者,来谒船头,愿得差人同去,带其妻子而来。使朴大根即言于调兴及长政管下人,带同马岛通事与小通事德孙,约为起送。而长政管下人先与被掳人乘船,小通事麽却不载,其情可知。即言于调兴,起送小通事等,使之追及,而诿以夜深,不肯奉行,再三往复,则答以明日起送。自赤间关抵此,水路二百里。长政管下倭人等出待,支供如前。

二十八日庚申

阴昏雨。辰时开船,无风橹役,由博多前海向名护屋之路,过鹿岛、梳岛、始岛、佛坐岛等处。西南望一小岛,名曰笠岛。日势已暮,人力亦尽,泊舟于神集岛浦内,宿船上。朝日,更讨小通事等起送之事,则答曰:"初欲送之,而闻崔义吉见长政,则被掳人等约以起送于马岛,如斯言也,必不欺之。已与崔译,如是相约,而今又送人促迫,则无益于事,而必怀不平之心,不如不送之为愈也。"终始阻拦,使不得送之,其情态反覆如此,甚可恶也!神集岛浦内,围拥回报,藏船甚好,迤南三四里,皆积石如累碁,且有一间神祠。倭人等传言,日本人侵新罗,来到此岛,舟楫伤败。此浦内多有船材,伐取桩船,祈祷过去。以此日本仍以成俗,例于十二月十九日,近浦之人,皆来祷于此云。自蓝岛抵此一百九十里,调兴送梨、栗。

二十九日辛酉

或阴或雨。朝食后,雨势似晴,且有南风。挂帆出浦口,行可十余里,风止而雨下,即落帆橹役,回泊呼子浦口,距名护屋才一里许。望见城基隔一小岘也,浦内人家仅数十户。宿船上,夜大风。自神集岛抵此三十里。

十月初一日壬戌

或阴或雨,夕晴。不得发船,仍留泊宿船上。被掳女一名,率女子,自唐津来现,载被掳人船。此人言朝鲜上官,来到唐津,募得被掳人数十余人,雇船将载,渠则逃其主倭。此必崔义吉到唐泽也。被掳人中有衣薄者十四人,寒冻可虑,令马岛备给寒衣。康遇圣等约以赶到马岛,而尚今不来。限明日不至,则差小飞船逆送于赤间关等处之意,言于马岛。风如昨日,而康遇圣不来。

初二日癸亥

晴。西风大起,不得发船,仍留。郑义一所乘船午后来到。发船之日,不得前进,寸寸泊宿,与马岛落后船二只,一时俱到,疑其直抵一岐者误也。马岛人每言万无所虑,而发船之日,风涛极险,一行之得抵蓝岛,实是天幸,忽闻相失,未知消息,上下忧虑,见其船标,不啻如再生相逢也。宿船上,鸡初鸣,崔义吉率领被掳人四十四名自唐津来到。义吉言见一破坏唐船阁在博多海岸,问于主倭曰：此何船耶？答曰今五月间，商贾唐船来泊于此，所载物货，此地之人不能尽贸，唐人分载倭船十余只回泊长崎，只留此船云云。傍有一倭云买卖唐船如或漂泊大耽之前，则必被杀害。今此唐船亦漂风于大耽洋中，适止泊于无人之岛，留数日，幸得顺风，来泊于此，大耽之有害于往来唐船，其弊不小，长崎、笼岛等倭每有窥占之意云云。义吉还到船上，问于马岛之倭曰：大耽何地也？答曰是贵国之济州云。长崎，肥前地，笼岛，萨摩之地，而皆商船所泊之地也。

初三日甲子

　　晴。马岛人告以风顺，平明发船。南望平户、大岛、龟岛，过班岛，北过御宿岛等岛，到一岐西南浦。日约巳初，马岛人落帆相对曰："风势极顺，若入一岐，失此风便，则此时得风极难，不可不直向马岛"云。风势虽好，日已差晚，远涉大海，恐致狼狈。一行人相议未定之间，观一行人心既尽向西，如瓶水已倒，不可中止，诸船一时挂帆，直向马岛。被掳人男女，自一岐逃来，上船到半洋，风势渐北，舟甚忧惧，实赖天幸，无事渡海。距马岛三十余里，日没风止，橹役到泊，夜二更也。康遇圣以刷还事向备前、广岛等处，未及来到。自师子岛抵一岐一百三十里，自一岐抵此五百里。岛主请下馆，辞以夜深，仍宿广岛。近处被掳人四十余名出来云云，似是康遇圣带来者，而亦未知信的也。有岁遣船渡海者，将初三日到对马岛等待康遇圣事先为启闻。修送亲庭书。

初四日乙丑

　　晴。早朝，调兴送人曰："俺亲来修扫流芳院，累日船上，想必不安，幸速下馆"云。朝食后下船，寓于流芳院。博多守长政送被掳人二十一名，追送于马岛，其中二人即来现于蓝岛者也，调兴食邑所守之倭雇船押送也。长政下人不带小通事，马岛倭人等独与被掳人乘船急去，谓有他情，今果追送，此必调兴之代官亦为之致力也。调兴、橘智正等来谒,语曰:"他地方则只依将军之令,刷出愿归者。尔岛则于倭国番邦无异,在岛之人没数刷还,然后朝廷可知尔等向国之诚也。"答曰:"谨当依命矣。"使朴大根言于义成等曰:"俺等以等待康遇圣事,不得已将留数日,康译若来,翌日当发。凡礼曹文书,被掳人所乘船只,预先整理以待"云。则当如命云云。调兴送梨、栗、橘。有西北风自一岐来者,可以渡海云。而康遇圣苦待不来。

初五日丙寅

晴。留流芳院。橘智正送梨,马堂古罗送呈霜花饼。义成、调兴等送人请设钱宴,辞以路困不许,使内匠来请,又不许。临夕,义成、调兴等亲自来请,不得已许之。仍语义成以本岛刷还一事如昨日之语,调兴仍言马岛世受国恩不敢忘之意,因曰:"顷日小的在伏见时,执政大炊问曰:马岛本是朝鲜地方云云,然乎?小的答曰:未能详知也。然而以道路远近言之,则马岛之于日本则远矣,朝鲜则只隔一海,得半日可往还耳。大炊曰:尔岛必是朝鲜地方,宜勉力于朝鲜事"云云。且言昔年秀吉在时,有一倭自愿入蚁竹岛,伐取材木及芦苇而来,或有大者如筐,秀吉大喜,仍名曰蚁竹弥左卫门,仍令弥左资为生活,定为岁入。未久,秀吉死而弥左继毙,更无往来之人。家康得闻此言,令先自来现云。马岛往探形止而来,不得已装船六只,候风入送。而一船仅得到泊,果有弥左踪迹,他余船只皆漂泊于他处而还矣。适于此时,东莱府贴书,切责犯境之失,马岛人为此入去。伺察家康辞气之平和,详陈蚁竹本是朝鲜疆域之内,万端周旋,仅得止之。且倭众每欲侵犯耽罗,家康亦不无其意,而因此停止,小岛之保,至今为幸云云。此必来言往事,归功马岛之意,其言虚实,未可知也。

初六日丁卯

晴。留流芳院。午后,往义成家设酒饭,饭讫,请留茶屋。倭俗例饭后又为设酌,辞而即起。自军官以下至格军皆酒饭以飨之。有北风自一岐为阻风云。语义成等曰:"两国既已信义相交,则我国俘民没数刷还者理所当然,而将军只还愿归之人,此亦欠事,而所经一路亦不奉行,虽有愿归者不为悉还,马岛亦不能无责,而俺等意以为地方各有主将,马岛或不能擅便,故容有所恕也。至于贵岛之事,则专在岛主,在此被掳之人悉数刷还,然后朝廷方知本岛尽诚之意,幸无如所经一路之为。"答曰:"本岛与朝鲜事何敢少忽?但在此岛者前已尽还,尚今遗落者,皆是难便之若干人,如橘智正妻者也。然既令八郡尽刷成册以来,恐有厥数不多也。"使臣答曰:"马岛之事,我国无不闻知,今者若不尽还,则积年致诚、请来信使之意恐归虚地,须着实为之,然后可见诚信也。"答:"谨当如教。"以康译入来则翌日当发,凡事整理以待之意,申言于义成等。

初七日戊辰

晴。留流芳院。橘智正送梨。有商贾船来自赤间关,传言船上。义成送鱼、酒、饼。见李真卿书,二十四日过府中向丰崎云。支供如前。

初八日己巳

晴。留流芳院。言于义成,差一快船往探康遇圣之行。康遇圣是夕来言:"到备前留四日,刷得被掳人四十五名。到三濑岛,先为出送。到广岛,与被掳人朴佑,以刷还事入去,马岛人胜卫门等相值,留五日,刷出朴佑等二十余人,朴佑妻子又在岩国岛,欲为率来,令胜卫门等押送带来,渠则先行。初六日来到一岐岛,前送被掳人船及梁梦獜弟梦寅等七人自伊豫州出来,阻风于一岐,不得前来,留一日,又不得风,渠则以所乘快船橹役出来,留小通事一人、使令二人押领被掳船候风出来"云。义成、调兴皆送人以慰康遇圣之来,差送快船亦令招还云。义成送栗、饼,调兴请设宴,再三恳请不许,至使橘智正来请,不得已许之。橘智正送松蕈。本岛被掳人速为刷出,一岐岛阻风被掳人船入来即发之意,更言于义成等。
初九日庚午

晴。留流芳院。调兴设宴,一行员役下至格军皆飨之。问于义成等曰:"本岛被掳人,何至今不为刷出乎?"答曰:"虽已下令,未即刷出,必是前日尽还可去之人,今所漏落者皆是势有所难者,故未得容易刷出也。"使臣曰:"俺等过此时,已言其刷还之事本岛非不知之,而今过几朔及言未及刷出乎? 俺等望见海中有船数只自一岐出来,必是被掳人船,今日入来则明日当发,从速刷出被掳人,所乘船只及礼曹文书速为整理以待。"答曰:"船只则既以大船整齐,文书亦令善写,被掳人亦无未及刷出之理,而岛中人众甚小,格军皆以前日往大坂人调送,寒衣皆未及造,明日若发则似甚窘迫,幸迟一日,明明日乘船,则当拮据整理,更无迟回,千万勿疑"云。再三牢拒,观其辞色似有未及整顿之事,丁宁以十一日为约而许之。义成请于十一日暂设饯宴,辞以不可再。答曰:"前日小酌,所以慰行也,今欲设饯"云。固辞不许。被掳人事推诿退托以迟时日,只欲塞责于离岛之日,情状巧诈,甚可恶也!崔义吉在大德寺时扯住其赠物,以致行中起疑以伤一行体面,到赤间关始得其详,到此待康遇圣之还,一处凭阅,以施笞罚。康遇圣刷还人所乘船二只、梁梦寅所乘船一只自一岐入来。调兴使人来请曰:"使臣渡海之时岛主之为设宴,例也,请于十一日役行,若不见许,则非但堕落旧规,更无颜面,请俯谅微诚,勿辞"云云。辞以不可再设,牢拒之。
初十日辛未

晴。留流芳院。倭人等来言被掳人所乘大船阁在岸上,而今方上弦,潮水甚小,必待潮满可以浮下云。臣等责之曰:"康遇圣入来之后则翌日当发之意,曾已再三申言。昨与岛主、调兴,亦以明日相约,尔岛人何往而今发阁船之事乎?"仍招译官,严加谴责。使朴大根管催文书,使崔义吉等催督船只整理之事,俄而来告曰船只当饬令浮下,勿以为虑云。义成、调兴等来见曰:"今番之行,凡事甚顺,海路珍重,式遄其归,久随行尘,奉别在明,不胜黯然"云。答慰其随行劳苦之事。仍言时送年条之事,详其曲折如前日之言。橘智正前而答曰:"此事皆是左右人之所管,岛主、丰前俱是年少,虽有所教,何能酬酢乎?今陪使臣积月勤苦,岛中冀有优异之典,而返有此言,心甚落莫。平时有诸巨酋等各项诸船,而今者只定二十船,时送亦入于其数,行之几年,今始言之乎?"使臣答曰:"平时之事,尔等不须言也,尔岛非有壬辰之罪则此何更论!丁未之前,橘智正几度渡海而始见朝廷之许耶?当初约束之时,时送三船,则使之有事则来告,而尔等勿论有事无事,岁以为常。朝廷以不遵约束为未妥,尔等宜知此意,一依约束遵行可也。"(后阙)"至于年条,则四年前以使臣趁未渡海之故,日本颇有缺然之心。未成此事,只自往来,恐被谴责,不得逐年出送,以致未收船之多,此亦非照数,而一时出送朝鲜,不必曰某年条而只随往随应,亦何有害"云云。答曰:"该曹已定,以不可追给,尔等亦须知悉"云。则辞色缺然曰:"当与岛中头倭相议以告,此则决不可从,须以此意归告朝廷"云云。

　　义成送鸟铳六柄、枪六柄、长剑三口、层函三部、悬瓶三部于三使臣。郑、朴两译则丹木六百斤、悬瓶二部、层函二部。崔、康二译则丹木四百斤、悬瓶二部、层函二部。各员等丹木千斤,各役等丹木千斤送来,使之分取。调兴送鸟铳六柄、圆镜六部、镜台三部、镴盆六部、圆盘六竹。郑、朴两译则丹木四百斤、圆盘二竹、层函二部、镴盆四部、镜子四部。崔、康两译则丹木二百斤、层函二部、镴盆四部。各员役等丹木各五百斤。橘智正送鸟铳各二柄、神煽炉各二部、柄镜各二面于三使臣。并固辞却之。堂上译官以下所赠之物则使之任处。临昏,橘智正以义成、调兴之言恳陈于译官等曰:"久陪行次,已知使臣之意,不敢以他物为礼,只以若干器仗略表微诚,而亦见辞却,不胜惭愧,须周旋领纳"云。使之恳谕以辞。

十一日壬申

雨。东北风起，波涛极险，终日下雨，不得发船。义成、调兴又送昨日所送之物，不得已受义成之鸟铳各一，受调兴之镜各一面、镜台一部，余皆还送。受职倭马堂古罗等三人来呈丹木三百斤于三使臣，开谕却之。被掳人三名自唐津来，夜半来到上船云。鸟铳、镜面、镜台等物分给孙奉春、郑纯邦、严大仁等。义成送牛、猪、酒、面、鱼、菜、鸡儿、果、橘等物，译官、军官、下人等各有所送。橘智正亦送猪、酒、青橘等物，分给被掳人。

十二日癸酉

或雨或晴或阴。风且不顺，不得发船，仍留流芳院。二船格军熊川茅浦人一名以病死，令马岛人备给棺板，欻载六船。倭船三只，桩载被掳人。平智长送呈鹿肉、酒、饼、柿、橘等物，橘智正送酒、饼，义成、调兴等。始完送礼曹答书。方当盛暑，渡海员役之病者不知其几，而艰难救疗，得无死亡，行中方以为幸，茅浦人未及渡海而死，不胜惊叹也！

十三日甲戌

或阴或晴。辰时乘船。义成、调兴出来西山寺，使人来请曰："今日风势不顺，开船出海，必有后悔，幸少迟待差晚，以观风日发船为当。"舟人亦以为然。停以待午时风势稍歇即开船出海。义成来送于十里之外，船上相别。仍言朴佑等必不久出来，来即出送为可。答曰当如命。调兴、内匠、平智长、橘智正等随来。人定时，到泊船越浦，下宿梅林寺。调兴送饼。此乃属郡与良地也。被掳人等分载马岛船三只，以旗牌官金迪、别破阵崔义弘、郑义一等定将领来。自府中抵越浦，水路八十里。

十四日乙亥

晴。卯时发船，过住吉出海，橹役而行，行数十里，西南风连日大吹，波浪汹涌，不得行船，止泊于东峰之佐贺浦，下宿于圆通寺，水路四十里。峰则平智长所管也，智长即来谒，送呈猪、酒、梨、橘、鱼、菜等物。橘智正、内匠等皆来谒。调兴送雉饼。马岛倭人自釜山来，得见先来军官初三日渡海之书，初七日持状启倭船初八日已为渡海，渠等相见而来云。

十五日丙子

晴。自早朝有东风之候，波涛益险，自此抵丰崎正为阻风，副使且病不得发船，仍留。舟人来告曰："东风明日亦必不止，今日若到丰崎，则明日可渡釜山"云。将为乘船，调兴送人曰："舟若可行，俺岂不告？今日风浪甚险，不可发船，幸观势发行，无贻后悔"云。其言亦似有理，不得发船。食后，调兴、橘智正、平智长等来见，皆以风浪极险不可开船，此时之风不可不慎，渡海事一任俺等，幸毋动欲归之心云云。调兴猎送生鹿一口及生鱼、生梨等物。

十六日丁丑

晴。义成送人相问，送橘各十介，分给一行员役。卯时乘船橹役，申时到丰崎之鳄浦。过丰崎时望见釜山，舟中之人欢声如雷。下宿宝藏寺。丰崎所管倭平智及呈下程猪、酒、蔬、果等物，分给一行员役。调兴送饼。

十七日戊寅

晴。留鳄浦待风。橘智正送鱼、柚子等物。调兴猎送生猪二口，还送一口，又送生鱼。所谓内匠、源智正来谒，谓臣等曰："将军与执政等求得好马，马岛要买以送，敢为书契于礼曹许贸，往复之间自迟时日，且许贸之马必不好，望使臣为之容力，从速许贸好马幸甚。"仍言东莱之弊，诋毁府使无所不至，曰："马岛所望，只在两国永好。东莱为府，所系非细，朝廷何不极择以送乎？"仍诋毁府使无所不至。臣等闻来不胜惊骇，边镇大官，非么么一倭所敢擅议，其渐不可长。臣等答之曰："此府使文武具备宿望之人也，朝廷择而送之，人皆严惮，必是潜商之徒、牟利之辈不得弄奸，做作虚言，留入尔等之耳也。尔等虽有往来之船,不解言语、不得出入,何从而闻此虚言耶?"答曰:"俺等已尽知"云云。虚实间羞辱非细也。马岛解送被掳人二十一名,迁延退托,趁不刷送,及其到此之后,只送若干人以为塞责之地,可恶可恶!

十八日己卯

　　晴。寅初乘船,张帆开洋。调兴追送于浦口,言朴佑等来泊即送之意。风力甚微,张帆橹役,戌时到釜山。一行船六只、被掳人所载倭船三只、橘智正船一只、岁遣船二只一时来泊。臣到岛,马岛之奇亦已来到,而支待官无一来待,本官亦不出待,正使以下皆阙供,事体甚为埋没也。

　　臣等行到倭京而还,日本疆域,虽未遍观,大概考之于地图,参之以所见,其国如人字形,自东而西至倭京皆为陆地。近江湖下流入于江河,始为两股,一股自倭京而迤北西走六陆者,是山阴、山阳等道也;一股迤南西走者,分为岛屿,是谓南海、西海道。筑前州之文字城,正与山阳道长门州之赤间关相对,为出入日本海路之要冲也。其国有八道,列邑有六十六州,各州属县有六百十一区。山城、大和、河内、和泉、摄津,所谓五畿内也。伊势、伊贺、志摩、尾张、三河、远江、骏河、伊豆、甲斐、武藏、相模、安房、上总、下总、常陆,所谓东海道十五州也。近江、美浓、飞驒、上野、下野、信浓、陆奥、出羽,所谓东山道八州也。若狭、越前、加贺、能登、越中、越后、佐渡,所谓北陆道七州也。丹后、但马、因幡、丹波、伯耆、出云、石见、隐岐,所谓山阴道八州也。幡摩、美作、备前、备中、备后、安艺、周防、长门,所谓山阳道八州也。纪伊、淡路、赞岐、阿波、伊豫、土佐,所谓南海道六州也。筑前、筑后、丰前、丰后、肥前、肥后、一向、萨摩、大隅,所谓西海道九州,而一岐、对马岛亦其属岛也。对马则自是一岛而已。一岐则与平户岛、五岛合为一郡,而其主倭常居平户岛。平户岛在一岐之南,五岛在平户之南也。

大坂以西，无名山大川之胜，无平原广野之地，而言名山者，必称陆奥金华、甲斐之富士。言广野者，必称四郡，即阿波、伊豫、赞岐、土佐也。言峻岭者，称相模之箱根。言湖水者，必称近江州之近江。皆臣等所未见也，只见山城之爱宕山、纪伊之熊野山，俱是名山。而熊野即徐福祠所在处也。

大概土地瘠薄，故山谷则草木不茂，田野则禾谷不盛，惟幡摩、摄津、山城和泉州等处多有田畓而多种山稻，如一岐、马岛则绝无水田，山田峣峭，土品最宜种芋，山顶亦皆芋田，居民以此为食物。

产则陆奥产金。石见、佐渡、但马产银。备中、播摩产铜、铁。备前、丰前、丰后产铁。长门产牛而皆黑。甲斐多产良马。美浓产纸。美作产砚。加贺产绢。一岐产布。材木出于土佐、相模。而筑前、河内则米贱。木花产于摄津。越前则多产雪绵子。利剑出于备前，则大和之奈良云。

海产则如洪鱼、鲈鱼、钱鱼、道美鱼、刀鱼、雨鱼、长鱼、石首鱼、鲂鱼、瓶鱼、比鱼、乌贼鱼、生鲍、小螺、生蛤、海参等物无不产出，而但多士麻、鲭鱼、大口、古刀鱼、鲢鱼、松鱼等物只出于北陆、山阴等道云，犹我国北方之产也。白虾、紫虾多产于备前海洋，为下津之贱产。秀鱼目黑。银唇少膏。

实果则梨、柿、柑、橘、柚子、卢橘最佳，桃、杏、大枣、黄紫桃、林禽等物无不产出，而只胡桃、海松子不产。栗子大而如拳。柿有不熟而食，味亦不辣。

蔬菜则芋、菁最贱，而菁本细而甚长。菘菜甚①而不可食。瓠长如东苽。茄子其状如槌。家家种蘘荷、生姜，而生姜甚大，其味亦佳。不种西苽，而真苽最甜。

鸟兽之中，不产莺、鹊、虎、豹，而孔雀亦非所产，只有猩猩，山

---

① "甚"后疑有脱文。

鸡毛羽不华而肉不膏腴。

花草则别无奇花异草而以木樱为第一，其木如我国之山樱而枝柯袅袅而长，其叶团团而大，其花则虽未及见而有千叶、单叶二种，大如白菊花云。枇杷则十月花开，至月结子，至仲夏而始熟，花如杏花而色黄，结子如葡萄云。是以庭院所种皆此二花。如苏铁、棕梠亦皆佳卉。苏铁则性恶湿好燥，欲枯则拔置于屋上，钉铁以植则复生，物性之甚怪者也。

民俗务欲俭素而实为奢侈，务欲文饰而实不华丽。性品轻儇，言语巧黠，以轻生为义气，以然诺为大信。为朋友捐身者比比有之，视其至亲无异路人，伦气斁绝，直一禽兽之场也。婚姻不避同姓，四寸男妹亦相嫁娶，往往有淫秽之行，丑不忍闻。婚媾之时，无媒妁聘币之礼，只于婚夕，夫家盛备酒食送于妇家，为妇者亦盛办衣服饮食之具来于夫家，彼此族党相识之人，盛陈烛灯威仪，以为迎送之礼。至如有识之家，亦无防闲之礼，间阎之间，养汉设店，淫风大成。

国无宗社享祀之仪，民无生养死祭之礼，上无政刑听谳之法，下无狱讼呈诉之例。如有偷盗犯禁冒法之徒，则不施笞杖箠楚之刑，罪无轻重而皆斩之，盖虑其吃打之后必为报复故也。是以下卒虽有罪过，不敢率尔明言，及其斩之也，始言其罪状，皆虑其肆毒而反害也。刑戮之际极其惨毒，或有缚人于十字之木，或以火炙之，或以枪刺之，被戮者亦不甚惧。愿为自裁，沐浴理发，瞑目念佛，自刳其腹，以手钓出五脏而死，则观者称为好人，其子孙亦显名于世。或有延颈以俟刃者。既斩之后，则诸倭之试剑者争聚而乱斫以为肉酱，少无恻然之心，盖其习性然也。是以其俗勇死为荣，怯死为耻，睚眦必报，语言生猜，以杀人为能事，以不绁为长技，无严长上，推刃骨肉，凶悍惨毒之性，真一豺狼蛇虺之类也。

其国无丧葬之礼，君父之丧，亦无举哀之节，言语饮食一如平人,只尽削其脑后一撮发以表其有丧。敛尸入棺,坐而加趺,皆为火葬,撮其烧灰埋于僧舍之傍净处,筑石为坎,子孙过者以水浇之以当祭奠。贵者架屋一间于坎上,极其华靡,有如祠宇之制。凡民则或以板子造如椟状,或立标牌。寺僧各有所主,于其死日,僧往其家,诵经设斋。设使有人死于正月初一日,则初一日、十一日、二十一日并皆设斋,逐朔如之。是以一里一村必有寺刹,僧人以此资活。唯天皇不为火葬而埋葬之云。

宫室之制,务为朴素净洁,不施丹臒,不以土完壁,皆用板以粧,亦不设窗户以开闭,只用屏障之帖以为遮蔽。少有官爵者、稍有财产者必有茶屋,务欲太朴而极净、不侈而甚洁。前庭后园,亲植花草,器皿图画,皆用朴素奇古之物,争先传夸游玩。寺刹最为宏大壮丽,而内饰金银,外或板盖,其板盖之狭小,不过如夫瓦之剖半者,而综错盖覆,极其精致。伏见城中关白所居之室即是家康之所创,而反字楣梁皆加金彩,玲珑巧饰,观瞻炫耀,而亦是草创者云。

饮食之节亦务简素,饭不过数合米,味不过数品,无贵贱一日吃两吨饭,有役者方食三吨饭,亦不多吃。饭后必进果盘饮酒,酒后必点茶。嗜食菜羹、鱼脍。而脍甚粗硬,只以醋和而食之。酒非家家所酿之物,必买于酒家,酒家亦甚不多,如三原、儿岛、南都诸白之类,最是名酒。名酒之家,一桶所酿少不下百余石,或多至累百石者有之,经时发醅,味甚香烈而色不清白。酒以诸白为名者,盖以白米造麴糵,又以白米蒸饭以酿也。烧酒、清酒皆以南蛮酒为佳,而皆盛以木桶,故有桶臭。常时器皿则皆用红黑漆木器、钀铁等器皿,而至盛宴敬客之礼,则杯盘器皿皆用白木土陶之器,涂以金银,一用便弃,不为再用。钉铰之间,亦涂泥金银。酬酢之际,献杯之床,必用剪彩花,或刻木造化,殆极逼真。宴席之间,不用野鹤、生雁为馔则以为欠礼。取水鸟存其毛羽,张其两翼以干之,铺金于背，盛馔于其上，亦甚盛宴之例也。或相馈遗饮食，其所盛之器以白色薄板造汝方箱，而有云足，或雕刻玲珑，或不雕刻而涂以金银，一谓之白折箱，一谓之花折箱。凡有送礼，亦皆盛以白盘，故市廛之间木工甚众也。

其国不知文不知礼，而名分一定，则上下截然，礼貌甚恭，敬畏遵奉，不敢怠忽，盖以少有所失，必至于死故也。然而宫室车马衣服，无尊卑贵贱之别，富者虽下贱之人，金银桩屋足踏绮縠，上之所着，下亦着之，贵之所乘，贱亦乘之。且无升降拜揖之节，只以两手据地，唱诺蒲伏，以当拜礼，脱其头上所着之物，解其所佩之剑，跣足露脚，以为尊敬之礼。如平等之人，则只举手以示，或蹲踞以为礼。其所尊称之言或曰殿，倭言顿吾也，或称样，倭言沙马也，极尊则称以上样，倭言谓又沙马，而一云加美沙马也，称其君长亦以此云。

衣服之制，男女无别，皆着完幅长衣，傍无衽制，袖只一幅而甚广阔。其俗喜着班衣，而妇人之衣，最为班烂。头无帔帽冠巾之制，下无裙裳袴裈之属。男子则用一幅布帛，环腰一匝，从后遶前，极之于腰，垂其余掩其脐下。女人则连帖布帛二幅，略如裳制，遮护脐下云。男子削去须发，只存脑后一撮发，长可四五寸许，以纸绳括之，皆露顶而行。避阳者，或着箄笠，或着漆笠，或着绳笠，皆如我国妇人青笠之制。畏寒者，或着储絮尺帛，其状如囊。女人则不剪其发，总髻于后，若为容饰，则委发下垂，稍别内外者，以衣蒙头而行。畏寒者，团圆雪绵子，或红染，或白色者，从额前以裹，结之于后，其状甚怪。嫁者辄漆齿以为饰，男子之高官者，亦或漆齿云也。

其所谓冠带者，衣如团领之制，其袖广如僧衫，旁无衽制，直缝而下，至于两旁下端，缝帖一幅，长可四五寸许，略如旁衽之制而张如箭羽。帖缝衣腰，前后七八寸许，以垂之而已，亦无所带，但其色有红黑之差，世族之人方许着黑，若非世族则虽官高大爵之皆着红衣。其次曰肩衣，用两幅为单衫无袖，倭言曰可当其娄，着此之后，又着如唐袴者，结束于腰，此是尊前通用之服，倭言化可马也。其次曰道袍，其制稍短，下几掩膝，无前袵，旁有小裾，亦是尊前通用之服，倭言曰老服古也。

冠有三样之制，其一状如纱帽，后之立者甚尖而高，前之覆者几掩发际，帖插两角于后，卷曲上指，长可尺余，广可数寸，横插长簪以固之，又以缨从帽顶上结于颔下，唯世族之人，用紫丝为缨，其余皆用纸绳结之，倭言曰加牟里，所谓冠最上者也。其一状如盛炭之器，倭言曰乌里染甫，是所谓折乌帽，其次也。其一状如丁字行，倭言曰染甫，是所谓乌帽，又其次也。奇奇怪怪，殆不忍见也。

男女皆无靴、鞋、履、舃之属，无男女贵贱皆着草鞋，唯僧着皮鞋，略如唐鞋之制。臣等但见其所谓年代记，初无衣服之制，百济贡裁缝女工，缝衣始此云。百济王阿花之时，而实西晋武帝之十八年也。

观其官制，无不备悉。有大政大臣、左大臣、右大臣，此所谓三公，而摄政关白，即其所兼也。有大、中、小纳言、参议之官，掌其出纳君命者也。有左右大办、中办、小办、左右太史、小史之官，史官之职也，史生官掌亦其属也。中务省有卿、大小辅、大小丞、侍从、大小录、内舍人之官，犹古之中书省也，如内记局之掌内帑，宫职之掌宫禁，大舍人寮则掌宫中使事，图书寮则掌经籍，神祇官则主祀典，内藏寮则掌衣服物缮，缝殿寮则掌裁缝，阴阳寮则掌天文历教，内匠寮则掌工匠，以上皆属于中务省。六部则曰式部、民部、治部、兵部、刑部、宫内省，而各有卿、大小辅、大小丞录等之职。如太学寮之诸博士属于式部。主计寮、主税寮属于民部。雅乐、玄番、诸陵等寮属于治部。治部，即礼部也。準人司属于兵部。囚狱司属于刑部。大工、大炊、主殿、典药等诸寮皆属于宫内省，而掌飨膳之大膳职亦其属也。且别有大藏省以掌租税,而属之民部。如扫部、正亲、内膳、造酒、采女、主水诸司,各有所掌。弹正台有尹、小大弼、忠疏之职,主谏诤也。左右京职则属以东西市司,有大夫等职,如京兆之官也。所谓春宫坊,则僚属有端尹、权大夫、亮、权亮之职,而又有主膳、主殿、主马等署以属之。如修理宫城使、勘解由使、铸钱司、造寺使、防鸭河使、施药院使、检非法使等职,各有官僚。称以寮者,必有头、允、阻三秩之官。称以署司者,必有首、正、佑、令、使之官。曰院、曰司、曰使者,必有长官、次官、判官、主典、别当、佐、尉之属,此其内职之大略。而左右近卫府有大中小将、将监等之官。左右卫门、左右兵卫府、左右马寮、兵库寮,有督佐、权佐、大小志、府生之职,此宿卫之官也。大国守、上国守、中国守、下国守,各有曰介、曰目、曰极之官,此为郡邑之职也。采寮使、镇守府、太宰府有将军、副将军、监军、曹帅、权帅、大小二监典之职,此其外职之大略也。其品有九,亦有正、从之辨,不曰品而曰位。

其设官分职略仿唐制,而虚带职衔,实无所管,如秀忠之弟以外官而中纳言,如正则之称太辅,忠长之称宫内卿,皆此类也,关白即摄政大臣而专擅国事之臣也,是以国中以其所谓天皇为君,不称关白为王。臣等得见其年代记书于癸卯年曰:"家康任征夷大将军",又书于己巳年曰:"秀忠公任征夷大将军"云云。将军,犹秀吉之为关白也,将军、关白别无异同,秀忠欲为关白而天皇之不许云者,亦未知所以也。所谓天皇宫中之人,各带官职听用,而亦一虚衔。内外官职皆有世袭之法,女官之职亦无不备。关白之家亦有官寮,如家令之类。

所谓天皇,虽居尊位,不豫国事,唯官职除目有踏印之价。关白除拜,而踏印于天皇,故来谢除恩,书呈一纸曰御马一匹、大刀一腰云。不欲诉言其价,而只书马刀,马价之银十枚,刀亦如之,以此取为需用云。作一斋室以为祭天之所,每朔自望以前则清斋拜天,自望以后则娱乐游嬉云。唯长子婚娶为继嗣也，诸子则皆不娶为僧，各归巨刹为长老，女子则悉令为尼，盖以其尊无对，不可下嫁也。

其分禄之制，实为养兵之规。六十六州各有太守，而土地广大，则称以某州太守。分据其地者有之，如忠奥为越中守而分授筑前之小仓是也。不居其地而遥分其禄者有之，如调兴称以丰前守，居对马岛而受禄于博多之代田是也。既专其州而又加受他邑之禄者有之，如平义成以对马守而又食筑前之禄是也。其分授郡邑之制大略如此。而食禄之最多者，至受百万石者有之，如陆奥州太守正宗是也。禄多者或兼有邻邑，地广者或三分五裂，是以州虽六十有六，而称太守居一郡者，厥数甚多。食百石者食禄于千石之家，食千石者食禄于万石之家，食万石者受禄于累万石之家。而军兵一人一年之廪，乃二十五石，故百石养兵四人，以此计之，军额了了。

本无兵籍而只有田簿，田制则三十步为一亩，十亩为疃。为疃上税八石，中税六石，下税五石，而一石则倭国之二十五斗也。凡将官听用之人，勿论大小，亦皆有官廪。百石以上，则割地而与之，自为食邑，力役收税，各自任为。分受其地者，亦不拘于元定之税，侵虐万状，没数输入者有之，是以农民最苦，终年勤苦，卒岁无资，以糠粃、豆叶、葛根、芋屑等物充肠度日，如此而不得逃躲者，所在皆然，无处可安故也。

市廛则三步为一间，六十间为一町，里之五町，则田之三疃也，是以收税计兵，不以疃而以町也。一町置一里门，以为五家之法，严其更守。一市各有主一市之人，谓之座，管其收税，如我国之座主也。一里有管一里之人，以掌役民之事，谓之肝煎，如我国之有司也。外方则一村有管一村之人，管其差役等事，谓之庄屋，如我国之劝农业也。各州市廛则太守收其税。如倭京、大坂、兵库、界滨等地,则称以藏入,藏入如云汤沐邑也,田税市征皆入于秀忠。如萨摩之笼岛、肥前之长崎,亦是驵侩之所,故亦为关白收税之地云。大概一国之田,通共一百二十八万一千九百四十余町,以此斟酌,计以中税,则兵数可二十万六千八百八十余名,而上中下税多少之数未可的知,关白所带之数又不在此限也。

其民有五,兵、农、工、商、僧。而惟僧读书解字,关白以下待之以士,序于将官之右。僧有十二宗派,各主门户,食肉娶妻,佩刀杀人,一如平人者有之。其所谓禅宗者,只为僧道。臣等见其年代记,前无释佛之语,至于其所谓天皇名钦明者之十二年,书曰:"百济圣明王贡佛经",似是佛法始于此也。兵民最逸,衣食有余。商民虽富,而税法太重,国有大小费用,皆责于此。工民则技巧而价廉。农民则最苦,而只一年收税之后则无他徭役。凡所役使皆给佣价,只筑城之役则通为调用云,是以关白以下大小将军等出入之时,无调发夫马之事,无站路供臆之费,饮食房屋皆有价钱云。此其臣等闻见之大略,而人民繁盛,军兵居多,带剑大小,轻生好死,居常有如临战对敌之人,所在城堡器械,亦如朝暮对垒者然。竭民储粮,军食委积,治船理楫,满泊海岸,互相猜疑,常有战斗之心。

秀忠承其新定之后,人心未固,常怀疑惧,各州将官,质其妻子,换易郡邑,以为羁縻之计云。举国无非强兵勇卒,而其甲斐之骑兵、萨摩之剑卒最难称敌。大坂之败,萨摩人溃围以出,故秀赖之逃生亦以此疑之云。萨摩居西海一隅,军兵最强,人心以不背其主为义,是以相袭最久,素无弑夺之事,日本最忌之,秀赖若逃入其中,则似无来服之理,而义弘死而其子归命于秀忠,秀赖之逃在笼岛之说似是虚言也。

日本邈在天东,四面大海,外兵不入,但见其年代记,其所谓应神之二十二年,新国兵军来,一本则曰新罗兵入明石浦。石浦距大坂才百有余里,赤间关之东有一丘垄,倭人指之曰此是白马坟,新罗兵深入日本，日本人请和解兵，刑白马以盟，埋马于此故云。跟寻李税之事，系是密教，故别具启草，不复具载于此。其俗节略与我国相似，而其中正月二十五日为上寺节日，八月初一日、十月初亥日为俗节，端午日、七月十五日最为佳节。端午日则家家竖旗，处处习战。七月十五日则处处游嬉，把火上山。其国本无音乐，只有长鼓、笛、三弦子、琵琶，而其体皆小。玄琴则只用于天皇宫中而十二弦云。神祠则为春日、八幡、住吉三神祠，民俗颇为之崇信云。

  自釜山渡马岛，北风为正顺，正西、西北风为舻前风，东北间风为舻后风。自马岛渡釜山，东风为正顺，南风、西南间风为舻前风。自马岛至上关，西南风为正顺，南风、西北间风为舻后风。自上关至大坂，西风为正顺，西南间风为舻前风，正北、西北间风为舻后风。自大坂上关，东风为正顺，正北、东北风为舻前风，正南、东南风为舻后风。自上关至一岐，东北间风为正顺，东风、北风为舻前风，南风、东南风为舻后风。自一岐至马岛，东南风为正顺，东风、东北风为舻前风，南风为舻后风。

（徐　凡　整理）

图书在版编目(CIP)数据

朝鲜通信使文献选编(第一册)/复旦大学文史研究院编.—上海:复旦大学出版社,2015.6
ISBN 978-7-309-11063-0

Ⅰ.朝… Ⅱ.复… Ⅲ.中朝关系-国际关系史-文献-汇编-明清时代 Ⅳ.D829.312

中国版本图书馆 CIP 数据核字(2014)第 252267 号

朝鲜通信使文献选编(第一册)
复旦大学文史研究院　编
责任编辑/宋文涛

复旦大学出版社有限公司出版发行
上海市国权路 579 号　邮编:200433
网址:fupnet@fudanpress.com　http://www.fudanpress.com
门市零售:86-21-65642857　团体订购:86-21-65118853
外埠邮购:86-21-65109143
浙江新华数码印务有限公司

开本 787×960　1/16　印张 25.5　字数 293 千
2015 年 6 月第 1 版第 1 次印刷

ISBN 978-7-309-11063-0/D·710
定价:94.00 元

如有印装质量问题,请向复旦大学出版社有限公司发行部调换。
版权所有　侵权必究